자유의 적, 자유

SPEECHLESS

Speechless: Controlling Words, Controlling Minds

Copyright © 2021 by Michael Knowles
Korean Translation Copyright © 2024 by Banji-Namu Publishing

Korean edition is published by arrangement with Regnery Publishing through Duran Kim Agency.

이 책의 한국어판 저작권은 듀란킴 에이전시를 통해
Regnery Publishing 와 독점 계약한 반지나무에 있습니다.

자유의 적, 자유

지은이 마이클 놀스
옮긴이 반지현
펴낸이 반지현
디자인 문희수
펴낸곳 반지나무
출판신고번호 제2020-000217호
신고일자 2020년 10월 8일
주소 서울시 남부순환로 335길 9, 501호
이메일 banjinamu@gmail.com
초판 1쇄 발행 2024년 10월 14일
       2쇄 발행 2024년 11월 27일

ISBN 979-11-977698-1-8

자유의 적 ——— 침묵

speechless

마이클 놀스 지음 ㅣ 반지현 옮김

MICHAEL KNOWLES

옮긴이 서문

"대한민국에는 사상의 자유가 있다."

1980년대 NL 계열 운동권 학생들이 종북몰이에 반발하며 자신들을 변호하기 위해 내세운 말이다.[*] 세월이 흘러, 당시 학생들이 각 분야의 '어른 세대'가 되었다. 그리고 그들은 무언가를 금지하고 통제하는 데 주력한다. 이들은 특정 역사적 사건이나 인물에 대해 모두가 자신들과 동일한 관점을 가지도록 강요하며, 이를 거부하는 사람들을 극우 몰이하고 다양한 특별법을 통해 자신들의 이념을 구체화하고자 한다.

예를 들어 문재인 정권은 5년 동안 약 4,000개의 법률을 제정 또는 개정했으며, 8만 건 이상의 조례를 제정, 개정했다. 청와대 직속 자치분권위원회를 비롯 대한민국 모든 읍면동에 주민 자치회와 마을경제

---

[*] 그러나 사실, 대한민국 헌법상 "사상의 자유"라는 단어는 단 한번도 등장하지 않는다. 이 책에 자주 등장하는 "표현의 자유(Freedom of Speech)" 또한 마찬가지다. 대신, 사상의 자유와 가장 맞닿아 있는 "양심의 자유", 표현의 자유와 가장 맞닿아 있는 "언론, 출판, 집회 및 결사의 자유"가 있다.

공동체 등 중국 공산당의 지방제도 혹은 베네수엘라의 차베스가 개발한 마을 모델을 도입하고자 집요하게 노력했다. 동시에 검찰 수사권 완전 박탈법, 국가정보원법, 경찰청 법 등을 개정하여 체제 수호 장치들을 해체 및 무력화시켰다.[01]

이 모든 것은 '자유'라는 이름으로 들어와 서서히 퍼져나간 독이다. 자유란 이렇게 무시무시한 것이다. 자유는 그 이름으로 우리 문명 속에 스며들어 스스로를 붕괴시키는 자기 파괴적 힘을 가지고 있다.

"너무 많은 보수주의자가 자유주의자가 되었다."

옮긴이는 전작 『블랙아웃: 나는 왜 민주당을 탈출했나』를 번역하면서 '자유주의(Liberalism)'를 둘러싼 정의가 혼탁해졌으며, 이에 따라 좌익(Left)과 현대 자유주의자(Liberal)를 구분하여 번역했음을 책의 서두에 명시한 바 있다. 미국의 사회민주주의자들이 '자유주의자'라는 용어를 자기들의 것으로 만들어버리면서 본래 사용되던 자유주의와 완전히 다른 뜻이 되어버렸기 때문이다. 좌익과 리버럴은 서로 모순되는 개념을 지지하면서도 한 몸을 이루고 있다.

그로부터 약 2년의 세월이 흘렀다. 그사이 많은 일들이 있었다. 대한민국의 정권은 문재인 정권에서 윤석열 정권으로 바뀌었다. 그리고 우리는 사민주의자들과 리버럴이 한 배를 타고 있는 것과 같은 기묘한 현상을 우익 진영에서도 목격할 수 있다. 너무 많은 보수주의자들이 리버럴과 한 배를 타고 있다.

"전통의 수호자라 자처하는 이들이 모든 전통적 기준은 딴 데 치워두고 오로지 자유만을 외치고 있다."

우리는 자유에 대한 원초적 갈망을 가지고 태어난다. 자유를 찾아 사람답게 살고자 하는 영웅의 서사는 언제나 우리 곁에 살아 숨 쉬고 있다. 우리는 제도와 통제로부터 언제나 자유롭기를 원한다. 히브리 민족의 출애굽 사건부터 스파르타쿠스, 부디카, 윌리엄 월리스, 프레드릭 더글러스, 마틴 루터 킹 주니어까지, 나열하자면 끝이 없다.

그러나 우리가 기억해야 할 것이 있다. 태초에 인간을 죄의 노예로 만든 것이 바로 다름 아닌 '자유'였다는 사실이다. 그 누구도 아담과 이브의 목에 칼을 들이대며 선악과를 먹으라고 강요하지 않았다. 그들은 자유의지에 따라 본인들이 원하는 것을 선택했을 뿐이다. 그리고 그 결과는 끝없는 황무지에서 노동하고 서로를 지배하는 죄성에 예속되는 영적, 신체적 노예 상태로 이어졌다.

이 선악과 사건은 이후 인류 역사에서 보란 듯이 반복된다. 역사를 돌이켜보면, 인간의 자유를 파괴한 것은 억압이나 전쟁이 아니고 바로 인간의 자유의지였다.

나치당은 1932년 선거를 통해 다수당이 되었다. 베네수엘라의 차베스 역시 1998년 합법적 선거로 정권을 잡았다. 북한의 공산화 역시 절대 강요에 의해 이루어지지 않았다. 토지개혁령, 중요산업국유화령 등 법령을 통해 합법적 형태를 취하며 공산화되었다. 이 모든 것이 자유인들의 박수갈채와 환호 속에서 이루어진 일이다.

"왜 그렇게들 싸우느라 힘을 빼느냐"며 사람 좋은 소리를 하던 사람들 또한 결국 역사 속에서 패자로 남았다. 프랑스 혁명 당시 지롱드파가 자코뱅파에 의해 제거된 것, 러시아 혁명 당시 트로츠키가 레닌에 의해 암살당한 것 등이 그 예다.

야만과 문명, 무질서와 질서가 충돌하면 결국 야만과 무질서가 이길 수밖에 없는 필연이 뒤따른다. 원칙 없는 온건함, 기준 없는 자유가 보장되는 진공의 자리에는 언제나 그 자유와 질서를 박탈할 여지를 남겨둔다.

"최고의 사람들은 모든 신념을 잃었고, 최악의 사람들은 열정적인 강렬함으로 가득 차 있다."

그렇다면 현재 대한민국의 보수주의자들과 자유주의자들의 모습은 어떠한가? 기준이 없기 때문에 때에 따라 애절하게 자유를 부르짖다가도, 때로는 파시스트와 구분조차 어려울 만큼 전체주의적인 모습을 보이기도 한다. 보수주의자들과 리버럴, 초국가주의 포퓰리스트들이 한 몸을 이루고 있다. 어떤 면에선 우익리버럴 혹은 좌익리버럴보다도 끔찍한 혼돈이다. 질서와 원칙, 그리고 지성의 부재다.

국가의 경쟁력을 위해 "아이를 낳아서 애국하라"고 윽박지르는 자들과, 개인의 자유를 위해 "낙태의 자유를 보장하라"고 소리 지르는 자들이 함께 존재하는 모순된 사회가 현재 대한민국이다. 물론, 자녀를 낳고 애국을 하라는 말의 저의에 악의가 담겨 있을 것이라고는 생각하지 않는다. 다만, 소위 보수주의자임을 자처하는 자들의 언어를 가만 분석하다 보면 공동체를 위해 개인을 희생시켜도 좋다는 생각이 무의식적으로 그 저변에 깔려 있음을 알 수 있다. 그리고 이는 대한민국의 집권여당이자 보수 우파를 표방한다는 정당의 강령에서도 드러난다. "우리는 개인의 이익을 넘어선 공공의 선이 존재하고, 자유는 공동체를 깨뜨리지 않는 범위에서 허용된다고 믿는다.*"

대통령이 취임사에 '자유'라는 단어를 35번 외쳤다고 해서 벅차오르는 감격을 느꼈다는 사람들이, 본인들이 그토록 싫어하는 주체사상 내지는 권위주의적 좌파의 사상적 일색화를 추구한다. 본인들이 누구인지, 무엇을 지지하는지, 정체성조차 제대로 확립되지 않았다.

그야말로 뒤죽박죽이다.

이렇듯, 보통 우익 전체주의는 전통과 질서라는 이름 아래 개인의 권리와 자유를 제한하고 통제하는 경향을 보인다. 그들은 국가의 질서를 유지하기 위해 필요하다면 개인의 자유를 희생시킬 수 있다고 믿으며, 이것이 사회를 안정적으로 유지하는 유일한 방법이라고 주장한다. 하지만 이는 진정한 자유가 아니라 집단주의적 속박일 뿐이다.

정부가 어떤 국민에 대한 독점적 강제력을 행사해도 좋다고 주장하는 모습은 보수든 진보든 중도든 정치 성향과 상관없이 어느 집단에서든 쉽게 발견된다. 그런 사람들은, 그 강제력이 결코 타인에서 끝나는 것이 아니라 결국 당신에게도 강제력을 행사하게 된다는 사실을 깨닫기 바란다.

"우리는 자유지상주의로 가장한 자유방탕주의에 호소함으로써

---

* 국민의 힘 강령(https://www.peoplepowerparty.kr/about/preamble)

도덕적 논쟁을 완전히 피할 수 있다고 스스로를 설득해 왔다."

그러면 우리는 어떻게 해야 할까? 진정한 자유는 단순히 집단의 이익이나 이념에 맞추는 것이 아니라, 개인의 존엄성과 권리를 존중하는 데에서 출발해야 한다. 동시에 개인의 자유가 내가 하고 싶은 대로 할 수 있는 방종은 더더욱 아님을 이해해야 한다. 사상의 자유와 표현의 자유는 내가 하고 싶은 말을 아무렇게나 남발하는 것을 용인한다는 것이 아니다. 헌법이 보장하는 자유는 어떤 면에서 보면 결국 '신체의 자유' 그리고 '재산권'과 긴밀히 맞닿아 있다.

예를 들어서 미국 마약의 거리로 유명한 필라델피아의 켄싱턴 애비뉴나, 로스앤젤레스의 스키드 로우를 생각해 보라. 남자를 여자라고 부르고, 여자를 남자라고 불러도 될만큼 표현의 자유가 보장되는 자유로운 곳이다. 그러나 마음 놓고 낮이든 밤이든 걸어 다닐 수 있는 곳이 아니다. 강도가 가게로 들어와 물건을 가져가도 공권력이 나서주지 않는다. 범죄가 판을 치고 질서가 무너졌다. 생각의 자유와 표현의 자유가 극도로 보장되는 곳일수록 사유재산에 대한 권리와 신체의 자유는 위협에 처할 수 있음을 보여주는 대표적인 사례다.

우리의 목적은 자유 그 자체가 되어서는 안 된다. 자유는 의로운 삶을 향한 하나의 도구다. 그러나 자유가 목적이 되는 순간 우리의 자유는 우리를 옭아매는 사슬이 될 것이다. 우리의 목적은 의로운 삶, 즉 올바른 삶이다. 그리고 그 삶을 살아내고 지키기 위해서는 반드시 기준과 원칙이 필요하다. 그리고 그 기준은 어떤 지도자와 같은 인물도, 그런 인물들이 모여있는 어떤 정치 정당도 아니다. 그 기준은 인류가 오랜 시간 동안 추려 온 보편적 가치이며 그 가치는 한 개인과 생명에 대한 존중, 개별성에 대한 이해, 사회와 개인의 계약, 법치 그리고 질서다.

그 어느 때보다 이승만 대통령이 남긴 이 문장이 대한민국에 울린다.

"민주 정체의 요소는 개인의 근본적 자유를 보호하는 것입니다…. (우리는) 자유의 뜻을 바로 알고 존중하며 한도 내에서 행해야 할 것입니다."

마지막으로 이 책의 원제를 왜 문자적으로 번역하지 않았는지 설명하는 시간이 잠깐 필요할 것 같다. 이 책의 원제는 『Speechless: Controlling Words, Controlling Minds』, 즉 '언어를 통제하여 정신을 통제하라'로, 표현의 자유와 정치적 올바름을 둘러싼 미국 사회 내 논쟁을 다루고 있다.

그러나 옮긴이는 이 책을 읽는 독자들이 "언어와 정치적 올바름"이라는 주제에서 한 걸음 더 나아가길 바랐다. 더 큰 관점에서 자유에 대해 깊이 성찰할 기회로 삼기 위해 책의 제목을 "자유의 적, 자유"로 번역했음을 밝힌다.

내 정치적 성향이 무엇이든, 성인이 된 이후 확고하게 자리 잡은 신념을 한번 내려놓고 열린 마음으로 나의 견해를 의심해 보는 독서의 시간이 되길 바란다.

2024년 9월, 반지현

알리사에게, 사랑을 담아.

목차

일러두기

1. 이 책은 Michael Knowles의 『Speechless:Controlling Words, Controlling Minds』(Regnery, 2021)를 우리말로 옮긴 것이다.
2. 외국어의 우리말 표기는 국립국어원의 외래어 표기법을 따르되, 굳어진 외래어의 경우는 예외로 두었다.
3. 본문에 나오는 주요 인물과 저작의 원어 표기는 원서에 따라 병기하였다.
4. 단행본과 잡지, 신문 등은 『』로 표시하고, 논문, 시, 연극, TV 프로그램, 영화 등은 「」로 표시했다.
5. 모든 각주는 옮긴이의 것이다.

서론

아무 글도 적히지 않은 책을 베스트셀러로 만든 필자가 다음 책의 주제로 "언어"를 선택해야 한 것은 아이러니하다.* 그러나 아이러니는 정치적 올바름political correctness(이하 'PC')의** 심장부에 깊이 자리하고 있다. "정치적으로 올바르다"는 말은 곧, 적어도 "현실에서는 올바르지 않다"와 같은 말이다. 예를 들어 드레스를 입은 남자는 남자이지만, 정치적 올바름에 따르면 "트랜스젠더 여성"이라고 불린다. 누군가를 트랜스젠더 여성이라고 부르는 것은 사실 그가 실제로 여성이 아니라는 것을 시인하는 것과 같으므로 이 용어 자체가 돌고 도는 자기모순을 포함하고 있는 셈이다.

그뿐만 아니라, 정치적 올바름을 지지하는 사람 중에서도 이 표현을 진심으로 사용하는 사람은 거의 없다. 그들은 대개 자신들의 지나친 간섭을 인정하는 듯, 은근히 비꼬는 태도 내지는 농담조로 이 표현을 사용한다. 그러나 이를 자각하고 있는 진보주의자들이 항상 진정

---

* 저자의 첫 번째 책인 『민주당에 투표해야 하는 이유』는 책을 펼치면 처음부터 끝까지 아무것도 적혀 있지 않은 백지로 이루어져 있다. 민주당에 투표할 이유가 없다는 의미를 담은 일종의 개그 도서다.

** 정치적 올바름이란 사회적 약자나 소수 집단에 대한 차별적이거나 편견에 기반한 언어 표현을 지양하고, 중립적이고 포용적인 언어를 사용하려는 태도를 말한다.

성 있게 이 용어를 사용하지는 않을지라도, 그들이 이 기준을 남들에게 강요할 때만큼은 그 누구보다도 엄격해진다.

필자의 아무 글이 적히지 않은 베스트셀러, 『민주당에 투표해야 하는 이유: 종합 안내서Reasons to Vote for Democrats: A Comprehensive Guide』는 표면적으로 좌익을 겨냥한 책이었다. 그러나 이번 책은 우리 문화를 전복하기 위해 오랜 세월 동안 쌓아 올려진 정치적 올바름을 방관해 온 우익 진영의 무능과 실패를 설명하기 위해 더 많은 잉크를 쏟아부은 아이러니한 책이다. 보수주의자들이 정치적 올바름과 싸우려고 애쓰면 애쓸수록, 이 문제는 더 악화하는 것처럼 보인다. 이 상황은, 체스터턴G. K. Chesterton이 "끊임없이 실수를 저지르는 것"이 전업인 진보주의자들과, "진보주의자들의 실수가 시정되는 것을 막는 것"이 전업인 보수주의자들로 두 진영을 구분했던 사실을 상기시킨다.[01]

미국인들은 1980년대 후반에서 1990년대 초반, 언어에 대한 논쟁이 대학 캠퍼스와 기업 이사회를 뒤흔들면서 정치적 올바름이라는 것에 대해 처음으로 인식하기 시작했다. 그러나 사실 언어에 대한 그들의 규범은 보수주의자들에게 거의 알려지지 않은 채 20세기 초부터 단계적으로, 점진적으로 정립되어 왔다. 그리고 보수주의자들은 향후 수십 년 동안 정치적 올바름과 헛된 싸움을 하며 헛된 시간을 보내게 된다.

보수주의자들이 이 싸움에서 패배해 온 이유는 그들이 대부분 정

＊ 길버트 키스 체스터턴(Gilbert Keith Chesterton, 1874-1936)은 영국의 작가, 철학자, 언론인, 신학자로, 유머, 패러독스 등을 활용한 독특한 문체로 유명하다. 그는 사회주의, 자본주의, 무신론 등에 대해 비판적인 견해를 표명하였으며 현대 기독교 문학과 사상에 큰 영향을 미쳤다.

치적 올바름이 무엇인지 제대로 이해하지 못했기 때문이다. 그들은 정치적 올바름 및 이것의 파생 현상인 "워키즘wokeism"과 "캔슬 컬쳐 cancel culture"를 단순히 "검열censorship" 정도로 해석하면서, 이를 "자유"의 이름으로 반대해야 한다고 목소리를 높여왔다. 이 단순 무식한 주장들은 보수주의자들이 정치적 올바름에 대해, 그리고 자유와 검열에 대해 얼마나 무지한 상태인지를 여과 없이 드러낸다.

여러 해 동안 많은 보수주의자들이 정치적 올바름에 대한 모호한 불만을 제기해 왔지만, 사실 정치적 올바름과 "검열"은 같은 단어가 아니다. 두 개념 간에 어느 정도 연관성이 있는 것은 사실이지만, 정치적 올바름은 단순한 검열을 의미하지 않는다. 오히려 좌파 이데올로기 테두리 안에서 말과 행동의 "기준"을 의미한다. 물론 그들 역시 특정 단어와 행동을 검열하는 것은 의심할 여지 없는 사실이다. 그러나 그것은 전통적 보수주의자들도 마찬가지다. 모든 사회는 어떤 기준을 받아들이기도 하고 때론 그 기준을 강제하기도 한다. 그런데도 오늘날 많은 보수주의자는 이 기본적인 사회적 사실을 외면하고 있다. 전통의 수호자라 자처하는 이들이 모든 전통적 기준은 딴 데 치워 두고 오로지 자유만을 외치고 있다.

그러나 정치적 올바름이라는 개념을 개발한 "사회 공학자social

---

* 워키즘은 사회 정의, 인종 차별, 성 차별 등의 문제에 대해 각성, 즉 깨어서(woke) 적극적으로 대응하려는 사회운동 및 사상을 일컫는 단어로, "깨시민주의", "각성주의", "사회정의주의" 등으로 번역된다.

** 캔슬 컬쳐는 개인이나 단체가 사회적으로 용인될 수 없는 발언이나 행동을 했을 때, 대중이 집단적으로 그들을 비난하고 배제하는 문화 현상을 의미한다.

engineers"들은 전통적인 기준을 파괴하고 그 자리에 새로운 언어의 기준을 수립하는 것을 목표로 삼았다. 정치적 올바름의 기본 이론이 점점 발전함에 따라, 그들의 주장은 본인들끼리도 서로 모순되거나 충돌하기도 했다. 그러나 여기서 중요한 점은, 정치적 올바름이 주장하는 내용은 매 순간 쉬지 않고 바뀔지 몰라도, 전통적 관습에 대한 공격만큼은 꾸준히 지속되고 있다는 점이다.

보수주의자들은 이 새로운 규범에 대해 두 가지 태도로 반응했다. 융통성 있는 일부 보수들은 급진주의자들의 요구에 수용하면서 편의, 그리고 본인들 딴에는 예의까지 고려해 가며 정치적으로 올바른 언어를 따라 사용하기 시작했다. 반면, 좀 더 단호한 성향의 보수들은 새로운 언어를 받아들이지는 않았으나, 그 거부의 근거를 자유에 대한 모호한 호소 및 검열에 대한 반대에 두었다. 그러나 이러한 방식은 그들이 보호하겠다고 주장하는 전통적 가치에 대한 실질적인 방어는 등한시하고, 결국 "표현의 자유"에 대한 추상적이고 느슨한 방어에 의존하게 만듦으로써, 표현의 자유를 옹호할 실질적 근거를 상실하게 했다.

결국, 두 집단 모두 정치적 올바름이 추구하는 목표를 무의식적으로 도와주는 처지로 전락했다. 더 고분고분한 항복일수록 더 큰 고통이 뒤따르는 법이다. 그렇게 전통적인 언어 규범은 점차 사라지게 되었다. 그러나 자연은 공백 상태를 용납하지 않는다. 따라서 새로운 규

---

* 사회 공학(social engineering)은 사회 제도나 구조를 계획적으로 변화시키려는 시도를 일컫는 개념이다. 사회 공학자는 사회 공학에서 파생된 비유적 개념으로, 기존의 언어 사용 기준을 의도적으로 무너뜨리는 사람들을 말한다.

범이 전통적인 규범을 대체하게 되었고, 이 과정에서 단호했던 보수주의자들도 점차 유연한 보수주의자들로 변하게 되었다. 이러한 변절은 전통적 가치를 지키려 했던 이들에게도, 결국은 정치적 올바름의 논리에 순응하는 결과를 낳았다.

보수주의자들은 "표현의 자유"를 둘러싼 싸구려 철학과 논쟁 따위에 몰두하면서 정치적 올바름을 반대하는 데 수십 년의 세월을 낭비해 왔다. 그들은 현실에서는 결코 실현될 수 없는 자유에 대한 개념을 지킨답시고 점차 실질적인 문화적 가치를 포기해 왔다. 현재, 좌파가 검열을 주장하는 상황에서 보수주의자들은 과거 리버럴liberals[*]들이 한때 위선적으로나마 요구했던 "표현의 자유"를 무제한으로 보장해야 한다는 입장을 지지하는 아이러니한 상황에 부닥쳐 있다. 이러한 모순 속에서 그들은 정치적 올바름이 파 놓은 함정에 스스로 빠져버렸다는 사실을 인지조차 하지 못하고 있다.

보수주의자들이 혼란스러워하는 사이에 정치적 올바름은 쉬지 않고 발전하여, 오랫동안 상식으로 여겨져 온 용어와 개념을 억압하는 것을 넘어 이제는 금지하기에 이르렀다. 이러한 추세에 대응하기 위해 보수주의자들은 이제 그만 피상적인 구호를 버리고 상대방의 논리를 진지하게 받아들여야 한다. 자기만족에 빠진 중도 우파들과 달

---

[*] 한국어로 리버럴은 일반적으로 "진보주의자" 또는 "자유주의자"로 번역된다. 정치적 맥락에서는 사회 변화와 개혁을 추구하는 진보적 성향(여성인권, 성 소수자 권리, 사회 복지, 평등, 정부의 역할 확대 지지)을 가리키나, 경제적 측면에서는 자유시장 경제를 지지하는 자유주의자들(정부의 시장 개입 최소화, 개인과 기업의 경제 활동의 자유 중시)을 의미하기도 한다. 해당 문단의 문맥에서는 전자에 해당하는 진보주의자들을 가리키고 있다.

리, 정치적 올바름을 주창한 좌파 지식인들은 언어, 검열, 심지어 자유의 개념까지도 보수주의자들보다 깊게 이해하고 있다. 그리고 급진주의자들은 언어, 검열, 자유를 무기로 휘두르며 우리 문명을 무너뜨리려 하고 있다. 이들이 이 도구들을 능숙하게 다룰 줄 안다는 것, 그리고 우리의 언어, 사고, 문화를 재구성하는 데 크게 성공했다는 것은 부인할 수 없는 사실이다.

보수주의자들은 전통적 가치를 강화하거나, 아니면 새로운 규칙 앞에 무릎 꿇거나 둘 중 하나의 기로에 서게 될 것이다. "표현의 자유"와 "검열" 사이 어딘가 어중간한 회색 지대를 선택할 수 있을 것이라는 생각은 착각이다. 이런 사고방식은 지난 한 세기 동안 정치적 올바름이 이용해 온 가상의 이분법적 사고방식에 불과하다. 보수주의자들이 인정하든 안 하든 상관없이 우리가 어떤 특정한 기준에 따라 말하고 행동해야 한다는 사실은 변함이 없다. 정치적 올바름이 우리의 입을 막았다고 치자. 그렇다면 말할 것도 없는 이들에게 말할 권리를 줘봤자 그것은 아무 의미 없다.

테네시 내슈빌에서
2021년 1월 18일

이상한 나라의 서양

THE WEST IN WONDERLAND

01

이상한 나라의 서양

험프티 덤프티는 조금 깔보는 투로 말했다.

"내가 어떤 단어를 쓰면, 그것은 바로 내가 선택한 의미만 가지는 거야. 그 이상 그 이하도 아니야."

앨리스가 말했다. "문제는 당신이 그렇게 여러 가지 의미를 뜻하는 단어를 쓸 수 있느냐 없느냐 하는 것이지요."

험프티 덤프티가 말했다. "문제는 누가 주인이냐는 거야. 그게 전부야."[01]

루이스 캐럴의 『거울 나라의 앨리스Through the Looking-Glass』에 나온 이 짧은 대화는, 이 책이 출간된 지 한 세기 후 우리의 정치적 풍경을 정의하게 될 "단어 전쟁the war of words", 즉 정치적 올바름의 등장을 예견하고 있다. 불법으로 국경을 넘는 사람을 "불법 이민자illegal alien"라고 부르든 "서류 미비 이민자undocumented immigrant"라고 부르든, 그게 무슨 상관인가? "크리스마스트리"와 "홀리데이 트리" 사이에 무슨 차이가 있는가? 왜 우리는 의미의 미묘한 차이에 그토록 집착하는가? "지구 온난화global warming"를 "기후 변화climate change"로, 그리고 최근처럼 "기후 위기climate crisis"로 명칭을 변경한다 한들, 그것이 우리 문명에 가하는 위협의 본질은 달라지지 않는다. 그런데 왜 우리는 단어와 의미의 뉘 앙스에 몰두하는가?

이 모든 걸 단순한 말장난으로 치부할 수도 있겠지만, 사실 의미론적 차이는 중요하다. 사람들은 종종 "그저 의미론적인 차이일 뿐이야."라고 말하면서 그 차이를 사소한 것으로 치부하려 한다. 하지만 그렇게 말하는 사람 중 실제로 "의미론semantics"이 무엇을 의미하는지 아는 이는 얼마나 될까? "의미론"은 말 그대로 의미 자체를 다룬다. 의미론은 단어의 의미를 연구하는 학문으로, 우리가 어떤 것을 다른 것과 구별할 수 있게 해준다. 이러한 구별의 과정은 우리가 처음으로 말을 배우면서 시작된다. 아기는 "엄마!"라고 외치며 엄마와 아빠를 구별한다. 하지만 오늘날에는 이런 기본적인 구별조차 정치적 올바름의 교리에 저촉되는 상황에 처하기도 하는데, 그 부분은 이 책을 통해 차차 알아보기로 하자. 험프티 덤프티는 알고 있었지만, 앨리스는 깨닫지 못한 사실이 있다. 바로 단어가 우리의 사고방식을 형성하고, 우리가 세상을 보는 방식에 색채를 부여한다는 사실이다.

험프티 덤프티는 아리스토텔레스의 저작을 깊이 있게 연구한 것으로 보인다. 고대 철학자인 아리스토텔레스는 인간을 "정치적 동물"

로 정의했다. 이는 인간만이 말할 수 있는 능력을 갖추고 있기 때문에 "다른 어떤 사회적인 동물들보다도" 더 정치적이라는 의미이다. 다른 짐승들은 쾌락이나 고통을 단순히 신음으로 표현할 뿐이지만, 오직 인간만이 "유익한 것과 유익하지 않은 것, 정의와 불의"를 구별해 표현할 수 있는 언어의 능력을 갖추고 있다.[02] 따라서 인간만이 선과 악을 구별할 수 있다. 그리고 이러한 구별 능력은 "가족과 국가를 형성"한다. 험프티 덤프티와 아리스토텔레스 둘 다 여기서 더 나아가 "정치란 곧 언어"임을 이해했다. 그리고 전쟁은 국정에서 언어의 영역이 실패하는 순간 발발한다. 프로이센의 군사 이론가 칼 폰 클라우제비츠Carl von Clausewitz의 말대로 "전쟁은 다른 수단에 의한 정치의 연장war is the continuation of politics by other means"이라고 한다면, 언어는 일상적인 수단에 의한 정치의 실천이라고 할 수 있다.[03]

언어는 시간이 지남에 따라 자연스럽게 변화한다. 최근 두드러진 예로, "literally"라는 단어가 있다. 이 단어는 원래 비유적인 의미는 없었고, 가장 기본적인 의미로서 단어를 사용한다는 뜻이었다. 그러나 이제는 비유적으로 단어를 사용하는 행위를 묘사하는 데에도 사용된다. 그야말로 "literally"의 반대 의미인 셈이다.* 더욱 혼란스러운 것은, "literal"이라는 단어는 문자(letter)를 의미하는데, 문자는 곧 기호

---

* "literally"라는 단어는 기본적으로 두 가지 의미를 가지고 있다. 첫 번째는 문자 그대로의 의미로 사용된다. 예를 들어, "말 그대로 몸이 얼어 붙었어(I was literally frozen)."라고 말할 때, 이는 매우 추워서 몸이 얼어붙는 것처럼 느껴졌다는 직접적인 의미를 전달할 수 있다. 두 번째는 강한 감정이나 충격을 표현할 때 과장이나 비유로 사용된다. "너무 웃겨서 죽는 줄 알았어(I literally dies laughing)."에서 literally는 실제로 죽은 것이 아니라 매우 강한 웃음을 경험했음을 비유적으로 강조한다.

이므로, 사실 "literal"의 본래 의미와는 반대 개념이 된다. 그뿐만 아니라 "literal"의 비문자적 의미는 적어도 100년 전, 제임스 조이스의 소설 『율리시스Ulysses』까지 거슬러 올라간다. 이 모든 것은 언어의 자연스러운 진화가 복잡하다는 것을 말해준다.[04]

그러나 한편, PC 문화가 언어에 끼친 왜곡은 자연스럽지도 않고 복잡하지도 않다. 정치적 올바름의 언어는 마치 스스로에게 별명을 지어주려는 사람과 같다. 이러한 언어 사용의 인위적이고 속이 빤히 들여다보이는 명백한 특성 때문에, 정치적 올바름의 언어는 자신이 의도하는 바를 제대로 이루지 못한다. 스스로에게 부여한 별명은 그 사람이 이를 강제로 시행할 만큼의 권력을 가지고 있지 않은 한, 결코 유지될 수 없기 때문이다.

정치적으로 올바른 용어로 최근 사회과학자들이 만들어낸, 청소년 범죄자를 칭하는 단어의 사례를 생각해 보자. 청소년 범죄자를 "정의와 관련된 청소년(justice-involved youth)*"이라고 부르는 것은 전혀 자연스러워 보이지 않는다. 그들이 이러한 어휘의 변화를 추진하는 이유는 간단하다.[05] 좌파 정치 활동가들이 청소년 범죄자들을 더 쉽게 석방하고자 하는 의도에서 "정의와 관련된" -정확히 말하자면 "정의에 반하는 행위를 한"-이라는, 더 긍정적인 뉘앙스의 이름으로 바꾸기로 한 것이다. 이는 청소년 범죄자의 석방을 사람들이 더 편하게 받

---

* "justice-involved youth"는 "사법 관련 청소년"으로 번역하는 것이 좀 더 중립적이고 정확한 번역이다. 그러나 이 글의 전체적인 맥락상 "justice", 즉 정의라는 긍정적 의미도 포함하고 있는 해당 단어가 PC 용어에서 어떻게 오남용되는지에 대한 지적으로 등장하기 때문에 "정의와 관련된 청소년"으로 번역했다.

아들이도록 유도하기 위한 목적이 숨어 있다. 이런 인위적인 전문 용어들은 대중적으로 자리 잡는 데는 실패했지만, 이러한 활동가들과, 그들의 동지들로 이루어진 단체들이 관련 기관들을 지배하고 있는 까닭에, 고등 교육과 행정 영역에서는 현재 널리 사용되고 있다.

언어란 이토록 중요한 것이다. 따라서 "정치적 올바름political correctness" 에 대한 정의도 마찬가지로 중요하다. 정치적 올바름에 대한 여러 정의는 특정 정치적 규범을 더 잘 반영하기 위해 특정 언어 사용을 피하는 것을 포함한다. 예를 들어, 1997년 『옥스퍼드 신어사전Oxford Dictionary of New Words』은 이 용어를 "사회 문제에 대해 자유주의적 또는 급진적 견해를 지닌 집단에 대한 순응을 의미하며, 승인된 견해를 지지하고, 차별적이거나 불쾌한 것으로 간주하는 언어와 행동을 거부하는 것" 이라고 정의하고 있다.[06] 이러한 요소들은 정치적 올바름의 구성 요소이다. 그러나 이 정도만으로는 정치적 올바름을 정의하기에 충분하지 않다. 정치적 올바름은 단지 명확한 단어가 가리키는 가혹한 현실을 가려주며, 단어의 본래 의미를 역행하고 우리의 문화를 현실에서 멀어지게 만드는 역할을 한다.

대다수 사람은 언어가 좌파 이념에서 중요한 역할을 한다는 사실을 알고 있지만, 좌파 이념과 언어 사이의 관계는 우리가 생각하는 것보다 훨씬 깊다. 조지 오웰George Orwell은 그의 작품 『1984』에서 정치적으로 올바른 언어인 "신어Newspeak"와 영국 사회주의 정권인 "영사 IngSoc"사이의 관계를 그려냈다. 책에서는 전체주의 당원이 "신어의 궁극적 목표가 사람들의 사고 범위를 제한하려는 것임을 진정 모르느냐"라고 묻는 장면이 나온다. "언어가 완벽해지는 순간, 혁명도 완성

될 거야. 신어가 영사고, 영사가 신어가 되는 거지."[07] 이 구절은 정치적 올바름과 좌파 이념에도 그대로 적용될 수 있다. 자신을 여성으로 여기는 남성은 "트랜스젠더 여성" 혹은 더 나아가 단순히 "여성"으로 불리길 원한다. 이는 좌파적 이데올로기가 언어만으로 남성이 여성이 될 수 있을 정도의 극단적 해방을 주장하기 때문이다. 언어는 단순히 이념을 강화하는 것을 넘어, 실제로 이념 자체를 구성하고 있다.

일부 정치적 올바름의 지지자들은 자신들이 언어를 현실 조작의 도구로 사용한다는 사실을 인정하면서도, 동시에 그 점은 보수주의자들도 마찬가지 아니냐고 반문한다. 옥스퍼드대학교의 언어학자 데버러 캐머런Deborah Cameron은 1990년대 정치적 올바름 논쟁에서, 리버럴 진영의 "언어 위생사verbal hygienists"들은 단지 "공통 언어를 중립적이고 보편적인 것처럼 포장하는 자들에게, 실제로 공통 언어는 특권을 가진 백인 이성애자 남성의 관점만 대표하고 있다고 비판하는 사람들"이라고 주장했다.[08] 즉, 그들은 언어가 가치 중립적일 수 없으며, 오히려 지금까지 가부장제와 백인 우월주의를 강화하기 위해 설계된 거짓이라고 비판한다.

같은 시기에, 문학 이론가인 스탠리 피시Stanley Fish는 『표현의 자유 같은 건 없다There's No Such Thing as Free Speech』라는 책에서 "객관적인 진실 탐구"는 절대 가능하지 않으며, 전통적인 언어 또한 정치적으로 올바른 용어들만큼 정치적이라고 주장했다.[09] 심지어 보수 성향의 칼럼니스트 로버트 켈너Robert Kelner조차 1990년대 초 정치적 올바름에 대한 우려를 "정치적 올바름이라는 상상 속 산물에 대한 전쟁"이라고 평가절하했다. 그는 보수주의자들 또한 언어와 문화를 조작한다고 말하

며, 그러한 왜곡이 우리 자신의 정치적 올바름을 만들고 있다고 지적
했다.

비평가들의 주장에도 일정 부분 분명히 일리가 있다. 언어를 정치
적 목적으로 조작하는 것은 좌파들에만 국한되지 않는다. 예를 들어,
존 F. 케네디 대통령은 기자 에드워드 R. 머로우Edward R. Murrow의 글을
인용해, 윈스턴 처칠이 제2차 세계대전 중 "영어를 동원하여 전투에
나섰다."라고 칭찬했다.* 그러나 레이디 에스터Lady Astor**를 포함한 그 누
구도 처칠을 "정치적으로 올바른 사람"이라고 칭하지 않았다.[10] 페리
클레스부터 도널드 트럼프까지, 모든 지도자와 연설가들은 자신들의
목적을 달성하기 위해 언어를 활용해 왔다. 그러나 도널드 트럼프를
정치적으로 올바른 사람으로 보는 이는 없다. 여기서 비평가들이 간
과하는 것은, 각 진영이 언어를 조작하는 방식에는 근본적인 차이가
있다는 점이다.

우파 성향의 사람들은 강력한 어휘를 사용하여 명확한 이미지를
조성하는 방식으로 언어를 활용하는 경향이 있다. 예를 들어 처칠은,
"우리는 해변에서, 상륙지에서, 들판과 거리에서, 언덕에서 싸울 것이
다. 우리는 절대로 항복하지 않을 것이다."라고 선언했다.[11] 처칠은 오

---

* 처칠은 연합군의 사기를 북돋우는데 결정적인 역할을 하는 도구로 언어, 즉 연설을 통해 대중
  을 동원하고 전쟁을 수행했다. 그는 언어가 실질적인 행동과 변화를 촉진할 수 있는 강력한 수
  단임을 보여줬다.

** 레이디 에스터는 영국 하원에 선출된 최초의 여성의원으로, 윈스턴 처칠과의 유머러스하면서
  도 날카로운 대화로 영국 정치사에서 유명했다. 가장 유명한 일화 중 하나는 다음과 같다. 레
  이디 에스터가 처칠에게 말했다. "만약 당신이 내 남편이라면, 나는 당신의 차에 독을 탈 거예
  요." 그러자 처칠이 대답했다. "만약 당신이 내 아내라면, 나는 그 차를 기꺼이 마실 거고요."

바마처럼 "해외 비상 대응 작전" 같은 미지근한 용어를 사용하지 않았다. 대신, 전 세계에 "싸우겠다"는 명확하고 간결한 메시지를 전달했다. 그는 전투가 이루어질 구체적인 장소를 명시했고, 만약 누구 한 명이라도 그의 말을 놓쳤을까 봐 "절대로 항복하지 않겠다"고 다시 한번 강조했다.

도널드 트럼프는 2015년 대통령 출마 선언 연설에서, 처칠만큼 우아하지는 않았지만, 마찬가지로 직설적인 언어를 사용했다. 그는 불법 이민자들을 "마약을 들여오고", "범죄를 저지르고", "강간을 저지르는 자들"이라고 비판했다. 그러면서도 "일부는 좋은 사람들"이라고 언급하며 일부 예외를 인정했지만, 전반적으로 그는 명확하고 강한 언어를 사용했다. 트럼프의 발언에 대한 개인적인 견해는 차치하고, 최소한 그가 무엇을 말하려는지 이해하는 데는 어려움이 없다.[12]

정치적으로 올바른 언어는 완곡어법, 즉 더 부드러운 단어를 선택하여 거친 현실을 부드럽게 포장한다. 사실, 우리는 모두 예의를 갖추기 위해 어느 정도 완곡어법을 사용한다. 예를 들어, 노년기의 여성들을 "특정 연령대의 여성"이라고 부르고, 사망한 사람을 "세상을 떠났다"라고 표현해 애도를 나타낸다. 과거에는 여성이 화장실을 사용할 때 "화장을 고치러 간다"고 표현했으며, 현재는 "변기(toilet)"보다는 "욕실(bathroom)" 혹은 "휴식실(restroom)"과 같은 단어를 통해 화장실을 우회적으로 표현한다.[13] 이러한 완곡한 표현이나 긍정적인 단어를 선택하여 우리는 예의를 지키고, 상황을 더 우아하게 표현할 수 있다.[14]

이 모든 예에서 볼 수 있듯, 예의를 표하기 위한 완곡어법은 현실을 부드럽게 전달해 줄 뿐, 실제 상황과 모순되게 만들지는 않는다. 노년의 여성은 실제로 "특정 연령대의 여성"이며, "세상을 떠났다"는 표현은 죽음을 시적이고 영적으로 묘사한다. 여성이 욕조(bath)가 포함된 방에서 어떤 다른 일을 마친 뒤, 실제로 화장을 고칠 수도 있다. 이 공간에 종종 욕조(bath)가 있는 것도 맞고, 누구든지 휴식(rest)을 취할 수 있는 것도 맞다. 예의에 어긋나지 않는 완곡어법은 진실을 더 부드럽게 전달할 뿐, 현실을 왜곡하거나 거짓말을 하지는 않는다.

그러나 좌파는 언어 조작을 통해 현실을 왜곡하는 데 그치지 않고, 때로는 현실을 은폐하거나 아예 부정하기도 한다. 예를 들어, 태아를 제거하는 행위를 "여성 건강 관리"나 "출산 선택권" 등으로 포장하지만, 실제로 낙태는 여성의 건강이나 출산할 권리에 반하는 결과를 초래할 수 있다. 스리랑카의 한 교회에서 무슬림에 의한 테러 공격이 발생했을 때, 힐러리 클린턴은 희생자들이 기독교인들이었다는 사실을 숨기기 위해 "부활절 숭배자(Easter worshipper)"라는 요상한 용어를 사용해 트위터에 애도하는 글을 올렸다. 클린턴이 명확하고 직접적인 언어를 사용한 경우는, 그녀가 자신을 지지하지 않는 미국인들을 "역겨운 사람들(deplorable)", "머저리들(irredeemable)"이라고 묘사한 2016년 대선 캠페인 당시 발생한 사건이 유일했다. 이는 그녀의 캠페인에서 가장 재앙적인 순간 중 하나였으며, 이 발언은 정치인이 저지를 수 있는 가장 치명적인 실수였다. 사람들에게 자신이 정말로 생각하는 진심을 입 밖으로 꺼낸 것이다.

"절름발이(cripple)"와 같이 직설적인 용어는 그 의미를 명확하게 전달한다. "장애인(disabled)"이나 "장애우(handicapped)"와 같이 덜 노골적인 동의어는 그 의미는 유지하면서 불쾌감은 덜어줄 수 있다. 그러나 "장애 능력자(handi-capable)"와 같은 정치적으로 올바른 용어는 불쾌감은 덜어줄지 몰라도 실제 의미를 왜곡할 수 있다. 이러한 완곡어법은 묘사하고자 하는 상태와는 정반대의 상태를 의미하기 때문이다.

정치적 올바름은 거짓이다. "정치적 올바름"이라는 표현 자체가 이 개념의 본질적인 부정직함을 보여준다. 왜냐하면 "정치적 올바름"은 다른 어떤 종류의 말보다 더 정치적이지도 않으며, 올바르지도 않기 때문이다. 이 표현은 이념가들이 자신들의 정치적 목적을 위해 진실로 여겨져야 한다고 믿는 거짓말을 분류하기 위한 방법으로 사용하기 시작했다. 많은 PC 용어는 명사나 형용사에 비정상적인 형용사나 부사를 추가하는 공식을 따른다. 대통령 연설문 작성자이자 보수 칼럼니스트였던 윌리엄 새파이어William Safire는 이를, "부사로 수식된 형용사적 어휘 단위"라고 설명했으며, 이 설명 자체가 정치적 올바름 용어를 풍자하는 것이었다.[15] 새파이어가 이 공식을 소개하던 시기에 코미디언들 또한 "키가 작은"을 "수직적으로 도전받는(vertically-challenged)"으로 번역하는 식으로 정치적 올바름을 열심히 조롱했다.

이 공식에서 형용사나 부사는 보통 그것이 수식하는 명사나 형용사의 의미를 부정하는 역할을 한다. "정치적으로 올바른"이라는 용어 자체가 형용사("올바른")를 부정하는 부사("정치적으로")를 사용하여 이 정치적으로 올바른 공식을 따른다. 즉, "올바름"은 진실을 의미하지만 "정치적으로 올바른"은 진실이 아님을 의미한다. "정의(Justice)"는 자신이 받을 자격이 있는 것을 특혜 없이 얻어내는 것을 의미한다. 그러나 정치적으로 올바른 "사회적 정의(social justice)"는 특혜 덕분에 본인이 누릴 자격이 없는 것을 얻어내는, 일종의 불의에 해당한다. 또한, 역사적으로 모든 문화에서 "결혼"은 남편과 아내의 결합을 의미해왔으나 "동성 결혼"은 그 개념을 긍정적으로 보든 부정적으로 보든, 전통적인 결혼의 정의와는 다르다.

"동성 결혼"의 역사는 정치적 올바름의 궁극적 목표를 잘 보여준다. 선거 정치에 직접 관여하지 않고도 정치적 목적을 달성하려는 것이 그 목표이다. 사실, 미국에서 동성 결혼에 대한 제대로 된 토론은 단 한 번도 이루어진 적 없다. 본격적인 토론이 이루어지기도 전에, PC 언어 장인들이 일부일처제 동성 결합을 결혼의 정의에 포함하도록 재정의했고, 이를 통해 토론의 핵심 주제를 자연에서 권리로 바꾸었기 때문이다. "결혼이란 무엇인가?"라는 질문은 급속도로 "누가 결혼할 권리를 가지는가?"로 바뀌었고, 이 변화는 본질적인 질문이 이미 급진주의자들에게 유리한 방향으로 해결되었다는 전제가 깔려 있음을 의미했다.

역사를 통틀어, 결혼은 거의 모든 사회에서 성별 간 차이를 기반으로 한 제도로 인식되어 왔다. 일부다처제나 이혼을 허용하는 사회는 있을지라도, 대부분의 문화권에서 결혼은 주로 자녀를 낳고 양육하기 위해 성별이 다른 두 사람이 맺는 관계로 이해되어 왔다. 그들이 만일 정말 순수한 선의에 의해서 결혼의 의미를 재논의하고자 했었다면, 결혼의 본질에 대한 성찰과 함께 역사적으로 인류가 결혼을 어떻게 잘못 이해해 왔는지에 대한 구체적인 논의를 앞서 진행했어야 했다. 그러나 이러한 논의는 정치적 "진보"의 길을 막을 수 있었으므로, 문화 혁명가들은 그들이 도달하고자 하는 결론에 따라 용어를 그저 재정의하는 것이 훨씬 쉽다는 사실을 발견했다. 보수주의자들이 이 언어적 속임수에 굴복하거나 묵인함으로써, 급진주의자들은 논쟁이 본격화되기도 전에 이미 승리를 확보했던 셈이다.

마찬가지로, 트랜스젠더 개인이 자신이 원하는 화장실을 사용할 수 있어야 하는지에 대한 논쟁 또한 실질적 논쟁이 아니라 용어의 정의 및 재정의로 귀결되었다. 겉보기에 사소해 보이는 이 질문은 2010년대 중반 미국의 정치 담론을 지배했으며, 생물학적 성별 정체성에 대해 혼란을 겪는 사람들의 수가 극히 적음에도 불구하고 이 논쟁은 현재까지 계속되고 있다. 이 상태는 급진주의자들이 정상화하기 전까지 "성 정체성 장애gender dysphoria"로 알려져 있었다.

일각에서 정치적으로 올바른 자들은, 자신을 여성이라고 여기는 남성 역시 여자 화장실을 사용할 수 있어야 한다고 주장했다. 이 한심한 사람들은 그러한 개인을 "진짜 남성이 아닌, 여자 화장실을 사용할 수 있는 다른 모든 여성과 동등한 권리를 가진 트랜스젠더 여성"으로 간주해야 한다고 봤다. 반면, 신중한 관점을 가진 진영의 사람들은, "남성은 여성이 아니며, 설사 여성은 남자 화장실에 들어올 수 있게 한다 해도, 남성은 여자 화장실에 출입할 수 없도록 해야 한다"는 점을 지적했다. 이 논쟁의 본질은 화장실, 권리, 혹은 성적 혼란을 겪는 소수자에 관한 것도 아니었다. 오히려 이는 "다른 여러 의미로 단어를 재정의하는 것이 가능한가?"와 "가능하다면, 누가 그 재정의의 주도권을 쥘 것인가?"에 대한 더 깊은 정치적 논쟁으로 전개되었다는 점에서, 앨리스와 험프티 넘프티의 대화를 연상시킨다.

정치적 올바름은 단순히 특정 의견에 대한 충성을 요구하는 것을 넘어선다. 이는 사회를 근본적으로 변혁하려는 약속을 내포한다. 이 개념은 좌파적 사상에 따라 현실을 재해석하고 언어를 왜곡함으로써 현실을 재구성하려 한다. 『워싱턴타임스The Washington Times』는 이를 "이상주의를 전체주의적인 목적에 맞게 파괴적으로 조작하는 것"으로 평가했다.[16] 정치적 올바름의 논리에 따르면, 만약 우리가 모두 남자를 여자라고 부르는 데 동의하기만 한다면, 남자는 여자가 될 수 있다. 이와 비슷하게, 아기를 "태아(fetus)"라고 부르거나, 심지어 "세포 덩어리(clump of cells)" 혹은 "임신의 결과물(product of pregnancy)"로 부르기로 합의하기만 한다면, 아기는 더 이상 아기로 인식되지 않을 것이다. 햄릿이 미친 사람 행세를 하면서 선언했던 것처럼, "현실은 '말, 말, 말'에 불과하고, 선과 악은 존재하지 않으며, 오로지 생각만이 그것들을 만든다."[17] 정치적 올바름 세계관에서 단어는 현실을 묘사하는 수단이 아니라, 현실을 형성하는 수단이 된다.

현실을 재정의하다

REDEFINING REALITY

02

현실을 재정의하다

　정치적 올바름을 뒷받침하는 급진적 회의주의의 기반은 조금만 면밀히 검토해도 쉽게 허물어진다. "절대적 진리는 없다."라고 주장하는 초보 철학자들조차 자신들의 주장이 "절대적 진리"라는 근거를 제시해야 한다. 그러나 정치적 올바름에서 논리적 엄밀함이나 일관성은 그리 중요하지 않다. 왜냐하면 이 개념은 엄밀함과 일관성이 가능하다는 가정 자체를 암묵적으로 부인하기 때문이다. 급진적 회의주의를 단순히 "선의의 거짓말" 정도로 여기는 것도 문제인데, 예를 들어, 정치적 올바름을 지향하는 이들 중 일부는 자신을 여성이라고 생각하는 남성이 실제로 여성이 아님을 알면서도 그가 여성으로 행동하는 것이 개인과 사회에 유익하다고 여긴다. 이런 태도는 정치적 올바름의 근본에 자리한, 진실은 악하고 거짓은 선하다는, 훨씬 더 급진적인 전제를 드러낸다.

전통적으로 우리 사회는 거짓말을 부정적으로 바라봐왔다. 우리는 "진리가 너희를 자유롭게 할 것"이라는 신념을 따라왔다. 그러나 정치적 올바름을 지지하는 이들은 이러한 관점을 뒤집어버린다. 그들은 자신을 여성으로 여기는 남성에게 진실이 해를 끼칠 것이라고 믿는다. 그들은 아기도 사람이라는 사실이 그 아기를 원치 않는 어머니에게 피해를 줄 것으로 생각한다. 이들은 진실은 파괴적일 수 있으나 거짓은 오히려 자비로울 수 있다고 본다. 따라서, 남자를 여자라고 칭하는 거짓말이 그를 생물학적 족쇄에서 해방할 것이며, 아기가 인간이나 생명이 아니라고 말하는 거짓말이 어머니를 사슬과 같은 탯줄로부터 해방할 것이라고 믿는다. 언어가 현실을 구성한다고 본다면, 이런 거짓말은 잘못된 것이 아니다. 단어로 현실을 재정의할 수 있다면 그것은 더 이상 거짓말이 아니기 때문이다.

현실을 재정의하는 것과 같은 야심 찬 목표를 달성하기 위해서는 정치 영역의 범위를 그 전통적인 한계를 넘어 확장할 필요가 있다. "장애 능력자(handi-capable)"라는 단어를 예로 들어 생각해 보자. 지난 반세기 전까지, 정치는 주로 공적 문제에 국한된 것으로 여겨졌다. 신체적, 정신적 장애에 대한 완곡한 표현은 정치 영역 밖의 것이었다. 그러나 정치적 올바름은 공적 영역과 사적 영역 사이의 구분을 모호하게 만든다. 1970년대 페미니스트들이 "개인적인 것이 곧 정치적인 것"이라고 주장했듯이, 정치적 올바름 하에서는 모든 것이 정치적으로 변모하는데, 단 하나의 예외가 있다. 바로 정치 자체이다.

아이러니하게도, 정치적 올바름은 집안일부터 운동화에 이르기까지 모든 것을 정치화하면서도, 정작 선거 정치의 전통적 영역은 축소한다. 정치적으로 올바른 사람들에 따르면, 우리는 사소해 보이는 개인의 선택이 지닌 공적 의미를 파악할 수 있고, 또 그래야 하지만, 그 누구도 감히 남성이 여자 화장실을 사용할 권리를 가지고 있다는 사실을 의심해선 안 되고, 이를 투표에 부치는 것은 더더욱 안 된다. 이들의 새로운 기준은 이를 합법적인 토론의 영역을 넘어선 기본적 권리로 규정하고 있기 때문이다. 의미상의 사소한 논쟁으로 시작된 것이 결국 전체 정치 질서 자체를 재구성하는 것으로 끝나버린 것이다.

역사학자들 대부분은 정치적 올바름의 기원을 1990년대 초 『뉴욕 매거진New York Magazine』의 머리기사에서 찾았다. 디네시 디소우자Dinesh D'Souza와 로저 킴볼Roger Kimball과 같은 저자들은 이 현상이 1980년대 대학 캠퍼스 내 논쟁과 서양 고전을 둘러싼 논쟁에서 확산한 것을 발견했다. 그들은 윌리엄 새파이어와 좌파 성향의 학자 루스 페리Ruth Perry가 1960년대 마오쩌둥과 그의 미국인 추종자들에게서 그 기원을 찾았다고 주장한다.[01]

실제로 진보주의자들의 인위적인 언어 조작은 오랜 역사를 자랑한다. 20세기 초, 철자법 개혁가들은 언어의 비효율적인 수식어와 전통을 없애 사회 진보를 앞당기려고 했다. 19세기 후반의 에스페란토어를*

---

* 에스페란토어(Esperanto)는 폴란드의 안과의사 L. L. 자멘호프(L. L. Zamenhof)가 1887년에 창안한 인공 국제어로, 문법이 단순하고 규칙적이며, 문자 그대로 읽을 수 있고 문법적 예외가 거의 없는 등의 특징을 가지고 있다. 그러나 당초 목표했던 만큼 널리 보급되지는 않았으며, 영어가 대신 국제어로서의 역할을 담당하게 되었다.

창안한 에스페란티스트들은 세계 공용어로 사용할 수 있는 제2의 언어를 통해 전 세계인의 의사소통을 가능케 하여 정체성의 장벽을 허물고자 했다. 당시 전 세계에서 가장 널리 사용되던 전통적인 제2의 언어인 라틴어를 에스페란토어가 대체하기도 전에, 리버럴들은 라틴어를 '죽은 언어'라고 조롱하기 시작했다. 리버럴들의 노력에도 불구하고 에스페란토어는 결국 대중화에 실패했으며, 현재 이 언어를 구사하는 사람은 매우 드물다. (어린 시절 에스페란토어를 사용했던 소수의 사람 중 한 명이 이 시대 가장 영향력 있고 악명 높은 좌파 금융가인 조지 소로스George Soros라는 사실은 특별히 놀라운 일이 아니다.)[02]

정치적 올바름이 대중의 언어를 정복하는 데는 성공했지만 사람들이 에스페란토어를 좋아하지 않았던 것처럼, 정치적 올바름 언어에 대해서도 별다른 호감을 보이지 않는 것으로 나타났다. 페어리디킨슨대학과 퓨 리서치 센터Pew Research Center가 2015년 실시한 여론조사 결과, 대다수의 미국인이 정치적 올바름을 미국 내 가장 큰 문제 중 하나로 인식하고 있다.[03] 스티븐 호킨스, 다니엘 유드킨, 미리암 후안 토레스, 그리고 팀 딕슨이 진행한 이 연구에 따르면, 정치적 올바름에 대한 반대 의견은 모든 인종, 연령, 성별을 아우르는 미국인 다수에 속하는 "침묵하는 다수"로부터 나온다고 한다.[04]

도널드 트럼프는 2016년 대선에서 이 침묵하는 다수의 지지를 받았다. "저는 이 나라가 직면한 가장 큰 문제가 정치적 올바름이라고 생각합니다." 트럼프는 2015년 8월, 사회자 메긴 켈리Megyn Kelly에게 말했다.[05] "저는 이 문제에 대해 많은 우려를 들었습니다. 그러나 솔직히 정치적 올바름에 우리의 모든 시간을 할애할 수는 없습니다. 이 나라에는 남은 시간이 많지 않기 때문이죠."[06] 미국은 여러 긴급한 문제에 직면해 있었으며, 미국인들은 정교하게 짜인 언어 왜곡에 더 이상 시간을 낭비할 여유가 없었다.

아이러니하게도, 트럼프가 정치적 올바름에 던진 비판은 20세기 후반의 PC 논쟁을 부활시켰다. 당시 보수주의자들과 일부 좌파 비평가들은 언어 정화 싸움에 우리가 모르는 고귀한 대의명분이 있을지는 모르겠으나, 이 싸움이 보다 중요한 이슈에 대한 실질적 논의를 가로막는다고 지적했다.[07] 가령, 가난한 흑인 남성을 "흑인(black)"이라고 부르든, "아프리카계 미국인(African-American)"이라 부르든, 그 용어가 그의 가문 대대로 이어져 온 빈곤에서 벗어나는 데 도움이 되지 않는다면, 무슨 의미가 있겠는가? 이러한 주장은 정치적 올바름을 향한 노력이 상대적으로 제한적이었던 20세기에는 그래도 주류 논의에 속했다. 하지만 21세기에 들어서면서, 정치적 올바름은 단순히 산만한 방해거리로 여겨지던 것에서 더 나아가 정치 질서에 중대한 위협으로 자리 잡기 시작했다. 초기에는 좌파 진영 내에서도 정치적 올바름을 시간 낭비로 보는 시각이 있었으나, 언어가 사람들의 인식을 변화시킬 수 있는 강력한 힘을 가지고 있다는 사실을 당파를 넘어 많은 이들이 깨닫게 되면서, 이러한 비판은 점차 사그라들었다.

좌파가 주류 언론, 할리우드, 정부 기관, 고등교육 및 초중등 교육 기관, 그리고 빅테크 기업 등 미국 내 대부분의 영향력 있는 기관들을 사실상 장악하고 있음에도 불구하고, 그들이 "제도적 인종차별

institutional racism**"를 끊임없이 부르짖고 있는 것에서 우리는 이러한 힘의 실체를 볼 수 있다. 만약 "제도적 인종차별"이 실제로 우리 공화국의 정의와 통합을 위협하고 있다면, 그 책임은 누구에게 있을까? 좌파 진영은 다양한 기관들을 통제하고 있으며, 감히 그들에 반기를 드는 이가 있다면 그게 누구든 그 사람의 평판을 파괴할 수 있는 정치적 올바름의 엄격한 규범을 강화하고 있다. 단지 부적절한 말 한마디로 인해 개인의 생계가 위험에 처할 수 있는데, 이러한 이념적 규범에 대한 준수를 강요하는 것은 한 사람이 사회인이 되기 훨씬 전부터 시작된다.

2019년 중도 우파 성향의 영 아메리칸 파운데이션Young America's Foundation(이하 'YAF')의 에첼론 인사이트Echelon Insights가 실시한 여론조사에 따르면, 13세에서 22세 사이의 학생들 중 거의 절반은 정치적 올바름을 강요하는 사람들의 보복이 두려워서 토론 수업 시간에서 자기 생각을 표현하려다 멈춘 적이 있었다고 대답했다. 학생들이 정통 좌파 이념과 상충하는 의견을 제기할 때 처벌을 받을지도 모른다는 두려움을 가지는 것은 어떻게 보면 당연하다. 필자가 2019년 캘리포니아주립대학교 로스앤젤레스 캠퍼스에서 YAF의 초대를 받아 불법 이민의 위험성과 비용에 관해 강연하던 중 한 교수가 내 강연이 학생들에 대한 "폭력"에 해당한다며 강연이 금지되어야 한다고 주장했던 적이 있

---

* 제도적 인종차별 또는 구조적 인종차별(structural racism)은 사회의 여러 제도와 시스템 내에 인종차별적 편견이 내재되어 있어, 특정 인종 집단이 일상적으로 불이익을 받게 되는 현상을 의미한다. 이는 공공 정책, 교육, 법률 제도, 고용, 주거, 건강 관리 등 다양한 영역에서 나타날 수 있다.

었다.[08] 흥미롭게도 그 교수는 청중과 내가 낸 세금으로 자신의 격렬한 공개 연설을 가능하게 하는 급여를 지불받고 있다는 사실은 언급하지 않았다.

정치적 올바름을 옹호하는 이들에게 보수주의자의 표현은 폭력이 되고, 좌파주의자의 폭력은 표현이 된다. 이 새로운 기준은 2020년 봄, 전 세계를 혼란에 빠뜨린 중국발 코로나바이러스 팬데믹 기간 특히 두드러졌다. 미국 전역에서 정치적, 경제적 자유가 심각하게 제한되자, 일부 보수 시민들은 봉쇄령 해체를 촉구하는 평화적 시위를 조직했다. 그러나 좌파 정치인들, 공중 보건 전문가들, 그리고 주류 언론은 이러한 자유를 옹호하는 시위자들을 "슈퍼 전파자", 심지어 "연쇄 살인마들"로 몰아가며, 이들이 단순히 호흡하는 것만으로도 다른 시민들에게 폭력을 가하고 있다고 비난했다.[09]

그러나 2020년 조지 플로이드 사건으로 전국적인 폭동, 약탈, 방화가 발생하자, 같은 좌파 정치인들과 선동가들은 그들의 폭력적인 집회를 수정헌법 제1조에 의해 보호받는 것으로, 심지어는 바이러스 억제에 필수적인 활동으로 옹호하기에 이르렀다. 1,200명이 넘는 공중 보건 "전문가"들이 서명한 공개서한에서는 "백인 우월주의는 COVID-19 이전부터 존재했으며 COVID-19의 확산을 촉진하는 치

---

* 조지 플로이드 사건은 미국 미네소타주에서 발생한 사건으로, 백인 경찰관 데릭 쇼빈이 비무장 흑인 남성 조지 플로이드를 체포하는 과정 중 사망에 이르게 된 사건이다. 이로 인하여 경찰 개혁과 인종 정의에 대한 사회적 요구가 촉발되었으며, 미국 전역에서 BLM 단체를 중심으로 전개된 시위와 폭동이 발생했다. 그러나 플로이드는 신체 부검 결과 당시 펜타닐과 필로폰에 취해 있었고, 그의 사망이 체포과정과 연관되어 있었는지, 약물 복용과 연관되어 있었는지에 대한 여부가 논쟁이 되었다.

명적인 공중 보건 문제"라고 주장했다. 이 자칭 전문가들은 보수 진영의 평화로운 시위는 공중 보건에 위험한 것으로 규정하면서 어쩌면 바이러스보다 더 나쁜 "백인들"로 대부분 이루어진 집회라고 비난하면서도, 좌파 폭동은 바이러스 치료에 기여했다며 터무니없는 칭송을 늘어놓았다.[10] 이 선동가들은 민주적 절차를 무시하고 그저 단어의 재정의를 통해 자신들을 반대하는 이들의 자유를 제한하면서 자신들만의 새로운 권리를 창조했다.

그러나 보수주의자들은 정치적 올바름과 그 끊임없이 변화하는 용어에 대응하지 못하는 것으로 보인다. 아니, 심지어 그 변화의 추이를 따라잡는 것조차 버거워 보인다. 새로운 용어나 정의를 겨우 따라잡기도 전에, 정치적 올바름의 용어는 금방 새롭게 변형된다. 예를 들어, "저능아(retarded)"라는 단어의 변천사는 보수 진영이 이런 의미 체계 침략 전술에 얼마나 느리게 반응하는지를 보여준다. 2000년대 초, 급진주의자들은 문자 그대로 "느린(slow)"을 의미하는 "지체된(retarded)"이라는 단어를, "정신적으로 도전받는(mentally challenged)"이라는, 덜 공격적이면서도 더 부드러운 용어로 대체했다. 이 대체 용어가 덜 공격적으로 보일 수 있다는 사실은 명백하다. 이러한 끊임없는 변이는 언어 공안들의 변덕에 따라 언제든지 다시 바뀔지 모르는 불안정함을 풍긴다. 그러나 이 끊임없는 변이야말로 정치적 올바름의 부수적인 문제가 아니라 본질 그 자체다. 클레이먼트 연구소Claremont Institute의 안젤로 코데빌라Angelo Codevilla는 "정치적 올바름의 목적은 강제하는 내용에 있는 것이 아니라 그것을 강제하는 과정에 있다"고 설명한다. 이 때문에 영국의 역사가 폴 존슨Paul Johnson은 정치적 올바름을 "자유주의적 파시즘liberal fascism"으로 규정했다.

정치적 올바름은 그것에 사로잡힌 사람들이 아는 것보다 훨씬 더 오래전으로 거슬러 올라간다. 대부분의 사람은 이 운동의 기원을 1990년대 대중 문화, 1980년대 대학교 커리큘럼에 대한 논쟁, 혹은 1960년대 급진주의 운동 등에서 찾곤 한다. 그러나 정치적 올바름은 그 기원을 어디에 두든, 단순히 어느 날 하늘에서 뚝 떨어진 비정상적인 현상이 아니며, 자체 모순으로 인해 곧 사라질 것 같은 일시적 현상은 더더욱 아니다. 정치적 올바름은 우리가 아는 것보다 그 역사가 훨씬 깊다. 정치적 올바름은 그저 "미친 빨갱이놈들leftist loons"의 망상이나 "눈송이 녀석들snowflakes"의 민감한 감수성에서 비롯된 것이 아니다.

정치적 올바름은 교묘하고 강력한 정치적 전략이다. 이는 교활한 사상가들에 의해 고안되었고, 우리 문화를 전복하려는 목적을 가진 혁명가들에 의해 수백 년에 걸쳐 전파되었으며, 본인들이 무슨 짓을 하는지도 모르는 바보들에 의해 퍼뜨려진 결과물이다. 정치적 올바름을 가장 의식적으로 반대하는 사람들조차 그 용어를 사용하지 않기가 쉽지 않은데, 그것은 그들이 만든 언어가 우리의 사회와 사고방식을 형성하기 때문이다. 물고기가 자신이 헤엄치는 물을 인식하지 못하듯이, 우리도 정치적 올바름이 우리 문화에 미치는 미묘한 영향을 쉽게 의식하지 못한다.

우리의 언어와 문화를 장악하려는 정치적 올바름의 영향력에 맞서

---

* 밀레니얼 세대를 비하하는 용어. 유일하고 특별한 존재로 자신을 여기며, 쉽게 상처받고 비판에 민감하게 반응하는 주로 젊은 세대나 진보적 성향의 사람들을 가리키는 데 사용된다.

기 위해서는 단순한 비판을 넘어서는 노력이 필요하다. 우리는 이 운동의 정확한 역사적 이해와 이를 반박할 수 있는 일관된 정치 철학으로 무장해야 한다. 하지만 보수 진영은 정치적 올바름이 시작된 이래 한 세기 동안 이 두 가지 모두 갖추는 데 실패했다. "자극받은 눈송이들triggered snowflakes*"에 대한 조롱이나 "표현의 자유free speech"를 찬양하는 클리셰에 의존하는 것만으로는 현실을 재정의하고 정치 질서를 개조하려는 혁명적 운동의 거대한 흐름을 막기에 충분하지 않다. 정치적 올바름은 본래 권력을 장악하기 위해 시작되었으며, 그 실천가들은 단어의 의미 자체보다는 그들의 목적을 달성하는 수단으로서의 가치를 더 중요시했다. 가장 중요한 것은 어떻게 지배자가 되는가이다. 그게 전부다.

---

* "Triggered"는 인터넷 슬랭으로, 특정 단어, 행동, 사건 등으로 인해 누군가가 강한 정서적 반응, 특히 분노, 불안, 또는 스트레스를 경험하는 것을 의미한다. 원래 심리학에서 트라우마 관련 단서에 의해 유발되는 정서적 반응을 설명하기 위해 사용되었으나 현재 인터넷 문화에서는 종종 경멸적인 의미로 사용되곤 한다.

문화 지배력

CULTURAL HEGEMONY

문화 지배력

1848년, 카를 마르크스Karl Marx와 프리드리히 엥겔스Friedrich Engels는 사회주의 혁명의 "필연적인inevitable" 승리를 선언했다.[01] 그러나 1929년, 이탈리아 공산당의 창립자인 안토니오 그람시Antonio Gramsci가 감옥에서 고통스러운 시간을 보내는 동안, 마르크스의 가장 열렬한 추종자들 사이에서도 혁명이 어쩌면 필연적이지 않을 수도 있겠다는 인식이 퍼지기 시작했다. 마르크스는 유럽의 억압받는 하층민이 곧 봉기하여 자신들을 억압하는 전통과 사회 질서의 족쇄를 벗어던질 것이라고 선언했었다. 그러나 가난한 프롤레타리아 계층은 오히려 그 전통을 즐기고 있는 것으로 보였다. 마르크스 추종자들의 눈에 프롤들은 사회 질서가 자신들을 노예로 삼은 것이 빤히 보이는데도, 본인들이 노예라는 사실을 인식하기는커녕, 그 상태에 대해 신경조차 쓰지 않는 것으로 보였다.

마르크스는 인간을 형이상학적 존재나 영혼을 지닌 존재가 아닌 물질적 존재로 보았다. 따라서 그는 물질적 조건이 역사와 정치의 흐름을 결정한다고 믿었다.[02] 산업혁명으로 등장한 기계들이 억압받는 프롤레타리아를 혁명 세력으로 변화시킬 것이며, 역사의 필연적인 흐름에 따라 이들이 곧 억압자들을 타도할 것이라고 예측했다.[03] 그러나 마르크스와 엥겔스는 산업적 착취의 역사적 중요성은 인지하면서도, 혁명을 억제할 수 있는 더 깊고 보편적인 힘, 바로 문화의 역할을 충분히 고려하는 데는 실패했다.

카를 마르크스는 1883년, 실패한 사람으로 생을 마감했다. 혁명은 일어나지 않았다. 그러나 마르크스 사후 2년 뒤, 경제에서 문화로 초점을 돌려 마르크스주의에 새로운 숨을 불어넣은 새로운 세대의 마르크스주의자들이 등장했다. 이 "문화 마르크스주의자cultural Marxists"들 중 첫 번째 인물은 철학자이자 비평가, 그리고 헝가리 문화부 장관이었던 게오르크 루카치Georg Lukács였다. 그러나 그는 곧 이 새로운 사상 운동의 대부라고 불리는, 이탈리아의 마르크스주의 철학자이자 공산당 정치인인 안토니오 그람시에게 그 자리를 넘겨주게 된다.

최근 몇 년 동안, 좌익 운동가들은 "문화 마르크스주의"라는 중요한 정치적 운동의 역사를 "음모론"이라고 치부하려는 시도를 해왔다. 이들 중 가장 과격한 수정주의자들은 이 운동에 대한 의혹에 "반유대주의"라는 납득하기 어려운 혐의를 추가했다. 미국 남부 빈곤 법률센터Southern Poverty Law Center(이하 'SPLC')의 정치 공작원들은 2003년부터 이 허위 정보를 바탕으로 검열 캠페인을 시작했다. SPLC의 프리랜서 작가이자 좌익 활동가인 빌 버코위츠Bill Berkowitz는 "문화 마르크스주의"라는 용어가 "유대인에 대한 외국인 혐오증적 불안감"을 조장하는 데 사용된다고 주장했다.[04] 2019년 5월, 좌익 운동가이자 『알 자지라Al Jazeera』 칼럼니스트인 폴 로젠버그Paul Rosenberg는 살롱 지에 "문화 마르크스주의"에 대한 의혹은 "극단주의자, 파시스트, 네오나치 극우들의 대통합 서사"라고 비판하면서, 이 개념을 히틀러와 나치에게 영감을 준 『시온 장로의 의정서Protocols of the Elders of Zion』와 비교하기까지 했다.[05]

"문화 마르크스주의"라는 용어를 금기로 만들기 위한 조직적 노력은 "언어를 통제함으로써 문화를 통제할 수 있다"는 정치적 올바름의 핵심 전략을 드러낸다. 이 전략은 성공적이었다. 2019년까지, 주류 정보 채널들은 이 용어에 대한 새로운 정의를 받아들였다. 인터넷에서 가장 널리 참조되는 지식 정보 사이트 중 하나인 위키피디아는 문화 마르크스주의를 "프랑크푸르트학파가 서구 문화를 훼손 및 파괴하려는 지속적인 학문적, 지적 노력이라고 주장하는 반유대주의적 음모론"으로 재정의했다.[06] (참고로 "음모론"이라는 용어가 1960년대 후반 현재의 의미로 널리 사용되기 시작하던 당시, 음모론의 기원에 대한 연구 자체가 음모론이라는 좌파의 주장이 발견되는데, 이는 이러한 논의의 복잡성을 더한다.[07])

정치학자 폴 켄고르Paul Kengor는 좌파들이 문화 마르크스주의의 존

---

* 유대인들이 세계 지배를 위해 음모를 꾸미고 있다는 내용을 담은 문서로, 현재는 허위로 밝혀진 대표적인 반유대주의 선전물이다. 밝혀진 바로는 러시아 제정 시대의 비밀경찰이 1903년에서 1907년 사이에 작성한 것으로 알려져 있으며, 나치 독일에서도 이 문서를 활용하여 유대인 박해를 정당화하려 했다.

재 자체를 갑작스럽게 부인하는 현상을 다룬 에세이에서 이러한 혐의에 대한 성찰을 제시했다. "'반유대주의 음모론'이라고?" 그는 의문을 제기했다. "그건 마치 익명의 작가들이 음모론이라고 비난하는 그 행위 자체가 거대한 음모처럼 보인다."[08] 음모론자들은 자신들의 전략이 폭로 당했다고 느꼈기 때문인지, 켄고르 교수를 가만히 두지 않았다. 예상했던 바와 같이, 켄고르 교수의 동문 중 한 명이 켄고르 교수가 금지된 표현을 입에 담았다며 교수의 상사에게 편지를 보내 그의 해임을 요구했다.[09]

이 동문을 우리가 비난할 수 있을까? 그는 단지 주류 언론에서 제시한 정의를 앵무새처럼 반복했을 뿐이고, 주류 언론은 좌파 운동가들의 주장을 그대로 따라 했을 뿐이다. 그리고 좌파 운동가들은 근거 없는 사실을 날조하여 비방을 만들어냈다. 이 과정은 바로 그람시가 언급한 "문화 장악력", 그리고 급진 학생 운동가 루디 두치케Rudi Dutschke*가 "제도권을 통한 대장정the long march through the institutions"으로 묘사한 현상을 보여준다.[10] 이제 좌파들은 문화에 대해 커다란 영향력을 행사하며 거짓말을 자유자재로 퍼뜨릴 수 있는 위치에 있다. 켄고르를 비방함으로써 켄고르의 주장이 실제로 타당함을 스스로 증명한 셈이다.

급진주의자들은 "문화 마르크스주의"라는 용어 자체를 언급조차

---

* 루디 두치케는 1940년 태어나 1979년에 사망한 독일의 정치 활동가이다. 그는 1960년대 서독의 사회주의 학생 연합(SDS)에서 주요 인물로 활동하며, 서독 및 유럽 학생 운동을 이끌었다. 그는 마르크스주의와 비판 이론에 깊은 영향을 받아 사회적 변화를 추구했으며, 베트남 전쟁 반대 운동, 반제국주의 운동, 권위주의에 대한 저항 등을 촉구했다.

하지 못하게 한다. 그 이유는 비록 이 용어가 정치적 올바름이라는 현상을 완전히 설명하지는 못하지만, 이 현상의 밑바탕에는 깔려 있기 때문이다. 그들은 공공의 안전이라는 명목으로 이 용어에 대한 검열과, 이를 감히 입에 담는 사람들에 대한 공격을 정당화한다. 그들의 논리에 따르면, "한때 몇몇 정신 나간 학살자들도 문화 마르크스주의에 열광했으므로, 존재한 적도 없는 이 지적 운동에 대한 소문이 퍼지는 것을 막아야 한다"는 것이다. 이렇게 공포를 조장하는 사람들은, 체 게바라Che Guevara와 같이 마르크스주의의 이름으로 바다만큼의 피를 흘리게 만든 인물을 찬양하는 티셔츠를 입고 마르크스주의를 설파하는 사람들에 대해서는 결코 동일한 수준의 우려를 나타내지 않는다는 점에서 이중적 태도를 드러낸다.

예일대 교수 새뮤얼 모인Samuel Moyn은 2018년 11월 13일 자 『뉴욕타임스New York Times』의 기사에서 다음과 같은 뻔하디뻔한 주장을 펼쳤다. "문화 마르크스주의는 실제로 존재하지도 않는 망상에 대한 조잡한 모략일 뿐이다. 그러나 안타깝게도 실제 사람들은 본인들의 분노와 불안을 달래기 위해 이 가상의 개념을 제물로 삼는다." 모인은 이 개념을 "가장 해로운 개념의 반유대주의"이며, "점점 미쳐가는 시대에 사람들을 끌어들이는 위험한 유혹"과 밀접하게 연결된 것이라고 비판했다.

그러나 같은 글의 몇 문단 앞에서, 모인은 자신의 논지와 모순되는 내용을 언급했다. "일부 마르크스주의자들, 예를 들어 이탈리아 철학자 안토니오 그람시와 그의 지적 후계자들은, 계급지배가 어떻게 문화를 이용하는지 연구했다."[11] 즉, 문화 마르크스주의는 실재하는 개념일 뿐만 아니라, 20세기 초부터 존재했으며, 이 운동의 가장 유명한 창시자가 유대인이 아니라 이탈리아인이라는 사실을 스스로 인정한 것이다. 따라서 "음모론"이니 "반유대주의"니 하는 그의 주장은 설득력을 상실했다.

무솔리니의 수많은 죄악과 실수 중 가장 잘 알려지지 않았으나 가장 치명적이었던 결정은, 바로 안토니오 그람시를 감옥에 가두기로 한 것이었다. 이 결정이 치명적이었던 이유는 그람시가 감옥에 갈 만한 이유가 없었기 때문이 아니라, 그의 투옥이 오히려 그에게 『옥중수고Prison Notebooks』를 집필할 수 있는 시간과 집중력, 환경을 제공해 주었기 때문이다.

1926년 그람시에 대한 재판에서 검사는, "20년 동안 이 사람의 뇌가 작동하지 못하도록 해야 한다."라고 말했다.[12] 100년이 흐른 지금, 우리는 당시 이 검사가 어떤 심정으로 이런 말을 했을지 그 두려움과 급박한 심정을 어느 정도 이해할 수 있다. 그러나 그람시의 천재성이 널리 인정받는 현재, 그의 감방에 펜과 종이를 허용한 파시스트 정권의 결정은 여전히 납득하기 어렵다. 무솔리니는 그람시의 뇌를 멈추게 하는 대신, 그의 사상이 시대를 넘어 울려 퍼지게 했고 다음 세대를 뒤흔들게 했다.

그람시는 특히 대학 캠퍼스를 중심으로, 넓은 문화적 영역 전반에 걸쳐 오늘날까지 그 영향력을 행사 중이다. 최근 사망한 국제 그람시학회International Gramsci Society의 창립 멤버이자 회장이었던 조지프 부티지지Joseph Buttigieg는 노트르담대학교 영문학 교수이자 영향력 있는 학자였다. 그리고 그의 아들, 피트 부티지지Pete Buttigieg는 2020년에 민주당 대선 후보로 출마하기도 했다. "중도"나 "온건파"로 분류되는 대통령 후보가 이처럼 급진적인 학문적 배경을 가지고 있다는 점은 그람시의 사상이 얼마나 주류 사회에 스며들었는지를 잘 보여준다.

2011년, 조지프 부티지지는 그람시의 『옥중수고』를 영어로 번역된 최초이자 유일한 비평서의 형태로 출판했다.[13] 이 책은 독자들에게 정치적 정당성의 기원과 그 명목하에 용인되는 부정과 속임수를 엿볼 수 있게 해준다. 특히, 정치적 부도덕성에 정당성을 부여했으며, 현대 정치학의 창시자이기도 한 니콜로 마키아벨리Niccolò Machiavelli에 대한 그람시의 존경이 잘 드러난다. "마키아벨리"라는 이름은 사람들에게 다양하고 모순적인 이미지를 떠올리게 한다. 그는 군주제를 지지하는 동시에 공화주의를 지지했으며, 공적 거래에서의 속임수를 장려하면서도, 인간 본성에 대해서는 정직함을 강조했다. 그는 당대의 정치적 음모에 적극적으로 가담했지만, 고대 철학자들에 대한 연구에는 관심이 없었던 철학자였다.

마키아벨리의 진짜 성품과 목적에 대한 연구는 많은 학술 서적에서도 확인할 수 있다. 그러나 우리는 여기서 그람시가 마키아벨리를 어떻게 해석했는지, 그리고 그를 통해 정치철학과 실제 정치, 즉 이론과 실천 사이의 관계를 어떻게 이해했는지 분석하는 것만으로도 충분하다. 그람시는 마키아벨리에게서 "실천의 철학" 혹은 "신인본주의"를 읽어냈다. 그는 내재적이거나 형이상학적인 종류의 초월적 요소들을 배제하고, 오로지 인간이 자신들의 역사적 필요에 따라 현실을 다루고 변형시키는 "인간의 구체적인 행위"만을 중시하는 접근법을 인정했다(강조는 필자의 것).[14] 이러한 점에서 그람시에게 마키아벨리는 단순히 냉철한 정치 이론가가 아닌, 실천하는 행동가, 즉 적극적으로 행동하는 인간이었다.

그람시 또한 마찬가지였다. 투옥되기 전까지 그는 적극적으로 행동하는 정치인이었다. 그러나 그는 자신이 추구하는 혁명이 문화적 대격변 없이는 결코 실현될 수 없음을 깨달았다. 그람시는 문화 지배력, 즉 "문화 헤게모니cultural hegemony"를 장악하는 것을 목표로 삼아야 한다고 믿었다. 이는 앤드루 브라이트바트Andrew Breitbart의 유명한 명언인 "정치는 문화의 하류에 있다politics is downstream of culture"의 초기 버전이라고 볼 수 있다. 그리고 그람시에 따르면 문화의 핵심에는 언어가 있었다.

마키아벨리의 저서 중 많이 알려지지 않은 저서, 『우리 언어에 관한 담론 혹은 대화Discourse or Dialogue about Our Language』에서 그는 상대방의 언어를 침투하는 전략을 고대 로마가 외국 영토와 군대를 손아귀에 쥐기 위해 사용했던 군사 전략과 비교한다. "문화 지배력"에 대해 그람시는 마키아벨리와 마찬가지로 사회가 단순한 무력뿐만 아니라 내부 전복을 통해서도 정복될 수 있다는 사실을 이해했다. 교활한 혁명가라면, 공개적으로 싸움을 벌이는 것보다 한 사회의 전통, 제도, 그리고 무엇보다도 그 사회의 언어를 변화시킴으로써 더 큰 성공을 거둘 수 있다고 믿었다.

전형적인 스테레오타입과 같이, 현실과 동떨어진 이론에나 몰두하는 교수들은 추상적인 이론에 대해서야 온갖 이야기를 떠들어댈 수 있을지 모른다. 그러나 그들은 정작 현실 세계에 대해서는 아는 것이 아무것도 없다. 지식인, 사상가, 급진주의자들은 유토피아적 비전으로 서로를 흥분시킬 수 있다. 그러나 상식에 어긋나는 혁명은 성공하기 어렵다. 그러므로 진정으로 영리한 혁명가라면, 세상의 상식을 거꾸로 자신의 목표에 맞게 변형시킬 것이다.

따라서 그람시는 상식을 형성하는 사회 제도들에 침투하여 이를 변형시키는 작업에 착수했다. 그는 혁명가들이 직접적으로 상대와 맞서는 "기동전wars of maneuver"과 기존 제도 내에서 권력을 점차 장악하여 서서히 적을 약화하는 "진지전wars of position"이라는 두 가지 전략을 구분했다. 후자의 접근법은 "제도권을 통한 대장정"으로 불리게 되었는데, 이는 조지프 부티지지에 따르면, 사실 그람시가 한 말이 아니라 루디 두치케가 한 말이라고 한다. 혁명이 성공하려면 단순히 생산 수단을 통제하거나 정치적 권력을 장악하는 것만으로는 부족하다. 이에 더해 문화 지배력, 즉 기존의 지배 제도에 대한 완전한 통제력이 필요한 것이다.

그람시는, "프롤레타리아는 정치적, 경제적 권력을 획득하는 문제와 함께 지적 권력을 획득하는 문제에도 직면해야 한다."라며, "우리는 정치적, 경제적으로 조직하려고 노력했던 것처럼 문화적으로도 조직되어야 한다."라고 주장했다. 그람시는 문화가 개인적 차원과 사회적 차원 모든 영역에서 형성되는 것을 이해했다. "문화는 조직이며, 자기 내면을 단련시키고 개성과 타협하는 과정이다."[15] 그람시는 억압받는 프롤레타리아가 새로운 "더 높은 인식higher awareness"을 가지기를 원했다. 왜냐하면 그는 그들이 기존에 가지고 있었던 "인식"을 진심으로 경멸했기 때문이다.

그람시는 오늘날 그의 제자들이 직면한 딜레마와 유사한 상황에 부닥쳤었다. 아무리 그들의 이론이 이론적으로는 완벽했다 하더라도, 정작 사람들이 그 이론을 썩 좋아하지 않았던 것이다. 대부분의 사람은 자신들의 관습, 언어, 생활 방식에 만족하는 경향이 있다. 그러므로 이 만족감은 그람시가 말한 "의식의 고양raising awareness"을 통하지 않고서는 극복하기 어려운 "가짜 의식false consciousness"으로 여겨졌다. 문화를 은밀하게 뿌리 뽑고 다시 심어서 사람들의 의식을 높이고 상식을 전환하는 것이 필요하다는 것이 그의 아이디어였다. 그람시는 "모든 혁명은 치열한 비판, 문화의 확산, 그리고 대중 사이의 전파를 통해 준비되어 왔다."라고 강조했다.[16] 그러므로 혁명가란 모름지기 비판과 교육, 이 두 가지 목표를 동시에 추구해야 했다.

1920년대 마르크스주의 학자들은 독일에서 활동을 시작하여 이후 미국으로 영역을 확장했다. 처음에는 마르크스주의 연구소Institute for Marxism로 시작하여 나중에는 사회 연구 연구소Institute for Social Research로 명명된 이 기관은, 훗날 소속된 대학교의 이름에 따라 프랑크푸르트학파The Frankfurt School로 알려지게 되었다.[17] 프랑크푸르트학파는 지난 100년 동안 비판 이론Critical Theory을 개발하여 미국의 대학 캠퍼스는 물론 오늘날 초중등 교육에까지 그 마수를 뻗치게 된다. 베를린 장벽의 붕괴 이후 정통 마르크스주의자들이 역사의 뒤안길로 사라진 가운데, 교육 기관들은 비판 이론을 보호하고 육성하는 인큐베이터의 역할을 계속해 왔다.

프랑크푸르트학파의 저명한 역사학자 마틴 제이Martin Jay에 따르면, "프랑크푸르트학파에게 마지막 남은 피난처는 학계가 유일했으며, 비판 이론을 현실에서 실현할 기회는 그렇게 사실상 사라지고 말았다."라고 한다. 제이는 "정치적 올바름에 대해 종종 히스테리컬한 경고 캠페인"을 벌이는 "경고주의적 우파"를 조롱하면서도, 비판 이론이 "오늘날 예상치 못하게 안정된-어쩌면 아이러니하게도 정통적인-지위로 현대 학계의 중심 이론적 충동으로서 자리 잡았다."라며, 모순된 사실을 인정하는 모습을 보인다.[18]

"비판적(critical)"이라는 단어의 이중적 의미는 교육기관에 대한 제이의 평가를 흐린다. 객관적 분석의 의미로서 진정한 비판적 사고는 오늘날 대학 캠퍼스에서 찾아보기 어렵다. 다른 한편으로, "비판 이론"이라고 불리는 사고방식이 그 공백을 대신 메우고 있다. 그렇다면, 비판 이론이란 정확히 무엇일까? 간단하다. 비판하는 행위 자체를 의미한다.

프랑크푸르트학파는 그들의 관심사, 접근 방식, 심지어 이데올로기에 이르기까지 여러 지점에서 다양성을 보였다. 프랑크푸르트학파의 초기 주요 리더인 막스 호르크하이머Max Horkheimer는 이들을 결속시킨 핵심이 "기존 사회에 대한 비판적 접근"이었다고 주장했다.[19] 현대 비평가 중 일부는 프랑크푸르트학파를 실질적 메시지를 주장하는 일관적인 운동으로 묘사하기도 하지만, 이러한 해석은 이 마귀 집단의 본질을 제대로 파악한 분석이라고 할 수 없다. 비판 이론가들이 잘 알고 있듯, 구체적인 체계는 비판의 대상이 될 수 있다. 프랑크푸르트학파는 다른 이들에게 그들이 가했던 종류의 공격에는 정작 자신들을 노출하지 않았다. 비판 이론의 진정한 힘은 철학적 일관성에서 나온 것이 아니라, 마틴 제이가 표현한 바와 같이, "다른 체계에 대한 비판자로서의 위치"에서 비롯된 것이었다.[20]

1843년, 독일의 철학자 아널드 루게Arnold Ruge에게 보낸 편지에서 카를 마르크스는, "존재하는 모든 것에 대한 무자비한 비판the ruthless criticism of all that exists"을 주장했다.[21] 마르크스는 세상이 불타는 것을 보고 싶어 한 사람이었다. 프랑크푸르트학파는 여러 면에서 마르크스와 달랐지만, 이 파괴의 즐거움에 대해서만큼은 그의 정신을 물려받았다. 마르크스에 따르면 대다수 인류는 경제적 상황의 노예로 사로잡혀 있었다. 그람시와 프랑크푸르트학파에 따르면 이 모든 것의 원인은 문화에 있었다. 그러나 마르크스주의와 비판 이론 모두, 호르크하이머의 말을 빌리자면, "인간을 노예로 만드는 환경으로부터 인간을 해방하는 것"을 목표로 한다. 여기서 말하는 환경은 서구 문명을 의미했다. 그러나 이것만으로는 그들이 도달하고자 하는 목표의 거대한 규모를 완전히 설명하기에는 여전히 부족했다.[22] 따라서 프랑크푸르트학파는 인간의 노예화가 사회적 경계를 넘어 자연 자체에 있다고 보았다. 이는 그들이 왜 그토록 성(性)에 집착했는지 설명해 준다.

비판 이론은 마르크스와 프로이트 이론 간의 부정한 결혼을 통해 세상에 탄생했다. 프랑크푸르트학파의 중심인물들인 에리히 프롬Erich Fromm, 막스 호르크하이머, 허버트 마르쿠제Herbert Marcuse는 성과 사회주의를 가장 기본적인 수준에서 통합시키려고 했다. 이들은 마르크스 사상에서 영감을 받아, 인간의 본성을 고정되지 않고 변화하는 것으로 보았다.[23] 마르크스는 인간의 본성이 사회적으로 형성되며, 따라서 유연한 것으로 여겼기 때문이다. 마르크스는 『포이어바흐에 관한 테제Theses on Feuerbach』에서 인간의 본질이 개개인에게 내재하는 추상적인 것이 아니라, "사회적 관계의 집합"이라고 주장했다.[24] 이러한 마르크스의 인간 본성에 대한 이해는 그람시가 문화 지배력의 개념을 발전시키는 데 영향을 미쳤다. 프롬, 마르쿠제, 그리고 여러 다른 신마르크스주의자들은 이를 바탕으로 성 혁명의 중요성을 끌어냈다.

인간 본질에 가장 깊은 영향을 미치는 사회적 관계 중에서도 성은 특별한 위치를 차지하고 있다. 세계의 다양한 창조 신화에 반복적으로 등장하는 주제가 성이라는 점에서 우리는 이 사실을 알 수 있다. 예를 들어, 고대 그리스 신화에서는 우라노스가 가이아를 범하여 신들의 시대를 열었으며, 길가메시 서사시에서는 신전의 창녀 샤마트가 엔키두의 원시적 욕망을 길들여 문명의 세계로 인도한다. 성경의 창세기에서는 이브가 아담을 유혹하여 인류가 낙원에서 추방되는 계기를 마련한다. 따라서, 만약 사회적 관계가 "인간 본질"을 형성하는 결정적인 요소라면, 성은 그 관계의 열쇠를 쥐고 있다.

또한 성은 사회의 근간을 이루는 가족 제도의 형성과 해체에 결정적인 역할을 한다. 문화적 변혁에 관심을 가진 마르크스주의자들은 "제도권을 통한 대장정"이 성공하기 위해서는 가족 구조를 파괴해야 한다는 점을 잘 이해해 왔다. 이런 이단자 중 가장 독창적이고 두드러지는 인물은 빌헬름 라이히Wilhelm Reich였다. 오스트리아 출신의 공산주의자이자 프로이트의 제자였던 그는 환자들과의 경계를 허물고 그들을 성적으로 범하기도 했다. 이러한 전문가답지 못한 관계로 인하여 아이가 생기면, 라이히는 그 여성들에게 불법 낙태를 강요하기도 했다.[25]

1940년, 빌헬름 라이히는 순결을 질병, 가난, 전쟁의 원인으로 지목한 오르가슴의 기능The Function of the Orgasm 이라는 이름의 기괴한 사이비 과학 논문을 발표했다. 라이히는 생명의 원동력이자 신비로운 에너지인 "오르곤orgone"을 주장하며, "정신 건강은 오르가슴의 힘에 달려있다"고 믿었다. 그는 사람들에게 "오르곤 축적기"라고 명명한 나무 상자 안에 오랜 시간 앉아 있기를 권장했다. 라이히는 전통적인 가족 구조를 사회의 만성적 질병으로 간주하고, 이를 "가족병familitis"라고 칭했다.[26] 그는 자신의 사상적 후계자들이 현재 자기모순적인 성 이론sexual theories* 과 "젠더 정체성gender identities**"을 장려하며 가정 파괴를 위한 온갖 종류의 일탈을 조장하는 것과 똑같이 행동했다. 이러한 이론 및 정체성에 대한 비논리성은 정치적 올바름을 엄격히 집행하는 이들에 의해 지금까지 부인되고 은폐되고 있다.

빌헬름 라이히는 그저 한 명의 미친 인간에 불과할 수 있으나, 그의 변태적 이론은 1960년대의 "자유연애free love***"운동 기간 큰 관심을 끌며 확산하였다. 오르곤 축적기는 J. D. 샐린저J. D. Salinger, 사울 벨로우Saul Bellow, 노먼 메일러Norman Mailer와 같은 문학계 인사들 사이에서 인

---

* 성 이론은 인간의 성적 행동, 성적 지향, 성 정체성 등을 설명하고 이해하려는 이론적 관점을 말한다. 이러한 이론들은 심리학, 사회학, 생물학, 인류학 등 다양한 분야에서 발전해왔으며, 프로이트의 정신분석이론, 킨제이의 성 척도, 사회 학습 이론, 진화심리학 이론, 퀴어 이론 등이 성 이론에 기여해왔다.

** 젠더 정체성은 개인이 자신의 성별을 내적으로 인식하고 경험하는 방식으로, 생물학적 성(sex)와 다를 수 있다. 젠더 정체성에는 생물학적 성별과 젠더 정체성이 일치하는 시스젠더(cisgender), 일치하지 않은 트랜스젠더(transgender), 정체성이 정의되지 않은 논바이너리(non-binary), 정체성을 정의하지 않는 에이젠더(agender), 시간이나 상황에 따라 변화하는 젠더플루이드(genderfluid)등 다양한 유형이 있다.

*** 1960년대 자유 연애 운동은 성혁명(sexual revolution)의 한 부분으로, 기존 전통적인 성규범과 가치관에 대항하며 성적 자유, 개방을 추구했던 사회적, 문화적 활동을 말한다. 이 운동을 통해 피임약의 발명과 보급, 페미니즘, 성 평등 등이 널리 퍼졌으나, 성적 문란 및 에이즈의 확산과 같은 부정적인 결과를 낳기도 했다.

기를 얻었고, 우디 앨런Woody Allen은 1973년 영화「슬리퍼Sleeper」에서 이를 "오르가슴매트론Orgasmatron"으로 패러디하기도 했다.[27] 라이히의 아이디어는 좌파 인사들 사이에서 깊은 영향을 미쳤는데, 필자는 이들의 급진주의적 이념은 어쩌면 오르곤 축적기의 과도한 사용으로 인해 생긴 것일 수도 있겠다는 추측을 조심스레 해본다. 더 충격적인 것은, 라이히가 "아동 및 청소년의 성적 성향에 대한 이해 및 구현"이라는 이 불쾌하기 짝이 없는 주제에 수십 년 동안 극좌파 급진주의자들을 매료시켰다는 점이다. 아동의 성에 대한 이들의 비뚤어진 집착은 문화 공산주의자들의 전제, 즉 인간에게 고정된 본성이 없다면 인간의 본질은 인간관계에서 비롯되며, 그중에서도 성이 가장 중요하므로 생에 초기 단계부터 성적 성향에 대한 이해가 형성되어야 한다는 논리에서 비롯된 것이다.

사회주의 성향의 상원의원이자 전 대통령 후보였던 버니 샌더스 Bernie Sanders는 1969년, 급진 성향의 잡지『버몬트 프리맨Vermont Freeman』에 기고한 악명 높은 칼럼에서 한때 주목받았던 좌파적 성 사상의 한 형태를 이렇게 표현했다.

버몬트주의 해변에서 한 엄마가 6개월 된 딸아이에게 기저귀를 채우지 않고 돌아다니게 했다는 이유로 당국의 지적을 받았다. 생각해 보라. 아이들이 벌거벗은 채로 논다면 서로의 성기를 볼 수 있을 뿐만 아니라 심지어 만져볼 수도 있다. 이 얼마나 끔찍한 일인가! 우리가 아이들을 이렇게 억압적으로 키운다면 포르노 산업은 물론, 사람들의 성적 욕구를 통해 이익을 추구하는 산업이 크게 위협받을 수 있다. 혁명이 다가오고 있다. 그리고 그것은 매우 아름다운 혁명이다. 이 혁명은 가장 깊은

의미에서 조용하고 부드러우며, 모든 곳에 스며들기 때문에 아름다운 것이다. 혁명은 이미 시작되었다.[28]

세월이 흐르자, 샌더스는 자신이 과거에 남긴 이 변태적인 글에 대해 변명을 늘어놓았다. 2015년 그는, 이 이상한 에세이들을 "대안 출판물을 통해 어두운 풍자를 시도했던 멍청한 과거"라고 주장했다.[29] 실제로 그는 정체성 정치identity politics*를 전면적으로 배제하고, 고전적 마르크스주의가 정의하는 계급 갈등에 중점을 두고 캠페인을 벌였다. 샌더스의 경력은 정치 혁명을 통해 사회를 개조하고자 했던 20세기 초기 마르크스주의자들을 떠올리게 한다. 라이히의 오르가슴 이론에 대한 그의 일시적 관심에도 불구하고, 샌더스는 구좌파의 계급 투쟁을 대표한다. 그러나 그가 2016년과 2020년, 대선 후보로 활동하는 동안, 문화와 인종이 계급보다 더 강한 연대감을 형성한다는 것을 알아챈 20세기 문화 마르크스주의자들의 진영에서 또 다른 세력이 등장했다. 트레이본 마틴Travon Martin을 살해한 혐의로 조지 짐머맨George Zimmerman이 무죄 판결을 받은 후 2013년 결성된 급진 단체인 "흑인의 생명도 소중하다Black Lives Matter(이하 "BLM")"는 신좌파의 인종 중심적 초점

---

* 정체성 정치는 인종, 민족, 성별, 성적 지향, 종교, 사회 계층 등 특정 집단의 정체성을 기반으로 한 정치적 입장이나 운동을 말한다. 정체성 정치는 소수자 집단의 권리 향상에 기여해 왔지만, 사회의 분열을 초래하고 개인의 다양성을 간과할 수 있다는 비판도 받고 있다.

을 드러냈다.*[30]

　두 방향으로 갈라진 붉은 운동은 21세기까지 이어졌다. 일부 괴상한 에세이에도 불구하고, 팟캐스트 진행자 조 로건^{Joe Rogan}이 말했듯이 사회주의자 상원의원 버니 샌더스는 "평생에 걸쳐 미친 듯한 일관성"을 보여주었다.[31] 샌더스의 사회주의는 1960년대에 그들을 대체한 문화적 급진주의자들보다는 오히려 전통적인 노동 운동권과 더 많은 공통점을 공유하고 있다.

　버니 샌더스는 이성애자 백인 남성이나 식민지 시대의 개척자들이 아니라, 백만장자와 억만장자들을 분노의 대상으로 삼았다. 물론 본인이 백만장자가 된 2016년 이후로는 백만장자도 은근슬쩍 제외하기 시작하긴 했지만.[32] 그의 타깃은 셰익스피어가 아닌 빌 게이츠와 같은 부자들이었다.[33]

　버니 샌더스는 현대 주류 좌익의 이민 정책과 오랜 기간 입장 차이를 보여왔다.[34] 2020년 대선 출마 과정에서는 민주당의 친 이민 정책에 좀 더 가까운 입장을 취하긴 했으나, 이 버몬트주 상원의원은 이민이 미국 노동 시장에 부정적인 영향을 미칠 것이라고 주장하며 오랫동안 이민 확대에 반대해 왔다. 그는 2013년, "수십만 명의 노동자들을 데려와서 최저 임금으로 일하게 하고, 그들이 미국 아이들과 경쟁하게 하는 것은 말이 안 된다"고 주장했다.[35]

---

*　17세의 아프리카계 미국인 소년, 트레이본 마틴이 2012년 2월 26일 조지 짐머맨이라는 당시 지역 자율방범대에 의해 살해당한 사건으로, 이후 미국 전역에 인종 차별, 총기 규제, 자위권 법률 등에 대한 논의를 촉발했다. 짐머맨은 살인 혐의로 기소되었으나, 2013년 재판에서 자위권을 주장하며 무죄판결을 받았다. 이 사건은 "Black Lives Matter"운동의 탄생에 중요한 역할을 했다.

BLM 운동의 설립자인 패트리스 컬러스Patrisse Cullors는 공동 설립자인 알리시아 가르자Alicia Garza를 "훈련받은 마르크스주의자"라고 묘사했다.[36] 이 단체의 세 번째 공동 설립자인 오팔 토메티Opal Tometi는 자신을 정의하는 데 있어 좀 더 조심스러웠으나, 베네수엘라의 공산주의 독재자 니콜라스 마두로Nicolás Maduro 옆에 서서 웃고 있는 그녀가 찍힌 사진들을 보면 그녀가 마르크스주의에 공감하고 있음을 유추할 수 있다.[37] 컬러스, 가르자, 토메티는 샌더스가 제시한 기본적인 마르크스주의적 틀을 공유하고 있다. 그러나 이들은 자신들의 조직 이름을 "노동자의 생명은 소중하다" 혹은 "프롤레타리아의 생명은 소중하다"로 명명하지 않았다. 버니 샌더스가 부에 초점을 맞춰 계급 전쟁을 벌이는 동안, BLM은 인종에 초점을 맞추어 문화 전쟁을 벌였다.

샌더스의 전략은 기동전에 가깝다. 그는 선거 승리를 통해 사회 변화를 추구했는데, 이것이 그가 단 10표 차이로 마침내 버링턴 시장직에서 승리할 때까지 10년 동안 여러 공직 선거에 출마했으나 번번이 실패한 원인이다. 그 후, 주지사 선거와 연방 하원 선거에 연이어 출마했으나 여러 번의 실패를 거친 끝에 겨우 하원의원 자리를 차지했고, 이어 상원의원으로 선출되었다. 그 후 두 차례의 대통령 선거에서는 실패했다. 그의 급진적인 언어와 달리, 그는 자신의 혁명적 아이디어를 어디까지나 전통적인 정치 영역 안에서 실현하려 했다.

BLM은 반면 다른 전략, 즉 진지전을 채택했다. 이 조직은 정치 정당과 유사한 방식으로 활동하지만 실제로 그 누구도 공직 후보로 내세우지 않는다. 대신, 할리우드, 미국의 기업, 주류 미디어, 기술 분야, 고등 교육기관, 초중등 교육기관, 그리고 다양한 시민 단체에 침투한다.

2020년대 중반, 넷플릭스와 아마존 프라임은 자신들의 스트리밍 플랫폼에서 "BLM"을 주제로 한 영화들을 홍보하기 시작했다. 트위터는 자신들의 공식 계정 프로필에 이미 기재되어 있었던 "#BlackLivesMatter(흑인의 생명은 소중하다)"만으로는 성에 안 찬다고 느낄만한 사람들을 위해 "#BlackTransLivesMatter(흑인 트랜스젠더의 생명은 소중하다)"를 추가했다.[38] 굿이어타이어는 직원들이 BLM을 지지하도록 권장하면서 "모든 생명이 소중하다(all lives matter)", "경찰 생명도 소중하다(blue lives matter)", "미국을 다시 위대하게(make America great again)"와 같은 슬로건은 사용하지 못하도록 했다.[39]

BLM 이념을 배양하는 사상적 둥지인 대학 캠퍼스에서는 학생 운동선수들의 유니폼에 "Black Lives Matter"를 새겼다. 초중등학교는 노예제를 유지하기 위한 전쟁으로 미국 독립혁명을 재해석한 『뉴욕타임스』의 1619 프로젝트를, 일부 좌익 역사가들조차 반대했음에도 불구하고 기어이 교육 과정에 포함했다.

2020년 6월에는, 한때 전통적인 미국 가치를 대표했던 보이스카우트가 BLM 단체와 협력해 "다양성"배지를 도입하겠다고 발표했다.[40] 이제 보이스카우트의 최고 등급을 달성하기 위해서는 꼭 소년이 될 필요는 없으나, 소년이든 소녀든 마르크스주의자들이 주장하는 신념

---

* 미국 독립 선언서를 발표한 1776년을 건국년도로 보는 것이 아니라, 첫 아프리카 노예들이 영국 식민지(현재 미국의 버지니아주)에 도착한 1619년을 미국 역사의 진정한 시작으로 보고, 노예와 인종차별이 미국 사회에 미친 영향을 재조명하는 것을 목표로 하는 역사 수정 프로젝트이다. 반면 1776년은 자유와 평등의 이념이 표방된 해로서 미국 건국의 전통적인 역사를 대표한다.

을 암송해야 한다.[41]

BLM 운동의 문화적 마르크스주의적 뿌리를 이해하면, 미국 내 흑인 사회가 타인종보다 비교적 보수적인 성 관념을 공유하고 있음에도 왜 이 단체가 굳이 퀴어 커뮤니티를 지지하는지 이해하는 데 도움이 된다. 2000년대 중반, 미국 흑인 인구의 약 21~25%만이 동성 결합을 포함해서 결혼을 재정의하는 것을 찬성했는데, 이는 백인이나 히스패닉계 인구에 비해 현저히 낮은 수치였으며, 이러한 차이는 오늘날까지 이어지고 있다.[42]

이렇듯 미국 흑인들의 비교적 보수적인 성 관념에도 불구하고 BLM 단체는 본인들의 웹사이트에 버젓이 "우리는 자기 성찰적인 단체로서 시스젠더* 특권을 해체하고, 지속적으로 적대적 폭력을 당하고 있는 흑인 트랜스젠더 여성들을 지원하는 일을 한다."라고 선언하고 있다.[43] 그러나 자신을 여성으로 여기는 흑인 남성이 살해되는 경우는 매우 드물며, 설령 살인자가 밝혀지는 경우에도 그들은 대개 흑인인 경우가 많다.[44] 그렇다면 인종 문제에 전념한다고 주장하는 단체가 왜 이토록 성 문제에 유독 많은 에너지를 쏟는 걸까?

BLM은 "퀴어를 지지하는 네트워크를 육성"하고 "이성애 중심적 사고의 엄격한 손아귀에서 벗어나" 궁극적으로 "서구에서 정의한 핵가족 구조를 붕괴"시키겠다고 선언한다.[45] 빌헬름 라이히조차도 자신이 지향하고자 하는 바를 이보다 더 잘 표현하지 못했을 것이다. 자세

---

* 시스젠더(cisgender)는 자신의 성별 정체성이 생물학적 성과 일치하는 사람을 가리키는 용어로, 트랜스젠더와 구별하기 위해 만들어졌다.

히 들여다보면, BLM은 안토니오 그람시로부터 시작된 문화 급진주의 자들의 프로젝트를 그대로 이어받아, 인종 문제를 단순히 자신들에게 유리한 도구로 사용하고 있다는 것을 알 수 있다.

버니 샌더스는 독립 언론과 칼럼, 비주류 다큐멘터리에서 자주 보이는 것처럼, 급진적 사상이 담긴 연설을 통해 경력을 쌓아왔다. 2016년 민주당 대선후보 경선에서의 패배 이후, 그는 CNN에서 보수 성향의 상원의원 테드 크루즈[Ted Cruz]와 사회주의 이점에 대해 논쟁을 벌였다.[46] 샌더스는 자신의 주장이 더 설득력 있다고 믿으며, 자신과 상반된 의견을 가진 사람들과 공개적인 장소에서 직접적으로 맞서는 것을 두려워하지 않는다.

자신들을 떳떳하게 마르크스주의자라고 칭하는 BLM은 그러나 버니 샌더스와는 정반대의 접근 방식을 취하고 있다. 그 방식이라는 것은 자신들과 의견이 다른 사람들의 입을 막아버리는 것이다. 따라서, 버니 샌더스와 BLM 단체가 선거 운동 중에 대립각을 세운 것은 놀라운 일이 아니다. 2016년과 2020년 대선 운동 기간 여러 차례에 걸쳐 BLM 활동가들이 샌더스의 유세 현장에 난입해 그의 마이크를 빼앗는 일이 발생했다. 이들은 안티파[Antifa]*와 같은 자신들과 유사한 좌익 단체들과 함께 대학 캠퍼스, 기업의 임원 회의실 등 다양한 장소에 출몰하여 발언하는 이들에게 고함을 지르고, 해고를 요구하며, 일반적

---

* 안티파는 "반파시스트(Anti-Fascist)"의 줄임말로, 파시즘, 네오나치즘, 백인 민족주의, 인종차별 등 극우 이념에 반대하는 좌익 운동을 말한다. 그들은 좌익 이념, 특히 아나키즘과 공산주의 사상에 기반을 두고 있으며, 직접적인 행동을 선호하고 신원 확인과 보복을 피하기 위해 마스크와 복면을 착용한다.

인 발언, 연설 등 표현의 자유를 억압하고 있다.

정치적 올바름이 강화됨에 따라, 많은 보수주의자가 버니 샌더스와 유사한 접근법을 취하면서 전투에 임하려는 경향이 발견되고 있다. 그들은 자유주의 철학자 존 스튜어트 밀John Stuart Mill과 연방 대법관 루이스 브랜다이스Louis Brandeis가 주장했듯이, 부적절한 발언에는 더 많은 발언으로 응해야 한다고 믿는다.[47] 샌더스에 대한 사람들의 의견은 분분할 수 있다. 그러나 적어도 그는 자신의 급진적 아이디어를 신문과 선거 유세를 통해 전파하며, 미국의 전통적인 정치 질서를 존중해 온 것만은 분명하다.

그러나 BLM을 비롯한 문화 중심의 급진주의자들은 샌더스와는 다른 길을 걸었다. 이들은 선거 연설을 방해하고, 기업과 공인들을 위협하는 등, 정상적인 방법을 벗어난 방법으로 자신들의 정치적 목표를 추진해왔다.[48] 이들은 부적절한 발언에 대한 해답으로 더 많은 발언이 아닌 검열을 올바른 해결책으로 여긴다.

어떤 전략이 더 효과적이었을까? 약 40년간 정계에서 활동하면서도 이렇다 할만한 단 한 건의 입법 성과를 내지 못한 버니 샌더스는 2020년 민주당 대통령 후보 경선에서 자칭 "온건파"였던 조 바이든에게 패배했다. 반면, 조 바이든은 BLM이 강조하는 "흑인의 생명도 소중하다"는 슬로건과 그들의 정책 목표를 대부분 수용함으로써, 시대의 흐름에 편승해 승리를 거머쥐었다. 샌더스의 정치적 경력은 뚜렷한 성과를 거두지 못했지만, BLM과 그들의 동료들이 이룩한 문화적 영향력은 미국 사회를 변형시키는 데 성공했다.

보수주의자들 역시 샌더스처럼 실패의 고배를 마셨다. 그들은 급진주의자들의 설계에 맞서 우리 문화를 지키는 데 성공하지 못했다. 심지어 여성 화장실 하나도 지켜내지 못했다. 더 많은 논의는 더 많은 문제가 있는 생각들을 우리에게 가져왔고, 그중에서도 가장 심각한 것은 전통적인 표현에 대한 검열이었다. "검열"이라는 단어를 듣기만 해도 대다수 미국인은 등골이 오싹해질지 모르지만, 그 단어가 주는 불쾌감에도 불구하고 검열 전략은 효과적인 것으로 보인다.

사회주의를 둘러싼 테드 크루즈와 버니 샌더스의 의견 차이만큼 극명한 예는 드물겠지만, 이렇게 대조적으로 보이는 두 사람 사이에는 생각보다 많은 공통점이 있다. 두 사람 모두 우리 정치 시스템이 정한 경계를 존중한다. 샌더스와 크루즈는 자신들의 정치적 신념에 따라 사회의 변화를 추구하지만, 모두 최소한의 규칙과 절차라는 틀 안에서 그 작업을 수행한다.

BLM과 같은 문화 혁명가들은 규칙을 존중하지 않는다. 그들은 기존의 언어와 행동 규범이 자신들의 목표에 방해가 된다는 것을 잘 알고 있다. 사실, 언어 규범의 본래 목적 중 하나가 바로 이런 형태의 급진주의를 저지하는 것이었다. 보수주의자들이 흔히 주장하는 것과는 반대로, 이 급진주의자들은 표현의 자유를 옹호한다고 자처하는 사람들보다 표현의 자유라는 개념을 훨씬 더 깊이 이해하고 있다.

1920년대부터 1970년대까지, 혁명가들의 급진적 외침은 조롱과 무시의 대상이었다. 그것은 당시 이 나라가 아직 "오르가슴매트론"과 같은 개념을 받아들일 준비가 되어 있지 않았기 때문이다. 그러나 2010년대, 2020년대에 접어들면서 이런 아이디어들이 점차 주류 사회에 자리 잡기 시작했다. 결국 급진주의자들은 문화 지배력을 확립했다. 그람시, 라이히, 프랑크푸르트학파의 비전을 상당 부분 실현한 오늘날의 혁명가들은 이제 무자비한 검열 시스템을 통해 자신들의 새로운 정통성을 강요하기만 하면 되며, 이를 통해 우리를 "멋진 신 세계brave new world"로 이끌면 된다.

기준과 관행

STANDARDS AND PRACTICES.

기준과 관행

급진적 이론가들이 문화를 혁명적 수단으로 삼기 시작한 지 얼마 되지 않아, 문화의 생산자인 예술가들도 이 분야에 주목하기 시작했다. 1930년대와 1940년대 두 영국 소설가, 조지 오웰과 올더스 헉슬리Aldous Huxley는 미래에 다가올 문화적 폭정을 예견했다. 그들이 만들어낸 용어들은 정치적으로 올바른 지배 체제를 상징하는 단어로 자리 잡았다. "신어Newspeak", "빅 브라더Big Brother", "사상 범죄thought-crime", "이중사고doublethink"*, "기억의 구멍memory hole"**, "멋진 신세계" 등이 바로

---

* 『1984』에 등장하는 개념으로 모순된 두 가지 신념을 받아들이고 두 신념 모두 진실이라고 믿는 것을 말한다. 소설에서 당의 슬로건인 "전쟁은 평화, 자유는 예속, 무지는 힘"이 대표적인 이중사고의 예시이다.

** 마찬가지로 『1984』에 등장하는 개념으로 당에 의해 불편한 진실이나 기록이 삭제, 파기되는 곳을 상징적으로 표현한 것.

그 예다.

이 예술가들이 직접 미래를 예측한 것은 아니지만, 우리는 그들을 정치적 예언자라고 부를 수 있다. 필자의 친구인 조지 러틀러 신부가 지적했듯이, 예언자는 진실을 부정했을 때 발생할 수 있는 결과에 대해 경고하는 한에서 미래를 예측할 뿐이기 때문이다.[01] 그리고 조지 오웰과 올더스 헉슬리를 비롯한 경고자들은 주변에 뿌려진 정치적 올바름의 씨앗을 보았기 때문에 그런 예언을 할 수 있었다.

1948년, 조지 오웰은 전체주의 정부가 사상을 통제하여 권력을 유지하는 디스토피아적 세계를 그린 소설, 『1984』를 출간했다. 그가 이 작품을 쓴 연도인 1948년의 숫자를 뒤집어서 제목으로 삼은 것은, 당시 작가가 실제로 경험했던 사회적, 문화적 기준의 변화를 미리 암시한 것이라고 볼 수 있다. 소설의 주인공 윈스턴 스미스는 이렇게 말한다. "모든 기록이 파괴되거나 조작됐고, 모든 책은 다시 쓰였으며, 모든 그림은 다시 그려졌다. 모든 조각상과 거리 이름이 바뀌었고, 모든 날짜도 변경됐다. 이 과정은 매일, 매 순간 계속되고 있다. 역사는 멈추었다. 당이 옳다고 하는 것 외에는 아무것도 존재하지 않는 무한한 현재만이 존재한다."[02]

2020년 BLM 폭동 과정에서, 많은 역사적 기념물이 미국 전역에서 파괴되었다. 이는 윈스턴이 언급한 역사의 조작과 유사한 행위라고 볼 수 있다. 폭도들은 "사회 정의"와 "깨어있는woke 정치"라는, 현대적인 용어를 동원하여 자신들의 행동을 정당화했다. 이 용어들은 정치적 올바름이라는 오래된 재앙에서 파생된 것으로, 폭력을 행사하는 것에 대해 새로운 명분을 제공했다. 이들은 『뉴욕타임스』의 "1619 프로젝트"가 제시한, 미국 건국의 아버지들이 노예제도를 유지하기 위해 독립혁명을 일으켰다는 날조된 전제에 기반하여 미국이라는 나라를 정의가 실패한 나라로 묘사했다.

좌우를 막론하고 많은 학계의 역사가들이 이 거짓을 반박했음에도 불구하고, 『뉴욕타임스』는 꿋꿋이 이 수정주의적 역사 연재물을 실었으며, 결국 이 연재물은 퓰리처상을 수상하기까지 했다.[03] 그러나 1619 프로젝트는 미국 역사를 단순히 재검토하는 수준이 아니라, 아예 국가 자체를 전복하기 위한 목적으로 쓰였다. 정치 철학자 찰스 케슬러Charles Kesler가 2020년의 전국적 폭동을 가리켜 "1619 프로젝트 폭동"이라고 칭하자, 이 연재물의 저자, 니콜 한나-존스Nikole Hannah-Jones는 이 명명을 영광으로 여기며 그에게 감사의 뜻을 표하기도 했다.[04]

조지 오웰이 그린 정권은 역사를 조작하는 것 외에도 명분 없는 전쟁을 끊임없이 일으키고, 현대의 널리 퍼진 방송 장치들과 섬뜩한 유사성을 보이는 "텔레스크린"과 같은 기술을 이용한다. 하지만 가장 핵심적인 부분은 빅 브라더 정부가 자신들의 권력을 유지하기 위해 언어를 통제한다는 점이다. 소설에 등장하는 "신어"는 정치적 올바름에 대한 가장 직접적인 예언으로, 어휘를 변형하고 제한함으로써 사람들의 정신을 통제한다. 이러한 언어의 통제는 "사상 범죄", 즉 당의 권위에 도전하는 어떠한 생각을 표현하는 것도 불가능하게 만든다.

"신어의 목적 전체가 사고의 범위를 좁히기 위한 것임을 모르겠어?" 새 사전 편찬을 담당하는 당의 간부인 사임이 설명한다. "종국적으로는 사상 범죄 자체가 불가능해질 거야. 이단적 사상을 표현할 말 자체가 없어질 텐데 뭐. … 언어가 완벽해질 때 혁명은 완성될 거야. 신어가 영사고, 영사가 신어가 되는 거지."[05] 영국식 사회주의English Socialism의 줄임말인 영사 정권은 언어 통제를 단순한 권력의 도구가 아니라 권력의 핵심이자 전부로 여겼다.[06]

조지 오웰이 영국식 사회주의가 언어와 자유로운 사고에 미칠 위험성에 대해 경고한 것은, 저자 자신의 정치적 정체성을 고려해 볼 때 많은 의문을 제기한다. 오웰은 "1936년 이후 내가 진지하게 쓴 모든 글은 직접적이든 간접적이든 전체주의에 반대하고, 내가 이해하는 바에 따른 민주사회주의를 지지하는 것이었다"고 말했다.[07] 보수주의자들이 사회주의에 대한 반대론을 펼칠 때 오웰을 인용하는 것에 대해, 좌파들은 오웰의 복잡한 정치적 견해를 들어 보수의 주장을 반박한다. 오웰이 어떻게 현대의 "영사" 정권과 신어의 편을 들면서 동시에 그것들을 반대할 수 있었는지 이해하는 열쇠는 그가 남긴 마지막 네 단어 "내가 이해하는 바에 따른"에 있다.

오웰은 자신이 "과두제적 집단주의oligarchical collectivism" 또는 "전체주의"라고 부르는 것을 깊이 혐오했다. 그는 레온 트로츠키Leon Trotsky를 존경했고 조셉 스탈린Joseph Stalin에는 반대했는데, 이 두 러시아 공산주의자 사이의 이념적 차이는 그들의 추종자들 사이에서 현재까지 자주 과장되어 논의되는 주제다. (실제로 두 사람의 이념적 차이는 스탈린에 의해 트로츠키가 추방 및 암살되는 것으로 귀결되었다.*) 오웰은 반사회주의 자유주의 경제학자 프리드리히 하이에크Friedrich Hayek에

---

* 트로츠키는 "영구 혁명" 이론을 주장하며 전 세계적인 혁명과 노동자 민주주의를 지지한 반면, 스탈린은 사회주의 일국론을 주장하며 중앙집권적 권위주의와 철저한 통제를 추구했다. 이 이념 차이로 인해 트로츠키는 소련에서 추방되었고, 스탈린이 권력을 장악했다."

게 전달한 바와 같이, 집단주의나 전체주의가 없는 사회주의를 갈망했다.

오웰은 "하이에크 교수의 논문에 담긴 부정적인 견해에는 많은 진실이 담겨 있다."라고 인정했다. "집단주의는 본질적으로 민주적이지 않으며, 스페인의 종교 재판관조차 상상하지 못했던 권력을 독재적인 소수에게 부여한다는 사실은 아무리 강조해도 절대 지나치지 않다."[08] 전 공산주의자 휘태커 체임버스Whittaker Chambers* 가 1952년에 발표한 회고록 『증인』에 따르면, 스탈린이 자행한 숙청은 서구의 많은 좌파 지식인들의 환상을 산산조각 냈다. 그리고 조지 오웰은 "자신이 이해하는 바에 따른" 사회주의를 지지했다. 그러나 오늘날까지도 "진정한 사회주의"가 단 한 번도 시도된 적 없었다고 주장하는 많은 순진한 이들처럼, 심지어 그와 같은 천재조차도 사회주의를 온전히 이해하지 못했다.

조지 오웰의 고등학교 시절 프랑스어 교사였던 올더스 헉슬리는 현재의 정치 상황에 대해 더 예리한 예언을 남겼다. 오웰의 『1984』보다 17년 전에 쓰인 『멋진 신세계Brave New World』는 다른 유형의 디스토피아를 제시한다. 이 책의 제목은 셰익스피어의 『템페스트The Tempest』에서 인용한 것으로, 인간의 악한 본성에 대한 순진한 무지를 나타낸다. "오, 놀라워라! 여기 얼마나 많은 멋진 생명이 있는가! 인간은 얼

---

* 미국의 작가. 20년대 후반에는 소련의 스파이 조직을 위해 일했던 공산당원이었으나 이후 공산당과 소련 스파이 조직에서 탈퇴하고 반공주의자가 되었다. 1948년에는 국무부 고위 관료였던 앨저 히스가 소련의 스파이였다고 폭로하면서 미국 정계에 큰 파장을 일으켰다. 그는 자신의 자서전 『증인』을 출간, 공산주의의 위험성과 자신의 사상적 전환 과정을 저술했다.

마나 아름다운가! 오, 그런 인간들이 사는 멋진 신세계여!"[09] 『멋진 신세계』의 폭압적인 단일 세계 정부는 기술과 이념, 인간의 가장 원초적인 욕구를 이용해 섹스와 마약에 정신이 혼미해진 순종적인 대중을 창조함으로써, 자신들이 강력한 계급 구조 속에 갇힌 노예 상태임을 깨닫지 못하게 만든다.

오웰은 쾌락을 박탈하는 억압적인 국가를 묘사했다. 『1984』에서는 대중에게 제공되는 진, 담배, 커피 모두 맛이 형편없다. 모든 부도덕한 섹스가 금지된 이후, 사람들은 "당에 대한 의무"에 지나지 않는 성관계에서조차 위안을 얻지 못한다. 반면, 올더스 헉슬리는 대중의 육체적 쾌락을 박탈하기보다 그것을 극대화하는, 더욱 교묘한 형태의 억압을 예상했다. 그의 『멋진 신세계』에서는 국가가 오히려 난잡한 성행위를 조장하고, 일부일처제를 금지하며, 사람들에게 기분 좋은 환각을 일으키고 시간의 감각을 흐리게 만드는 "소마"라는 약물을 제공한다.

『1984』에 나타나는 빅 브라더의 뻔뻔한 세 가지 슬로건은 정치적 올바름을 떠올리게 한다. "전쟁은 평화, 자유는 예속, 무지는 힘." 그러나 이 정권을 유지하는 도덕적 규범은 포스트모더니즘의 변태성보다는 오히려 청교도주의적 특성과 더 유사하다. 이 체제는 전통적인 청교도적 덕목인 순결, 절제, 근면, 인내, 친절, 겸손, 자선 등을 변형된 형태로 만들어 이용한다.

반면, 헉슬리의 세계 정부는 부도덕을 강조함으로써 권력을 유지한다. 오웰의 빅 브라더는 윈스턴을 고문하여 마침내 2 더하기 2가 5라고 믿게 만드는 것처럼, 피지배자의 이성을 파괴하면서 그들을 지배한다. 그러나 헉슬리의 세계 정부는 피지배자의 악덕을 조장하여 그들 스스로 통치할 수 있는 역량과 기반을 약화함으로써 권력을 유지한다.

이러한 부도덕의 조장이 준 청교도적 억압보다 더 교묘하게 정치적 권력을 확보하는 방법을 제공한다는 점에서, 헉슬리는 자신의 디스토피아적 비전이 그의 제자 오웰의 것보다 현실성이 더 높다고 보았다. 헉슬리는 『1984』를 "매우 중요한 작품"으로 평가했지만, 빅 브라더의 강제적 방식은 비현실적이라고 생각했다. 부츠로 얼굴을 짓밟는 정책이 얼마나 오래 지속될 수 있을지 의문이라고 그는 말했다. "지배적인 집단주의는 권력을 유지하는 데 더 적은 노력과 낭비를 요구하는 방식을 찾을 것이고, 그 방식은 내가 『멋진 신세계』에서 그린 것과 유사할 것이다."[10]

정치적 올바름에 반대하는 사람들은 다른 어떤 작가들보다도 오웰을 자주 인용한다. 그러나 사실 문화 혁명가들이 전통 사회를 어떻게 교묘하게 전복할지를 더 정확하게 파악한 사람은 헉슬리였다.

정치적 올바름은 그것을 반대하는 사람들이 그 복잡성과 미묘함을 제대로 파악하지 못하게 함으로써 성공을 거두었다. 20세기 중반의 또 다른 소설에서 언급된 바와 같이, PC의 새로운 기준은 "캐치-22"*

---

* 조지프 헬러(Joseph Heller)의 소설 『캐치-22』에서 유래한 것으로, 군 규정상 조종사가 정신이 온전한 상태에서 미친 듯한 행동을 하는 상황에 처할 경우, 정신이 온전하므로 전투 임무를 계속 수행해야 하지만, 자신이 미쳤다고 주장하여 전투 임무를 벗어나려 하면, 그 순간 그는 더 이상 미치지 않은 것으로 간주되어 다시 전투 임무를 수행해야 하는 상황, 즉 어떤 선택을 해도 전투에서 벗어날 수 없는 딜레마에 빠지게 되는 상황을 말한다. 현대적인 예시로는 "신용이 좋아야 대출을 받을 수 있는데, 대출을 받아야 신용을 쌓을 수 있는 상황" 등이 있다.

와 같은 문제, 즉 어떤 해결책도 문제를 해결할 수 없는 상황을 만든다. 이는 정치적 올바름에 반대했던 거의 모든 저명한 인사가 빠졌던 함정이다. 이 함정은 정치적 올바름이 언어적 규범과 도덕적 규범을 동시에 다루면서 나타내는 이중적 성격에 있다. 시대에 맞지 않는 용어를 사용해 비판받은 경험이 있는 사람이라면 알듯이, 계속해서 변하는 전문 용어와 금기어는 새로운 언어적 규범을 형성하고 있다. 예를 들어, "유색인종(Persons of color)"은 절대 "Colored person"이라고 표현해서는 안 된다.* 적어도 이 글을 쓰고 있는 시점 기준에 따르면 그렇다.

그러나 새로운 언어 규범은 어느 날 갑자기 하늘에서 뚝 떨어진 것이 아니다. 오히려 기존의 규범을 훼손하고 전복하기 위해 구체적인 의도를 가지고 개발된 것이다. 그들은 새로운 전문 용어를 고안하고 이를 사용하도록 강제함으로써, 기존의 용어와 그 용어가 내포하는 도덕적 태도를 금지한다. 예를 들어, "노숙자(homeless)"나 최근에 사용되기 시작한 "무주택자(unhoused)"같이 정치적으로 올바른 것으로 여겨지는 용어들은 "부랑자(bum)"나 "떠돌이(tramp)"와 같이 더 오래된 용어들을 대체했다.[11] "노숙자"와 "무주택자"라는 용어는 그들의 상황에 대한 책임을 경감시키는 반면, "부랑자"나 "떠돌이"는 그들의 현 상태가 개인의 선택과 행동에 의한 것일 수 있다는 의미를 내포하고 있었는데, 이제는 이런 시각이 정치적으로 부적절하다

---

* 'Persons of color'는 개인을 우선시하고 그들의 인종적 배경을 그 다음으로 언급함으로써 존중을 표현한다. 그러나 'Colored persons'는 인종적 특성을 먼저 언급하며, 개인보다는 그들의 인종적 속성을 우선시하는 것처럼 해석될 수 있다.

고 여겨진다.

또한 많은 부랑자가 마약 중독자(junkies)*인 경우가 많은데, 이 용어는 이미 오래전에 정치적으로 올바른 표현인 "중독자(addict)" 또는 더 최근의 경우 "약물 사용 의존증이 있는 사람(person with a substance use disorder)"으로 변경되었다. 이는 버락 오바마 전 대통령의 약물 정책 담당자가 제안한 용어다.[12] 술주정뱅이(drunkards)와 약쟁이(druggies)는 잘못된 선택을 했으며 그 결과를 감수하며 살아가야 한다는 뉘앙스를 내포하지만, 이를 "증상" 또는 "질병"으로 규정하게 되면 그들의 개인적 책임감은 약화한다. 정치적 올바름에 따른 언어 규범은 책임감을 줄여주며, 이는 도덕적 규범의 일관성을 해치는 결과를 초래한다. 정치적 올바름 아래에서는 올바른 언어 사용이 올바른 행동을 대체한다.

정치적 올바름은, 전통적으로 비정상으로 여겨지는 것들에 도전한다. 문명사회는 전통적으로 남성이 여장하는 것을 비정상적으로 여겼다. 하지만 정치적 올바름은 이러한 남성을 "트랜스젠더transgender"라고 지칭하는데, 이는 자신의 실제 성별과 동일한 성 정체성을 가지는 "시스젠더cisgender"와 동등한 인정을 받는다. 동성애 행위는 사회적으로 이성애보다 상대적으로 드물지만, 이제는 이성애와 마찬가지로 비정상적이지 않은 것으로 여겨진다. 정치적 올바름은 특정 행동이나 특성이 정상의 범주를 벗어났다는 인식 자체를 거부함으로써 모든 형태의 규범 자체를 아예 부정해 버린다.

---

* 마약 중독자들을 비하하는 표현으로, 특히 불법 마약에 심각하게 의존하는 사람들을 가리킨다.

정치적 올바름은 단순히 비주류를 주류로 편입시키는 것을 넘어, 기존의 규범을 부정하며 전통적인 도덕적 비판을 금지한다. "부랑자"에서 "무주택자"로의 용어 변경은 게으름뱅이에서 피해자로의 도덕적 전환을 나타낸다. 이러한 변화는 노숙자 생활에 대한 사회적 낙인을 제거하고, 노숙인이 자신의 거주 상태 혹은 그 부재에 대한 어떤 책임도 없다는 인상을 준다.

우리 문화의 기반인 기독교는 인간의 본성을 변하지 않는 것으로 보며, 유대교와 이슬람교와 같은 다른 주요 유신론 종교들도 특정 성적 행위를 부적절하게 여긴다. 그러나 정치적 올바름은, 이 두 가지 관점을 전환한다. 정치적 올바름은 인간 본성의 고정된 성질을 부정하고, 동물과의 성관계나 소아성애를 제외한 모든 성적 행위를 정당화한다. 하지만 2020년 캘리포니아에서 특정 조건 하에 소아성애를 부분적으로 합법화하는 법안이 통과됨에 따라, 심지어 이 예외조차도 약화하기 시작했다.[13] 같은 해 넷플릭스가 10대 소녀들의 선정적인 춤을 다룬 영화 「귀여운 것들Cuties」을 옹호한 것 또한 이러한 현상을 반영하는 사례라고 할 수 있다.[14]

---

* SB-145 법안을 말한다. 이는 특정 성범죄에 대해 판사가 성범죄자 등록 여부를 결정할 수 있는 재량을 확장하는 내용을 담고 있다. 기존 법률에 따르면, 18세 이상의 성인이 14세 이상의 미성년자와 성관계를 가질 경우, 해당 성인이 성범죄자로 등록될지 여부는 판사의 재량에 따랐었다. 그러나 이 재량은 성행위의 형태(예: 질 성교)와 관련이 있었고, 동성 간의 성행위(예: 구강 성교, 항문 성교)에는 적용되지 않았다. SB-145 법안은 이 차별을 없애고 모든 형태의 성행위에 대해 동일한 재량권을 판사에게 부여했다. 법안의 취지는 이성 간의 자발적 성행위와 동성 간의 자발적 성행위를 동등하게 처우하기 위한 것이었다. 그러나 이 법안은 또한 성인과 미성년자의 나이차이가 10년 이하인 경우 성범죄자 자동등록을 유예하는 내용도 담고 있어 성인이 미성년자와 성관계를 맺는 것에 대한 처벌을 약화한다.

구질서와 신질서는 공존할 수 없다. 마르크스와 그의 이념적 후계자들이 주장한 "존재하는 모든 것에 대한 무자비한 비판"은 철저히 이루어져야 한다. 결국, 오직 한 가지의 도덕적, 철학적 체계만이 우위를 차지할 수 있기 때문이다. 바로 이 지점에 함정이 존재한다.

문화 보수주의자들이 1980년대에 처음으로 정치적 올바름에 대해 경고한 이래, 그들은 이 문제를 검열과 표현의 자유 사이의 갈등으로 잘못 이해해 왔다. 1960년대 중반 표현의 자유 운동의 본거지였던 캘리포니아대학교 버클리 캠퍼스가 2017년에는 보수 논객들의 강연이 좌파적 폭력을 유발하는 장소로 바뀌어, 표현의 자유에 가장 적대적인 장소 중 하나가 되었다는 사실에 보수주의자들은 깊은 충격을 받았다. 필자가 온건 정통 유대교 신자이자 친구인 벤 샤피로Ben Shapiro와 함께한 단 한 번의 강연에 들어간 경호 비용이 무려 60만 달러가 넘었다는 사실이 우리가 처한 현실의 방증인 셈이다.[15]

보수주의자들은 정치적 올바름의 공격에 직면할 때마다 늘 그랬듯이 "표현의 자유"에 대한 지지를 두 배로 늘리는 방식으로 대응했다. 그들은 스스로를 모든 형태의 검열에 반대하는 "표현의 자유 순수주의자free speech purists"로 묘사하기 시작했다. 또한 그들은 "이념의 자유시장the marketplace of ideas"에 참여하기를 거부하고 가혹한 현실에서 벗어나 안전한 공간을 찾는 좌파 "눈송이"들을 비난했다. 그들은 이 새로

---

* 안전한 공간(safe space)는 주로 대학 캠퍼스나 공공 기관에서 사용되는 개념으로, 개인이 차별, 괴롭힘, 비판 또는 마음의 상처를 받지 않고 자유롭게 존재할 수 있는 물리적 또는 심리적 공간을 의미한다. 예를 들어 성소수자(LGBTQ+) 학생들을 위한 전용 라운지나 지원 센터, 유색인종 학생들을 위한 기숙사 등이 있다. 이는 또한 과거 흑백분리정책(segregation)을 부활시킨 개념이라고 비판 받기도 한다.

운 "표현의 자유" 개념이 모든 기준과 규범을 벗어나 정치적으로 올바른 검열관들의 손아귀에 놀아나고 있다는 사실을 깨닫지 못했다.

인류의 역사를 통틀어 모든 사회는 언어와 행동에 대한 규범을 수용하고 이를 시행해 왔다. 정치적 올바름 진영에 선 자들은 이를 "신청교도주의new puritanism"라고 공격했다. 어떤 면에서 그들의 주장에도 일리가 있으나, 신청교도주의라는 것은 어느 날 갑자기 등장한 것이 아니다. 오히려 그것은 성공회를 정화하려 했던 구청교도주의를 대체했으며, 이 구청교도주의는 그들을 이단으로 규정하고 탄압했던 가톨릭을 대체하는 등 여러 과정을 거쳐 발전했다. 이렇듯 문명이란 결코 무(無)를 목적으로 존재할 수 없다.

리버럴 성향의 학자 스탠리 피시가 선언한 "표현의 자유 같은 건 없다."라는 문장 역시 일정 부분 일리가 있다. 그는 "표현의 자유"란, 우리가 추진하고자 하는 아젠다에 도움이 되는 언어적 행동에 우리가 붙이는 이름표에 불과하다고 주장했다. 그는 이렇게 말했다. "우리는 우리가 할 수 있을 때, 그렇게 할 힘이 있을 때, 우리가 선호하는 언어적 행동에 '표현의 자유'라는 이름표를 붙인다. 왜냐하면 미국인들의 일상에서 '표현의 자유'라는 이름표는 바로 우리가 선호하는 언어적 행동에 붙이고 싶은 바로 그 이름표이기 때문이다."[16]

미국 역사를 통틀어 명예훼손, 협박 선동, 사기, 외설 그리고 도발적 언어 등 여러 범주의 표현은 수정헌법 제1조의 적용 범위를 벗어났다.[17] 비록 현재 많은 자칭 보수주의자가 수정헌법 제1조를 근거로 포르노를 옹호하고 있지만, 연방법원은 최근 2008년, 어느 유명 포르노 제작자에게 음란물 유포 혐의로 징역형을 선고한 바 있다.[18] 심지어 영어권에서 가장 잘 알려진 표현의 자유 옹호자 중 한 명인 존 밀턴John Milton조차도 그의 가장 유명한 논문, 「아레오파지티카Areopagitica」에서 특정 사상에 대한 검열을 명시적으로 지지한 바 있다.

밀턴은 이렇게 주장했다. "나는 천주쟁이*나 공개적인 미신에 대해서도 관용을 베풀어야 한다고 말하는 것이 아니다. 이것들은 모든 다른 종교와 시민의 우선성을 말살하려 하므로 제거되어야 마땅하다. … 또한 신앙이나 윤리에 절대적으로 반하는 불경한 것이나 악한 것은 어떠한 법으로도 허용될 수 없다. 그렇지 않으면 법 스스로가 무법해지고 만다."[19] 밀턴에 따르면 자유주의자들에게도 한계는 있는 법이다.

밀턴은 1644년, 영국 내에서 가톨릭의 역할을 둘러싼 내전이 격화되던 시기에 이 글을 남겼다. 그는 내전의 해결책으로 표현의 자유를 옹호했으나, 어떤 특정 발언은 허용되는 담론의 한계를 넘어설 수 있다고 경고했던 것이다. 밀턴은 처음부터 가톨릭이 표현의 자유를 있게 한 평화와 질서에 위협이 된다고 생각했다.

가톨릭 신자들 역시 관용의 현실적 한계로 인해 발생하는 정치적 딜레마를 이해했다. 영국의 가톨릭 신자인 G. K. 체스터턴은 훗날 이 문제를 이렇게 설명했다. "생각을 멈추게 만드는 생각이 있다. 바로 그 생각이야말로 멈춰야 할 유일한 생각이다. 그것은 모든 종교적 권위가 겨냥한 궁극적인 악이다."[20] 밀턴은 자신이 미신이라고 여겼던 것들을 비판했고, 체스터턴은 급진적 회의주의를 비판했다. 두 사람

---

* Popery, 천주교도를 비하하는 단어

모두 이성을 남용하면 이성이 훼손될 수 있고, 말을 남용하면 말이 훼손될 수 있다는 점을 간파했다.

미국에서 "표현의 자유"는 서유럽이나 세계 다른 지역과는 다른 의미를 가진다. 미국의 헌법과 법적 전통은 특히 정치적 발언에 있어 다른 나라들보다 더 광범위한 보호를 제공한다. 그러나 미국 역시 다른 국가들처럼 표현의 자유에 대한 한계를 설정하고 있으며, 이러한 기준을 일관되게 적용해 왔다.

자치 공화국에서 언어는 곧 정치이고, 정치는 곧 언어다. 정치의 영역에 한계가 있는 것처럼 언어의 영역에도 한계가 있어야 한다. 그러나 소위 "표현의 자유 순수주의자"들은 이러한 현실을 무시함으로써 PC 검열관들에게 이 게임의 승부를 결정짓는 열쇠를 넘겨주고 있는데, 이 검열관들은 새로운 기준을 세우는 것이 아니라 기존의 것을 폐지하려는 목표를 가진 사람들이다.

이 영악한 전략은 "앞면이 나오면 내가 이기고, 뒷면이 나오면 네가 지는," 어떻게 해도 질 수밖에 없는 동전 던지기와 같다. 표현의 자유 순수주의자들이 전통적 도덕 기준을 위협하지 않을 정도로만 자신들의 논리를 따른다면, 그들은 자신들이 위선자임을 드러내고 논쟁에서 패배하게 된다. 반면, 일관성을 유지하기 위해 모든 언어적 규범을 거부하고, 전통적 도덕을 지키려는 규범까지 거부한다면, 그들은 결국 급진주의자들이 처음에 폐기하고자 했던 전통적 기준을 포기하는 것이 된다. 결국, 어떤 경우에도 급진주의자들이 승리하게 되는 구조인 것이다.

이 조작된 게임에서 벗어나기 위해서는 무엇보다도 구체성이 중요하다. 표현의 자유가 문자 그대로 아무 말이나 해도 된다는 뜻이 아니라면, 그것은 정확히 무엇을 의미할까? 여기서 우리는 다시 한번 우리의 이념적 반대파로부터 교훈을 얻을 수 있다. 스탠리 피시는 "간단히 말해서, 말이란 결코 그 자체로 가치 있는 것이 아니다. 말의 가치란, 어떤 갈등이 발생한 상황에서 준수해야 하는 가정된 선(善)의 개념 내에서 생성된다."라고 주장했다.[21] 정치적 올바름은 오웰의 소설 속 등장인물인 사임이 예측했듯이, 사고의 범위를 좁히는 데 기여해왔다. 하지만 동시에 그것은 대중의 사고와 언어가 옹호하려는 선의 개념을 전복시키기도 했다.

우리 문명은 오랫동안 정의를 중시해 왔다. 이는 사람들이 마땅히 받아야 할 것을 공정하게 분배하는 것을 의미한다. 하지만, 정치적 올바름은 "사회적 정의"를 외치면서, 자격이 없는 사람들에게까지 혜택을 주어야 한다고 주장한다. 우리 사회는 원래 노력에 의한 성취를 존중했지만, 정치적 올바름은 불만을 가진 사람들이나 피해를 당하였다고 주장하는 사람들에게 보상하는 것을 지지한다. 우리는 문화적 유산을 소중히 여겨왔지만, 정치적 올바름은 이 유산을 폄하하고, 노예 배상금을 요구하는 태도를 취한다.

표현의 자유는 개방된 평원이나 정글이 아닌, 섬세하게 다듬어진 정원과 같아야 한다. 보수주의자들이 표현의 자유를 우리 문화의 예리한 통찰과 최고의 전통으로 보지 않고 단지 중립적이고 자연스러운 상태로만 옹호하는 한, 우리는 결국 패배하고 말 것이다. 급진주의자들은 확립된 선의 개념 위에 언어가 세워져 있다는 것을 잘 알고 있다. 우리가 이를 인식하지 못하고 있기 때문에, 사실상 우리는 후퇴하고 있는 것이며, 급진주의자들이 선을 재정의하고 우리가 표현의 자유라고 부르는 것을 파괴할 수 있도록 기회를 내어주고 있는 것이다.

마오이즘이 주류가 되다

MAO GOES MAINSTREAM

05

마오이즘이 주류가 되다

　정치적 올바름은 올바르지 않을뿐더러, 엄밀히 말해 정치적이지도 않다. 이 개념이 말하는 선은 곧 악이다. 그러나 처음부터 아이러니가 정치적 올바름을 정의한 것처럼, 정치적 올바름은 단어와 구절을 변형하여 그들이 정반대의 뜻을 가지게 만든다. 이 용어는 1793년 대법원의 치솜 대 조지아 재판Chisholm v. Georgia을 통해 미국 역사에 처음 등장했다. 존 마셜John Marshall 대법원장은 부정확한 종류의 감정과 표현이 우리의 일상, 심지어 우리의 사교적 언어에서도 지배적인 자리를 차지하고 있다고 말하며 이렇게 설명했다. "사람들은 건배할 때 "미국의 사람들(People of the United States)" 대신 "미국(The United States)"이라고 말하며 건배사를 하는데, 이는 정치적으로 올바르지 않은 표현이다."[01] 마셜은 건배사에 통용되는 문구가 국가의 정치적 질서를 틀리게 표현했다는 점을 지적하면서 이 문구를 사용했었다.

이렇게 초기에 사용된 "정치적 올바름"이라는 용어는 현재 통용되는 의미와 거의 혹은 전혀 관련이 없다. 이 용어가 현재처럼 사용되기 시작한 것은, 마셜 대법원장 이후 150년이 지나서였다. 1935년, 미국의 작가이자 비평가인 조셉 우드 크러치Joseph Wood Krutch는 리버럴에서 급진주의자로 변한 컬럼비아대학교 교수들이 자유 토론의 중요성을 무시하고, 학생들에게 대신 "올바르다고 여겨지는 견해"를 주입한다고 비판했다.[02]

1930년대를 배경으로 한 랄프 엘리슨Ralph Ellison의 1952년 소설,『보이지 않는 인간Invisible Man』에서는 "올바름"이라는 개념을 풍자적인 방식으로 다룬다.

> "내 생각에 그 발언은 야만스럽고, 히스테리적이며, 정치적으로 무책임하고 위험합니다. … 그리고 그보다 더 나쁜 것은, 그것이 올바르지 않았다는 것입니다." 정치적으로 급진적인 형제단의 한 멤버가 선언했다.[03]

앨리슨은 특히 "올바르지 않다"는 마지막 용어를 강조한다.

> 그는 "올바르지 않다"는 단어를 마치 가장 극악무도한 범죄를 묘사하는 것처럼 발음했고, 나는 입을 떡 벌린 채 그를 바라보며 막연한 죄책감을 느꼈다.[04]

1930년대에는 이처럼 정치에서 "올바름"에 대한 맹목적인 집착이 점점 자리 잡기 시작하고 있었다.

블라디미르 나보코프Vladimir Nabokov는 1947년, 가상의 전체주의 정권을 배경으로 한 소설 『사생아Bend Sinister』에서 현재와 같은 의미로 "정치적으로 올바르지 않은"이라는 표현을 사용했다. 이 소설 속 국가가 통제하는 국영 언론은 "과거에 매우 악질적이었던 몇몇 조직들은 현재 금지되었지만, 그럼에도 정치적으로 옳지 않은 조직에 소속되어 있는 것이 아무 조직에도 소속되어 있지 않은 것보다 낫다."라고 보도한다.[05] 나보코프는 오늘날 우리가 사용하는 것과 같은 의미로 "정치적으로 올바르지 않다."라는 표현을 사용함으로써, 이것이 당의 정통성에서 벗어난 행위를 지칭하고 있음을 나타냈다.

이 용어는 러시아의 나보코프 이후 6년 뒤, 체스와프 밀로시Czesław Miłosz를 통해 동유럽 문학에도 소개되었는데, 그는 자신의 소설 『사로잡힌 영혼The Captive Mind』에서 폴란드어 표현인 "poprawny politycznie"를 사용했고, 번역가 제인 지엘론코Jane Zielonko는 이를 문자 그대로 "정치적으로 올바른politically correct"으로 번역했다. 지엘론코의 번역본에서 작가 밀로시는 이런 글을 남겼다. "정치적으로 올바른 주제라 하더라도 정통적인 기준을 적용하고자 했다면 그 역시 비평가들의 공격으로부터 피하지는 못했을 것이다. 왜냐하면 그는 수용소를 자신이 본 대로 묘사했지, 사람들이 보아야 한다고 생각하는 대로 묘사하지 않았기 때문이다."[06] 저자는 정치적 올바름과 현실 사이에 괴리가 있음을 알고 있었다.

오웰과 헉슬리부터 나보코프와 밀로시에 이르기까지, 정치적 올바름의 예언자들은 언어가 정치를 형성하는 데 강력한 힘을 가지고 있다는 사실을 알고 있었다. 오웰은 언어적 왜곡과 정치적 정통성 사이의 관계를 탐구한 에세이, 「정치와 영어Politics and the English Language」에서 "생각이 언어를 타락시킨다면, 언어 또한 생각을 타락시킬 수 있다." 라고 기술했다. "언어의 나쁜 사용은 전통과 모방을 통해 확산할 수 있으며, 더 잘 알고 있고 더 잘 알아야 할 사람들 사이에서도 확산할 수 있다."[07] 정치적 올바름이 성공할 수 있었던 이유는 심지어 그것을 반대하는 사람들조차 매료시켰기 때문이다.

트럼프 행정부 시절 미국에서 급부상한 좌익 테러 단체인 안티파는 언어와 행동 간의 관계를 보여주는 대표적인 예다. "반-파시스트"를 의미하는 안티파는 그들의 급진적 좌익 정치적 목표를 달성하기 위해 일반 보수 성향의 시민들과 경찰에게 폭력을 행사한다. 안티파 회원들은 고급 전투 기술을 훈련받고, 검은색 유니폼을 착용하며, 칼, 황동 너클, 벽돌, 고출력 레이저 등의 무기로 무장한다.[08] 그들이 겨냥하는 대상은 사실 파시스트가 아니라 보수주의자들이다. "미국을 다시 위대하게Make America Great Again"라고 적힌 모자를 착용하는 것만으로도 안티파의 눈에는 "파시스트"로 분류될 수 있다.

보수주의자들은 무솔리니의 검은 셔츠단과 안티파의 전술, 심지어 유니폼의 유사성까지 지적하며 그들의 모순을 조롱한다. 그들은 안티파들이 자신들을 반파시스트라고 주장하지만, 실제로는 파시스트

---

* 1919년 결성된 "국가 안보를 위한 자원 민병대"(MVSN)로 알려져 있으며 이탈리아 파시즘의 부상에서 중요한 역할을 한 준군사 조직이었다. 검은 셔츠단은 그들의 특징적인 검은 유니폼으로 인해 그 이름이 붙여졌고, 무솔리니의 권력 확립에 결정적인 역할을 했으며, 특히 사회주의자와 공산주의자들에 대한 폭력을 사용했다.

와 같다고 비난한다.[09] 그러나 안티파는 파시스트가 아니다. 보수주의자들이 안티파의 모순을 반대로 지적하면서 키득거리는 모습은 PC의 함정이 어떤 것인지를 보여준다.

　일부 안티파 일원 중에는 무정부주의자도 있고 공산주의자도 있다. 그들이 모두 매우 나쁜 사람들인 것은 사실이다. 그러나 그들은 파시스트가 아니다. 보수주의자들이 그들을 파시스트라고 묘사하는 것은, 파시즘이 유독 평화와 국가 정치에 큰 위협이 된다는 급진주의자들의 주장을 인정하는 셈이 된다. 결국 조지 오웰이 지적했듯이, "파시즘"이라는 단어는 이제 "바람직하지 않은 것"을 의미하는 것 외에는 별다른 의미를 가지지 못하게 되었다.[10] 그리고 그것이 바로 급진주의자들이 원하는 것이다.

　파시즘은 한때 지금보다 더 좁은 의미를 지녔다. 파시즘의 창시자인 베니토 무솔리니Benito Mussolini는 1832년, 철학자 조반니 젠틸레Giovanni Gentile의 도움을 받아 이 용어를 정의했다. 무솔리니와 젠틸레에 따르면, 파시즘은 개인주의, 경제적 자유주의, 평등주의, 평화주의, 기독교, 그리고 "맑시안 사회주의Marxian Socialism*"를 거부한다. 파시즘은 모든 것 위에 단 하나의 실체, 국가만을 지지한다.

　파시즘 교리의 핵심은 국가에 대한 개념, 본질, 기능 및 목표에 대한 것이다. 파시즘에 있어 국가는 절대적이며, 개인과 집단은 상대적인 개념으로써, 국가 내에 존재하는 한에서만 의미를 가진다. 자유주

---

　*　카를 마르크스의 사상에 기반을 둔 사회주의 이론으로, 생산수단의 사회화를 통한 계급 폐지, 프롤레타리아의 독재를 거친 무계급 사회 실현, 변증법적 유물론에 입각한 사회 변혁 등이 주요 특징이다.

의 국가는 공동체의 방향을 제시하고, 사회의 물질적, 도덕적 진보를 이끌기보다는 수동적으로 결과를 기록하는 데 그친다. 반면, 파시스트 국가는 항상 깨어 있으며 자체적인 의지를 가진 것으로 여겨진다. 이러한 이유로 파시스트 국가는 "윤리적"으로 묘사된다.[11]*

　21세기 현재에는 보수주의자나 좌익주의자 모두 여기서 말하는 파시즘의 정의에 부합하지 않는다. 파시즘은 그 자체로 독립된 하나의 이념이다. 그럼에도 불구하고 좌파는 우파에게 이 용어를 던지고, 우파는 어리석게도 "파시즘"을 궁극적인 정치적 악으로, 바로 좌파가 처음에 확립하려 했던 바로 그 전제로 받아들이며 이 단어를 좌파 진영으로 다시 던진다. 양 진영 모두 이탈리아의 밀라노 거리에서 무솔리니와 함께 죽어 역사 속으로 사라진 파시즘 유령을 열렬히 비난한다. 한편, 좌익의 가장 영향력 있는 운동 단체들과 민주당의 광범위한 영역에 의해 공개적으로 포용 되는 맑시안 사회주의라는, 실제로 우리 곁에 살아서 숨 쉬고 있는 악은 비난의 화살을 피한 채 자유를 얻어 널리 확산하고 있다.

　정치적 올바름은 이를 반대하는 사람들조차 무의식적으로 지지하게 만들면서 번성한다. 이 현상은 에세이 작가 나심 니콜라스 탈레브 Nassim Nicholas Taleb가 설명하는 "반 취약성Anti-fragility"를 보여주는데, 이는 단순히 저항하는 것을 넘어서, 반대 진영의 사람들이 경험하는 타격과 충격을 통해 오히려 강해지는 성질을 말한다.[12] 우리가 정치적 올바름을 반대하면 반대할수록, 우리는 그것의 조건들 -그 본질 자체

---

*　국가 자체가 윤리적 가치와 목표를 갖고 있다는 의미이다.

를- 우리의 언어, 사고, 문화 속으로 더욱 깊이 받아들이게 된다.

"나쁜 영어에 대항하는 투쟁은 결코 사소한 것이 아니며, 이는 비단 전문 작가들만의 문제도 아니다." 조지 오웰은 경고했다. 우리는 정치적 올바름과 그것이 담고 있는 급진적 이데올로기에 저항할 수 있지만, 효과적으로 저항하기 위해서는 최소한 우리가 무엇을 말하고 있는지는 알고 있어야 한다.

조지 오웰은 "이 모든 번거로움을 감수할 필요는 없다"라고 인정했다. "단순히 마음을 열고, 인위적으로 만들어진 문구들이 마음속으로 밀려 들어오게 내버려두면 된다. 그러면 그 문구들이 여러분을 대신해 문장을 만들어주고, 심지어 여러분의 생각까지 대신해 줄 것이다. … 필요하다면 여러분이 의도한 의미를 여러분 자신에게조차 부분적으로 숨겨주는 역할까지 완벽하게 해줄 것이다."[13] 정치적 올바름은 단순히 정당이나 정치적 운동을 넘어서는 것이다. 그것은 문화 전체를 변형시키며, 부주의한 보수주의자들은 그것을 찬양하는 급진주의자들만큼이나 정치적 올바름의 발전에 기여하게 된다.

정치적 올바름의 언어는 바이러스와 같이 사고에 침투하여 전염병처럼 퍼져나가는 특성을 보인다. 그 기원은 미국에서 시작되었지만, 중국까지 추적할 수 있을 정도로 전파력이 매우 강하다. 14세기 흑사병부터 21세기 우한 바이러스까지, 중국에서 시작된 많은 전염병이 전 세계로 퍼졌다. 그러나 1966년 『마오 주석 어록Quotations from Chairman Mao Tse-tung』, 이른바 "작은 빨간 책(홍보서)Mao's Little Red Book"이 영어로 번역되어 서구 사회에 소개된 이후, 급진주의자들에 의해 최초로 등장한 정치적 올바름 만큼 서구 사회에 큰 혼란을 야기한 것은 없었을 것

이다.[14]

그러나 정치적 올바름이나 그와 관련된 표현은 이 유명한 공산주의 선언문에 단 한 번도 등장하지 않는다. 그러나 "올바른(correct)"이라는 단어만큼은 무려 110회나 등장한다. 번역가들이 "right" 대신 "correct"를 선호한 이유는, 아마도 "right"이라는 단어가 "justified(정당한)" 또는 "acceptable(수용할 수 있는)"의 뉘앙스보다는 "the Right(우파)"라는 단어와 연결될 수 있다는 우려에서 비롯된 것으로 보인다.[15] 이유가 무엇이었든지 간에, "correct"라는 단어가 이상할 정도로 반복적으로 사용된다는 사실이 서구의 급진적 사상가들 사이에서 주목을 받았고, 그 결과 이들은 해당 용어와 그것이 내포하는 이데올로기를 자신들의 것으로 받아들였다.

MIT 좌파 성향의 교수이자 여성학 연구 프로그램 창시자인 루스 페리Ruth Perry는 자신의 에세이 「정치적으로 올바른 용어의 짧은 역사A Short History of the Term Politically Correct」에서 이 용어의 기원을 마오쩌둥에게서 발견했다. 『뉴욕리뷰오브북스New York Review of Books』의 공동 창립자인 바버라 엡스틴Barbara Epstein은 정치적 올바름을 받아들인 급진주의자들이 공산당 용어인 "올바른 노선주의correct lineism*"의 영향을 받았다고 주장한다.[16] 이 운동의 역사를 둘러싼 논쟁은 계속되고 있지만, 이 개념이 해외 공산주의자들로부터 서구 급진주의자들에게 전해져 대중화되었다는 점에서는 모두가 동의하고 있다.

---

* 특정 정치적 이념을 중요시하는 태도나 사상을 의미한다. 주로 공산주의나 사회주의 운동내에서 사용되며, 특정 지도자나 그룹이 제시하는 이념적 방향이 절대적으로 올바르다고 믿고 이를 무비판적으로 따르는 경향을 가리킨다.

마오 주석은 안토니오 그람시나 프랑크푸르트학파의 지식인들과 마찬가지로, 문화적 변혁이 정치적 혁명보다 앞서야 한다고 생각했다. 그는 자신의 "작은 빨간 책"에서 "오늘날 현대 세계의 모든 문화, 문학, 예술은 분명한 계급에 속하며, 명확한 정치적 노선을 따른다."라고 선언했다. 그는 "예술 자체를 위한 예술, 계급을 초월한 예술, 정치와 무관하거나 정치로부터 독립적인 예술은 존재하지 않는다."라고 주장했다.[17] 예술에 대한 그의 이토록 냉정하고 착취적인 시각은 그의 체제가 미켈란젤로와 같은 예술가를 배출하지 못한 이유를 설명해 준다. 한편, 그의 정치적 통찰력은 정치적으로 올바른 급진주의자들이 자신들의 세계관을 효과적으로 전파할 수 있었던 이유와, 무능한 보수주의자들이 이에 제대로 대응하지 못했던 이유를 설명해 주기도 한다.

마오와 그의 서구 추종자들이 주장했던, 모든 예술과 문화가 정치적이어야 한다는 주장에 많은 보수주의자들이 반발할 것이다. 카라바조나 렘브란트의 그림은 보수든 좌파든 누구나 좋아하지 않는가? 단테나 셰익스피어의 시를 그들의 정치적 성향과 무관하게 즐길 수 있지 않을까? 오늘날의 독자가 14세기 피렌체의 기벨린^{Ghibelline *} 정당에 무슨 특별한 애착을 가지고 있지 않는 한, 단테의 당파적 견해가 그의 시를 감상하는 데 무슨 영향을 미칠 수 있겠는가?

마오의 예술관이 보수주의자들에게 거슬리는 이유는, 보수주의자

---

* 중세 이탈리아의 정파로, 성직자 주권을 지지하는 황제파를 뜻한다. 이들은 교황청과 대립하던 호엔슈타우펜 왕가를 지지했다. 단테 알리기에리는 당시 기벨린 정파에 속했으며 그의 책 『신곡』에는 이러한 그의 정치적 견해가 반영되어 있다.

들이 급진주의자들에 비해 좁은 정치적 시야를 가지고 있기 때문이다. 보수주의자들은 자치self-governmnet에 필요한 공적 영역과 사적 영역을 어느 정도 구분하려는 경향이 있는 반면, 급진주의자들은 그러한 구분을 아예 인정하지 않는다. 이들에게 "개인적인 것은 곧 정치적인 것"이기 때문이다.[18] 그리고 이들이 공과 사의 벽을 무너뜨리려는 이유는, 그 벽이 공화정을 유지하는 데 필수적인 요소이기 때문이다.

급진주의자들의 주장에도 일리는 있다. 가장 기본적인 의미에서 정치란, 우익 이데올로기 신봉자들이 흔히 가정하는 것처럼 "정부" 또는 우리를 통치하는 다양한 관료제 조직만을 의미하지 않는다. 더 넓은 의미에서 정치란, 우리 모두가 함께 어울리는 방식까지 의미한다. 정치(politics)는 고대 그리스어 "폴리스(polis)"에서 유래했는데 이는 도시로 이루어진 국가를 의미한다.* 보수주의자들은 사적 영역을 넓게 보장해 줄수록 좋아하는 경향이 있다. 그러나 그러한 사적 영역 역시 어디까지나 국가의 기반에 대해 시민들이 합의함으로써 이루어진, 안정적인 공적 영역의 위에서 존재할 수밖에 없다.

다시 말해, 공적 영역과 사적 영역을 구분하려면 어느 정도의 정치적 합의가 필요하다. 예를 들어, 과거의 공화당과 민주당은 이민 정책에 대해 다른 의견을 가지더라도, 자국에 누가 들어올지 결정할 권리가 시민에게 있다는 데는 두 정당 모두 동의했다. 두 정당은 세율이나 무역 정책에 대해서는 다른 의견을 가지더라도, 사적 재산권 보호의

---

  * 폴리스는 단순한 지리적 개념이 아니라, 시민들이 공동체의 일원으로 함께 살아가는 정치적, 사회적, 문화적 공간이었다. 따라서 폴리스에서 파생된 '정치'라는 단어는 본래 시민들이 공동체 내에서 어떻게 서로 어울리고 협력하는지 다루는 광범위한 개념이었음을 시사한다.

정당성은 모두 인정했다. 그들은 국가 정체성에 대해 각기 다른 시각을 가질 수는 있었으나, 성조기를 지지한다는 점에서는 동일했다.

그러나 마오의 극단적인 지지자들은 이러한 기본적 합의조차 파기하려 했으며, 현재까지도 이와 같은 노력을 지속하고 있다. 과거와 현재의 구분은 마오의 예술관의 핵심을 이해하는 데 관건이 된다. 그는 "오늘날 현대 세계의 모든 문화, 문학, 예술은 분명한 계급에 속하며, 명확한 정치적 노선을 따른다."라는 주장을 영원한 진리로서 명시한 것이 아니었다.[19] 그는 이 주장을 "오늘날의 세계"에 대한 선언으로 한정했다. 과거에는 예술이 이데올로기의 윤곽과 일치하지 않았을 수도 있었다. 하지만 마오의 혁명은 정치와 예술, 그 밖의 모든 것을 변화시켰다. 이제 그 무엇도 이데올로기에서 벗어날 수 없게 되었다. "존재하는 모든 것에 대한 무자비한 비판"은 그 어떤 체제도 그대로 내버려두지 않기 때문이다.

마오는 혁명가들의 목표를 "문학과 예술이 전체 혁명 기계 안에서 완벽하게 들어맞도록, 또한 강력한 무기로서 사람들을 단결시키고 교육하며 적을 공격하고 파괴하는 구성 요소로 작동하게 만드는 것"이라고 설명했다.[20] 부분적인 혁명은 진정한 혁명이 될 수 없으며, 이는 오히려 급진주의자들이 뒤집고자 했던 바로 그 자유주의적 전제를 받아들이는 것이 될 것이라고 보았다. 그의 관점에서 전체주의적 혁명은 전면적으로 달성되어야 했다. 그림 한 점이나 음악 한 곡조차도 그 영향력에서 벗어나는 것은 절대 허용될 수 없었다.

급진주의자들의 문화혁명은 마오가 예측한 대로 전개되었다. 그는 자신의 혁명을 "대장정long march", "선언서manifesto", "선동력propaganda force",

"씨 뿌리는 기계seeding-machine" 등으로 묘사하면서 "미래에 수확을 낳을 많은 씨앗을 뿌리고, 그 씨앗들이 싹트고 잎이 나며 꽃을 피우고 열매를 맺을 것"이라고 말했다.[21] 20세기 초반과 중반에 뿌려진 씨앗들은 이제 열매를 맺었으며, 급진주의자들이 모든 문화 기관에 침투하고 난 뒤에야 보수주의자들은 무슨 일이 일어나고 있는지 깨닫게 되었다.

정치적 올바름은 단기간의 선동으로 발전한 것이 아니라, 루디 두치케의 "제도권을 통한 대장정long march through the institutions" 전략을 통해 점진적으로 발전해 왔다. 마오의 전술을 바탕으로 그람시의 사상을 해석한 두치케는 그렇게 한 세대의 좌익 운동가들을 양성했다.[22] 한 명의 독일인 학생이 어느 독일 철학자를 존경했던 이탈리아인과 중국인의 사상을 물려받아 한 세대의 미국 급진주의자들에게 사상적 기반을 제공한 것이다.

하지만 정치적 올바름을 가벼이 바라보는 사람들은 이 운동이 지난 20~30년 이상의 나름 유서 깊은 역사가 있다는 사실을 들으면 코웃음을 칠 것이다. 물론 좌파들은 정치적 올바름의 존재 자체를 부정한다. 2016년, 영국의 좌익 성향 신문 『가디언The Guardian』은 「정치적 올바름: 우파가 만들어낸 상상 속의 적Political Correctness: How the Right Invented a Phantom Enemy」이라는 기사를 헤드라인으로 실었다.[23] VOX*는 "정치적 올바름에 대한 진실은 그것이 실제로 존재하지 않는다는 것이다."라고 주장했다.[24] 수많은 다른 매체들 역시 이와 같은 주장을 되풀이하고 있다. 미국인 5명 중 4명이 정치적 올바름을 국가적 문제로 여기

---

* 미국의 진보적 성향의 뉴스 및 오피니언 웹사이트

지만, 좌익 언론인들은 이를 망상에 지나지 않는다고 치부한다.[25] 이제 "문화적 마르크스주의"라는 용어는 "극우 진영에서 빚어낸 반유대주의 음모론"이라는 위키피디아의 설명처럼 단순한 부정을 넘어 혐오감까지 불러일으킨다.

그러나 정치적 올바름은 분명히 존재한다. 가장 열렬한 지지자들은 자신들을 대놓고 문화 마르크스주의자라고 칭하고 있으며, 그 기원은 우리가 앞서 논의했듯이 카를 마르크스까지 거슬러 올라간다. 이러한 명백한 사실을 그토록 합리적인 사람들이 왜, 그리고 어떻게 부정할 수 있는지 의문이다.

그 의문에 대한 해답은 번역이 본질적으로 가지는 기만적 특성에 있다. 이탈리아 속담 "번역가는 곧 배신자Traduttore, traditore"라는, 원어로 들었을 때 더 와닿는 속담은 번역의 궁극적 한계를 함축적으로 드러낸다. 제아무리 능숙한 번역가가 번역한 글이라 하더라도, 한 언어를 다른 언어로 옮길 때는 원어와 대상 언어 사이의 음성과 문화가 다르기 때문에 텍스트도 같이 변형된다. 러시아인이 셰익스피어의 작품을 번역하여 셰익스피어의 중심 사상을 파악할 수 있고, 영국인 또한 번역을 통해 단테의 요점을 이해할 수 있다. 그러나 두 언어와 두 문화의 간극으로 인해, 번역은 필연적으로 원본의 일부를 배반할 수밖에 없다.

정치적 올바름 또한 언어를 통해 문화를 재편함으로써 문화를 배반하는 행위라는 점에서 번역 행위와 유사하다. 이 진영의 언어 전문가들은 "정의와 관련된 사람(justice-involved person)"이라는 용어가 "범죄자(criminal)"를 대체해야 한다고 주장한다. 그러나 두 용어는 지칭하는 대상은 같을지 몰라도, 전혀 다른 도덕적 틀을 함축하고 있다. 이러한 번역은 원래의 의미를 왜곡하고 배반한다.

언어는 대개 시간이 지남에 따라 자연스럽게 변화하지만, "범죄자"에서 "정의와 관련된 사람"으로의 변화는 자연스러운 언어 발전의 결과물이 아닌, 좌파 학자, 운동가, 관료들이 의도적으로 만들어낸 용어일 뿐이다. 이러한 용어는 이후 좌파 성향의 언론인들에 의해 널리 퍼졌다.[26] "범죄자"와 "정의와 관련된 사람"은 근본적으로 서로 다른 문화관을 반영한다. 전자는 개인의 도덕적 책임을 강조하는 반면, 후자는 그렇지 않다. 범죄자는 법을 어겼으므로 처벌받아 마땅하지만, 정의와 관련된 사람은 그저 수동적인 존재로 여겨질 수 있다. 이 용어를 좀 더 능동적인 뉘앙스로 해석하면, "정의를 추구하는 존재"로까지 해석될 수 있으며, 아무리 잔인한 범죄를 저질렀다 해도 처벌 대상이 아닌 것처럼 들리기까지 한다.

급진주의자들이 원하는 대로 문화가 작동한다면, 이 번역 과정은 세상을 완전히 뜯어고칠 것이고, 그 결과 모든 것이 끝날 것이다. 그러나 그들의 기대와는 달리 새로운 전문 용어가 일시적으로 태도를 바꿀 수는 있지만, 이를 상쇄하는 힘인 "완곡어법의 쳇바퀴euphemism treadmill"가 그 효과를 무력화시킬 것이다. 하버드대학교의 심리학자 스티븐 핑커Steven Pinker는 2003년, 『빈 서판The Blank Slate』에서 이 개념을 발견하고 이름을 붙였다. "언어학자들은 완곡어법 쳇바퀴라고 할 수 있는 이 현상에 익숙하다." 핑커는 말한다. "사람들은 감정적으로 민감한 표현을 대체하기 위한 새로운 단어를 만들곤 한다. 그러나 시간이 지나면서 그 단어 또한 자연스럽게 그 민감성을 연상시키는 단어가 되면서, 새로운 단어를 찾아야 할 때가 찾아 온다. 그러나 이 새로운 단어 역시 시간이 지나면 결국 부정적 함축을 갖게 되며, 이런 과정이 계속 반복된다."[27] 아름다운 용어가 가혹한 현실을 잠깐이나마 가릴 수 있겠지만, 결국 그 현실의 가혹함이 교체된 단어의 아름다움을 훼손하리라는 것이다.

완곡어법 쳇바퀴의 가장 간단한 예로는 "simpleton(멍청이, 바보)"를 들 수 있다. 이 단어는 오늘날의 기준으로는 무례한 단어로 취급되지만, 1846년에 S. G. 하우[S. G. Howe]라는 의사가 대중적인 담론에 처음 도입했을 때는 선한 의도에서 비롯된 단어였다.[28] 이 용어를 만든 지 2년 후, 하우 박사는 "멍청하고 유약한 매사추세츠 미성숙 청소년 학교(Massachusetts School for Idiotic and Feeble-Minded Youth)"-인근 하버드대학교와 혼동해서는 안 된다-를 설립했다.[29] "feeble-minded(유약한)"라는 단어는 라틴어, "flebilis"에서 유래한 것으로, 처음에는 그저 둔한 사람들을 의학적으로 묘사하는 용어에 불과했다. 시간이 지나면서 이런 용어가 너무 가혹하다고 여겨지자, 과학자들은 심리학자 헨리 고다드[Henry Goddard]가 그리스어 "moros"에서 유래하여 만든 "moron(둔한)"이라는 용어로 대체했다.[30] 이후에는 "느린"을 의미하는 라틴어에서 유래한 "retarded(느린, 지체된)"나 "약한"을 의미하는 "imbecile"과 같은 단어가 차례로 "moron(얼간이)"과 "idiot(멍청이)"를 대체했고 이 과정은 지금까지 계속 이어지는 중이다. 사회가 어떤 용어를 선택하든, 그 단어는 결국 사람들이 불쌍하게 여기는 상태를 가리키기 때문에 필연적으로 부정적인 의미를 가질 수밖에 없게 되는 것이다.

핑커는 "완곡어법의 쳇바퀴는 사람들의 머릿속에 단어보다 개념이 우선한다는 것을 보여준다. 어떤 개념에 새로운 이름을 부여하면 그 이름은 해당 개념의 영향을 받아 색이 입혀지지만, 개념 자체는 그 이름에 의해 새로워지지 않는다."라고 주장한다.[31] 핑커는 결국 현실이 스스로 재창출된다고 주장함으로써 보수주의자들에게 어느 정도의 위안을 제공한다. 그러나 이는 인간사에 있어 이성의 필연적 승리에 지나치게 큰 믿음을 두는 것은 아닐까?

개념은 시간이 지남에 따라 사람들의 마음속에 더 깊이 자리 잡을 수 있지만, 그 자체로 결정적인 힘을 가지지는 못한다. 새로운 전문용어는 시간이 지나면서 그 용어가 지칭하는 개념에 색을 입힐 수 있지만, 그렇다고 해서 그 개념이 완곡어법에 의해 장기적인 이득을 얻지 못한다고 단정할 수는 없다.

예를 들어, 남색법sodomy laws의 역사를 살펴보자. "남색꾼(sodomite)*"이라는 용어는 「창세기」에 언급된 불과 유황을 연상시키는데, 이는 강한 부정적 이미지를 연상시킨다. 반면 "동성애자(homosexual)"라는 단어는 그런 반응을 불러일으키지 않는다. 미국 역사 대부분 기간 남색행위는 불법이었지만, 실제로 기소까지 이어진 적은 거의 없었다. 1986년 연방대법원은 바워스 대 하드윅 재판Bowers v. Hardwick에서 소도미법의 헌법적 적합성을 인정했다.[32] 2003년에 이르러서야 대법

---

* "sodomite"라는 용어는 원래 창세기에 등장하는 소돔이라는 도시의 주민을 가리키는 데 사용되었지만, 시간이 지나면서 주로 동성애 행위, 특히 남성 동성애를 지칭하는 데 사용되었다. 이 용어는 성경 「창세기」의 소돔과 고모라의 파괴 이야기가 불과 유황을 통한 심판과 징벌의 이미지를 내포하고 있다.

원은 로런스 대 텍사스Lawrence v. Texas재판을 통해 헌법에 개인의 성적 행위에 대한 권리를 보장해야 한다는 숨겨진 조항을 '발견'했고, 그때까지만 해도 여전히 소도미법을 유지하고 있던 14개 주에서 이 법을 사법적 명령에 의거하여 폐지했다.[33]

어떤 사람들은 소도미법의 폐지를 환영하면서도 연방대법원이 이를 위헌적인 방식으로 번복한 것에 대해서는 유감스럽게 생각할 수 있다. 하지만 단순한 지지와 유감을 넘어, 이 법이 폐지되는 과정에서 언어가 어떤 역할을 했는지를 살펴보면 놀라움을 금치 못할 것이다. 그 이유는 법원이 사법 적극주의judicial activism* 보다는 변화하는 언어 의미론에 의존하여 판결을 내렸다고 볼 수 있기 때문이다.

동성애 행위를 지칭하는 용어가 "sodomy(남색)"로 남아 있었다면 과연 대법원이 이 새로운 권리를 인정했을까? 장담할 수는 없다. 하지만 동성애자들이 희망의 상징인 무지개와 "행복한"이라는 단어와 동의어인 "gay(게이)"를 차용한 것은 확실히 그들의 긍정적 이미지 구축에 도움이 되었다. 어쩌면 동성애에 대해 굳어진 편견이 무지개에 다시 부정적 색을 입힐 수 있을지도 모른다. 그럼에도 불구하고 남색법이 조만간 부활할 것이라고 기대하거나 원하는 사람은 거의 없을 것이다.

우리는 번역의 긴장감을 안고 살아간다. 새로운 단어는 기존 개념에 대한 우리의 이해를 변화시키지만, 그 변화가 완전하지는 않다. 오

---

* 법을 해석하고 판결하는 과정에서 성문화 된 법 문언에만 그치지 않고 정치적 목표나 사회정의 실현 등을 염두에 둔 적극적 법형성 내지 법창조를 강조하는 태도를 말한다.

래된 개념이 다시 주목을 받으면서 새로운 단어의 영향력은 약화하고, 완곡어법의 쳇바퀴는 또 다른 단어로 옮겨간다. 따라서 급진주의자들은 자신들이 원하는 방향으로 여론을 지속적으로 이끌어가기 위해 끊임없이 새로운 단어를 만들어야 한다.

완곡어법의 쳇바퀴는 정치적 올바름의 두 가지 특징인 모순과 비일관성을 드러낸다. 예를 들어, "퀴어(queer)"라는 단어를 살펴보자. 이 단어는 원래 16세기에는 "이상한(strange)"을 의미하는 말로 사용되었다. 19세기에 들어서는 동성애자를 비하하는 용어로 변모했고, 이 비하적인 의미는 20세기 초반까지 이어졌다.[34] 1968년 보수 언론인 윌리엄 F. 버클리 주니어William F. Buckley Jr.가 좌파 대중 지식인인 고어 비달Gore Vidal과의 논쟁 중에 분을 참지 못하고 "잘 들어, 이 퀴어야. 날 크립토 나치*crypto-Nazi라고 부르지 마. 그렇지 않으면 네 빌어먹을 얼굴을 박살 내버릴 테니까."라고 협박을 했던 이 일화는 당시 논쟁에서 비달이 승리한 것으로 기록되며, 승리를 거머쥔 비달은 매우 기뻐했었다고 전해진다.[35]

비달을 기쁘게 했던 이 모욕적인 단어는 오늘날 정치적 올바름을 지향하는 사람들에게는 또 다른 이유로 기쁨을 준다. 20세기 후반에 접어들면서 동성애자들은 "퀴어"라는 용어를 긍정적으로 차용하여, 자부심을 가지고 사용하기 시작했다. 그러나 동시에 일부 사람들에게는 여전히 과거의 경멸적 의미가 남아 있었다. 그래서 대학교들은

---

* 크립토 나치는 숨은 나치를 의미하며, 특정 개인이나 집단이 공개적으로 나치즘을 지지하지는 않지만, 사실은 나치와 유사한 이념이나 가치를 비밀리에 지지하거나 추진한다는 것을 비난하는 데 사용된다.

"퀴어 연구" 학과를 설립하는 등 학문적 맥락에서도 이 용어를 사용할 수 있었던 한편, 보수 성향의 코미디언 스티븐 크라우더Steven Crowder가 "게이 윙크"라는 활동명으로 알려진 동성애자 저널리스트를 "퀴어"라고 부르면, 유튜브는 그의 수입을 차단했다.[36]

이렇듯, 정치적 올바름은 말하는 사람의 정체성에 따라 단어의 의미가 달라진다. 이러한 현상의 가장 대표적인 예가 바로 "n-word"*이다. 이 단어는 비하의 의도가 담긴 의미(딱딱한 [r] 발음)와 애정이 담긴 의미(부드러운 [r] 발음), 두 가지로 나뉜다. 정치적 올바름은 화자의 정체성에 따라 전자의 일반적 사용을 금지하는 동시에 후자의 사용은 장려하거나 금지하기도 한다. 흑인들은 원하는 대로 이 용어를 사용할 수 있으며, 특히 랩 음악에서 더욱 자유롭게 사용한다. 정치적 올바름을 지지하는 사람들은 흑인들이 이 비하적 표현을 전유하고 재정의하는 것에 대해 환호한다. 그러나 백인들은 랩 음악을 따라 부르다가 이 단어를 입에 담으면, 정치적 올바름을 위반한 인종차별주의자라고 비난받을 수 있다. 정치적 올바름의 관점에서 단어의 의미는 의미론적 맥락이 아니라 말하는 사람의 피부색에 따라 결정된다.

그러나 언어의 독재자들은 본인들의 편의에 따라 이 규칙마저 때로 무시해 버린다. 2020년, 리버럴 성향의 백인 코미디언 지미 키멀Jimmy Kimmel이 래퍼 스눕독Snoop Dogg의 성대모사를 하면서 "n-word"를

---

* 흑인을 비하하는 용어로, nigger을 말한다. 이 용어는 흑인들 사이에서는 '임마' 정도의 친근한 표현이지만, 흑인이 아닌 사람이 말하는 경우, 인종적 비하발언으로 인식된다.

사용했던 과거 녹취록이 공개된 적이 있었다. 추가로 그는 2000년대 초, 정치적 올바름에서 벗어난 텔레비전 프로그램인 「더 맨 쇼The Man Show」에서 오프라 윈프리Oprah Winfrey와 농구선수 칼 말론Karl Malone을 흉내 내기 위해 피부를 검게 칠했던 과거가 밝혀지기도 했지만, 아무런 제 재를 받지 않았다.[37] 「더 맨 쇼」와 「지미 키멀 라이브 쇼Jimmy Kimmel Live!」 사이의 어느 시점에서 그는 자신의 행동 방식을 정치적 올바름에 부 합하도록 조정한 것으로 보인다. 그의 "n-word" 테이프가 유출된 그 해에도 리버럴 성향의 할리우드로부터 사랑을 받으며 세 번째 에미 상 시상식을 진행했기 때문이다.[38]

한편, ABC 방송사의 리버럴 성향의 진행자인 조이 베하Joy Behar는 1971년 핼러윈 파티에서 "아름다운 아프리카 여성"으로 분장하기 위 해 피부를 어둡게 칠했던 과거가 2019년 다시 조명되었음에도 불구 하고, 커리어에 아무 영향을 받지 않았다.[39] 반면에 NBC의 비리버럴 성향의 진행자인 메건 켈리Megyn Kelly는, 가수 다이애나 로스Diana Ross의 백인 팬들에게 로스와 비슷하게 피부색을 어둡게 분장하는 것을 단 순히 제안했다는 이유만으로 일자리를 잃었다.[40] 이처럼 특정 인종에 대한 발언과 복장의 적절성은 인종이 아닌, 이데올로기에 따라 달라 진다. 이러한 규정은 평등한 기준을 제시하는 것이 아니라 정치적으 로 편리한 검열의 구실로 작용한다.

이처럼 급진주의자들의 정치적 전제에서 비롯된 상황에 따라 규칙 을 임의로 적용하는 냉소적 검열은 일관성이 없어 보인다. 만약 자연 이 고정적이고 객관적이라면, 말하는 사람의 정체성이 단어의 의미 를 바꿀 수 없다. 왜냐하면 단어가 가리키는 현실은 말하는 사람의 정체성과는 별개로 존재하기 때문이다. 반면, 자연이 더욱 완벽해질 수 있고 진화하는 공간이라면, 단어가 가리키는 독립적이고 고정된 개념은 애초에 존재하지 않기 때문에 화자의 정체성에 따라 단어의 의미 또한 바뀔 수 있는 여지가 생기게 된다.

미국 역사상 가장 의식적으로 진보 진영에 속했던 대통령으로 평가받는 우드로 윌슨*은 과학적 예시를 들어, 이렇게 양립할 수 없는 두 정치 체제 간의 차이를 설명했다. 윌슨은 건국의 아버지들과 헌법의 기초를 세운 사람들은 영원하고 고정된 법칙이 자연을 지배한다고 믿었던 아이작 뉴턴Issac Newton의 영향 아래 살았기 때문에 입헌 정부를 세웠다고 주장했다. 그러나 이제 우리는 자연이 결코 고정된 것이 아니라 항상 "진화"하고 있다는 것을 입증한 찰스 다윈Charles Darwin의 시대에 살고 있기 때문에, 우리의 정치 또한 이 발견을 받아들여 기존의 고정된 규칙을 버리고 "진화"해야 한다고 설명했다.[41]

뉴턴의 시대에 정치란, 자연의 완전해질 수 없는 특성을 인정하고 권력의 분포를 신중하게 조절해야 하는 것으로 인식됐다. 제임스 매디슨은 『페더럴리스트Federalist』에서 이 시스템과 그 논리를 다음과 같이 설명했다.

정부 그 자체가 인간 본성에 대한 가장 위대한 성찰을 반영하고 있

---

* 미국의 28대 대통령(1913-1921)으로, 가장 의식적으로 진보주의 이념을 채택하여 자신의 정책에 명확하게 반영했다. 그는 연방준비제도 도입, 독점 규제, 노동자 권리 보호 등 다양한 진보적 정책을 추진했다. 그러나 한편 그는 인종분리주의자로, 연방 정부 내 인종분리 정책을 확대하기도 했다.

다. 만약 인간이 천사와 같았다면 정부는 애초에 필요하지도 않았을 것이다. 천사가 인간을 통치한다면, 정부에 대한 외부적 통제든 내부적 통제든 필요하지 않았을 것이다. 인간이 인간을 통치하는 정부를 구성할 때 가장 큰 어려움이 바로 여기에 있다. 먼저 정부가 통치 대상을 통제할 수 있어야 하며, 동시에 정부가 스스로를 통제할 수 있어야 한다.[42]

그러나 다윈의 시대에는 이러한 권력 분립, 견제와 균형 시스템은 오히려 진보를 방해할 뿐이며, "진화"를 위해서는 그 분산된 에너지를 집중적으로 모으는 것이 필요하다고 여겨진다.

보수주의자들은 정치적 올바름을 반대하는 방식에서 오류를 범하고 있다. 그들은 정치적 올바름의 규칙을 따르거나 반박하는 식으로 대응하고 있다. 그러나 정치적 올바름의 전투는 마치 즉흥 코미디 프로그램, 「아무튼 이거 누구 대사야?Whose Line Is It Anyway?*」와 같다. 규칙은 즉흥적으로 만들어지고, 점수는 중요하지 않다. 정치적 올바름을 지지하는 사람들에게 중요한 것은 오로지 규칙을 부과하는 행위뿐이다. 이들에게 어떤 문구는 어제는 어떤 의미를 가지다가도 다음 날에는 완전히 반대의 의미로 쓰이게 될 수도 있다. "정치적 올바름"이라는 용어 또한 이러한 모순적인 역전에 의해 발전했다.

옥스퍼드대학교 언어와 커뮤니케이션 분야에서 루퍼트 머독 교수

---

* 이 프로그램은 준비된 대본 없이, 즉흥 연기자들이 진행자의 지시에 따라 다양한 즉흥 연기를 수행하면서 주어진 상황, 캐릭터, 스타일 등에 맞추어 순발력 있고 재치있는 연기를 펼쳐보이는 코미디 프로그램이다. 각 에피소드는 점수를 매기는 형식을 빌리고 있지만, 실제로는 점수가 별 의미를 가지지 않으며, "모든 것이 만들어지고 점수는 중요하지 않다"는 농담으로 프로그램이 시작된다.

직^{Rupert Murdoch Professorship}을 맡고 있는 페미니스트 언어학자 데버러 캐머런^{Deborah Cameron}은 –참으로 아이러니하지 않은가?–* "정치적으로 올바르다"와 "정치적으로 그르다"는 용어가 좌파들 사이에서 자기비하적인 농담으로 시작되었다고 주장한다. "이 용어는 한편으로는 신좌파와 구좌파를 구별하고, 지나치게 진지하고 유머 감각이라곤 찾아볼 수 없으며 항상 엄격한 규범을 강요하는 정치인들을 풍자하는 용도로 사용되었다. 누구나 완전히 '올바를 수 있다'(또는 '그렇게 되기를 원하는')는 생각을 조롱하기 위한 목적으로 탄생했었던 것이다."[43] 그녀에 따르면 이 용어는 처음부터 모순을 내포하고 있었던 셈이다.

1960년대 급진주의자이자 리버럴 성향의 작가 겸 역사가인 폴 버먼^{Paul Berman}은 이에 다른 의견을 제시한다. 그는 이 자조적 모순이 처음부터 진지한 목적으로 사용되었다고 주장한다. 버먼에 따르면, "'정치적으로 올바른'이라는 표현은 원래 레닌주의 좌익에서 당의 노선을 확고히 따르는 사람들을 가리키기 위해 사용되었다."라고 한다. "이후, 이 용어는 '정치적 올바름'으로 발전하여, 당의 노선을 지나치게 열정적으로 따르는 사람들을 비꼬는 아이러니한 표현으로 변모했다"고 한다. 해외 정치 운동과 자신들을 의식적으로 동일시하는 교조적 좌파들은 이 용어를 진지하게 사용했다.[44] 그러나 그다지 열렬하지 않은 서구의 좌파 지식인들 사이에서 이들의 과도한 열정이 불편하

---

* 루퍼트 머독은 대규모 미디어 기업의 소유주로, 현 뉴스 코프와 폭스 코퍼레이션의 공동 회장이다. 그는 보수 세력을 지원하는 언론 거물로, 미국 공화당과 긴밀한 관계로 유명하다. 반면, 데버러 캐머런은 페미니스트 언어학자로서, 보수적 미디어와 대비되는 입장을 가지고 있는데, 그런 그녀가 보수적 미디어 거물의 이름을 딴 교수직을 맡고 있다는 사실이 아이러니하다는 점을 지적하고 있다.

게 여겨지면서 "정치적으로 올바른"이라는 용어가 반어적으로 사용되기 시작했다고 한다.

영어 역사학자인 제프리 휴즈Geoffrey Hughes도 이에 동의한다. "'정치적 올바름'은 원래 공산주의와 마오이즘에 비롯된 전체주의적 맥락에서 진지한 교리적 의미를 지니고 있었다"고 한다. 하지만 "이 용어가 민주적, 리버럴적 정치 환경으로 옮겨가면서, 정치적 올바름은 변칙이 되었고, 전복되기 쉬운, 공허한 순응의 공식이 되었다"는 것이다.[45] 즉, 현대 자유민주주의의 본질적으로 회의적인 특성으로 인해 정치적 올바름의 초기 진지한 의미가 약화한 것이다. 전체주의자들은 많은 결점이 있지만, 그들은 리버럴들보다 더 진지하게 이념을 받아들이는 경향이 있다. 리버럴들은 절대적 진리를 파악할 가능성 자체를 의심할 뿐만 아니라, 이념의 무결성보다는 대중의 변덕에 크게 의존한다. 이들은 "오천만 프랑스인이 결코 틀릴 리 없다*"라는 관점을 견지하고 있다.

소피 터커Sophie Tucker는 1927년 히트곡에서 리버럴적 관점liberal view를 요약한 가사를 통해, 자유로운 파리와 그보다 더 억압적이었던 미국의 정치 체제를 비교했다. "그들이 쇼를 선보이고 대박이 나면 아무도 그걸 검열하려 하지 않아요. 5천만 프랑스인이 틀릴 리 없죠! 그리고 어떤 책이 최고로 잘 팔리면 책은 중단되지도, 억압되지도 않아요.

---

* "오천만 프랑스인이 결코 틀릴 리 없다"(Fifty million Frenchmen can't be wrong)는 영어권에서 널리 사용되는 관용구로, 많은 사람들이 어떤 생각이나 행동을 하고 있다는 사실 자체가 그것의 옳음을 보장하지는 않는다는 뜻이다. 1920년대, 미국인들은 프랑스가 도덕적으로 퇴폐한 국가로 여겼고, 이런 인식에 반발해 해당 노래가 만들어졌다. 그러나 오늘날 이 표현은 주로 반어법적으로 사용된다.

오천만 프랑스인이 틀릴 리 없죠!"[46] 이 가사는 건국 초기부터 자유주의적 이상과 보수적 관행, 즉 독립선언문과 헤이즈 코드Hays Code* 사이에서 갈등을 겪었던 미국을 겨냥한 것이었다.

결국 소피 터커는 자기 뜻을 이루었다. 미국은 1920년대 이후로 많은 부분에서 상당히 자유로워졌다. 20세기 후반과 21세기 초반에 걸쳐 "보수주의" 진영에서 리버럴리즘이 두드러진 것에서 알 수 있듯, 우파 내에서도 이 자유방임주의laissez-faire** 적 태도가 지배적이 되었다.

정치적 올바름 역사 초기에는 우파와 좌파의 표현만 달랐을 뿐, 제한주의restrictiveness가 전체 정치 지형에 퍼져 있었다. 반미 활동 조사위원회The House Committee on Un-American Activites*** 는 자유주의도 회의주의도 아니었다.[47] 이 위원회는 미국에 대한 진정한 도덕적 비전을 제시하고, 공산주의자를 찾을 수 있는 곳이라면 어디에서든 그들을 찾아내어 제거하려고 노력했다. 전후 보수주의 운동의 아버지로 불리는 윌리엄 F. 버클리 주니어는 1954년 조 매카시Joe McCarthy**** 를 변호하는 책을 출간하기도 했다. 그러나 그 후 수십 년 동안 대부분의 보수주의자조차

---

* 헤이즈 코드는 1930년대부터 1960년대 초반까지 미국 영화산업에서 시행되었던 엄격한 검열 규정이다. 미국의 정치인이자 영화 산업 규제 책임자였던 윌 헤이즈가 주도한 이 규정은 영화에서 성, 폭력, 종교 모독, 범죄 등의 묘사를 제한했다. 이는 후에 도입된 영화 등급 제도의 기반이 되었다.

** "laissez-faire"는 프랑스어 표현으로, 직역하면 "하게 내버려 두라"는 뜻이다. 경제학과 정치학에서는 정부 불간섭, 자유 경쟁, 사유 재산권 보호, 자율적 시장 조절 등을 의미한다.

*** 반미 활동 조사위원회는 1938년 설립된 미국 하원의 위원회로 처음에는 미국 내 파시즘 활동을 조사하기 위해 만들어졌으나 제2차 세계대전 후에는 미국 내 공산주의 활동을 심문했다.

**** 조 매카시(1908-1957)은 1950년대 미국 공화당 상원의원으로서 미국의 반공 운동을 주도했다. 그의 이름을 딴 '매카시즘(McCarthyism)'으로 잘 알려진 인물이다.

그 시대를 특징짓던 도덕적 확신을 버리고 회의적 자유주의를 선택했다.

프랑스인이 어깨를 으쓱거리는 모습을 본 적 있는 사람이라면 알겠지만, 회의적인 자유주의적 사회에는 모순과 무관심이 확산하는 경향이 있다. 한때 대중 엔터테인먼트는 아름다움과 정밀함을 갖춘 웅장한 퍼포먼스로 우리를 감동하게 했지만, 지금은 거의 벌거벗은 기괴한 버레스크burlesques가 기존의 전통적 기준을 조롱하고 있다. 매릴린 먼로Marilyn Monroe와 엘라 피츠제럴드Ella Fitzgerald가 사라지고, 레나 던햄Lena Dunham과 마일리 사이러스Miley Cyrus가 그 자리를 대신하고 있다. 밥 호프Bob Hope의 열정적인 코미디는 인기를 잃었고, 데이비드 레터먼David Letterman의 냉소적인 아이러니가 그 자리를 채우고 있다.

아이러니는 책임 회피가 용납되는 리버럴하고 퇴폐적인 사회에서 번성한다. 이런 사회에서 개인은 많은 것에 대해 책임지지 않아도 된다. 그리고 단지 아이러니한 말 한마디나 행동으로 자신의 진정한 의도를 숨길 수 있다. 그가 한 말은 진심일 수도 있고, 그 반대의 의미를 담고 있을 수도 있지만, 어느 경우든 타인이 그 사람에게 책임을 물을 수는 없다.

2019년에는 이러한 기만적인 전략을 정치에 적용하는 현상을 묘

---

* 프랑스인들이 어깨를 으쓱하는 제스처는 종종 회의적이거나 "그게 무슨 대수냐"는 태도를 표현할 때 사용되는데, 이는 프랑스 문화에서 흔히 볼 수 있는 비언어적 커뮤니케이션 방식 중 하나이다.

** 19세기 후반에서 20세기 초반에 걸쳐 인기를 끌었던 공연 예술 장르로, 과장된 연기, 음악, 코미디, 선정적이고 여성의 섹슈얼리티가 부각된 댄스 공연을 말한다.

사하는 밈이 등장하기도 했다. "이게 바로 아이러니라고 하는 거야, 친구!It's called irony, bro!"[48]라는 네 단어의 주문으로 자신의 발언과 행동에 대한 비판을 회피하는 것이 그것이다. 온라인 속어 백과사전인 어반 딕셔너리Urban Dictionary는 "아이러니 브로irony bro"를, "어떤 것을 아이러 니하게 또는 그냥 재미를 위해 즐긴다고 주장하지만, 실제로는 그 대 상에 진정으로 관심이 있음을 숨기는 사람"으로 정의하며, 이 현상의 예로 힙스터hipsters와 인터넷 에지로드Internet edgelord를 언급했다.[49]

표도르 도스토옙스키Fyodor Dostoevsky는 『지하로부터의 수기Notes from the Underground』에서 아이러니를 "영혼의 사적 부분이 가차 없이 침범당 할 때, 겸손하고 고결한 영혼이 누릴 수 있는 마지막 피난처"로 묘사 했다.[50] 그는 자존심(pride)이 사람들로 하여금 그들의 의도를 비꼬는 말(sarcasm), 즉 언어적 아이러니의 형태로 숨기게 만든다고 말한다.

스코틀랜드의 철학자 토머스 칼라일Thomas Carlyle은 비꼬는 언어를 훨씬 더 어둡게 묘사했다. 그는 "이제 보니 비꼬는 말은 마치 악마의 언어 같다."라고 고백하며, "이런 이유로 나는 오래전부터 비꼬는 말 을 거의 사용하지 않게 되었다"고 말했다.[51] 비꼬는 말은 악마와 마찬

---

* 힙스터는 대중 문화와 다른, 상업화되지 않고 독특하고 비주류의 취향을 가진 사람들을 지칭 하는 용어다. 이들은 창의성과 개성을 중시하며 자신이 속한 사회와 문화에 대한 비판적인 시 각을 가지고 있다. 그러나 힙스터가 되려는 노력 자체가 어느 순간 클리셰가 되고 대중 문화의 일부가 되면서, 자신들이 추구하는 비주류 문화가 점점 주류 문화의 일부가 되는 현상에 대해 모순적인 태도를 보이기도 한다.

** 인터넷 엣지로드는 자신을 웹상에서 눈에 띄게 하려고 의도적으로 충격적이거나 논란의 여지 가 있는 행동 혹은 발언을 하는 사람을 가리킨다. 그러나 이러한 행동은 주목을 받기 위한 얄 팍한 의도에서 비롯된 행동으로 여겨지며, 실제로 깊이 있는 생각이나 신념보다는 표면적인 주목을 받고자 하는 욕구에서 비롯된 것으로 평가 받는다.

가지로 비난만 할 뿐, 그 어떤 긍정적인 것도 제공하지 않는다.

발전하는 문화는 자신이 믿는 것이 무엇인지 알고 있으며, 그러한 신념을 지킬 수 있는 자신감을 느끼고 있다. 그러나 퇴폐적인 사회는 아이러니와 비판 속으로 후퇴한다. 중세 유럽인들은 침입자들을 막아내고 잃어버린 땅을 되찾기 위해 성 조지의 십자가Cross of St. George를[*] 따라 전진했다. 그러나 타락한 현대 유럽 사회는 과거의 신념, 믿음, 신앙을 상실했으며, 이제는 자신이 이루었던 과거의 승리조차 혐오하며 과거와 동일한 적대 세력에게 국경을 개방하고 있다.

아이러니하게도, 퇴폐와 아이러니가 급진주의자들을 잠식하지 않았다면 마오쩌둥의 "작은 빨간 책"이 서구 정치에 더 직접적인 영향을 미쳤을지도 모른다. 제프리 휴즈는 "강경 공산주의가 쇠퇴하던 바로 그 시기에 미국에서 정치적 올바름이 유행하기 시작했다."라며 역사의 역설을 지적한다. 그러나 이러한 우연의 일치에 놀랄 필요는 없다. 공산주의는 확신을 요구하기 때문이다. 미국에서 공산주의 혁명을 일으키려면, 혁명가들은 구금, 배척, 죽음의 위험을 감수해야 한다. 그러나 정치적 올바름은 지치고 퇴폐적인 사회에 더 어울린다. 완곡한 표현과 모호한 표현은 선언문이나 전쟁보다 다루기 쉽다. 게다가 급진주의자들은 언제든지 아이러니를 주장하며 자신들의 파괴적인 의도를 얼마든지 부인할 수 있다.

---

* 성 조지는 기독교 전설 속에서 용을 죽이는 기사로 유명하며, 붉은 십자가가 흰색 배경 위에 그려진 성 조지의 십자가 상징은 특히 잉글랜드와 관련이 깊다. 이 표현은 중세 사람들이 겪었던 실제의 전투 뿐만 아니라 도덕적이고 영적인 싸움에서도 그들이 어떻게 신앙과 용기를 바탕으로 행동했는지를 상징적으로 나타낸다.

하지만 "정치적 올바름"이라는 용어가 좌파 내부에서 농담으로 생겨난 것이라면, 그 농담의 핵심은 정확히 무엇이었을까? 1960년대 신좌파가 독단적이고 교조적인 구좌파와 자신들을 구별하고자 했다면, 그 둘은 정확히 무엇이 달랐을까? 1960년대 신좌파들은 독단적인 구좌파의 경직성과 부족한 유머 감각을 조롱하기 위해 이 용어를 사용했을지 모르지만, 신좌파 세력은 사회의 새로운 언어와 행동 규범을 설계하고 시행하기 위해 구좌파 못지않게 진지한 태도로 싸움에 임했다. 아이러니라는 외피는 그들의 급진적 목표를 감추는 데 도움이 되었을 뿐이다. 그들은 전통적인 도그마가 억압적이라고 비판하며 그것을 공격했지만, 오래된 표준을 뒤집을 때에도 구좌파와 똑같이 독단적인 태도로 행동했다.

문화 혁명가들은 관용이라는 이름으로 전통적 기준을 무너뜨리고 이에 맞서는 사람들을 박해했다. 급진주의자들은 다양성이라는 이름으로 낡은 질서를 전복시키고 새로운 질서에 대한 복종을 요구하며, 이에 맞서는 사람들을 배척했다. 보수주의자들은 왼쪽 진영의 "아이러니 브로"들이 끊임없이 규칙을 바꾸는 상황에서 반격의 발판을 마련하기 위해 고군분투했다. "앞면이 나오면 그들이 이기고, 뒷면이 나오면 우리가 지는," 어느 쪽이든 우리는 질 수밖에 없는 싸움을 하는 것이다.

보수주의자들은 정치적 올바름을 설명하기 위해 음모론자들의 복잡한 이론에 의존할 필요는 없다. 마오쩌둥의 사상이 퇴폐적이고 비판적인 문화 속으로 유입되었다는 사실만으로도 충분히 설명이 가능하기 때문이다. 그러나 1960년대 세대의 급진적 활동가들은 자신도 모르게 이 정치적 프레임워크 속으로 빠져 들어갔을 수는 있으나, 이 아이러니한 정치 운동에 일관성을 부여하기 위해서는 더 깊은 지성이 요구되었다. 프랑크푸르트학파의 허버트 마르쿠제는 1965년에 "억압적 관용repressive tolerance"을 명료하게 설명함으로써 바로 그 역할을 해냈다.

마음씨 좋은 좌파들

THE TOLERANT LEFT

06

마음씨 좋은 좌파들

"우리가 지금 집회를 하고 있다고 생각한다면, 당신은 아직 아무것도 보지 못한 것이다." 포드 행정부 시절부터 꾸준히 선출된 영향력 있는 민주당 정치인, 맥신 워터스Maxine Waters*의 말이다. "당신의 내각 구성원 중에는 이미 식당에서 야유를 받고 쫓겨난 이들도 있으며, '평화도 없고 잠도 없다'고 외치는 시위대가 당신들의 집 앞을 점거하고 있다." 그녀는 지지자들의 환호 속에서 트럼프 대통령을 공개 저격했다.

그녀는 그 후로도 무력행사를 촉구하는 발언을 이어갔다. "여러분, 그 내각의 누군가를 식당에서, 백화점이나 주유소에서 만난다면, 사

---

* 맥신 워터스(Maxine Waters, 1938.08.15~)는 미국 민주당 소속 정치인으로, 1970년대 제럴드 포드 행정부때부터 현재까지 하원의원으로 활동 중이다. 그녀는 아프리카계 미국인 여성 하원의원으로서 가장 오래 재직한 기록을 가지고 있다

람들을 모아 그들을 쫓아내세요! 그들에게 '당신들은 더 이상 어디에서도 환영받지 못한다'고 말하세요!"[01] 그리고 민주당 지지자들은 그녀의 지령에 따라 행동했다. 워터스가 이렇게 사람들을 선동한 지 몇 달 후, 민주당원들은 켄터키주 루이빌의 한 식당에서 교통부 장관 일레인 차오Elaine Chow와 그녀의 남편 미치 매코널Mitch McConnell 상원 원내대표를 포위하고 공격했다.[02] 비슷한 시기에 또 다른 좌익 운동가 그룹은 워싱턴 D.C.의 한 식당에서 텍사스 상원의원인 테드 크루즈와 그의 아내 하이디를 에워싸 공격했고, 또 다른 집단은 보수 성향의 케이블 뉴스 진행자 터커 칼슨Tucker Carlson의 집을 파손했다.[03]

그러나 민주당 지도부는 워터스의 과격한 발언을 규탄하기는커녕 오히려 이를 부추겼다. 힐러리 클린턴은 "당신이 지지하고 가치 있게 여기는 것을 파괴하려는 정당이나 정치인들에게는 '예의를 차릴 수 없다(You cannot be civil)'"라고 선언했다.[04] 그러나 그녀의 이 네 단어, "예의를 차릴 수 없다"만으로도 그녀의 의도는 충분히 드러났다. 자신의 반대 세력을 자신들이 소중히 여기는 것을 파괴하려는 사람들로 규정한 이상, 예의란 더 이상 아무 쓸모 없는 것이 된다. 라틴어 "civilis"에서 유래한 이 단어는 다른 시민들 간의 정중하고 평화로운 관계를 의미한다.[05] 따라서 예의를 거부하는 것은 곧 시민들의 자치 정신을 거부하는 것이다.

이것이 바로 "관용적인 좌파the tolerant left"라고 불리는 이들의 민낯이다. 이 용어는 원래 입만 열면 "관용"을 외치면서 상대방의 다른 의견을 억압하는 좌파의 위선을 비꼬는 농담처럼 보수 진영에서 먼저 사용되었지만, 나중에는 오히려 보수주의자들을 "관용을 베풀 수 없는 자들"로 규정한 리버럴 진영에서 사용되는 유행어가 되었다. 양쪽 모두 일리는 있다. 좌파는 실제로 관용적이지 않고, 우파는 관용의 의미를 지나치게 단순화하여 관용의 의미를 제대로 이해하지 못하고 있다.

"캔슬 컬쳐cancel culture"를 반대하는 사람들이 "캔슬 컬쳐를 캔슬하라"고 요구할 때, 이는 자기모순에 빠진 주장이 아니다. 체스터턴이 "생각을 멈추게 하는 생각이 있다. 그것만이 멈춰야 할 유일한 생각이다."라고 말했을 때도 마찬가지다.[06] 이와 유사하게 좌파들은, 관용을 해치는 관용이 있으며, 그런 관용은 용납되어서는 안 된다고 지적한다. 관용이라는 것은 고난을 견디는 것을 의미하는데, 이는 본질적으로 한계가 있는 개념이다. 왜냐하면 인간은 어떤 것을 견딜 수 있는 능력을 완전히 상실하기 전까지만 그 고난을 견딜 수 있기 때문이다.[*] 1960년대에는 좌파뿐만 아니라 급진주의자들도 관용에는 항상 한계가 있음을 인식하고 있었으며, 관용을 파괴하는 것이 아니라, 그 경계를 변경하거나 전복하기 위해 노력했다.

1930년대 프랑크푸르트학파에서 비판 이론을 개발한 학자 허버트 마르쿠제는 1960년대에 그의 반항적이고 파괴적인 저서 『일차원적 인간One-Dimensional Man』과 『순수 관용에 대한 비판Critique of Pure Tolerance』을 통해 다시 주목받으며, "신좌파의 아버지"라는 타이틀을 얻었다.[07] 그 사이 수십 년 동안 마르쿠제는 미국 정부를 위해 일하면서 나치 독일

---

* 인간은 무한정 고통을 견딜 수 없다. 이는 관용에도 적용되는데, 우리의 가치관이나 정체성을 위협하는 것을 무한정 관용할 수 없다. 따라서 관용은 무한정 확장될 수 없는 개념이며, 우리가 감내할 수 있는 범위 내에서만 작동할 수 있다. 이는 앞서 언급된 "관용을 해치는 관용은 용납되어서는 안 된다"는 주장과 연결된다.

에 대한 보고서를 작성했는데, 처음에는 전쟁정보국에서, 이후에는 중앙정보국의 전신인 전략서비스국에서 일했다.[08] 1945년 마르쿠제는 국무부 유럽국 국장으로 일하면서 정보 업무를 계속했다.[09] 제2차 세계대전 당시 미국 정부가 저명한 마르크스주의자를 고용한 것은 일종의 음모가 아니었을까 싶을 정도로 이해하기 힘들지만, 미국이 나치를 물리치기 위해 지구상에서 가장 강력한 공산주의자였던 조셉 스탈린과 공식 동맹을 맺었던 것을 떠올리면 쉽게 납득이 될 것이다. 전쟁과 정치는 이처럼 참으로 묘한 조합을 이루곤 한다.

그렇다면 전쟁이 종식된 후에도 미국 정부가 7년 동안 마르쿠제를 계속 고용했던 이유는 무엇이었을까? 사실 당시 국무부는 마르쿠제 외에도 많은 공산주의자들을 고용했던 것으로 알려져 있다. 그중에서도 가장 눈에 띄는 인물은 앨저 히스Alger Hiss다. 그는 유엔 창설에 기여했지만, 5년 후 소련을 위한 간첩 활동 혐의에 관한 위증죄로 유죄판결을 받은 인물이다.[10]

전쟁이 끝난 후에도 마르쿠제가 그토록 오랫동안 정부에 의해 고용된 이유가 국가 전복 의도에서 비롯된 것인지, 정부의 단순한 무능 때문인지, 혹은 다른 동기가 있었는지는 명확하지 않다. 그러나 1952년, 이 마르크스주의 철학자는 자신의 관심을 학계로 돌렸다. 이후 20년 동안 미국 최고의 엘리트 대학교들이 그를 초빙했다. 그는 콜롬비아, 하버드, 브랜다이스대학교를 거쳐, 마지막으로 캘리포니아대학교 샌디에이고 캠퍼스에서 교편을 잡았는데, 여기서 미국에 대한 그의 신랄한 비판과 그것이 촉발한 폭동들을 지원하는데 납세자들의 귀한 세금이 사용되었다.[11]

마르쿠제는 1964년 저서 『일차원적 인간』에서 미국 사회를 대중매체와 기술을 통해 개인의 "진정성"과 "해방"을 억압하는 전체주의 사회로 묘사했다. 그가 당시 상황을 과장했을 수도 있다.[12] 그러나 보수주의자들은 대중매체와 기술이 지닌 교활한 정치적 효과를 잘 이해하고 있다. 특히 오늘날과 같이 이 두 분야를 통제하는 소수의 기업이 힐러리 클린턴보다 조금이라도 오른쪽에 있는 사람들을 검열하고 소외시키는 상황에서는 더더욱 그렇다. 마르쿠제의 글이 이해하기 어려운 이유가 독일어의 특성 때문인지, 아니면 그의 이념적 목적의 비뚤어짐 때문인지는 확실치 않다. 그러나 그가 분명히 전달하고자 하는 의미를 들여다보면, 전통적인 미국인의 감수성에는 모욕적일 수 있을지는 몰라도, 그의 주장이 예리한 통찰을 제시하는 것도 사실이다.

존재하는 모든 것이 비판의 대상이 될 수 있다는 비판 이론의 천재성이 바로 여기에 있다. 한 명의 문화 파괴자가 "존재하는 모든 것에 대한 무자비한 비판"을 수행하는 것이 한 명의 보수주의자가 시간을 들여 문화를 재배하고 구축하는 것보다 훨씬 더 쉽다. 그러나 미국 사회가 자신들의 자유주의적, 다원주의적, 관용적 이상을 충족시키지 못하는 경우, 이를 대체할 수 있는 것은 무엇일까? 마르쿠제는 여기에 "억압적 관용"이라는 답을 제시한다.

1965년, 마르쿠제는 "관용의 본래 목적을 달성하기 위해서는 현재의 정책, 태도, 의견에 대해서 관용을 베풀지 않아야 한다. 반대로 지금 금지되고 있거나 억압받는 정책, 태도, 의견에 대해서 관용을 확대해야 한다."라고 주장했다.[13] 이는 곧 "나에게는 관용을, 너에게는 불관용을" 베풀겠다는 의미다. 보수주의자들은 예나 지금이나 관용을 추상적이고 영원하며 무한한 이상쯤으로 여기지만, 마르쿠제와 그의 이론에 영향을 받은 급진주의자들은 관용을 상황에 따라 제한된 개념으로 인식했다.

어떤 관점에서 보면 역사상 모든 인종, 성별, 언어, 직업, 계급의 사람들을 포용한 기관 중 가톨릭교회만큼 개방적 기관은 없었다. 또 다른 관점에서 보면, 이단을 척결하기 위해 천 년 동안 종교재판과 십자군 전쟁을 벌인 가톨릭교회만큼 배타적인 기관 또한 없었다. 밀턴의 『아레오파지티카』는 표현의 자유에 대한 찬사를 통해 모든 관점에 대한 관용을 설파하지만, 그것은 어디까지나 프로테스탄트의 의견인 경우에만 한정된다. 제아무리 관용이 넘치는 정권이라 해도 모든 것을 관용할 수 없다는 것을 밀턴의 글은 시사한다.

"오늘날의 관용은 다시 그것의 기원이었던 근대 초기의 형태로 다시 나타나고 있다. 즉, 관용이 당파적 목표인 파괴적이고 해방적인 개념과 실천의 형태로 나타나고 있다."라고 마르쿠제는 주장했다. "반대로, 오늘날 관용이라고 선포되고 실천되는 것은, 가장 효과적인 양상에서 보면 오히려 억압의 대의를 섬기고 있다." 신좌파의 아버지는 관용을 선하게든 악하게든, 이용하기 나름에 따라 달라지는 중립적인 도구로 여겼다. 마르쿠제는 자본주의 체제는 관용을 이용하여 개성을 억압하고 대중을 탄압하지만, 급진주의자들은 기존 시스템을 무너뜨리기 위한 해방의 무기로서 관용을 휘둘러야 한다고 본 것이다.

마르쿠제는 미국의 "전체주의적" 민주주의가 비판적 사고를 파괴하고 진실과 거짓, 정보 공급과 세뇌, 옳고 그름 사이의 차이를 말살했다고 주장했다.[14] 여기서 그는 자신의 급진적 주장을 완곡한 표현 뒤에 숨기고 있지만, 그의 당파적 목표가 여기에서 살며시 드러난다. 정확히 어떤 것이 "정보 공급(information)"과 "세뇌(indoctrination)"를 구별하는가? 두 단어 모두 단순히 가르치는 것을 의미한다.[15] 전자는 14세기 초에 "어떤 특정한 대상을 훈련하거나 교육하다"는 뜻으로 영어에 등장했고, 후자는 1620년대에 "가르치다"는 의미로 등장했다.[16] 마르쿠제는 단순히 어떤 가르침-바로 자신의 가르침-은 옳은 것, 다른 가르침은 나쁜 것으로 간주했다. 그는 진실과 거짓, 옳고 그름을 전통적으로 이해되어 온대로 구별하기보다는 "정치적으로 올바른 것"과 "정치적으로 올바르지 않은 것"으로 구별하는 데 더 많은 관심을 보였다.

순수한 관용은 모든 견해가 공공장소에서 자유롭게 표현되는 것을 허용하고, 사람들이 스스로 판단할 수 있도록 한다. 그러나 마르쿠제에 따르면, 미국의 "전체주의적" 사회의 선동에 의해 교육받은-아니 "세뇌당한"-사람들은 진실과 거짓을 구별할 수 있는 정신적 자유를 갖지 못했기 때문에 "기존 사회에서 무엇이 진실이고 거짓인지 스스로 발견할 수 있는 자율성을 갖추기 위해서는, 더 이상 세뇌로 인식조차 되지 않는 지배적인 세뇌로부터 해방되어야 한다"라고 주장한다.

마르쿠제는 억압적인 전통 사회가 이미 사람들을 거짓의 방향으로 너무 많이 치우치게 만들어놨기 때문에, 세뇌된 대중은 자신들이 억압당하고 있다는 사실조차 인지하지 못하므로 "비민주적인 수단"을 동원해서라도 반대 방향의 정보를 얻게 해야 한다고 주장했다.[17] 그는 객관성과 자유로운 사고를 위한다는 명목으로 통제와 선동을 제안한 것이다.

마르쿠제는 "해방Hiberation"이라는 이름 아래 자신의 검열을 정당화한다. 고전적 자유주의classical liberalism가 자유liberty를 강압의 부재로 정의하고 기독교가 자유를 죄에 대한 거부로 정의하는 것과 달리, 마르쿠제는 "해방"을 역사의 문제로 정의한다. 그에 따르면 "자유freedom는 곧 해방Hiberation이자 이론과 실천의 구체적인 역사적 과정이다. 따라서 자유에 옳고 그름, 진실과 거짓이 존재한다"고 주장한다.[18]

진보주의자들이 "역사의 옳은 편the right side of history"을 언급하거나 "도덕적 우주의 궤적은 정의를 향해 구부러진다the arc of moral universe bends toward justics"라고 말할 때, 그들은 마르쿠제와 동일한 역사적 과정을 말하고 있다. 코엔 형제The Coen Brothers는 2016년 개봉한 코미디 영화, 「헤일, 시저!Hail, Caesar!」에서 이러한 역사관과 허버트 마르쿠제를 조롱했다. 배우 조지 클루니George Clooney가 자신을 위해 만들어진 것 같은 맞춤형 캐릭터로 분한 유명 영화배우, 베어드 휘틀록은 마르쿠제가 주도하는 비밀 공산주의 스터디 그룹과 저녁 시간을 보내면서 그의 이론에 깊이 빠진다. 이 영화에서 휘틀록은 영화 스튜디오로 돌아와서 그의 상

* 자유(liberty)는 개인이 외부의 간섭 없이 자유롭게 선택하고 행동할 수 있는 상태를 의미하는데 표현의 자유, 종교의 자유 등이 여기에 포함된다. 반면 해방(liberation)은 억압, 불평등, 부당한 권력 구조에서 벗어나는 과정을 말한다. 다시 말해 전자는 개인의 권리와 자율성에 중점을, 후자는 집단적 차원의 투쟁과 사회적 변화에 중점을 둔다.

** 미국의 영화 감독, 각본가, 프로듀서 형제인 조엘 코엔과 에단 코엔을 말한다. 대표작으로는 「파고(1996) 」, 「노인을 위한 나라는 없다(2007)」가 있다

*** 실제로 조지 클루니의 정치 성향이 여타 할리우드 스타들과 같이 진보성향을 띠고 있음을 풍자하고 있다.

사에게 마르쿠제에 대해 다음과 같이 열변을 토한다.

"이 녀석들 정말 흥미로워," 휘틀록은 스튜디오 총괄책임자인 에디 매닉스에게 말한다. "그들은 사실상 모든 것을 지배하는 법칙을 찾아냈어. 역사! 사회학! 정치학! 도덕! 모든 것이 『자본론Kapital』이라는 책에 다 나와 있더라고. 스펠링은 K로 시작해."

"아, 그래?" 눈에 띄게 짜증이 난 매닉스가 물었다.

"응," 휘틀록은 계속 말한다. "믿기지 않을 거야. 이 사람들은 여기스튜디오에서 무슨 일이 일어나고 있는지까지 죄다 파악했다고." 그는 설명한다. "우리는 우리가 예술적 가치가 있는 무언가를 창조하고있거나 영화 업계에 어떤 영적인 차원이 있다고 자신할 수 있겠지만, 실제로는 뉴욕에 있는 돼지 같은 닉 스캥크라는 작자가 이 공장을 운영하면서, 대중에게 막대사탕을 제공하고 있는 거지. 옛날에는 빵과서커스라고 불리던 걸 말이야." 이 대목에서 매닉스는 휘틀록을 의자에서 끌어 내려 뺨을 때리며 네가 말하는 그 돼지가 자신들의 일터를만들어냈음을 상기시킨다.[19]

마르쿠제의 과장된 역사적 감각과 허세 가득한 글들은 베어드 휘틀록과 같은 수많은 20세기 중반의 바보들을 유혹하는 데 성공했다. 그는 과도하게 장식적인 문체로 독자들의 감각을 둔하게 만들면서보수주의자들을 검열해야 한다는 자신의 주장에까지 도달했다. 마르쿠제는 "해방적 관용은 우파 운동에 대한 불관용과 좌파 운동에 대한관용을 의미하게 될 것이다."라며 자신의 주장을 결론지었다.[20] 보수주의자들의 발언은 대중의 해방을 방해할 뿐만 아니라 억압하기 때문에 폭력에 해당하므로 용납되어서는 안 된다는 것이다.

21세기의 좌파들은 마르쿠제의 주장을 받아들여 보수주의자들을 대학 캠퍼스에서 쫓아내고 기업 이사회에서 배제하는 것을 정당화하고 있다. 이 연약한 급진주의자들은 보수적인 발언이 자신들을 안전하지 않게 느끼게 하므로 보수주의자들의 출입을 금지하는 "안전한 공간"을 계속해서 확대해야 한다고 주장한다.

　곧잘 흥분하는 급진주의자들은 보수주의자들의 발언이 본인들을 불안하게 만드는 것뿐만 아니라, 신체적 위해까지 입힐 수 있다고 주장한다. 2017년 리사 펠드먼 배릿Lisa Feldman Barrett은 『뉴욕타임스』에서 "막대기와 돌만 우리의 뼈를 부러뜨리는 것이 아니다. 말도 우리를 다치게 할 수 있다."라고 주장했다. "과학적으로 말하자면," 그녀는 경고했다. "이것은 간단한 문제가 아니다. 말은 당신의 신경계에 강력한 영향을 미칠 수 있다. 어떤 종류의 말은 물리적 접촉이 없어도 당신을 아프게 하거나 뇌를 변화시키며 신경세포를 죽일 수도 있다. 이는 수명을 단축할 수 있다."[21]

　배릿은 마르크스와 그의 추종자들처럼, 자신과 의견이 다른 사람과는 합리적으로 논쟁할 수 없다고 주장하면서 "과학"을 들먹인다. 정치나 철학은 논쟁의 여지가 있는 있지만, 과학은 이미 결정된 문제라는 인상을 주기 때문이다.[22] 바렛이 제안한 유해 언어 금지 법안이 통과된다면, 그리고 만약 공화당 행정부로 정권이 교체되는 경우, 『뉴욕타임스』가 과연 얼마나 오래 존속할 수 있을지 궁금해진다.* 이

---

* 진영 논리를 떠나, 표현에 대한 자율성을 법안으로 금지할 경우, 집권 중인 권력 기관에 의해 이 법안이 얼마든지 악용될 수 있음을 시사한다.

런 이유 때문인지 대부분의 주류 좌익 진영의 검열 옹호론자들은 보수주의자들의 발언을 제한하기 위해 좀 더 온건한 주장을 내놓고 있다.

2017년과 2018년의 캠퍼스 소요 사태 기간, 좌익 성향의 칼럼니스트들은 검열을 위한 도구 상자에서 찾을 수 있는 가장 진부한 클리셰를 꺼내 들었다. "사람이 붐비는 극장에서 '불이야!'라고 외칠 권리는 누구에게도 없다." 이 문구는 1919년 대법원의 솅크 재판^{Schenck v. United States}에서 비롯되었는데, 이 판결에서 대법원은 솅크를 제1차 세계대전 당시 징병에 반대하는 전단을 배포한 혐의로 1917년 간첩행위법에 따른 유죄 판결을 만장일치로 확정했다. 이 원칙이 생겨난 정치적 맥락을 제대로 이해했다면, 사람들은 이 원칙을 이토록 가볍게 들먹일 수 없었을 것이다.

올리버 웬델 홈스^{Oliver Wendell Holmes} 판사는 솅크가 배포한 전단이 전쟁에 참전할 병사를 모집하려는 정부의 노력을 방해함으로써 "명백하고 현재적인 위험"을 초래했다는 이유로 표현의 자유에 대한 제한을 옹호했다. 그는 "표현의 자유를 엄격하게 보호한다고 해서 극장에서 거짓으로 '불이야'라고 소리쳐 집단 패닉을 일으키는 사람까지 보호할 수는 없다."라고 주장했다.[23] 그러나 홈스 판사는 그해 말, 에이브럼스 재판^{Abrams v. United States}에서 이와는 반대되는 의견을 표명하며 생각을 바꾸었다. 그 해 러시아 혁명에 대한 미국 정부의 개입에 반대하는 전단지 배포는 간첩행위법을 위반하지 않는다고 주장하며 반대 의견을 냈기 때문이다. 그리고 1969년, 대법원은 브란덴부르크 대 오하이오 판결Brandenburg v. Ohio에서[*] 셴크 판결의 일부를 뒤집었다.[24] 그런데도 이 오래된 '불이야' 문구는 우리의 담론에서 계속 사용되고 있다.

허버트 마르쿠제는 "명백하고 현재적인 위험에 대한 전통적인 기준은 더 이상 누군가가 '불이야'라고 외칠 때의 극장 관객과 같은 상황에 처한 현재 전체 사회에 적합하지 않아 보인다."라며 이 문구를 사용했다.[25] 홈스의 논리를 극단적이고 의심스러운 결론으로 끌고 간 마르쿠제는 이 사회가 자신의 이상으로부터 전반적으로 일탈하고 있다는 점을 근거로 영구적 검열을 정당화했다. 마르쿠제에 따르면, 국가는 위기 상황에 처해 있었고, 우리는 세부적인 사항을 면밀히 조사할 시간조차 없었다. 이토록 긴박한 상황에서 우리는 뭐라도 해야 한다는 것이다.

마르쿠제의 정치적 후계자들은 해가 갈수록 이러한 그의 주장을 점점 더 깊이 받아들이고 있다. 사회주의자 정치인 알렉산드리아 오카시오-코르테스Alexandria Ocasio-Cortez는 기후 변화에 관한 이른바 "과학적 합의"를 인용하며, 지구 종말까지 단 12년밖에 남지 않았다고 주장, 이를 이유로 사회의 근본적인 재구성을 정당화한다.[26] "오바마케어Obamacare"로 더 잘 알려진 2,700페이지에 달하는 건강보험 개혁법Affordable Care Act은 수백만 명의 미국인들이 의사를 잃게 할 뿐만 아니라,

---

[*] 클라렌스 브란덴부르크는 오하이오주의 쿠 클럭스 클랜(Ku Klux Klan)지도자로, KKK 집회에서 정부에 대한 복수, 유대인 및 흑인에 대한 차별을 옹호하는 연설을 했고, 오하이오주 법률에 따라 "폭력을 옹호하는 죄"로 기소되었다. 그러나 대법원은 "불법 행위를 촉발할 가능성이 있는 표현"만이 제한될 수 있다고 판결하며, 브란덴부르크의 연설이 수정헌법 제1조에 의해 보호되어야 한다고 판결했다. 이는 위 셴크 판결의 "명백하고 현존하는 위험"의 기준을 대체했으며 이후 표현의 자유에 대한 강력한 보호 및 정부가 시민의 발언을 검열하기 위해서는 매우 높은 기준을 충족해야 함을 명확히 했다.

의료 산업 전체를 뒤흔들 수 있는 내용으로 빼곡하다. 그러나 만일 그런 상황이 닥친다면, 그토록 급박한 상황에서 누가 그 두꺼운 법안을 읽고 앉아 있겠는가? 낸시 펠로시Nancy Pelosi 하원의장은 "우리는 이 법안을 즉시 통과시켜야 한다."라고 말하며 이렇게 덧붙였다. "그래야 그 법안에 어떤 내용이 담겨 있는지 알 수 있을 테니."[27]

마르쿠제는 이들과 동일한 공포 전술을 사용했다. 그는 자신이 반대하는 모든 것을 "명백하고 현재적인 위험"으로 재정의했는데, 이는 21세기 좌파들이 헌법으로 보호되는 총기 소유권을 "공중 보건 위기"로 분류하거나, 변덕스러운 기후 모델에 대한 예측을 "국가 비상 상태"로 분류하는 것과 유사하다. 마르쿠제는 자신의 사회 재구성 계획의 규모가 터무니없이 거대하다는 사실을 인정하기보다는, 사회적 상황이 이토록 크게 변했다고 주장하며 그의 급진적인 제안이 미국 법적 전통에 잘 부합한다며 사람들을 기만했다.

마르쿠제는 향후 수십 년 동안 정치적 올바름에 더욱 완전히 반영될 개념을 언급하면서, 사회의 시급한 문제에 대한 어떠한 해결책도 "이러한 (거짓된) 의식을 부추기는 말과 이미지를 막는 것에서 시작해야 한다"고 처방했다. "물론 이것은 검열, 심지어 사전 검열이라고 할 수 있다. 그러나 우리의 검열은 어디까지나 표현의 자유에 스며들어 숨어있는 검열에 공공연히 맞서기 위한 것이다."[28] 실상이 이런데도, 보수주의자들은 마르쿠제가 말한 보수적 검열이 우리 사회 곳곳에 여전히 존재하며, 급진주의자들은 단순히 이를 뒤집으려 한다는 주장으로 정치적 올바름을 너무 쉽게 일축한다. 그러나 여기서도 이 급진적인 교수는 자신을 반박하려는 보수주의자들보다 언어와 기준을 더 잘 이해하고 있다.

단어와 이미지가 의식을 형성한다는 마르쿠제의 관찰에 대해서는 별도의 설명이 필요 없을 정도로 명확하다. 그렇지 않다면, 정치적 올바름을 위해 단어와 이미지를 재정의하려는 저들의 노력에 우리가 이렇게 관심을 가질 이유가 애초에 없었을 것이다. 그러나 겉으로 보기에 자유로운 미디어에도 숨겨진 검열이 스며들어 있다는 마르쿠제의 주장 또한 고려해 볼 가치가 있다. 현대의 텔레비전과 영화에는 비속어와 성적으로 노골적인 이미지로 가득하다. 그러나 오랜 시간 동안 업계의 규정, 심지어는 정부 규제에 의해서도 이러한 내용들은 제한되어 왔다. 또한 공산주의나 사회주의를 공개적으로 지지하는 사람은 사회에서 고립될 뿐만 아니라 심지어 감옥에 갈 수도 있었다. 그 사실을 솅크는 뼈저리게 배웠다.

미국 대법원이 텍사스 대 존슨 재판Texas v. Johnson(1989)을 통해 성조기* 를 불태우는 것이 헌법적 권리임을 인정하고 확립하기 전까지, 법은 신성하게 여겨지는 물건에 대한 모독을 금지할 수 있었다. 그러나 이제 법원은 오히려 수정헌법 제1조가 국기를 소각할 권리를 보호한다는 판결을 내린다.[29] 그럼에도 불구하고 2019년, 아이오와주의 한 판사는 다양한 성적 지향을 상징하는 무지개 깃발을 훔치고 불태운 행위를 "증오 범죄"로 간주하여 30세의 아돌포 마르티네즈에게 15년의

---

* 그레고리 리 존슨이라는 사람이 공화당 전당대회에 반대하는 시위 중 미국 국기를 불태워 텍사스 주법에 따라 국기 모독죄로 기소, 유죄판결을 받았으나, 대법원에서 텍사스 주법이 수정헌법 제1조에 위배된다고 판결된 사건이다. 이 판결은 정치적 표현의 자유를 보호하고, 정부 권력으로부터 시민의 자유를 지키는 데 있어 중요한 이정표로 평가받는 동시에 국기에 대한 경례와 같은 애국적 상징적 행위의 의미가 약화되었다는 비판을 받기도 한다.

징역형을 선고했다.[30] 이로써 정부는 사실상 여전히 신성하게 여겨지는 물건에 대한 모독을 금지하고 있음이 드러났다. 단지 숭배의 대상이 달라졌을 뿐이다.

"이전에는 중도적이고 가치 중립적인 학습과 교육 방식이 이제는 그 자체로 정치화 되어가고 있다." 마르쿠제는 이 과정을 전방위적인 급진적 비판 및 지적 파괴라며 부추겼다.[31] 과거에는 정당 간에 다양한 의견이 있었을지라도, "모든 사람은 평등하게 창조되었으며 창조주로부터 양도할 수 없는 권리를 부여받았다"는 믿음에 기초한 국가를 상징하는 미국 국기 아래에 함께 섰다.[32] 그러나 오늘날 미국 국기는 당파적 상징으로 전락했다. 좌익 스포츠 선수들, 심지어 선출된 민주당의 의원들조차 성조기를 멸시하는 퍼포먼스를 보이는 반면, 보수 정치인들은 선거 유세장에서 성조기를 끌어안고 입을 맞추는 퍼포먼스를 보인다.[33] 과거에 학생들이 우리 건국의 아버지들이 제시한 원칙을 배웠던 바로 그 제헌 의회의 장소에서 오늘날의 어린이들은 반국가적인 허위, 왜곡과 날조로 가득한 1619 프로젝트를 배우고 있다.[34]

이전에는 무해하게 여겨졌던 대상들이 정치화되면서, 과거 정치적 대상이었던 것들은 공공장소에서 사라지고 있다. 한때 모두가 입을 모아 비난했던 국기에 대한 화형 행위가 이제는 합법적인 정치적 발언으로 인정받고 있으며, 거의 보편적으로 변태적인 행위로 여겨졌던 성적 행위에 대한 도덕적 비난은 이제 문명사회에서 받아들여지지 않는 비합리적 공포, 즉 "포비아 phobias"의 한 형태로 간주되고 있다. 우리의 편견은 사라진 것이 아니라 단지 새로운 것으로 변했을 뿐이다.

"편견[*]"이라는 단어에 대한 우리의 편견은 이러한 변화를 잘 나타낸다. 오늘날, 이 단어는 불의와 비합리성을 암시하지만, 최근까지만 해도 이 단어는 문화를 통해 전달되는 의견, 감정, 본능을 의미하는 데 그쳤다. 이는 철학이나 과학적 추상화의 도움 없이도 의미를 가질 수 있었다. 교양 있는 사람들이 인정하든 그렇지 않든, 편견은 모든 문화를 형성하는 요소이며, 일관된 보수주의자들은 한때 그 사실을 기념하기도 했다.

17세기와 18세기의 계몽주의 시대에는 편견에 대한 부정적 인식이 널리 확립되었는데, 보수주의 철학자 에드먼드 버크Edmund Burke는 그의 저서 『프랑스 혁명에 대한 고찰Reflections on the Revolution in France』을 통해 이러한 현상을 비판했다.

> 나는 주저 없이 고백할 수 있다. 우리의 감정들은 대체로 배워서 생겨난 것이 아니며, 우리는 우리의 오래된 편견들을 모두 버리기보다는 그것들을 상당히 소중히 여기곤 한다고. 더 부끄러운 것은, 그것들을 편견이라는 이유로 더 소중히 여긴다는 점이다. 그리고 그 편견이 오래 지속되고 널리 퍼질수록 우리는 그것들을 더욱 아낀다. 우리는 사람들이 각자의 개인적인 이성의 저장량에 의존하여 살아가는 것을 두려워한다. 왜냐하면 우리는 각자의 이성이 충분하지 않다고 의심하기 때문이며, 각 개인이 국가와 시대의 일반적인 지식과 자산을 활용하는 것이 더 나을 것이라고 여기기 때문이다.[35]

---

* 이 챕터에 등장하는 "편견(Prejudice)"은 맥락상 "고정관념"이나 "근거없는 선입견"이라는 의미보다 "본능적인 거부감"이라는 의미에 더 가깝다.

인간은 말하고 걸어 다니는 삼단논법 덩어리가 아니다. 어떤 바보도 자신이 느끼는 모든 충동, 열정, 선호를 차가운 이성의 언어로 번역하려고 시도하지 않을 것이다. 본능적인 편견을 극복했다고 주장하는 급진주의자들은 단지 또 다른 새로운 편견을 위한 공간을 비워둔 것뿐이다. 그리고 이러한 정치적 현실을 마르쿠제는 정확히 이해했다. 마르쿠제의 편견에 대한 묘사는 버크의 설명과 거울의 이미지처럼 얽힌다. 그는 정확히 이 아일랜드 정치인(에드먼드 버크를 말한다-옮긴이 주)이 찬양했던 바로 그것을 비판한다.

> 단어와 사상을 향한 진입로는 기존의 것 외에는 막혀 있다. 기존의 의미는 현존하는 권력자의 공표에 의해 확립되고, 그들의 관행에 의해 검증된다. 다른 단어를 말하고 들을 수 있으며, 다른 사상을 표현할 수 있지만, (지성인과 같은 소수 집단을 제외한) 보수적 다수파 차원에서 그것들은 즉시 대중의 언어로 "평가", 즉 자동으로 이해된다. 이 언어는 사고 과정이 나아가는 방향을 "선험적으로" 결정한다. 따라서 성찰의 과정은 처음 시작했던 곳, 즉 주어진 조건과 관계에서 그대로 끝나게 된다.* [36]

흥미로운 사실은, 마르쿠제의 이러한 탄식을 보수주의자들이 진지하게 받아들일 수만 있다면 정당한 편견을 옹호하기 위한 훌륭한 논

---

* 이 문단은 마르쿠제의 관점에서 권력자들이 본인들에게 유리한 단어의 의미를 홍보하여 대중들의 사고 과정을 통제하는 방식을 설명하며, 이에 대한 비판적 인식과 저항의 필요성을 시사하고 있다..

거가 될 수 있다는 점이다. 마르쿠제 시대의 보수적 편견과 기존 제도는 그와 그의 동료들이 퍼뜨린 해로운 이데올로기로부터 사회를 이미 보호하고 있었다. 그러나 그 이후로 급진주의자들은 모든 확립된 기관과 제도의 통제권을 장악하기 위한 지속적인 노력을 통해 이러한 편견을 맞바꾸는 데 성공했다.

"대법관 증원 계획Court-packing plan"에 대해 생각해 보자. 1937년, 프랭클린 루스벨트 대통령은 그의 뉴딜 법안들이 헌법에 위배된다며 계속해서 무효로 하는 대법원에 불만을 품고, 대법원의 판사 수를 늘려 자신의 계획을 밀어붙일 수 있는 믿을만한 판사를 확보하려고 했다. 미국 국민들은 이 계획에 반대했고 의회는 이를 채택하지 않았으며, 결국 루스벨트의 계획은 실패로 돌아갔다.[37]

그러나 2020년에 이르러 대법관 수 증원에 대한 반대 여론은 크게 약화하였다. 민주당 의원들, 심지어 대선 후보들까지도 이 제안을 수용했다. 그들은 헌법에 명시된 대법관 임명 절차와, 당파적인 목적으로 새로운 대법관을 추가하는 행위를 혼동시키는 방식으로 "대법관 증원 계획"의 의미를 재정의했다.[38] 1930년대에는 미국의 전통적인 법적 규범에 대한 존중이 우세했다. 그러나 2020년, 수십 년에 걸친 기존 제도 내에 급진주의자들이 침투한 이후로, 보수주의자들은 더 이상 과거의 헌법적 편견에 의존할 수 없게 되었다. 마르쿠제가 언급한 "성찰의 과정"은 시작했던 지점에서 끝나는 것이 아니라 오히려 공개적인 논쟁으로 발전했다.

미국 국기에 대한 편견이 완전히 뒤집힌 것은 이러한 공개적 논쟁이 필연적으로 어디로 향하는지를 잘 보여준다. 오직 전복자들의 심장을 움직이고 구체적인 주장을 내놓을 용기를 가진 현재 정치 체제에서는 비판적인 사람들, 즉 현재를 전복하고자 하는 세력이 공개적인 논쟁에서 유리한 지점을 차지하고 있다. 필자의 친구 벤 샤피로가 "팩트는 당신의 감정에 관심이 없다"고 올바르게 지적했지만, 선동적인 좌파들이 잘 알고 있듯, 우리는 정치적 공간에서는 감정 또한 중요한 역할을 한다는 점도 여기에 덧붙여 설명해야 한다. 그러나 보수주의자들은 PC 폭도들의 비난을 두려워하여 단순한 팩트를 말하는 것조차 꺼리고, 표현의 자유에 대한 어쭙잖은 찬사로 후퇴하는 경향이 있다.

급진주의자들은 비도덕적인 의제를 추진하기 위해 가장 먼저 구체적인 주장을 제기하고, 그다음 지지자들을 선동하여 그들을 광란에 빠뜨림으로써 자신들을 옹호하도록 만드는 방법으로 입지를 다져왔다. 1973년, 좌파들이 낙태에 대한 허구적인 헌법적 권리를 꾸며냈을 때, 그들은 헌법의 본문과 무관한 새로운 형태의 법학을 발명했다. 그뿐만 아니라 그들은 낙태를 긍정적인 선이라고 주장하면서 매년 수백만 명의 아기를 살해하는 것을 정당화했다. 그런 다음 자신들의 지지자들에게 최면을 걸어 학살을 또 다른 자유의 본질로써 옹호하도록 했다. 보수주의자들은 타협과 연방주의에 대한 조심스러운 호소를 통해 이들의 맹공을 방어하려고 했으나, 이들의 시도는 쓰나미에 맞서 우산을 펼친 것만큼이나 처참하게 실패했다. 좌파가 우파 성향의 대법관 후보들을 낙마시키기 위해 불공정한 방식으로 그들을 밀어붙일 때마다 보수주의자들은 이에 맞대응 하기는커녕 오히려 순순히 물러나면서, 보다 더 리버럴한 성향의 법관을 임명하는 것으로 상

황을 수습했다. 좌파들은 보수 성향의 판사들이 로 대 웨이드 판결^{Roe}
v. Wade(1973) 을 뒤집어 낙태를 금지할 것이라고 대중에게 경고할 때, 보
수주의자들은 그러한 뒤집기 판결이 단지 이 "유아 학살"에 대한 논
쟁을 중앙 정부에서 각 주정부로 내려보내는 것 이상의 의미가 없을
것이라면서 소심하게 반박했다.

보수주의자들은 이민 문제에 대해서도 거의 동일한 방식으로 접근
해 왔다. 지난 반세기 동안 6천만 명 이상의 이민자들이 미국에 입국
했는데, 이는 기록된 역사상 가장 거대한 규모의 이민이다.[39] 여론조
사는 일관적으로 대부분의 미국인이 전체적으로 이민을 줄이고 싶어
한다는 것을 보여준다. 2018년 하버드의 미국 정치 연구 센터^{Harvard's}
Center for American Political Studies와 해리스 폴^{Harris Poll}이 실시한 조사에서는 유
권자의 무려 81%가 불법 이민뿐만 아니라 합법 이민도 줄이기를 원했
으며, 유권자의 63%는 이민을 최소 절반 이상 줄이길 바라고 있었다.[40]

그럼에도 불구하고, 역대 대통령 중 가장 강경한 반이민 정책을 펼
친 도널드 트럼프 대통령조차도 이민 감소에 관한 언급을 불법 이민
에만 한정시켰다. 그는 "나는 사람들이 사상 최대 규모로 우리나라에
들어오기를 원한다"며, "그러나 합법적으로 들어와야 한다"는 조건만
붙였을 뿐이었다. 보수주의자들은 절차에 대해서나 논쟁하는 데 그
칠 뿐, 대중이 대체로 본인들의 신념에 동의할 때조차도 실질적인 문
제 처리에 있어서는 대체로 소극적인 태도를 보인다. 이 현상이 바로

---

* 미국 대법원이 여성이 자신의 임신을 종료, 즉 낙태를 결정할 수 있는 헌법상의 권리를 인정한
   판결이다.

정치적 올바름의 문화적 영향력을 보여준다. 결국 대부분의 보수주의자는 엄밀히 말해 합법적 낙태와 대규모 이민을 수용하게 됐다. 그들은 단지 좌파들이 주장하는 것과 동일한 결말로 도달하기 위한 다른 루트를 옹호할 뿐이다. "따라서 성찰의 과정은 처음 시작했던 곳, 즉 주어진 조건과 관계에서 그대로 끝나게 된다."라는 마르쿠제의 탄식은, 그가 살았던 상대적으로 보수적인 시대뿐만 아니라 오늘날에도 여전히 유효하다. 이 급진적인 철학자는 오늘날 자신의 말이 여전히 유효함을 보고 미소를 지을 것이다.

관용은 필연적인 한계를 가진다. 1960년대 급진주의자들은 이 사실을 이해하고 관용의 경계를 자신들에게 더 유리하다고 생각하는 방향으로 옮기기 시작했다. 수십 년 동안, 보수주의자들은 관용의 본질적인 한계를 부정함으로써 급진주의자들을 막아보려 노력했지만, 이는 결국 좌파들이 수용할 수 있는 담론의 범위, 때로는 "오버톤 윈도 Overton window*"로 알려진 것을 점점 더 왼쪽으로 이동시키는 것을 허용하는 데까지 이르게 만들었다.

존 로크John Locke와 같은 자유주의자조차도 그의 저서 『관용에 관한 편지Letter Concerning Tolerance』에서 관용의 한계를 인정했다. 그는 관용을 "예수 그리스도의 복음에 부합하는 참된 교회의 가장 큰 특징"이라고 칭송하며 글의 포문을 열었다. 그러나 얼마 지나지 않아 그와 동시대에 살았던 선배, 밀턴과 마찬가지로, 그 역시 가톨릭 신자들에게도 동

---

* 공공 정책이나 정치적인 주제들에 대해 대중이 받아들일 수 있는 범위를 설명하는 이론적 개념으로, 어떤 생각이 그 시대 정치적, 사회적 맥락에서 받아들여질 수 있는지, 너무 극단적으로 여겨져서 논의조차 되지 않을지 등을 설명한다.

일한 관용을 베풀어야 하는지 의문을 제기했다. 로크는 "가톨릭교회에 속한 모든 사람들이 사실상 다른 군주(교황을 말한다-옮긴이 주)의 보호와 봉사에 자신을 내맡기는 기반 위에 세워진 교회는 통치자의 관용을 얻을 권리가 없다"고 자기 뜻을 명확히 밝혔다. 로크는 가톨릭교도들을 포용하고자 했지만, 그것은 어디까지나 가톨릭교도들이 자신들의 교리를 21세기 민주당원들처럼 큰 소리로 주장하지 않는 경우에 한해서였다.

하지만, 이 위대한 관용의 철학자인 존 로크는 무신론자에 대해서만큼은 가장 신랄한 불관용의 태도를 보였다. 그는 "신의 존재를 부정하는 사람들을 절대 용인해서는 안 된다."라고 못 박았다. 그 이유는 첫째, 도덕적 질서를 거부하는 무신론자에게는 "인간 사회의 유대, 약속, 언약, 계약 및 맹세의 결박이 아무런 구속력을 가질 수 없다"는 것이고, 둘째, "신을 제거하는 것은 그것이 비록 생각에 불과하다고 해도 사회에서 소중히 여기는 것을 해체하며, 무신론으로 모든 종교를 훼손하고 파괴하는 자들은 관용의 특권을 주장할 종교적 구실이 전혀 없기 때문에, 무신론자들은 자기 자신들을 제외한 누구도 비판할 권리가 없기 때문"이다.[41] 우리의 관용에 대한 개념은 기독교에 기반을 두고 있기 때문에 기독교를 거부하면서 관용까지 요구할 수는 없다는 것이다.

우리 시대의 가장 급진적인 적들에 대한 로크의 "고상한 관용"을 호소하는 보수주의자들은 이 자유주의 철학자의 글을 직접 읽어보는 것을 권한다. 로크가 규탄했던 무신론은 이제 우리 문명에 대한 노골적인 증오와 결합했으며, 이 두 가지를 모두 구현한 급진주의자들은 우리 문화의 고유한 관용 개념을 끌어들여 관용 그 자체를 파괴하는 도구로 삼았다. 이에 따라 "소외된" 사람들에 대한 관용이라는 명목 하에, 반대 의견을 관용하지 않는 엄격한 말과 행동의 규범을 강요하는 정치적 올바름의 분열적 성격이 탄생한 것이다.

개인적인 감정은 없어요

NOTHING PERSONAL

07

개인적인 감정은 없어요

텔레비전 전도사이자 한때 대선 후보이기도 했던 팻 로버트슨^{Pat}
[*]
^{Robertson}은 페미니즘을 "여성들이 남편을 떠나고 자녀들을 살해(낙태
를 말한다-옮긴이 주)하며 마녀처럼 주술을 행하고, 자본주의를 파
괴하며 레즈비언이 되도록 부추기는 사회주의적이며 반가족적인 정
치 운동"으로 묘사했다.[01] 로버트슨의 이 발언은 리버럴들의 감성에
큰 충격을 주었지만, 그들은 버트런드 러셀^{Bertrand Russell}이 신의 존재에

---

* 미국의 유명 복음주의 기독교 지도자이자 정치적 인물로, 크리스천 방송 네트워크(CBN)의 설
  립자이다.

** 영국의 철학자, 논리학자, 수학자, 사회비평가로, 핵무기 반대, 평화 운동, 베트남 전쟁 반대, 사
  회적 불평등에 대한 비판에 앞장섰으며, 1950년 노벨상 문학상을 수상하기도 했다. 그는 강
  력한 비신론자였는데, 종교가 인간의 무지와 두려움에 비롯되었다고 믿었으며, 종교적 믿음이
  이성적 사고와 과학적 탐구를 억압한다고 주장했다. 그의 저서, 『나는 왜 기독교인이 아닌가』
  는 그의 종교에 대한 비판적 관점을 보여준다.

대한 존재론적 논증을 반박하려 할 때와 같은 어려움, 즉 "상대방의 발언이 잘못되었다고 확신하기는 쉽지만 정확히 어디에 문제가 있는지 지적하기는 어려운" 상황에 처했다.[02] 20세기 중후반의 페미니스트들이 비록 빗자루를 타고 날아다니지는 않았을지 몰라도, 그들이 우리 문화에 정치적 올바름이라는 이름의 저주를 퍼부은 것은 사실이다.

좌파 계열 학자들은 1920년대와 30년대에 정치적 올바름의 지적 프레임워크를 구축했다. 그 이후 전 세계의 소설가들은 1930년대, 40년대, 50년대에 정치적 올바름의 정치적 효과와 영향력을 예견했다. 1960년대에는 마오쩌둥과 마르쿠제의 저작으로 무장한 학생 급진주의자들이 이 운동의 바통을 이어받았다. 그리고 1970년대에는 페미니스트들이 정치적 올바름을 대중적인 논의의 장으로 끌어들여 확산시키는 데 기여했다.

"남자는 정치적으로 올바르면서도, 동시에 남성우월주의자가 될 수도 없다." 페미니스트 운동가 토니 케이드Toni Cade가 그녀의 1970년 출간한 『블랙 우먼The Black Woman』에서 제기한 주장이다.[03] 나보코프가 책을 통해 "정치적으로 올바르지 않은politically incorrect"이라는 표현을 처음 사용했을지 모르지만, 루스 페리는 케이드의 이 발언을 현재의 "정치적으로 올바른" 용어 사용의 첫 번째 사례로 꼽는다.[04] 성 정치는 이후 10여 년 동안 이념적 소수 집단을 넘어 더 넓은 공공 영역으로 정치적 올바름을 확장하는 데 동력을 제공했다.[05] 페미니스트들은 언어를 재창조하여 가부장제 문화를 전복하고자 했는데, 이는 정치질서의 근본적인 재구성을 필요로 했다.

자기만족에 빠져 있던 보수주의자들은 오랫동안 남녀 간 갈등에 대한 두려움을 외면해 왔다. 성 전쟁을 인정하는 순간, 모든 사람들이 자신의 적과 동침 중이라는 사실을 인정하는 것과 같기 때문이었다. 그들은 기동전에 관해서는 정확하게 지적하지만, 진지전(점진적 언어 지배를 말한다-옮긴이 주)에 대해서는 선정적인 이미지로 빠질까 봐 소홀히 하고 있다. 페미니스트들의 가장 야만적인 언어 왜곡은 우리 문화에서 전혀 유행하지 못했지만, 그들이 사적 영역에 침투함으로써 얻은 플랫폼은 그들에게 가장 인기 없는 정치적 올바름까지 강요할 기회를 제공했다.

급진적 페미니스트 캐럴 하니쉬Carol Hanisch는 1970년, 에세이 「개인적인 것이 정치적인 것이다The Personal Is Political」를 발표하면서 이 운동을 시작했다.[06] 이미 1968년 애틀랜틱 시티에서 열린 미스 아메리카 선발대회에서 미인대회 항의 시위를 통해 어느 정도 악명을 얻었던 그녀는, 동료들과 함께 "자유의 쓰레기통"을 설치하고 지나가는 여성들에게 브래지어, 거들, 그리고 여러 억압의 상징으로 여겨지는 물건들을 버리도록 독려했다.[07] 비평가들은 이들을 멍청하고 질투심 많은 여성으로 비난했고, 하니쉬는 이러한 비판에 대응하기 위해 에세이를 썼다.

하니쉬는 수년 동안 급진 페미니스트들이 모여 애플파이와 아이스크림 따위나 먹으며 자신들의 삶에 대해 투덜거려왔을 뿐이며, 이러한 모임이 결국 사람들에게 페미니즘이 정치보다는 집단 치료에 더 가깝다는 잘못된 인상을 심어주었다고 설명했다. 그녀는 이러한 수다 모임의 치료적 측면을 부정하지는 않았지만, "이러한 분석 세션은 정치적 행동의 한 형태"라고 주장했다. 어떤 의미에서 치료는 정치적일 수 있다. 하니쉬는 "우리가 이 모임을 통해 가장 먼저 깨닫게 되는 것 중 하나는 개인적인 문제가 곧 정치적인 문제라는 것"이라고 주장했다. 하니쉬는 한 명의 개인이 구조적 불평등을 해결할 수 없기 때문에 여성들이 자신들의 개인적 문제를 해결하기 위해 정치적으로 조직될 필요가 있다고 보았다.[08]

이 정치 치료 세션은 "의식을 높이는" 행위를 통해 정치적 변화를 일으키고자 했다. 하니쉬의 에세이 출판에 도움을 준 페미니스트 캐시 사라차일드Kathie Sarachild는 구좌파의 개념을 차용하여 이를 실천에 옮겼다. 사라차일드는 뉴욕 급진 여성들의 모임에서 "의식 고양" 행위를 처음 접한 순간을 회상했다.

> 그 모임의 한 여성인 앤 포러가 이렇게 말했다. "저는 우리가 의식을 높이기 위해 해야 할 일이 지금보다 훨씬 더 많다고 생각해요." 그 말의 의미가 궁금해진 나는 물었다. "의식을 높인다고요?" 나는 당시까지 이 표현이 여성에게 적용된 것을 들어본 적이 없었다. 포러는 말했다. "여성이 억압받는 집단으로 여겨지기 시작한 것은 그리 오래되지 않았어요. 전 매일 더 많은 것을 배우고 있고, 제 의식은 점점 더 높아지고 있어요."[09]

포러는 페미니스트들이 자신의 머릿속에 이 개념을 심어주기 전까지는 자신이 억압받고 있다고 생각한 적이 없었다고 말한다. 페미니스트들의 정기적인 불평 치즈 파티는 자신을 점점 더 비참하게 만들었으며, 이 과정을 통해 포러는 자신을 억압하는 평온함이라는 이름의 수면에서 깨어난 것 같았다고 말한다.

"의식 높이기Consciousness-raising"라는 개념은 마르크스주의 개념인 "허위 의식False consciousness"에서 유래했다. 이 용어는 프리드리히 엥겔스가 1893년 공산주의 역사가인 프란츠 메링Franz Mehring에게 보낸 편지에서 처음 사용되었다.[10] 그람시, 마르쿠제, 프랑크푸르트학파를 비롯한 많은 마르크스주의 지식인은 억압받는 대중이 그들을 연구하는 이론가들보다 훨씬 더 사회에 잘 적응하는 것처럼 보이는 현상을 설명하기 위해 이 개념을 활용해 왔다. 급진주의자들은 자신들이 대중보다 대중의 상황을 더 잘 이해한다고 믿으며, 대중에게 그들이 처한 비참한 상황을 설득하고 확신시키려 한다.

시카고대학교의 페미니스트 교수인 웬디 도니거Wendy Doniger는 2008년 『뉴스위크Newsweek』에서 공화당 부통령 후보인 세라 페일린Sarah Palin에 대해 "그녀의 가장 큰 위선은 자신이 여성인 척하는 것이다."라고 선언하면서, "허위의식"의 개념을 터무니없는 극단으로 끌어올렸다.[11] 페일린은 전 미인 대회 우승자로, 누구도 그녀를 남자로 오해하기 어려울 만큼 확실히 여성스러운 외모를 가지고 있었다. 그러나 도니거는 페일린이 "가부장제"에 지나치게 경도되어 영지주의 페미니즘 신앙에 너무나 무지한 나머지 자신의 생물학적 성별을 포기했다고 주장했다.*

2020년, 『뉴욕타임스』의 니콜 한나-존스는 인종적 맥락에서 "허

---

* 도니거는 페일린이 사회적으로 수용되는 여성의 이미지를 따름으로써 진정한 여성으로서의 역량을 포기했다는 지적을 하고 있다.

위의식"에 대해 설명했다. 그녀는 자신의 트위터에 "정치적으로 흑인이 되는 것과 인종적으로 흑인이 되는 것은 다르다."라는 글을 올렸다. "나는 누구의 편을 옹호하는 것이 아니다. 우리는 모두 이 사실을 알고 있으며, 이제는 모르는 척하는 것을 멈춰야 한다."[12]

그러나 한나-존스가 특정 인물을 옹호하고 있는 것은 사실이었다. 사실 그녀는, 당시 민주당 대선 후보였던 조 바이든이 인기 라디오 프로그램에 출연해 "당신이 나와 트럼프 중 누구를 지지해야 할지 결정하는 데 어려움이 있다면 당신은 흑인도 아니다."라고 발언한 사건을 옹호하고 있었다.[13] 노망난 조 바이든 그 자신조차도 공화당에 투표할 생각을 하는 것만으로도 피부의 멜라닌 색소가 사라질 수 있다고 진심으로 믿지는 않았을 것이다. 그는 열린 마음을 가진 아프리카계 유권자라면 자신의 피부색과 상관없이 정치적 입장을 선택할 수 있으리라는 것을 알고 있었을 것이다. 그러나 그에 따르면, 더 깊고 형이상학적 차원에서 공화당을 지지하는 흑인은 자신의 "흑인됨"을 포기하는 것이라고 생각했다. 바이든과 한나-존스, 그리고 그 외 급진주의자들은 이것이 피부색보다는 정치적 "신념"과 더 관련이 있다고 믿고 있다.

1970년, 캐럴 하니쉬는 사라 차일드의 "의식 고양에 대한 비전"을 정치적 행동 계획으로 변환시켰다. 그녀는 2006년 자신의 에세이 서문에서 이러한 노력의 명백한 마르크스주의적 성격을 설명했다. 이전의 페미니즘 운동이 여성 억압을 영적, 심리적, 형이상학적, 유사 역사적 관점에서 설명했다면, 하니쉬는 마르크스주의 유물론적 의미에서 실제적이고 물질주의적인 분석을 선호했다. 에세이에서 그녀는 마르크스, 레닌, 엥겔스, 마오쩌둥, 그리고 당시 이 글을 쓰기 1년 전 사망한 베트남의 공산주의 독재자인 호찌민을 존경스럽게 언급하고 있다.[14] 그녀는 그람시가 그녀보다 앞서 그랬던 것처럼, 문화적 격변이 정치적 혁명에 선행되어야 한다는 사실을 알았다. 미국 문화가 공화주의 정부의 기반이 되는 공적 영역과 사적 영역의 구분을 소중히 여긴다면, 그녀는 이 구분을 해체하려고 애썼다.

미국 건국 역사에 큰 영향을 미친 영국의 자유주의 철학자, 존 로크는 사적 영역과 공적 영역, 즉 가족적인 영역과 그 외의 영역을 분리할 것을 주장했다. 이는 캐럴 하니쉬가 말하듯, 개인적인 것과 정치적인 것의 구분과도 일맥상통한다. 로크는 자신의 저서 『정부론 제2편Second Treatise of Government』을 "신민에 대한 치안판사의 권력은 자녀에 대한 아버지, 하인에 대한 주인, 아내에 대한 남편, 노예에 대한 주인의 권력과 구분될 수 있다."라는 선언으로 시작했다.[15] 쉽게 짐작할 수 있듯이, 로크가 제시한 예시 중 남편이 아내 위에 합법적으로 군림할 수 있다는 개념은 페미니스트들의 원성을 샀다. 로크가 정부의 권한 범위와 가족에 대한 간섭을 제한하려고 했던 반면, 페미니스트들은 국가보다 가부장적 가정 구조를 더 두려워했다.

여기서 재밌는 건, 1970년대 "제2의 물결second wave *" 페미니스트들

---

* 제1의 물결(19세기 후반~20세기 초반) 페미니즘 운동은 주로 여성의 참정권 획득에 초점을 맞추었다. 제2의 물결(1960년대~1980년대) 페미니즘 운동은 여성해방운동이라고도 불리며, 가정과 직장에서의 평등, 재생산권, 성적 자기결정권 등 보다 광범위한 여성의 권리를 추구했다. 제3의 물결(1990년대~현재) 페미니즘 운동은 교차성에 주목하여 인종, 계급, 성적 지향 등 다양한 정체성이 여성의 경험에 미치는 영향을 강조하며 젠더 정체성, 성별 이분법 해체, 퀴어 페미니즘 등의 주제를 다룬다.

이 자유주의자 로크가 교체하고자 했던 군주제를 옹호했던 당시 보수주의자들의 이념에 더 가까웠다는 점이다. 『가부장제: 국왕의 자연적 권력을 옹호하고 민중의 비정상적 자유에 반대하는 변론Patriarcha: A Defense of the Natural Power of Kings against the Unnatural Liberty of the People』에서 로버트 필머 경Robert Filmer은 군주는 아버지와 같다는 개인적 근거를 들어 군주의 정치적 정당성을 옹호했다.[16] 오늘날의 페미니스트들은, 자신들이 지금의 자신들을 있게 한 자유주의의 아버지보다 "가부장제"라는 제목의 책을 쓴 사람과 더 많은 공통점이 있다는 사실을 발견하면 실신할지도 모르겠다. 그러나 그들의 급진적인 선조forefathers (아, "선모foreaunts"라고 말해야 하나?)들은 한정된, 자유주의적 국가의 통치를 거부하는 나름의 이유를 가지고 있었다.

로크는 공적 영역과 사적 영역을 구분함으로써 일과 정치의 개입으로부터 가정을 보호했었으나, 여성들은 지배자가 누구든 간에 결국은 집에 갇힌 존재였다. 이에 따라 페미니스트들은 보수적인 태도를 취함으로써 사적 영역의 자유를 포기하는 대신, 정치적 변화를 추구하려 했다. 물론 로크가 강조한 개인의 권리는 필머 경이 초점을 맞춘 경건이나 겸손보다는 페미니즘에서 주장하는 특권적 권리에 더 큰 영향을 미쳤다.

개인적인 것이 정치적인 것이 되면 모든 것이 정치화된다. 여기서 아이러니한 것은 정치 자체는 오히려 정치성을 잃게 된다는 점이다. 오늘날 운동화부터 스포츠 리그, 패스트푸드 치킨샌드위치에 이르기까지 우리 문화의 모든 측면이 정치적인 의미를 갖게 되었다. 과거에는 사적인 문제로 여겨졌던 집안일의 분담, 아내가 남편의 성을 따를

지 여부, 누가 홈 오피스를 사용할지 등이 이제는 모두 정치적인 관점을 반영하고 있다. 그러나 동시에 시민들은 점점 더 많은 정치적 통제권을 관료, 전문가 및 판사에게 양도하고 있다. 모든 것이 정치화됨에 따라, 시민들은 자신들의 정치적 기본권을 상실하고 있다.

피임과 낙태 문제는 이 역설적인 과정을 명확하게 드러낸다. 1965년, 대법원은 그리스월드 대 코네티컷 재판Griswold v. Connecticut을 통해,* 이전까지는 주목받지 못했던 사생활에 대한 일반적 권리를 헌법에서 "발견했다"고 선언했다. 판사들이 이 권리를 정확히 어디에서 발견했는지 명확히 설명한 사람은 아무도 없었다. 윌리엄 O. 더글러스William O. Douglas판사는 "권리장전에 나타난 특정 보장들 사이에서, 생명력과 실체를 부여하는 데 도움이 되는 보장에서 파생된, 부분적 그림자가 존재한다. 이러한 다양한 보장들이 사생활의 영역을 형성한다." 라고 주장했다.[17] 이 글을 읽는 독자 여러분 중 이 판사가 도대체 무슨 말을 하는지 해석이 가능한 사람이 있다면 언제든지 출판사로 연락 주기를 바란다. 사전에 따르면 부분적 그림자(penumbras)는 말 그대로 부분적인 그림자(partial shadows)를, 파생(emanations)은 발산(effluence)을 의미한다.[18] 비록 미국 헌법에 이러한 개념들까지 명시적으로 포함되어 있지는 않지만, 이처럼 애매모호한 "부분적 그림자"와 "파생"에 대한 개념은 "로 대 웨이드Roe v. Wade" 재판에서도 사생활

---

* 그리스월드 대 코네티컷 재판은 미국 헌법상 프라이버시권의 기원이 된 중요한 사건이다. 당시 코네티컷 주법은 피임기구를 사용하거나 피임 관련 정보를 배포하는 것을 금지했는데, 이 판결을 통해 혼인한 부부의 사생활의 자유, 특히 가족계획과 관련된 사항은 정부의 간섭으로부터 자유로워야 한다고 판시, 이후 낙태권(로 대 웨이드, 1973), 동성애 간 성행위 금지법 폐지(로런스 대 텍사스, 2003) 등 다른 중요한 판결의 기반이 되었다.

보호권의 근거로 사용되어, 낙태에 대한 "근본적인 권리"를 확립하는 데 사용되었다.[19]

페미니스트들은 두 대법원의 판결을 모두 환영했지만, 이러한 개인적 권리의 승리는 정치적 자유에 큰 대가를 치렀다. 그리스월드 판결 이전까지 국민은 자신들이 선출한 입법자를 통해 피임과 낙태를 어느 정도까지 용인할지 점진적으로 결정할 권리를 가지고 있었다. 국민은 시간이 지나면서 법을 개정할 수 있었던 것이다. 더 자유분방한 세대라면 이를 확장할 수 있었고, 더 엄격한 세대는 이를 제한할 수도 있었다. 그러나 그리스월드 대 코네티컷 재판과, 로 대 웨이드 재판을 통해 법원은 국민에게서 더 근본적인 정치적 권리를 앗아갔다. 아홉 명의 선출되지 않은 법조인들이 미국 국민을 대신해 낙태 문제에 대한 정치적 권리를 영구적으로 결정한 것이다.[*]

고(故) 안토닌 스칼리아Antonin Scalia 대법관은 결혼이라는 개념을 재정의한 오버거펠 재판Obergefell v. Hodges(2015)에서 권력의 장악에 대해 개

---

[*] 입법부는 국민이 선거를 통해 뽑은 대표자들로 구성된다. 그리스월드 판결 이전까지는 피임과 낙태에 관한 법률을 국민의 의사에 따라 입법부가 결정할 수 있는 여지가 남아 있었다. 시대에 따라 국민의 가치관이 변화하면, 그에 맞춰 법률도 개정될 수 있었던 것이다. 반면, 사법부는 선거로 선출되지 않은 법관들로 구성된다. 대법관들은 헌법 해석을 통해 법률의 위헌 여부를 판단할 수 있다. 이로 인해 이 문제에 대한 판단은 국민이 선출한 입법부가 아닌, 선출되지 않은 아홉 명의 대법관들에 의해 내려지게 되었다. 이는 사법 적극주의와 민주적 정당성 사이의 긴장 관계를 보여주는 사례로 이해될 수 있으며, 개인의 권리 신장과 국민의 정치적 자유라는 두 가지 개념이 충돌할 때, 어떤 방식으로 조화를 이룰 수 있을지에 대한 근본적인 질문을 던지고 있다.

[**] 오버거펠 대 호지스 판결을 통해 동성 결혼이 미국 전역에서 합법화 됐다. 대법원은 5대 4의 판결로, 미국 헌법의 평등 보호 조항이 성별에 관계없이 두 사람이 결혼할 권리를 보장한다고 판단했다.

탄했다. 스카일라는 반대 의견에서 "법이 결혼에 대해 무엇을 말하는 지는 나에게 그다지 중요하지 않다."라고 밝혔다. "그러나 나를 지배하는 사람이 누구인가 하는 것은 압도적으로 중요하다. 오늘 판결에 따르면 나와 3억 2천만 미국인을 통치하는 것은 대법관 9명 중 과반수이다."[20] 이러한 자유의 확장이라는 명목은 실제로 정치적 권리의 제한을 의미한다. "내 몸, 내 선택", "사랑은 사랑이다"와 같은 개인적 호소가 감정적 협박을 통해 한때 소중히 여겨졌던 자치권을 강탈해 가고 있다.

"개인적인 것이 정치적인 것"이라는 말은, 다시 말해 정치적인 것이 개인적인 것이 될 수 있다는 의미로도 해석될 수 있다. 캐럴 하니쉬는 이 두 가지 변화를 모두 포용했다. "이러한 모임이 적어도 두 가지 측면에서 치료적이라는 점을 부인하지 않겠다. 하지만 나는 이러한 치료적 측면조차 '개인적 치료'가 아닌 '정치적 치료'라고 부르고 싶다."라고 주장했다. 그녀는 또한 "미국 전체가 이러한 종류의 정치적 치료가 필요한 것 같다."라고 덧붙였다.[21] 정치는 결코 마음이 약한 사람들을 위한 것은 아니지만, 치료란 본질적으로 질병을 치료하는 것을 의미한다. 하니쉬가 우리의 정치 시스템에 치료가 필요하다고 생각했다면, 그녀가 치료하고자 하는 질병은 바로 입헌 정부였다.

이전 시대 진보주의자들은 이미 많은 정치적 결정 권한을 국민과 그 대표들의 손에서 빼앗아 관료와 행정부에 넘겨주면서 입헌 정부의 권한을 약화했다. 초기 진보주의자들은 입헌 정부를 시대에 뒤떨어진 것으로 간주했다. 그들에게 뉴턴의 보편 법칙은 현대다원주의가 지닌 끊임없는 진화와는 어울리지 않는 구시대적 유물로 여겨졌다. 1970년대 제2의 물결 페미니스트들은 국민에게서 더 많은 권력을 빼앗아 판사와 관료들에게 넘겨주었다. 그러나 페미니스트들의 가장 강력한 도구는 사실 관료제 밖에서 작동했다. 이 여성들(women), 아니 스스로를 "웜민(wimmin)"이라고 칭한 이 급진적인 여성들은 언어를 재창조함으로써 사람들의 사고방식을 근본적으로 뒤틀었다.

1985년, 『뉴욕타임스』가 아직 어느 정도 최소한의 센스와 유머를 시늉이라도 하던, 지금은 과거로 사라진 그 아름다운 시절, 이 그레이 레이디*는 "여성(woman)"을 대체할 정치적으로 올바른 용어로 "woperdaughter"을 제안했다. "woman"이라는 단어는 "남성(man)"에, "wo-person"은 "아들(son)"이라는 단어에 의존하므로 둘 다 불쾌감을 주기 때문이라는 것이 그 이유였다.[22] 『뉴욕타임스』는 이 유머감각이 결여된–쓸데없는 부연 설명을 용서하길 바란다–페미니스트들을 조롱했다. 그들은 남성을 나타내는 무시무시한 세 글자가 붙는 것을 어떻게든 피하고자 "wimmin", "womyn", "womin"과 같은 어처구니없는 철자를 선택했다.

이러한 우습지도 않은 철자들이 난무하는 가운데, "man"이라는 단어가 남성만 지칭하는 것이 아니라, 인류 전체를 지칭하는 성 중립적인 용어라는 사실을 간과하기 쉽다. 영어의 권위자라고 할 수 있는 킹 제임스 성경에서도 이 단어는 다음과 같이 인류 전체를 의미하는 방식으로 사용되고 있다. "하나님이 자신의 형상대로 '사람(man)'을 창

---

* 뉴욕타임스를 가리키는 별명

조하시되, 남자(male)와 여자(female)로 창조하시고,*"23

페미니스트들은 개인적인 삶과 정치적인 삶 사이의 경계를 없애려 노력했다. 그리고 생각과 말을 형성하는 언어보다 더 개인적인 것도 없다. 페미니스트 언어학자 데버러 캐머런은 이 전략에 대해 다음과 같이 설명한다. "의미는 대조를 통해 생성된다. 선택된 단어는 그 자체로 힘을 가지지만, 선택되지 않은 단어와의 암묵적 비교를 통해 그 힘이 강화된다." 그리고 그녀는 다음과 같이 덧붙였다. "따라서 급진적 사상가들은 전통적 용법에 대한 대안을 만들어냄으로써 사실상 모든 용어를 정치화했다."24 즉, 정치적으로 올바른 단어는 그것이 제아무리 기이하고 낯설게 들리더라도 그 존재 자체로 기존의 전통적 언어에 정치적 의미를 부여하는 것이다.

물론 "윔민(wimmin)"은 유행을 타지 못하고 사라졌다. 그러나 다른 정치적으로 올바른 페미니즘 용어들이 대신 자리 잡았다. 정치적으로 올바르지 않다는 이유로, "chairman(의장)"이라는 성 중립적인 전통 용어는 "chairwoman" 또는 "chairperson"이라는 용어로 대체되었다. 종종 "chairperson"은 "chair(의자)"라는 기괴한 약어로 줄여서 불리기도 하는데, 이는 마치 의자에 앉는 사람이 아닌, 사람 자체를 가구로 지칭하는 것처럼 들린다. 이제 사람을 사람이 아니라 가구의 한 종류로 칭하는 것은 그 사람의 정치적 세계관을 나타내는 신호로 받아들여진다.

---

* "So God created man in his own image, in the image of God created he him; male and female created he them" (창세기 1장 27절)

정치적 올바름에 비판적이었던 좌익 지식인 크리스토퍼 히친스 Christopher Hitchens는 "PC의 본질적 경향은 인간의 다양성에 대한 존중을 심어주는 것이 아니라, 오히려 각 그룹을 더 작은 하위 그룹으로 나누고, 마침내 개인을 원자 단위로까지 축소하여 모두가 서로를 경계하게 만든다."라고 지적했다.[25] 정치적 올바름은 개인의 삶을 이념적 간섭(engineering)으로부터 보호하는 무의식적인 유대와 전통을 깨뜨린다.

보수주의자들은 이러한 의미론적 엔지니어링semantic engineering*을 무시하고 중립적이고 비정치적인 세상에 대한 낡은 논평으로 후퇴하기보다는, 페미니스트들의 주장에 일정 부분 타당성이 있다는 것을 인정해야 한다. 페미니스트들은 최소한 전통적인 언어와 행동이 전통적인 도덕적 기준을 떠받들고 있으며, 이것이 그들이 전복시키고자 하는 것임을 인식하고 있다. 그들은 대부분의 여성이 자신도 모르게, 특히 성에 관해서나 일반적인 인간 본성에 관해 잘못된 생각을 하고 있다고 믿기 때문에 언어를 조작하여 여성들의 의식을 변화시키려고 한다. 제2의 물결 페미니스트들은 문화가 결코 중립적인 것이 될 수 없음을 알고 있었다.

좌파와 우파 진영의 게을러터진 자유주의자들 모두 누군가가 시장의 규칙을 정하고 이를 마음대로 집행하고 있다고 주장하는 급진주의자들의 불만을 진지하게 받아들이지 않고 그저 "이념의 자유 시

---

* 언어와 그 사용에 대한 의도적인 조작이나 개입을 통해 특정 단어나 표현의 의미를 변화시키거나 새로운 의미를 부여하는 과정을 말한다. 이는 특히 페미니즘, 정치, 마케팅 미디어, 사회운동 등에서 특히 두드러진다.

장Marketplace of ideas"이라는 슬로건만 앵무새처럼 반복하고 있다. 그들은 심지어 1953년 악명 높은 궤변가, 윌리엄 더글러스William O. Douglas가 미국 대 럼리 재판United States v. Rumely에서 밝힌 동의 의견을 통해 처음 미국인들의 뇌리에 박힌 이 슬로건의 출처에 대해 의문조차 품지 않는다.[26] 여기서 우리는 정치적 올바름이 제시하는 가짜 이분법, 즉 급진적인 새로운 기준을 받아들이거나 아예 포기하는 양자택일을 제시하는 정치적 올바름의 함정을 발견할 수 있다. 어느 쪽이든 정치적 올바름은 결국 전통 사회를 전복하는 목적을 달성해 낸다.

프랑스의 유명 페미니스트이자 장 폴 사르트르Jean-Paul Sartre의 정부였던 시몬 드 보부아르Simone de Beauvoir는 바로 이러한 전략을 지지했다. 그녀는 "우리가 쓰고 있는 언어는 남성 지배 사회로부터 물려받은 것이므로 많은 남성적 편견을 담고 있다."라고 주장했다. "여성들은 그저 그 도구를 훔쳐 오기만 하면 된다. 도구를 부수거나 완전히 다른 것으로 만들기 위해 노력할 필요가 없는 것이다. 언어를 훔쳐서 우리의 이익에 맞게 사용하라."[27] 보부아르는 남성과 여성 모두에게 서로 다른 방식으로 이로운 영향을 미쳤던 전통 사회의 남녀관에 대해 암울한 평가를 내리는 오류를 범했지만, 언어와 문화에는 필연적으로 편견이 내재되어 있으며 이러한 자연스러운 선호 혹은 혐오감이 모

---

* 미국 대 럼리 재판(United States v. Rumely, 1953)은 정부가 개인의 출판물 구매 기록을 요구할 수 없다고 판결한 사건이다. 에드워드 럼리는 보수적인 정치 단체의 대표로, 정부가 그의 단체가 판매한 책과 팸플릿의 구매자 명단을 제출하라고 요구했을 때 이를 거부했다. 이에 정부는 럼리를 의회 모욕죄로 기소했으나 대법원은 럼리의 손을 들어주며, 의회가 럼리의 단체에 구매자 명단을 요구할 권한이 없다고 판결했다. 윌리엄 더글러스 대법관은 동의 의견을 통해 "이념의 자유 시장" 개념을 언급하며, 정부가 사상의 자유로운 유통에 개입해서는 안 된다고 주장했다.

든 사회의 "이념의 자유 시장"의 경계를 결정할 것이라는 점을 좌우 양쪽의 눈먼 자유주의자들보다 훨씬 더 잘 이해하고 있었다.

전통적인 역할 분담에 따르면, 남자는 문을 열어주고, 식사비를 지불하며, 쓰레기를 버리고, 가정에 경제적으로 기여하는 역할을 한다. 제2의 물결 페미니스트들은 이러한 역할 분담이 여성들에게 도움이 되지 않아서가 아니라, 남녀 간의 차이를 현실적으로 드러내기 때문에 이를 해체하려고 했다. 전통적인 관점에 따르면 남성과 여성은 서로를 보완하고 서로에게 속한 존재라고 보았지만, 페미니스트들은 "여성이 남성을 필요로 하는 것은 물고기가 자전거를 필요로 하는 것과 같다."라고 주장했다.[28] 그들의 언어는 남성과 여성, 또는 남성과 전혀 관련 없는 윔민(wimmin) 사이의 전통적 유대를 깨뜨리려는 그들의 노력이 상당 부분 성공적이었음을 반영한다.

여성이 남성과 관련이 있는 존재인지 아닌지에 대한 질문을 중립적으로 다루는 용어는 "여성(women)"과 "윔민(wimmin)" 사이에는 존재하지 않는다. 이 단어들은 하나의 세계관을 반영하며, 지배적으로 사용되는 용어는 사회의 편견을 드러낸다. 이런 상황에서 중립적 입장을 취하려는 시도는 이 논쟁의 본질을 완전히 오해하는 것이다.

냉철한 시몬 드 보부아르는 『여성성의 신화The Feminine Mystique』를 통해 미국에서 제2의 물결 페미니즘에 불을 지핀 급진적 페미니스트인 베티 프리단Betty Friedan에게 이 어려운 사실을 설명하려고 노력했다. 프리단이 『내 인생을 바꾼 순간It Changed My Life』이라는 책을 통해 공개한 인터뷰에서 보부아르는 프리단에게, "어떤 여성도 가정에서 아이를 키울 수 있는 선택권을 부여받아선 안 된다. 사회 구조가 근본적으로 달라져야만 한다. 여성에게 그런 선택권이 주어지면 대부분의 여성이 그 길을 택할 것이기 때문이다."라고 강조했다. 이어서 프리단이 본인 주장의 주요 요점을 잘 이해했는지 확인하기 위해 보부아르는, "여성들을 특정한 방향으로 밀어붙여야 한다."라고 덧붙였다고 한다.

프리단은 보부아르의 경직된 입장에 반대했다. "그 주장의 의미는 이해하지만, 정치적으로는 동의할 수 없다. … 미국에는 개인의 자유라는 전통이 있기 때문에 모든 여성에게 자녀를 보육원에 맡겨야 한다고 강요하는 것은 불가능하다." 프리단이 보부아르의 주장 자체가 틀렸기 때문에 반대한 것인지, 아니면 미국의 보수적인 성 관념과 자유에 대한 강한 신념 등을 고려할 때 보부아르의 견해가 현실적으로 받아들여지기 어려울 것으로 판단했기 때문에 반대했는지는 명확하지 않다. 프리단은 미국 사회가 아직 그러한 급진적인 관점을 받아들일 준비가 되어 있지 않다고 생각했을 수 있다. 어쩌면 그녀 자신도 준비되지 않았을 수 있다.

그러나 보부아르는 프리단의 순진함에 인내심을 보이지 못했다. "하지만 페미니스트라면 세상을 그런 식으로 보아선 안 된다. 우리는 이것을 남성과 여성, 가정과 외부 세계 사이의 오래된 분리를 받아들이지 않게 될 미래 사회 전반을 향한 개혁 중 일부로 본다." 다시 말해, 보부아르는 개인적인 것과 정치적인 영역 사이의 구분을 받아들이지 않았고, 결국 보부아르의 견해가 승리를 거두었다. "가족과 가족의 신화, 모성과 모성 본능의 신화가 파괴되지 않는 한, 여성들은 영원히 억압받을 것이다."라고 그녀는 결론 지었다.[29]

정치적 올바름은 해방을 목표로 사회 질서를 파괴하려고 한다. 보부아르부터 "서구가 규정한 핵가족 해체"를 목표로 하는 BLM에 이르기까지, 급진주의자들은 이 기본적인 사회 제도에서 가장 끈질긴 억압의 근원을 발견했다.[30] 그래서 그들은 가족뿐만 아니라 "가족의 신화"까지 문제 삼아 파괴하기 시작했다. 보부아르가 "가족의 신화"나 "모성의 신화"와 같은 생경한 표현을 사용했을 때, 그녀는 가족이나 모성이 실제로 존재하지 않는다고 주장한 것이 아니었다. 그녀의 비판은 오히려 우리 문화가 모성과 가족에 부여하는 과도한 숭배에 초점을 맞춘 것이었다. 그녀는 가족을 소중히 여기고 자녀를 양육하는 어머니들을 존경하는 사회적 편견에 반대했다. 악명 높은 바람둥이였던 사르트르의 동거녀였던 보부아르는 가족을 본질적으로 억압적이며, 가족과 모성에 관한 신화를 파괴하는 것이 가부장제 사회에서 잘못된 허위의식으로 고통받는 여성들에게 매력적인 대안이 될 것으로 생각했다.

"엄마 노릇(mothering)"이라는 단어가 영어에 등장한 것은 15세기 초로, "부모 역할(parenting)"이 그 자리를 차지하기 시작한 것은 그로부터 500년이 지난 후다.* "파트너" 또는 "중요한 상대"라는 용어가 "남편"과 "아내"를 대체해 온 것처럼, 공식 문서나 정중한 대화에서도 "부모(parent)" 또는 "보호자(guardian)"와 같은 단어가 "어머니"나 "아버지"와 같은 단어를 완전히 대체해 왔다.[31] 리버럴들은 "부모 역할"이라는 단어가 성차별적인 편견이 담긴 낡은 단어인 "엄마 노릇"에 대한 중립적 대안을 제공한다고 주장하지만, 그 중립성은 착

---

* Mothering과 Parenting 모두 한국어로는 "양육"으로 번역된다.

각에 불과하다. "부모 역할" 역시 다른 전통적 용어들과 마찬가지로 많은 사회적 함의를 내포하고 있기 때문이다.

"모성(Motherhood)"이라는 단어는 여성들이 아이를 키우는 데 있어 남성보다 더 적합하다는 것을 시사한다. 반면, "부모 역할"은 어머니와 아버지, 또는 남성과 여성 간에 별다른 차이가 없다는 것을 시사한다. 독신 여성, 독신 남성, 동성 커플, 이성 커플, 혹은 공동체 전체가 수행할 수 있는 양육에 관해 이야기하는 문화보다 "모성"과 "부성"에 대해 이야기하는 문화가 가족을 보존할 가능성이 더 높다.

1991년, 존 테일러John Taylor가 기고한 「당신은 정치적으로 올바르십니까?Are You Politically Correct?」라는 제목의 『뉴욕매거진New York Magazine』커버 스토리는 정치적 올바름이 주요 문화 현상으로 부상했음을 알리는 신호탄이었다. 테일러는 "정치적 올바름을 추구하는 사람들에게는 모든 것이 정치적"이라고 경고했다.[32] 그의 지적은 정확했지만, 정치적 올바름을 추구하는 사람들에게도 일리는 있다. 공적인 삶은 본질적으로 정치적이며, 사적인 삶을 규정하는 제도 또한 정치적 지지와 합의로 유지되고 발전한다. 대부분의 사안이 정치적 성격을 띤다는 것을 우리가 잘 인지하지 못하는 이유는, 그것들을 우리 사회에서 주어진 사실로, 즉 의식적 조작이나 논쟁의 범위를 넘어선 문화적 유산으로 자연스럽게 받아들이기 때문이다. 우리가 하는 모든 행동의 정치적 의미를 하나하나 깊게 따져보기 시작한다면, 아침마다 침대에서 일어나는 것조차 괴로울 것이다.

남성이 여성을 위해 문을 잡아줄 때, 그는 정치적으로 올바른 사람들이 주장하는 것처럼 많은 정치적 메시지를 무의식적으로 전달하고 있다. 그는 여성이 남성보다 육체적으로 약하다는 것을, 남성이 여성을 보호하고 소중히 여길 책임이 있다는 것을 행동으로 말하고 있다. 그는 또한 남성과 여성이 서로를 보완하는 존재라고 말하고 있다. 그러나 그는 이 중 그 어느 것도 의식하면서 행동하지 않는다. 그는 단순히 문을 잡아주는 것이 예의라고 배웠기 때문에 그렇게 행동하는 것뿐이다. 정치적 올바름은, 마르크스의 표현을 빌리자면 "존재하는 모든 것에 대한 무자비한 비판"을 통해 "의식을 고취"하고 사람들로 하여금 반사적이고 전통적인 행동 뒤에 숨겨진 정치적 의미를 인식하게 하는 비판적 과정이다. 이 과정은 괴롭고 지루한 과정이며, 결국 사람들을 지치게 만든다. 하지만 급진주의자들은 자신들의 방식으로 문화를 재건하기 위해 전통문화를 무너뜨리려고 한다.

정치적으로 올바른 급진주의자들이 성에 집중하는 이유는 성이 인간의 내면적 차이를 근본적으로 구성하고 있기 때문이다. 인종, 키, 몸무게와 같은 요소들은 길가메시 서사시, 그리스 신화, 성경의 「창세기」에 이르기까지 인간의 자기 이해의 기초를 이루는 성에 비하면 상대적으로 보잘것없는 요소들이다. 제2의 물결 페미니즘을 통해 자리 잡은 성적 자기 이해의 해체는 수십 년 후 트랜스젠더주의의 발전으로 결실을 보았지만, 그 사이 정치적 올바름은 그 어느 때보다 "정치화"된 대학교들을 경유하는 우회로를 택했다.

테일러는 "정치적 올바름을 추구하는 사람들에게는 모든 것이 정치적인 것"이라고 지적한 후, "그들이 보기에 최근 논란의 중심이 되고 있는 인문학보다 더 정치적인 것은 없다."라고 덧붙였다.[33] 인문학은 인간이 무엇인지를 탐구하며, 문명의 가장 위대한 성취와 통찰을 세대에 걸쳐 제시한다. 그러나 정치적 올바름을 추구하는 급진주의 자들은 인간의 성에 대한 비판적 이해를 바탕으로 우리의 문명과 자아를 재정의하기 위한 새로운 교육 방식을 도입하기 시작했다. 그 교육 방식은 바로 "원한의 학파the school of resentment"였다.

원한의 학파

THE SCHOOL OF RESENTMENT

08

원한의 학파

해럴드 블룸Harold Bloom 교수의 연구 조교가 침통한 표정으로 사무실을 들어오며 말문을 열었다. "전 정말 놀랐어요, 해럴드." 그녀가 고개를 절레절레 흔들며 말을 이어갔다. "방금 미국학 세미나에서 월트 휘트먼Walt Whitman에 대한 강의를 듣고 왔는데요, 강사가 2시간 내내 휘트먼이 인종차별주의자였다는 사실을 설명하는 데만 시간을 쏟지 뭐예요."

리버럴 진영의 전설적인 문학 비평가이자 서양 고전 문학의 수호자인 블룸은 이듬해 인터뷰를 통해 이 에피소드를 회고했다. "그런 상황에 직면할 때마다 분노하거나 충격을 받거나 분개할 능력마저 잃을 지경이에요." 그는 인터뷰어에게 말했다. "월트 휘트먼이 인종차별주의자라니! 그건 완전히 미친 소리입니다."[01]

역사가 다른 방향으로 흘러갔다면 급진적인 학자들은 동성애자이자 종교적 회의론자였던 휘트먼을 진보주의의 영웅으로 추앙했을지도 모른다. 그러나 휘트먼은 조국을 사랑하는 사람이었다. 그는 "미국이라는 나라 자체가 본질적으로 가장 위대한 한 편의 시"라고 선언하며 『풀잎Leaves of Grass』의 두 번째 판을 열었다.[02] 그렇게 그는 "미국의 시인"이라는 칭호를 얻었고, 따라서 미국학 교수들은 그를 미워할 수밖에 없었다.

비판 이론에서 발전한 모든 사이비 학문 분야는 자신들의 연구 주제 대상을 숭배한다. "흑인 연구"는 흑인을 숭배하고, "여성학"은 여성을 숭배하며, "퀴어 연구"는 동성애자를 동정적으로 조명한다. 예외적으로 "백인 연구"와 "미국학"만이 각각 백인과 미국을 해체하고 깎아내리기 위해 존재한다.

사실, 다른 모든 비판 이론도 미국을 헐뜯는다. 이런저런 명목상의 피해자 집단에 대한 관심은 단지 미국을 비판하고, 더 나아가 서구 문명을 비판하는 더 거대한 프로젝트에 초점을 맞추기 위한 렌즈 역할을 할 뿐이다. 해럴드 블룸은 이 교육학적인 독사의 무리를 "원한의 학파"라고 명명했다.

비판 이론이 학계를 장악하기 전, 사람들은 지혜를 찾기 위해 글을 읽었다. 이제 급진적 이념가들은 배움에 필요한 겸손, 호기심, 애정을 교실 밖으로 몰아냈다. 그들은 현대 이데올로기에 따라 작가와 작가의 글을 질책하는 비판 이론에서 파생된 분노에 찬 태도로 전통적인 교육 방식을 대체했다. 이러한 형태의 분석은 종종 텍스트의 의미를 무시하고 그 대신 독자의 공상을 자극하는 유행적 개념을 강요한다. 윌리엄 셰익스피어의 최고 작품조차도 인종과 성별에 대한 학계의 집착에서 벗어날 수 없었다.

2016년, 학부생으로 구성된 한 무리의 야만인들이 예일대학교 영문학과의 주요 영시 과목에서 셰익스피어와 초서와 같은 작가들을 필수 과목으로 이수해야 하는 요건을 철회하도록 청원했다. 명목상의 이유는 "탈식민지화decolonize"였다. 청원서에는 "영문학을 전공하려는 예일대 학생들이 백인 남성 작가의 작품만 읽어야 하는 것은 받아들일 수 없다."라고 적혀 있었다.[03] 예일대학교 영문학과는 비백인, 비남성 작가에 대한 수업을 이미 수없이 제공해 왔다. 그러나 영문학을 전공하겠다는 사람들이 슬램* 시보다 셰익스피어의 소네트**에 더 집중해야 한다는 사실은, 셰익스피어를 한 번도 읽지 않아도 영문학 학위를 받을 수 있어야 한다고 주장하는 학생들에게는 너무나 큰 부담으로 다가왔던 것으로 보인다.

주요 영시 시인들에 백인 남성들이 포함된 이유는, 주요 영시를 지은 사람들이 백인 남성들이기 때문이다. 도대체 어느 세상에서 영시를 연구하는 과목에 영어권 시인들이 등장한다고 그것을 "식민지화"로 간주한단 말인가? "식민지화"란, 어떤 영토에 대한 정치적 지배를 확립하기 위해 이주민을 파견하여 그 영토에 정착시키는 것을 의미한다. 예일대학교 영문학과 사태의 경우, 유일한 식민지 개척자는 문

---

* 슬램 시(Slam Poetry)는 현대 시 장르 중 하나다. 주로 라이브 퍼포먼스로 발표되며 구어체 표현을 활용하고 사회 문제를 주제로 한다.

** 소네트(sonnet)는 14행으로 이루어진 정형시의 한 종류로, 중세 이탈리아에서 기원하여 셰익스피어를 비롯한 많은 시인들에 의해 발전됐다.

화 지배력이라는 정치적 목표에 따라 기존의 기관을 공격하고 교양의 수단을 장악하려는 급진주의 학생들 자신들뿐이다.

이 급진적인 학생들이 "줄루족 주요 시인 연구"에 흑인 남성 작가들이 너무 많이 포함되어 있다는 이유로 학교에 항의할 것 같지는 않다. 원한의 학파에서는 오직 서양만이 해체되어야 하기 때문이다. 이에 따라 서구의 위대한 지적 발견을 자아도취적이고, 사회적으로 조작되었으며, 역사적으로 우연의 결과물에 불과했던 것으로 일축하기 위한 새로운 형태의 문학 분석 방법이 등장했다. 1960년대, 70년대, 80년대에 해체주의, 후기 구조주의, 포스트모더니즘, 그리고 기타 여러 허세 가득한 학문 운동이 학계 전반에 걸쳐 확산하였는데, 이들은 모두 동일한 정치적 목적을 가지고 있었다. 그것은 서구 문명의 철학적, 문화적 기반을 약화하는 것이었다.

1976년, 프랑스의 철학자 자크 데리다[Jacques Derrida]는 이 광기 어린 해체 기법을 여섯 단어로 요약했다. "텍스트 바깥에는 아무것도 없다"[04] 데리다의 비평가들과 추종자들은 프랑스어로 번역된 이 암호 같은 문장의 정확한 의미를 두고 오랜 시간 동안 논쟁을 벌여 왔다.[05] 이러한 논쟁을 되풀이하는 것은 그의 철학보다도 더 큰 위험을 우리 뇌세포에 초래할 수 있으므로, 데리다의 저술이 서구 정신에 미친 결과를 관찰하는 것만으로도 그의 의미를 이해하는 데 충분하다. 그리고 현재 서구 정신은 객관적인 진실 자체를 부정할 정도로 여러 세대에 걸쳐 위축된 상태이다.

사회적, 역사적 맥락이 텍스트를 해석하는 데 도움이 될 수 있다는 것을 부정하는 사람은 아무도 없다. 그러나 해체주의자들이 절대적 진리와 객관적 지식을 배제하고 맥락에만 집착하자, 아이러니하게도 위대한 작품들이 그 적절한 맥락에서 박탈되는 결과가 발생했다. 셰익스피어의 피부색과 생식기에 대한 "탈식민주의자"들의 천박한 초점은 셰익스피어의 시가 품고 있는 객관적 아름다움과 인간 본성에 대한 심오한 통찰을 가리고 있다. 급진주의자들은 셰익스피어가 『베니스의 상인The Merchant of Venice』에서 샤일록을 탐욕스러운 유대인이라는 고정관념에 따라 묘사했다는 이유로 그를 비난하는 데 열중하지만, 정작 그가 묘사한 "부드러운 비처럼 하늘에서 그 아래의 땅으로 떨어지는 자비의 품격"이라든지, "왕관보다 왕좌에 앉은 군주를 더욱 돋보이게 하는 하나님 자신의 속성"과 같은 심오한 묘사를 칭찬하는 일은 절대 없다.[06]

급진주의자들은 부당하게도 인류의 모든 죄를 서구 문명에 뒤집어씌운다. 그리고 보수주의자들은 이들 이론의 무논리성을 침 튀기며 조롱하고 있다. 그러나 우리는 동시에 그들의 이론은 어떨지 몰라도 전술의 논리만큼은 완벽하다는 것을 인정해야 한다. 셰익스피어의 작품들과 킹 제임스 성경은 다른 어떤 텍스트보다 영어권 사람들에게 큰 영향을 미쳤다. 링컨의 게티즈버그 연설이나 그의 두 번째 취임사만 대충 훑어봐도 셰익스피어와 킹 제임스 성경이 미국 최고의 연설가인 에이브러햄 링컨을 교육하는 데 얼마나 큰 역할을 했는지 알 수 있다. 셰익스피어와 킹 제임스 성경은 서구 정신을 형성하는 데 적지 않은 영향을 미쳤다.

문화 혁명가들은 원한의 학파가 미국 교육을 오염시키기 10년 전부터 학교에서 성경을 강제로 금지했다. 1963년, 연방대법원이 애빙

턴 학군 대 셈프Abington School District v. Schempp재판에서 공립학교에서 성경 교육을 금지하는 헌법 조항을 "발견"하게 된 것이다.[07] 이렇게 성경을 제압한 급진주의자들은 그다음으로 셰익스피어와 서양의 고전들을 겨냥했다. 그들은 이 모든 걸 보다 더 개방적이고 자유롭고 포용적인 교육 커리큘럼으로 확장하기 위한 노력 정도로 포장했다. 하지만 교육 커리큘럼이라는 것은 확장될 수 있는 것이 아니다. 하루의 시간은 제한되어 있고, 학생들이 한 학기에 공부할 수 있는 양 또한 제한되어 있다. 한 작가, 한 작품에 투자하는 1분은 다른 작가, 다른 작품에 투자하는 1분을 빼앗는 것과 같다.

그러나 혁명가들은 사실 커리큘럼을 확장하려고 한 것이 아니라 아예 바꿔버리려 했다. 그들은 서양 역사상 가장 위대한 작가들에게 집중된 관심을, 자기들의 좁은 이념적 노선에 따라 선정된, 새롭지만 덜 중요한 작가들에게 돌리려고 했다. 여기에서도 보수주의자들은 언제나 그렇듯이 자신들 앞에 놓인 함정에 빠져버려서, "선택의 자유"를 찬양하는 또 다른 자유주의적 미사여구로 이 문화적 학살에 대응했다. 그들은, "대학에서 영문학 전공자들에게 셰익스피어를 읽도록 강요할 필요까지는 없다. 선택권만 있으면 되는 것 아니냐?"라는 식의 말도 안 되는 우스갯소리를 한다.

이러한 온순한 양보는 "교육"과 "세뇌"를 구분하는 대중적 슬로건과 마찬가지로, 문제의 요점을 단단히 놓치고 있다. 교육이란 본질적으로 강압적이다. 대학생들은 셰익스피어의 작품 대신 카디 비[Cardi B]*

---

* 미국의 여성 래퍼로 직설적이고 선정적인 가사로 유명하다.

의 가사를 공부하겠다고 "선택"할 수 있다. 그러나 일단 그런 결정을 내리고 나면 그들의 자유로운 선택은 과제, 시험, 낮은 학점의 위협으로 귀결된다.[08]

무엇보다, 급진적인 교육자들이 자신들의 이념적 교육 프로그램의 미래를 학생들의 자유로운 선택에만 맡길 것이라고 어떻게 믿겠는가? 1960년대 학생들의 "표현의 자유"에 대한 요구가 정치적으로 올바른 새로운 언어 규범으로 이어졌듯이, 1970년대 교육 과정 확장 캠페인 또한 수십 년간 교과목 선택의 "다양성" 요건 의무화, 심지어 정치적 올바름 이념 교육의 의무화로 이어지는 결과를 낳았다.[09]

그러나 "선택"만으로는 서구의 정신을 구원할 수 없다. 우유부단한 보수주의자들은 이제 스스로 선택해야 한다. 그들은 끊임없이 비판 받는 문화적 전통을 보호할 뿐만 아니라, 혁명가들이 도입하려는 급진적인 커리큘럼에도 적극적으로 목소리를 내야 한다. 대학교에서는 셰익스피어 수업을 가르쳐야 할 뿐만 아니라, 최근 몇 년 동안 미국 대학가에 등장한 "카디 비", "수중 바구니 짜기", "레즈비언 댄스 이론"과 같은 강의 개설을 지양해야 한다.[10] 이러한 과목들은 서구 전통에 적극적으로 반대하지 않고도 급진주의자들의 목표를 달성할 수 있어서 더욱 위험하다. 전복적이든 단순히 경박하든, 이런 과목들은 학생들의 시간을 낭비할뿐더러 우리 눈앞에서 사라져가는 위대한 문화를 구성하는 위대한 작품들로부터 학생들을 멀어지게 만든다.

보수주의자들은 이 급진주의자들을 야만인 정도로 취급하지만, 여러 면에서 이 야만인들은 우리보다 문화를 훨씬 더 잘 이해하고 있다. 보수주의자들은 그람시나 마르쿠제 같은 좌익들에게서 교훈을 얻기보다는 그들을 그저 괴짜 정도로 여겨왔다. 그러나 마르쿠제는 관용에는 반드시 한계가 있음을 관찰했다. 그 한계가 비록 모든 합리적인 사람들에게 거부감을 준다고 할지라도 말이다. 그리고 그의 관찰은 옳았던 것으로 판명됐다. 그람시는 급진주의자들을 위해 문화 지배력을 빼앗으려 노력하면서도 동시에 문화 지배력에 대한 예리한 통찰력을 제공했다.

혁명가들은 언어가 문화에 얼마나 중요한지를 잘 이해하고 있었기 때문에, 대학 내 문학 비평 및 대중들을 위한 PC 언어에 주목했다. 이러한 비판 이론들은 한 번 자리를 잡자마자, 역사에서 자연과학에 이르기까지 거의 모든 학문 분야로 그 범위를 확장했다.

뉴욕시립대학교 흑인 연구학의 창립 학과장인 레너드 제프리스Leonard Jeffries는 이러한 종류의 사이비 학문을 통해 전형적으로 터무니없는 이론을 제시한다. 1972년부터 20년간 강단에서 활동하면서 그는 아프리카인이 백인과는 다른, 태양 인종으로서의 우월성을 가지고 있으며 물질주의적인 얼음 인종인 백인과는 다른 영적인 가치를 가지고 있다고 주장했다.[11] 그에 따르면 얼음 인종은 주변의 모든 것들을 물질화하는데, 특히 노예 제도를 통해 태양 인종을 물질화한다고 주장했다. 그리고 이러한 견해의 근거로 동굴의 생태계와 강둑의 생태계의 차이를 근거로 들었다.[12] 지금 이 글을 읽으면서 이 이론에 일리가 있다고 생각하는 독자가 있다면 심리학자와의 상담을 고려해 볼 것을 진지하게 권하는 바이다.

2020년 여름, 방송인 닉 캐넌Nick Cannon은 제프리스의 이론을 모르는 젊은 세대를 위해 그의 이론을 대신 설명해 주었다. 그의 팟캐스트

방송 「캐논의 수업Cannon's Class」의 한 에피소드에서 그는, "흑인들은 멜라닌 색소를 가지고 있어서 백인들과 달리 정열과 영혼을 가지고 있다."라고 주장했으며, 백인들은 "사실 동물에 더 가깝다."라고 언급하면서 백인들이야말로 진짜 야만인이라고 주장했다. 멜라닌 색소의 결핍으로 인해 "그들이 할 수 있는 유일한 방법은 악행을 저지르는 것"을 의미한다고 그는 덧붙였다. "그들은 생존을 위해 강탈하고, 훔치고, 강간하고, 죽여야만 한다."[13] 제프리스 교수조차도 캐넌보다 자신의 이론을 더 잘 설명할 수는 없었을 것이다.

수십 년 동안 이런 구역질 나는 헛소리를 쏟아낸 후, 제프리스는 1991년 7월 20일 엠파이어 스테이트 흑인 예술 문화 축제에서 진행된 2시간 동안의 연설에서 "부유한 유대인들"이 할리우드를 통제하고 대서양 노예무역에 자금을 지원했다며 반유대인적 발언을 쏟아냈다. 『뉴욕타임스』와 『워싱턴포스트Washington Post』 모두 그를 정당한 논조로 비판했다.[14] 그렇지만 왜 그가 그 전부터 오랫동안 비판을 받지 않았는지는 의문이다. 당시 『워싱턴포스트』 보도에 따르면, "제프리스의 인종차별적 발언은 수십 년 동안 뉴욕시립대에선 익숙한 일이었으며, 이는 그가 종신 재직권과 학과장직을 얻는 것을 막지 못했다. 또한, 『뉴욕타임스』에 따르면, 그는 인기 강사로 지내면서 뉴욕시립대의 추종자들을 모으는 데 성공했다고 한다.[15] 제프리스는, 자신을 해고하는 것은 곧 학문의 자유를 위협하는 것과 같다고 사람들을 협박하며 20년간 이 학교에서 곪아 터질 때까지 자리를 지켜냈다.

보수주의자들과 급진주의자들 모두 "학문의 자유"를 "표현의 자유"와 "관용"만큼이나 추앙하지만, 실제로 학문의 자유는 한쪽으로만 작용하는 것처럼 보인다. 학문의 자유에 대한 존중은 레너드 제프리스가 수십 년 동안 태양 인종, 영혼의 유입, 고대 이집트인 따위에 대한 황당한 망상을 퍼뜨려도 교수직을 유지하게 해주었다. 그러나 학문의 자유는 하버드대학교의 보수주의 성향의 교수 피터 버코위츠 Peter Berkowitz나 밴더빌트대학교의 캐럴 스웨인Carol Swain, 심지어 간혹 애매하게 보수적인 자유주의자인 예일대학교의 에리카 크리스타키스 Erika Christakis가 직장을 유지하는 데는 도움을 주지 않았다.[16]

2007년 컬럼비아대학교는 이란 대통령 마무드 아마디네자드 Mahmoud Ahmadinejad를 초청해 강연을 열었다. 당시 이라크에서 우리나라 군인들을 적극적으로 살해하고 있던 이 인물을 초청한 것에 대해, 컬럼비아대학교는 "학문의 자유"를 내세워 이 초청을 정당화했다. 캠퍼스 곳곳에서 시위가 벌어졌고, 컬럼비아대 총장은 강연을 시작하며 이 이슬람 지도자의 범죄 목록을 열거하기도 했지만, 대학 측은 어찌됐든 이 국제 테러리스트의 강연을 허용했고 강당은 청중들로 가득 메워졌다. 강연 중 아마디네자드를 방해한 것은 지지자들의 박수 소리뿐이었다.[17] 아마디네자드는 강연 내내 이란 내 동성애자의 존재와 홀로코스트의 역사성을 부정하는 데 시간을 보냈다.[18]

10년 후, 컬럼비아대학교 공화당 학생회가 대규모 이슬람 이주민 문제에 대한 강연을 요청하며 영국의 우익 활동가 토미 로빈슨Tommy Robinson을 초청했을 때, 이 강연은 거센 저항에 부딪혔다. 시위대가 강연장을 습격해 사회자를 쓰러뜨리고 소리를 지르며 강연을 중단시켰으며, 대학교 관계자들은 청중들의 강당 출입을 막았고, 힘겹게 겨우 강당에 들어온 청중들은 외부 시위대의 지속적인 방해로 인해 강연 내용을 제대로 들을 수도 없었다.[19] 로빈슨은 직접 참석도 못 하고 화상으로 강연을 진행했는데, 이는 미국 정부가 영국의 좌익 의원들의 요청에 따라 그에게 입국 비자를 발급하지 않았기 때문이다.[20] 로빈슨이 이슬람 테러리즘에 대한 보수주의 비판자가 아니라, 차라리 이슬람 테러리스트 당사자였다면, 학문의 자유의 이름으로 강연의 기회가 주어졌을지 모를 일이다.

보수주의자들은 이러한 종류의 검열을 비난하고, 좌파들을 자신들의 이념과 입맛에 따라 "학문의 자유"를 이용하는 위선자라며 손가락질할 수 있다. 그러나 급진주의자들은 현재의 보수주의 비평가들보다 이 슬로건의 본질을 훨씬 더 잘 이해하고 있다. 순수한 표현의 자유나 관용과 같은 학문의 자유는 역사적으로 존재한 적도 없고, 앞으로도 존재할 수 없다. 고대 아테네에서는 젊은이들을 타락시켰다는 이유로 소크라테스를 처형했다.[21] 중세 시대 가톨릭교회는 대학교를 만들었지만, 갈릴레오 사례에서 볼 수 있듯이 학문적 담론의 경계를 엄격히 통제했다.[22]

학문의 자유에 대한 근대적 개념은 1575년 레이던대학교 설립 이후 프로테스탄트 혁명과 함께 시작되었다. 그러나 레이던대학교조차 절대적인 학문의 자유를 인정하지 않았고, 1618년 프로테스탄트 도르트 회의에서는 아르미니우스arminian이단*의 확산을 막기 위해 이러한 자유를 더욱 제한했다. 18세기에는 독일의 몇몇 대학교들이 다시 상

---

* 16세기 후반 네덜란드 개혁파 교회에서 시작된 신학적 운동으로 칼빈주의의 예정론에 대한 반대 입장을 취하며, 특히 인간의 자유 의지 및 구원에서의 그 역할을 강조한다.

대적 학문의 자유를 확립하려고 시도했지만, 19세기 초에 나폴레옹이 권력을 잡으면서 이러한 노력이 되돌려졌다.[23]

1636년, 매사추세츠 베이 식민지의 대법원은 훗날 하버드로 알려질 대학교를 뉴타운에 설립했는데, 이 또한 "학문의 자유" 개념과는 무관했다. 대신 그들은 안네 허친슨Anne Hutchinson이 주도한 안티노미안antinomian *이단을 뉴타운(이후 케임브리지로 이름이 바뀐다)에서 제거하기 위해 하버드를 설립했다. 허친슨은 이후 식민지에서 추방된 후 뉴욕의 시와노이 미 원주민들에 의해 살해당했다.[24]

20세기에도 학문의 자유를 가장 열렬히 옹호하는 이들조차 학문의 자유에 제한을 두어야 한다고 주장했다. 1940년, 미국 대학 교수협회American Association University Professros (이하 'AAUP')는 1915년과 1925년에 발표된 것과 유사한 "학문의 자유와 종신 재직에 관한 성명서"를 발표했다. AAUP는 교사가 "자신이 가르치는 주제에 관해 토론할 자유"를 가져야 한다고 주장했지만, 동시에 "자신의 주제와 관련도 없고, 논란의 여지가 있는 사안은 가르치지 않도록 주의해야 한다."라고 경고했으며, 나중에는 "적절한 자제력을 발휘해야 한다."라고 지시했다.[25] 학문의 자유를 가장 광범위하게 옹호하는 이들조차 논란을 금지하고 자제를 요구했다.

보수주의자들은 한때 "학문의 자유"라는 슬로건이 얼마나 어리석은지 이해했다. 윌리엄 F. 버클리 주니어는 학문의 자유를 "사기"라고

---

* 반율법주의 이단으로, 구약의 율법이 그리스도인들의 삶에서 더 이상 의무적이지 않다는 믿음에 기초하고 있다. 이들은 구원은 믿음만으로 얻어지며, 행위나 율법 준수는 구원에 영향을 미치지 않는다고 주장했다.

일축한 책, 『예일에서의 신과 인간God and Man at Yale』으로 커리어를 시작했고, 이 책을 통해 전후 보수주의 운동의 시작을 알렸다. 그의 책 제목은 기억해도, 이 책의 부제가 "학문의 자유라는 이름의 미신The Superstitions of Academic Freedom"이었음을 기억하는 21세기의 보수주의자는 거의 없을 것이다. 버클리는 모든 대학은 사명을 가져야 하며 교육자들은 그 사명에 부합하도록 강의를 구성하고, 그 사명과 모순되는 내용은 강의실에서 배제해야 한다고 주장했다.

버클리는 대학교들이 학부모와 졸업생들의 반대에도 불구하고, 학문의 자유를 핑계로 무신론적이고 교조주의적인 교육 커리큘럼을 정당화한다고 비판했다. 그는 "학문의 자유는 어디까지나 학교의 교육 활동과 목표를 제대로 감독하고 지원하기 위한 것"이라고 결론지었다. 버클리는 대학교가 기독교 도덕과 자유 시장 경제를 장려할 때까지 동문들에게 기부를 보류할 것을 권장했다. 하지만 오늘날 현대 보수주의자들은 급진주의자들이 자신들을 캠퍼스 밖으로 몰아내지 않기를 바라며 "지적 다양성"에 대한 어설픈 탄원을 하는 데 그치고 있다.[26]

버클리의 지적 후계자들은 학문의 자유에 대한 버클리의 입장을 뒤집었다. 버클리가 창간한 잡지는 최근 버클리가 조롱했던 바로 그 방식으로 학문의 자유를 옹호하고 있다.[27] 버클리는 밀턴과 로크처럼 자신이 지지한 적도 없고 심지어 반대하기까지 했던 사상을 대변하는 대명사로 여겨지게 되었다. 하지만 버클리의 주장은 타당했다. 대

---

* 버클리가 1955년 창간한 잡지, 『내셔널리뷰National Review』는 보수주의 사상을 주도하는 주요 매체 중 하나다.

학은 교육 기관이다. 따라서 특정한 사상을 장려하려면 다른 사상은 억제할 수밖에 없다. 이 공간에서 중립은 환상에 불과하다.

시대가 변할수록 변하지 않는 것들도 많아진다. 하버드대학교는 17세기에 그랬듯이 오늘날에도 이단과의 싸움을 이어가고 있다. 그러나 오늘날 대학교의 정통성을 정의하는 것은 회중 개신교가 아닌 정치적 올바름이다. 무지한 보수주의자들은 그저 이러한 상황을 개탄하고 있을 뿐이다. 그러나, 교육에는 한계가 있어야 한다. 교육이란 필연적으로 특정 사실을 가르치기 위해 다른 사실을 배제하거나 모순 시키기 때문이다. "교육자는 학생들에게 무엇을 생각해야 할지가 아니라 어떻게 생각해야 하는지를 가르쳐야 한다."라는 대중적이고 공허한 슬로건은 사실상 스스로를 반증하고 있는 셈이다. 이는 사람들에게 교육에 대해 "무엇을" 생각해야 하는지를 알려주고 있기 때문이다.

교사가 학생들에게 2+2=5가 아니라 4라고 가르치는 것은 "무엇을" 생각해야 하는지를 가르치는 것이며, 기본적인 산술 원리는 더 복잡한 문제를 "어떻게" 생각해야 하는지를 가르치는 토대가 된다. 이 원리는 수학을 넘어 다른 분야에도 적용된다. 윤리나 종교 수업에서 교사가 도둑질이나 살인은 잘못되었다고 가르칠 때, 그는 "무엇을" 생각해야 하는지를 알려주는 것이며, 이는 학생들이 다른 도덕적 문제를 "어떻게" 생각해야 하는지 배우는 데 기반이 된다.

따라서 어떤 좌파 교사가 낙태를 통한 살인이 옳다고 가르치거나 강제적인 공공 정책, 심지어 도둑질과 약탈이 정당하다고 주장할 때, 그 역시 학생들에게 "무엇을" 생각해야 하는지를 가르치고 있다. 이러한 비뚤어진 도덕 교육은 학생들이 다른 문제들에 대해 "어떻게" 생각해야 하는지에도 영향을 미치게 되어, 결과적으로 사회에 해로운 영향을 끼칠 수 있다.

보수주의자들이 지난 한 세기 동안 내어준 정치적, 문화적 기반을 되찾으려면, 급진주의자들이 쳐놓은 함정에서 벗어나야 한다. 급진주의자들은 보수주의자들이 모든 기준과 구체적인 주장들을 버리고, 실제로는 허상에 불과한 "개방성에 대한 이상"을 추구하도록 설득해왔다. 급진주의자들이 시장을 규제하여 악하고 거짓되고 추악한 것들에 보조금을 지급할 때, 선하고 진실하며 아름다운 것이 "이념의 자유 시장"에서 반드시 승리할 것이라는 믿음에 안주해서는 안 된다.

『뉴욕타임스』는 2020년, 1619 프로젝트를 통해 미국의 역사를 재해석하면서 이념 시장의 왜곡을 보여주었다. 최초의 노예선이 버지니아 해안에 도착한 연도에서 이름을 따온 이 프로젝트는 "노예제도의 결과와 흑인 미국인들의 공헌을 국가 이야기의 중심에 놓음으로써 미국의 역사를 재구성하는 것"을 목표로 했다.[28] 이 야심 찬 프로젝트를 이끌기 위해 『뉴욕타임스』는 좌파 저널리스트 니콜 하나-존스를 선택했으며, 그녀는 자신의 에세이 시리즈를 거짓말에 근거하여 작성했다.

한나-존스는 "우리의 건국 신화에서 편리하게 생략된 부분은, 식민지 주민들이 영국으로부터 독립을 선언하기로 한 주요 이유 중 하나가 노예제도를 유지하고 싶었기 때문이라는 점"이라고 주장했다.[29] 역사와 아프리카계 미국인 연구를 전공한 한나-존스는 학부 시절 "원한의 학파"의 가르침에 심취하면서 이 거짓부렁을 어디서 우연히 주워들었을 테지만, 그녀의 주장은 사실 역사적 근거가 없는 주장이다. 핸런의 면도날 원칙Hanlon's razor*은 어리석음으로 충분히 설명할 수 있는 것을 결코 악의에 돌리지 말라고 말한다. 그러나 그것이 무지에서 비롯된 것이든 악의에서 비롯된 것이든, 1619 프로젝트는 거짓으로 시작되었다.[30]

심지어 좌익 진영의 역사학자들조차도 이 기만은 용납하지 못했다. 프린스턴대학교의 역사학자 션 위일런츠Sean Wilentz는 전국의 역사학자들이 서명한 서한을 작성하여 『뉴욕타임스』의 편집자와 발행인에게 보냈다.[31] 역사학자들은 이 프로젝트에 대한 찬사로 서한을 시작함으로써 자신들의 좌익적 신념을 드러냈다. 그들은 "우리는 우리 역사에서 노예제도와 인종차별의 중요성을 다루는 모든 노력에 박수를 보낸다."라는 문장으로 글을 시작했다. "1619 프로젝트처럼 노예제도와 미국의 과거와 현재에 대해 심오하고 불편한 질문을 제기하는 것은 칭찬할 만하며 이는 시급한 공익 활동이다."라고 이어갔다. 그러나 마침내 그들은 이 프로젝트가 핵심을 잘못 이해하고 있다는 반대의견을 제시했다.

"이 정도의 주요 사건과 관련된 오류는 해석이나 짜맞추기framing로는 설명할 수 없다." 역사학자들은 설명했다. "이는 정직한 학문과 정직한 저널리즘의 기초가 되는, 검증할 수 있는 '사실'의 영역이다."[32] 이 순진한 역사가들이 정직한 학문이나 정직한 저널리즘, 둘 중 하나

---

* 핸런의 면도날 원칙은 상대방의 행동이나 말에 대해 악의적인 동기를 가정하기 전에 단순한 실수나 무지로 인한 것일 가능성을 먼저 고려하라는 것으로, 오캄의 면도날 원리, 즉 "설명이 동일한 경우, 더 단순한 이론이 선호되어야 한다"는 주장에서 비롯되었다.

를 찾고 있었다면 번지수를 잘못 찾은 것이지만, 그럼에도 그들이 프로젝트에 대한 정정을 요구한 부분은 다음과 같이 상세히 인용할 가치가 있다.

이 프로젝트는 미국 역사의 가장 중요한 사건인 독립 혁명에 대해, 건국자들이 "노예제도를 계속 유지하기 위해" 영국으로부터 독립을 선언했다고 주장한다. 그러나 이는 사실이 아니다. 이 주장을 뒷받침할 수 있는 근거가 있다면 놀라운 일이겠지만, 이 프로젝트가 제시한 근거는 모두 거짓이다. 이 프로젝트가 내세운 자료 중에는 미국 흑인들이 "대부분의 경우" 홀로 자유를 위한 투쟁을 벌였다는 등 역사적 사실과 부합하지 않는 주장들이 있다.

다른 자료에도 오해의 소지가 있다. 이 프로젝트는 에이브러햄 링컨의 인종 평등에 대한 견해를 비판함으로써, 링컨의 독립선언서가 백인뿐만 아니라 흑인에게도 보편적인 평등을 선언했었다는 점을 무시하고 있다. 또한, 링컨이 자신을 반대하는 강력한 백인 우월주의자들에 맞섰다는 사실에 대해서도 언급하지 않고 있다. 이 프로젝트는 또한 프레드릭 더글러스Frederick Couglass가 링컨과 함께 우리의 헌법을 "영광스러운 자유의 문서"라고 평가했다는 말도 언급하지 않는다. 대신 이 프로젝트는 미국이 인종 노예제도 위에 세워졌다고 주장하지만, 이는 오히려 존 C. 캘훈John C. Calhoun과 같은 노예제 옹호론자들의 주장에 가깝다.[33]

---

* 프레드릭 더글러스(Frederick Douglass, 1818-1895)는 노예로 태어나 자유를 얻은 후 19세기 미국의 저명한 사회 운동가, 작가, 연설가로 활동했으며 특히 노예제 폐지 운동에 큰 영향을 미친 사람이다. 미국 남북전쟁 동안 그는 링컨 대통령의 고문으로 활동했으며 전쟁 후에는 흑인과 여성의 권리 확장을 위한 운동가로도 활발히 활동했다.

위의 역사학자들의 비평은 마치 포드 극장의 안내원이 "링컨 부인, 그 사건 빼고는 연극이 어떠셨나요?"라고 묻는 것과 같다.* 왜냐하면 그들은 단지 "몇 가지" 자료에서 오해의 소지가 있다는 식으로 주장하는데, 사실 1619 프로젝트 전체가 우리 선조들이 노예제도를 유지하기 위해 미국을 건국했다는 전제에 의존하고 있기 때문이다. 역사가들이 이 주장을 반박하자, 이 프로젝트의 논리는 무너졌다. 『뉴욕타임스』는 식민지 개척자들이 영국으로부터 독립을 선언하기로 한 결정의 주된 이유가 노예제도를 유지하고자 했기 때문이라는 핵심 주장을 "명확히"하기까지 7개월 동안 오류를 범했지만, 결국 그들은 잘못을 인정하지도 않았고 자신들의 논지를 살리지도 못했다.[34]

그러나 『뉴욕타임스』는 이 프로젝트의 논거를 증명하기는커녕, 단지 이를 대중화하는 데에만 수백만 달러를 썼다. 2019년 가을, 그들은 이 프로젝트를 홍보하는 페이스북 광고 3개에만 300만 달러를 비밀리에 지출했고, 그 이후에도 알려지지 않은 금액을 더 쏟아부었다. 페이스북은 "사회 문제, 선거 또는 정치에 관한 광고"를 보는 사용자들에게 그 광고의 도달 범위 및 광고 지출에 대한 정보를 공개하도록 요구하고 있지만, -이 요구사항은 『뉴욕타임스』가 요구 및 칭찬했던 것이기도 하다- 『뉴욕타임스』는 그들의 거짓되고 이념에 사로잡힌, 수정주의 역사를 객관적 저널리즘으로 제시하면서 페이스북의 규정을 피해 갔다.[35]

---

* 포드 극장에서 링컨 대통령이 암살당한 사건과 같이 중요한 사실을 간과하거나 왜곡하는 행위에 대해 역사학자들이 얼마나 부적절하고 무감각할 수 있는지를 지적하고 있다.

불과 1년 만에, 퓰리처 위기 보도 센터Pulitzer Center on Crisis Reporting는 이 프로젝트를 수업 계획과 독서 안내서를 포함한 커리큘럼으로 전환하여 전국 3,500개 이상의 교실에 즉시 도입했다.[36] 학계의 역사학자들은 이 프로젝트가 "역사적 이해를 이념으로 대체하려 한다"고 비판했지만, 그것이 바로 이 프로젝트의 처음부터의 목적이었다.[37] 1619 프로젝트는 숨겨진 진실을 복원하거나 오래된 거짓을 반박하려는 것이 아니라, 미국 역사 자체를 "재구성"하려는 시도였다.

미국은 언제부터 시작했는가? 미국의 역사는 1607년, 미국 땅에 영구적으로 정착한 영국 이주민들이 제임스타운에 도착한 것으로 시작된다. 최초의 노예선이 1619년 포인트 컴포트에 도착했다. 청교도들은 1620년 플리머스록에 첫발을 디뎠다. 1775년, 한 무명의 병사가 곧 전 세계를 뒤흔들 첫 번째 총성을 쏘았다. 1776년 아메리카 대륙 의회는 독립선언서를 승인했다. 1789년, 헌법이 제정되어 이 땅의 법이 되었다. 1865년, 에이브러햄 링컨이 남북전쟁에서 승리하여 "자유의 새로운 탄생"을 이룩했다.[38] 1964년, 린든 존슨 대통령이 민권법에 서명했고, 정치적으로 올바르지 않은 역사가 크리스토퍼 콜드웰Christopher Caldwell은 이를 "미국의 두 번째 헌법"이라고 불렀다.[39]

남부 정착민들이 버지니아에 도착한 지 10여 년이 지나서야 메이플라워호가 항해를 시작했지만, 미국인들은 미국 역사의 많은 부분에서 자신들의 뿌리를 제임스타운이 아닌 플리머스에서 찾았다.* 이는 모두 남성 인구로 구성되어 있었던 제임스타운 정착민들의 부에 대한 무모한 추구보다는 청교도들의 종교적 열심, 노동 윤리, 가족 중심적 태도가 미국이라는 국가의 정신을 더 잘 대변했기 때문이다. 우편으로 주문한 신부들**이 도착하여 식민지가 재건되기 전까지 제임스타운 정착민들의 문화는 결국 기아와 식인 풍습으로 치달았다.[40]

많은 미국인은 1776년 독립 선언문 서명을 시점으로 미국이 건국되었다고 보며, 그 이전 150년 간의 영국 식민지 시기는 대체로 간과하는 경향이 있다. 그 틈을 타고 급진주의자들은 미국 역사가 이룬 모든 미덕을 무시하고 노예제의 죄악에만 초점을 맞추어 1619년을 건국의 해로 재정의하려 했다. 그들의 첫 번째 시도는 사실관계에 있어서는 실패했다. 그러나 장기적으로 봤을 때 팩트는 언제나 프레임에 굴복하기 마련이므로, 그들은 여전히 성공할 가능성을 손에 쥐고 있는 셈이다.

보수주의자들은 대부분의 경우 팩트에 근거하여 1619 프로젝트를 반박하려고 노력해 왔다. 여기서도 그들은 역사를 서술할 때 감정이 팩트보다 우선한다는 것을 이해하고 있는 급진주의자들로부터 교

---

* 1607년 제임스타운은 금을 찾으려는 무역상과 모험가들이 정착했지만 지역 관리 부재, 식량 부족과 원주민 충돌 등으로 어려움을 겪었다. 반면, 1620년 플리머스에 정착한 청교도들은 종교적 자유를 추구하며 신앙 중심의 공동체를 형성했다. 이로 인해 제임스타운과 플리머스는 서로 다른 성격의 식민지로 기억된다.

** 서부 개척 시대, 남성 인구로만 구성된 지역에서 적합한 결혼 상대를 찾기 어려웠던 남성들과 사전에 편지나 계약을 통해 결혼 약속을 하고, 그 후에 식민지로 건너가서 결혼한 여성들을 말한다.

훈을 얻기를 거부했다. 보수주의자들이 반대자들의 의견을 듣지 않는다면, 적어도 자신들의 철학자, 예를 들어 에드먼드 버크와 같은 사람의 말은 귀 기울여야 할 것이다. "역사에는 인류가 저지른 과거의 실수들과 약점으로부터 미래의 지혜를 끌어내어 우리에게 교훈을 주는 방대한 분량의 책이 펼쳐져 있다." 모든 것이 좋고, 그럴듯하지만, 이념주의자들이 자신들의 정치적 목적을 위해 그 방대한 책을 남용하면 어떻게 될까? 버크는 "그 책은 변질되어, 공격과 방어를 위한 무기 창고가 되고, 꺼져가는 불화의 불씨를 계속 살려주고, 잊혔던 적대감을 되살리며, 국내적 갈등에 기름을 들이붓는 수단이 될 수 있다."라고 경고했다. 그의 이 논평은 1619 프로젝트에 대한 적절한 평가로 사용될 수 있을 것이다.[41]

팩트는 물론 중요하다. 그러나 아무리 팩트라고 해도 팩트는 사람들로부터 다양한 감정을 불러일으킬 수 있다. 급진주의 운동가인 하워드 진Howard Zinn은 그의 악명 높은 논쟁적 저서 『미국의 민중 역사A People's History of the United States』에서 팩트를 자유롭게 다루었지만, 미국을 언덕 위에 빛나는 도성이 아닌, 악마의 어두운 늪으로 묘사하는 그의 태도가 거짓말보다 더 큰 문제였다. 그는 미국의 악덕만 강조하고 미덕은 외면했다. 진에 따르면 미국은 그저 죄악 덩어리에 불과하다.

이 방대하게 펼쳐진 역사에서 두 가지 국가적 내러티브가 등장했다. 보수파의 버전은 미국의 기본적인 선함을 긍정하면서도 부족함 또한 겸손히 인정하는데, 이는 분노한 신의 손아귀에 있는 죄인으로 자신을 여겼던 선조들의 국가적 겸손과 그와 같은 선조들이 우리에게 남긴 큰 유산에 대한 상속자로서의 개인적 겸손 모두를 포함한다.

"정치적으로 올바른" 버전의 미국사는 팩트 면에서는 보수파 버전과 그리 큰 차이가 없다. 다만, 국가에 대한 태도 면에서 보수파 버전과 다르다. 정치적 올바름의 역사적 내러티브는 분노와 오만함을 가지고 국가적 스캔들에 접근하며, 우리 조상을 기꺼이 비난하고 급진주의자 자신들의 의로움을 자랑한다. 보수주의자들은 좌파들의 감정과 맞서 싸울 때 그저 팩트로만 싸우는 경향이 있다. 팩트는 물론 중요하다. 그러나 감정은 그 팩트가 역사적 서술 속에서 위치할 자리를 결정한다.

정치적 올바름은 분노의 렌즈를 통해 역사를 보여주며, 소위 피해를 보았다고 주장하는 소수 집단의 이익을 위해 표준과 언어 규범을 재작성한다. 그러나 이러한 프롤레타리아적 가식에도 불구하고 소수자 스스로가 정치적 올바름을 적극적으로 지지하는 경우는 드물다. 오히려 백인 좌파들이 보기에 모욕감을 느껴야 마땅하다고 생각되는 집단을 대신하여 분개하는 척 가식을 떠는 경우가 더 많다. 하워드 진은 이성애자 백인 남성이었다. 허버트 마르쿠제나, 그보다 더 까칠했던 안토니오 그람시도 마찬가지였다.

정치적으로 올바른 언어와 역사의 정체성주의적 경향identitarian tenor of history*은 인종과 성적 선입견을 기반으로 미국인들을 분열시킬 전망이다. 이러한 상황에서 우리는 소수 집단인 이민자, 여성, 퀴어들은 정치적 올바름을 지지하고, 이성애자 백인 남성들은 반대할 것으로

---

* "역사의 정체성주의적 경향(identitarian tenor of history)"은 역사를 해석하고 서술하는 데 있어 특정 정체성 집단(인종, 성별, 성적 지향 등)의 관점과 경험을 지나치게 강조하는 경향을 의미한다.

생각한다. 예를 들어 저널리스트 류 스페이스Ryu Spaeth는 『뉴리퍼블릭New Republic』에서 "평균적인 반 PC 십자군"을 "이성애자, 백인, 남성, 보수주의 성향"으로 묘사했다.[42] 그러나 이 그림은 정치적 올바름과 마찬가지로 현실과는 다르다. 미국인의 대다수는 정치적 올바름을 싫어한다.[43] 스티븐 호킨스, 다니엘 유드킨, 미리암 후안-토레스, 그리고 딤 딕슨 등의 학자들이 공동으로 집필한 연구, 「숨겨진 부족: 미국의 양극화된 풍경에 대한 연구Hidden Tribes: A Study of America's Polarized Landscape」에 따르면, 무려 80%의 미국인들이 "정치적 올바름을 국가적 문제"라고 생각하는 것으로 나타났다.

스페이스의 대중적 오해와는 달리, 호킨스와 그의 동료들은 오히려 백인들이 평균 미국인들보다 정치적 올바름에 반대할 가능성이 적다는 사실을 발견했다. 아시아계, 히스패닉계, 아메리칸 인디언 등 모두 백인보다 높은 비율로 정치적 올바름을 거부했다. 아시아계의 경우 82%, 히스패닉계의 경우 87%, 인디언 -여기서 사용된 정치적으로 올바르지 않은 용어인 "인디언(Indian)"은 인도인이 아니라 미국 원주민을 말한다-의 경우 88%가 정치적 올바름을 반대하는 반면, 백인은 79%만이 이 정치적 올바름에 문제를 제기했다.[44] 흑인만이 백인보다 낮은 비율로 정치적 올바름을 반대하지만, 여전히 미국 흑인의 4분의 3은 정치적 올바름을 문제로 여긴다.

정치적 올바름에 대한 지지는 심지어 노년층과 젊은 층의 싸움으로 나뉘지도 않는다. 24세에서 29세 사이의 응답자들이 정치적 올바름에 가장 호의적이었지만, 그들 중 74%는 여전히 정치적 올바름을 싫어했다. 24세 미만에서는 그 호감도가 훨씬 더 낮아, 무려 79%가

반대했다. 급진주의자들은 어느 연령대에서도 지지를 얻지 못했으며, 밀레니얼 세대와 Z세대 사이에서도 지지를 잃은 것으로 보인다.

정치적 올바름을 주장하는 이들이 대변한다고 주장하는 소위 모든 억압받는 집단의 대다수가 실제로는 정치적 올바름에 반대하고 있다. 인종, 소득, 학력, 연령 등은 이 문제에 대해 미국인들을 크게 나누지 않는다. 대신, 그 이름에서 알 수 있듯이, 정치적 올바름에 대한 지지 여부는 정치적 성향에 따라 갈린다.

강성 보수주의자를 제외한 모든 집단에서도 단 3%만이 정치적 올바름을 지지했다. 대부분의 전통적인 자유주의자들도 마찬가지였다. 정치적 올바름은 단 한 집단, 즉 진보 운동가들 사이에서만 다수의 지지를 얻고 있는데, 이는 정치적 올바름이 억압받는 소수자의 목소리를 대변한다는 허상을 무너뜨린다. 사실 이들 진보 운동가는 미국에서 가장 백인 비율이 높고, 부유하며, 고학력 집단이기 때문이다.[45]

정치적 올바름은 오랫동안 억압받아 온 인종 및 성 소수자들의 진심 어린 외침으로 가장한다. 그러나 실제로, 제프리스 교수의 황당한 망언들은 차치하고라도, 백인 엘리트들은 항상 정치적 올바름의 선봉에 서 왔다. 그들은 대학 캠퍼스라는 특수한 장소에서 사회를 뒤집어엎기 시작했다. 그리고 1980년대에는 이러한 운동이 여전히 인기가 없었음에도 불구, 많은 캠퍼스가 이에 굴복하고 말았다.

캠퍼스 코드,
규정인가 강압인가

CAMPUS CODES AND COERCION

09

캠퍼스 코드, 규정인가 강압인가

대학교는 정치적 올바름을 탄생시켰으며, 정치적 올바름은 배은망덕한 자식처럼 자신을 낳아준 모체를 파괴했다. 전국의 대학교들은 신마르크스주의, 비판 이론, 해체주의, 포스트모더니즘 등 정치적 올바름으로 알려진 급진적 사상들을 육성했다. 대학교는 이러한 운동들에게 급진적 사상을 전파할 수 있는 토대를 제공함으로써, 이를 기업 이사회와 정부 부처로 가져갈 수 있는 차세대 엘리트들에게 전달하는 역할을 했다. 하지만 이를 실천에 옮기려면 정치적 올바름은 자신에게 생명을 불어넣어 준 바로 그 기관들을 파괴해야 했다.

정치적 올바름은 전통적인 관습과 제도를 전복시키기 위해 고안된 위험한 도구이다. 따라서 역설적으로, 정치적 올바름이 성공하려면 대학교라는 공간을 보존하는 동시에 파괴해야 한다. 서구 사회의 대표적 기관인 대학 캠퍼스만이 기존의 모든 것에 무자비한 비판을 가할 수 있는, 현실로부터 차단된 안전한 공간을 제공할 수 있다. 그러나 이러한 급진적 사상을 대학에서 실제로 구현하다 보면 결국 대학 자체를 해체하는 결과로 이어질 수밖에 없다.

"트리거 경고trigger warnings"와* "안전한 공간safe spaces"이라는 개념이 나오기 훨씬 전부터, 대학 캠퍼스는 현실 세계의 위험에서 벗어날 수 있는 안식처 역할을 했다. 그러나 급진주의자들은 대학을 인종차별과 성폭력의 위험천만한 온상으로 묘사했으며, 이를 구실로 캠퍼스 내 언행에 관한 정책을 전면 개편하려 했다. 특히 1960년대에는 캠퍼스에서 폭력 사태가 가끔 발생하기도 했지만, 대부분은 급진주의자들이 직접 저지른 폭력 사건이었다.

1969년, 소총을 든 학생 운동가들이 코넬대학교 윌라드 스트레이트 홀을 점거하여, 주말을 맞아 자녀들을 방문하려던 학부모들을 쫓아내는 사건이 발생했다.[01] 이 학생들이 요구한 것은 "아프리카 연구" 학과 개설이었다. 이들은 전날 밤, 캠퍼스 내에 위치한 와리 흑인 여성 협동조합Wari black women's cooperative 앞의 십자가가 불태워진 사건에 대한 대응 차원에서 자신들의 점거를 정당화했다.

그러나 십자가 방화 사건은 사기극이었을 가능성이 크다. 이타카 지역 경찰은 정체불명의 십자가 방화범을 찾지 못했으며, 아프리카

---

* 주로 대학 캠퍼스에서 사용되는 개념으로, 특정 인물들이 불쾌감 또는 정신적 불편을 느낄 수 있는 내용이 다루어질 때 이를 미리 경고하여, 참여자가 이에 대해 사전에 마음의 준비를 하거나 해당 내용을 피할 수 있도록 하는 것을 말한다.

계 미국인 협회Afro-American Society (이하 'AAS')회원들이 시위를 정당화하기 위해 직접 불을 지른 것으로 의심했다. 이후 한 AAS 회원이 이를 실토했는데, 코넬대학교의 학생이자 AAS의 회계 담당자로 활동했던 스티븐 굿윈은 십자가를 불태운 것은 "셋업setup", 즉 연출된 기획이라고 밝혔다. 굿윈에 따르면 협회는 "더 많은 언론의 관심을 끌기 위해" 사기극을 꾸몄다고 한다.[02] 그날 밤 실제로 무슨 일이 일어났는지는 알 수 없으나, 굿윈이 실토한 종류의 인종차별 조작 사건은 학생 급진주의자들이 더 이상 실제로 표출할 만한 불만 사항이 없게 되자, 상상 속의 억압을 꾸며내며 향후 수십 년 동안 확산하였다.

2019년, 배우 주시 스몰렛Jussie Smollett은 나이지리아 보디빌더 두 명을 고용해 그들이 한밤중에 빨간 트럼프 모자를 쓰고 "여기는 MAGAMake America Great Again (미국을 다시 위대하게)의 나라다!"라고 외치며 자신의 얼굴을 때리고, 목에 로프를 거는 척하게 만드는 등의 끔찍한 연극을 선보였다. 그것도 1931년 이후 줄곧 민주당 텃밭인 시카고 한복판에서.[03] 이 모든 것이 자작극이었음이 밝혀지자, 트럼프 대통령부터 좌파 코미디언인 데이브 샤펠Dave Chappelle까지 모두 스몰렛을 조롱했다.[04] 그러나 이와 유사한 사기극은 대학 캠퍼스에서 지금도 흔히 일어나고 있다.

2016년, 오벌린대학교의 흑인 학생 3명이 오하이오주의 빵집 주인 앨린 깁슨Allyn Gibson을 학생들에 대한 인종차별 혐의로 고발하는 사건

---

* MAGA는 도널드 트럼프 전 미국 대통령의 캠페인 슬로건으로, 미국을 과거의 위대했던 시절로 되돌려 놓겠다는 메시지를 전달하고 있다. 비판론자들에게는 과거의 인종차별을 동경하는 위험한 메시지로 여겨지고 있다.

이 발생했다. 오벌린대학교의 교수진, 직원 및 행정처는 시위대를 조직했고, 대학은 깁슨 푸드 마트와의 계약을 해지했다. 그러나 사실 깁슨은 학생들이 자신의 가게에서 술을 훔치는 것을 적발했을 뿐이었고, 학생들은 곧 그 사실을 시인했다. 다행히 오벌린 사건은 해피엔딩으로 끝났다. 오하이오주의 배심원단은 깁슨이 대학을 상대로 제기한 명예훼손 소송에서 징벌적 및 보상적 손해배상금으로 4,400만 달러를 지급하라는 판결을 내렸다.[05]

오벌린의 학생들이 앨런 깁슨을 인종차별주의자로 중상모략한 바로 그날, 볼링그린 주립대 학생인 엘리샤 롱Eleesha Long은 백인 트럼프 지지자들이 자신에게 돌을 던졌다고 주장했으나, 이 또한 조작된 사건으로 밝혀졌다. 롱은 자신의 이야기를 일관되게 전달하지 못했을 뿐더러, 나중에 드러난 휴대폰 기록에 따르면 롱은 공격이 발생했다고 주장한 사건 현장에조차 없었던 것으로 밝혀졌다. 수사관들이 발견한 인종차별이나 폭력의 유일한 증거는, 롱이 남자 친구에게 보낸, 백인을 비하하고 트럼프 지지자들의 죽음을 기원하는 문자 메시지("그 인간들 전부 에이즈에나 걸려버렸으면 좋겠다.")뿐이었다.[06]

2017년에는 미네소타주 세인트올라프대학교에서 한 흑인 학생 운동가가 자신의 차에 인종차별적인 위협 메시지를 남기는 자작극을 벌였고,[07] 같은 해, 흑인 공군 사관학교 생도 5명은 자신들의 기숙사 방문에 인종 비하가 담긴 낙서를 남기는 자작극을 벌였다.[08] 이듬해 11월에는 매릴랜드주 가우처대학교의 핀 아서Fynn Arthur라는 흑인 학생이 기숙사 화장실에 "나는 검둥이 놈들을 모두 죽여 버릴 것이다."라는 글을 남기는 자작극을 벌였다.[09] 최근 몇 년 동안 이와 유사한 사건들의 목록은 이 책의 한 챕터가 아니라 한 권 전체도 채울 수 있을 것이다.

경찰이 협박 메시지의 진원지를 밝혀내자, 아서는 자신의 것을 포함한 흑인 학생들의 기숙사 방 번호와 거꾸로 된 스와스티카 문양과[*] 협박 문구를 남긴 것은 바로 자신이었음을 고백했다. 그는 범행을 저지르게 된 동기로 "억눌린 분노"를 꼽았다.[10] 그의 분노의 근원이 무엇이었든 간에, 자작극을 억지로 고안해 냈어야 할 만큼 캠퍼스 내의 인종차별은 이제 더 이상 흔한 사건이 아니라는 것을 우리는 자연스럽게 추론할 수 있다. 더 이상한 것은, 아서의 머그샷을 보면 그가 전혀 흑인으로 보이지도 않는다는 사실이다. 아서의 조상 중에 흑인이 있을 수는 있겠으나, 그는 누가 봐도 백인으로 보이기 때문에 스킨헤드들이 그를 공격 대상으로 삼을 것이라는 가능성은 더욱 터무니없어 보인다.[11]

인종이 이러한 사기극의 결정적 요인이라고 단정 짓기 전에, 최근 몇 년 동안 대학 캠퍼스를 괴롭힌 수많은 강간 관련 허위 주장에 대해서도 다시 한번 생각해 볼 필요가 있다. 좌익 운동가들은 여성 5명 중 1명이 학부생 시절에 성폭행을 당한다는 주장을 대중화시켰다.[12] 일부 급진주의자들은 이 수치를 4명 중 1명으로 부풀리기도 한다.[13] 이 수치가 사실이라면, 여성들은 보츠와나의[**] 뒷골목에서보다 하버드대

---

[*] 스와스티카 문양(卍)은 힌두교, 불교, 자이나교 등 여러 동양 종교에서 중요한 상징으로 사용된다. 그러나 20세기에 들어서, 나치 독일에 의해 채택되어 인종주의, 혐오 및 제2차 세계대전 동안의 나치의 잔혹행위를 상징하는 부정적인 이미지로 바뀌었다.

[**] 아프리카 남부에 위치한 국가로 빈곤과 범죄율이 높은 지역으로 알려져 있다.

학교의 그림 같이 아름다운 녹색 잔디밭에 있을 때 더 큰 위험에 직면하게 되는 셈이다.

합리적인 사람이라면 이러한 터무니없는 통계를 믿지 않을 것이다. 그리고 이는 피해자들도 마찬가지다. 피해자라고 주장하는 사람 중 상당수는 좌익 운동가들이 자신에게 피해자라는 사실을 알려주기 전까지 자신이 성폭행당했다는 사실을 인지하지 못했다고 답했다.[14] "5명 중 1명꼴"이라는 통계의 기원은 1976년 사회학자 메리 코스Marry Koss가 켄트주립대 학생들을 대상으로 실시한 13개 문항의 설문조사에서 발견할 수 있다. 설문의 첫 12개 문항은 다양한 성적 행위를 다루고 있는데, 그 행위들의 모호성의 정도는 모두 다르게 설정되어 있으며, 마지막 13번째 문항만 단도직입적으로 "당신은 성폭행을 당한 적이 있습니까?"라고 묻고 있다. 메리 코스에 따르면, 많은 응답자가 마지막 질문에 잘못된 답을 답했다고 말했다.

이후 코스는 설문지를 수정하여 미국 전역 32개 캠퍼스의 6,000여 명의 대학생을 대상으로 설문조사를 재실시했다. 그 결과 응답자의 27%, 즉 4명 중 1명 이상이 14세 이후 성폭행을 당한 경험이 있는 것으로 밝혀졌다. 그러나 여기서 임상적으로 피해자로 분류된 응답자 중, 실제로 55%만이 자신이 성폭행당했다는 사실에 동의했다.[15]

최근 미국 대학 협회Association of American Universities (이하 'AAU')에서 실시한 설문조사에서는 정치적 올바름을 노골적으로 활용하여 "4명 중 1명"이라는 통계를 도출해 냈다. 설문조사를 실시한 사회 과학자가 한 일은 단순히 용어를 재정의한 것뿐이다. 설문조사에 참여한 여성 학부생 응답자의 11%는 법적 정의에 따른 성폭력 혹은 그 외 형태의 성폭력을 당한 경험이 있다고 답변했으나, 원치 않는 껴안기, 움켜잡기, 더듬기, 옷 위로 문지르기 등과 같은 성적인 행위까지 포함하는 더 모호한 범주인 성희롱(Sexual assult)도 성폭력으로 간주하는 경우, 그 수치는 23%로 급증했다.[16] 그러나 이 광범위한 용어 정의는 통계에서 모든 유의미한 내용을 제거해 버린다. 아무리 불쾌하고 부도덕하며 심지어 불법일지라도, 원치 않는 접촉을 강간과 같은 선상에 둘 수는 없기 때문이다.

하지만 "4명 중 1명"이라는 통계가 의심스럽다는 점은 차치하더라도, 여대생의 11%가 성폭행 및 유사 강간 피해를 경험했다는 설문조사 결과는 여전히 믿기 어려울 정도로 높은 수치로 보인다. 그러나 데이터를 자세히 살펴보면, 우리는 그 이유를 알 수 있다. 응답자의 11% 중 절반은 강제성이 개입되었다고 답했다. 나머지 절반은 너무 취했기 때문에 법적으로 동의 의사를 표현할 수 없었다고 답했는데, 이 부분이 바로 통계학자들이 문제 삼는 부분이다. 캠퍼스에서 성적인 만남과 음주가 동시에 이루어지는 경우가 매우 잦다는 것은 익히 알려진 사실이기 때문이다.

술에 취한 대학생들은 종종 격렬해지기 마련이다. 상황에 따라 법이나 특정 의제를 가진 사회 과학자는 겉으로는 합의된 성관계도 강간으로 분류할 수 있다. 심지어 관련 당사자 모두가 그러한 평가에 동의하지 않더라도 말이다. 물론 범죄가 실제로 발생했을 가능성도 있다. 물리적 강제성이 없었다 해도 한 쪽 또는 양측 모두 해당 성관계를 강제적이었다고 여길 수도 있다. 설문조사라는 것의 특성상 실제로 무슨 일이 있었는지 우리는 정확히 알 수 없다.

그럼에도 불구하고, 술에 취한 상태에서의 성관계를 강간에서 제외하더라도 5.5%는 여전히 충격적인 수치이다. 정말 여대생 18명 중 1명이 대학 시절에 강간을 당하는 것일까? AAU의 연구원들도 인정하듯이, 이는 사실이 아닐 확률이 높다. 실제로, 설문조사에 응해달라는 요청을 받은 학생 5명 중 1명 미만만이 이에 응했다. 수십만 명의 다른 학생들은 설문조사 참여를 거부했으며, 이는 애초에 폭행을 당한 적이 있는 학생들이 설문조사에 참여했을 가능성이 더 높다는 사실, 즉 "무응답 편향*no-response bias"을 시사한다.[17]

이러한 방법론적 문제와 기타 여러 요인이, "4명 중 1명" 또는 "5명 중 1명"이라는 통계와 지난 수십 년간 법무부가 수집한 데이터 간에 불일치가 발생하는 이유, 그리고 같은 연령대의 여성 중 대학생이 아닌 여성들보다 대학생인 여성들이 강간이나 성폭력을 당할 가능성이 훨씬 낮은 이유를 보여준다.[18] 법무부는 대학생이 아닌 여성 1,000명 중 7.6명, 대학생인 여성 1,000명 중 6.1명이 피해를 당하였다고 보고했다. 이 법무부의 데이터는 두 경우 모두, 이념적 성향이 강한 설문조사에서 제시하는 수치보다 한 자릿수 이상 낮은 피해율을 보여준다.[19]

하버드는 여성들에게 보츠와나보다 위험한 곳이 아니다. 심지어 보스턴의 주변 동네보다도 위험하지 않다. 사실 우리 모두가 직관적으로 알고 있듯이, 학교 캠퍼스는 캠퍼스 밖보다 훨씬 더 안전한 곳이다. 그럼에도 불구하고 캠퍼스 내 강간이 전염병처럼 번지고 있다는

---

* 무응답 편향은 설문조사나 연구에서 응답하지 않은 사람들의 특성이 응답한 사람들과 다를 때 발생하는 편향이다. 이는 결과의 대표성을 왜곡할 수 있으며, 연구 결과가 전체 모집단을 정확하게 반영하지 못하게 만든다.

괴담은 계속되고 있으며, 이는 주기적으로 제기되는 대형 사기극에 의해 더욱 부추겨지고 있다.

2016년, 테네시주 오스틴페이주립대학교의 한 여학생이 성폭행을 당했다고 신고했으나, 용의자의 인상착의를 밝히기를 거부하고 자신의 주장을 번복하더니 결국 스스로 사건을 조작했음을 인정했다.[20] 같은 해 사우스캐롤라이나주 클렘슨대학교의 한 학부생은 자신이 납치되어 성폭행을 당했다는 허위 주장을 했다. 이듬해인 2017년에는 클렘슨대학교 인근에 있는 찰스턴대학교의 한 여학생이 술에 취한 동급생에게 성폭행당했다며 고발했으나, 재판에서 배심원단은 이 청년에게 단 28분 만에 무죄를 선고했다. 그러나 그 시점에 학교 측은 이미 피고 남학생을 강간범으로 낙인찍고 퇴학시킨 상태였다.[21]

같은 해, 스물한 살의 미시간대학교 학생이 차를 타러 가던 중 낯선 사람에게 강간을 당했다고 주장했으나, 경찰이 수사에 착수하자마자 그녀는 신체검사를 거부했고, 본인이 주장한 이야기 대부분의 세부 사항을 번복했다. 그녀는 한 명의 용의자를 지목했는데, 이 용의자는 수사관들에게 이 여성이 다른 장소에서 같은 방법으로 강간을 저지른 다른 남자를 고발하는 내용의 문자 메시지를 제시했다. 그리고 경찰은 이 여성을 허위 신고 혐의로 기소했다.[22]

2014년, 『롤링스톤Rolling Stone』잡지는 버지니아대학교의 파이 카파 파이(Phi Kappa Psi) 사교클럽 회원들이 입단식 도중 "재키"라는 이름으로만 알려진, 신원이 밝혀지지 않은 한 학생을 집단으로 강간했다고 주장하는 장문의 기사를 게재했다. 출처가 불분명한 이 기사는 익명 고발자의 실타래처럼 얽혀진 이야기 외에는 명백한 증거를 제시하지 못했다. 결국 재키의 이야기는 거짓으로 밝혀졌고, 『롤링스톤』은 이듬해 이 기사를 완전히 철회했는데, 이는 대학 캠퍼스가 강간범으로 가득 차 있다고 믿는 순진한 바보들에게 큰 충격을 안겨주었다.[23]

최근 몇 년 동안 대학 강간 사기극이 급증했지만, 이러한 현상은 훨씬 더 오래전으로 거슬러 올라간다. 2006년, 크리스털 게일 맹검Crystal Gail Mangum이라는 스트리퍼가 듀크대학교 라크로스팀 선수들이 자신을 성폭행했다고 고발하는 사건이 발생했다. 마이크 니퐁Mike Nifong 검사는 증거를 은폐했고, 사건은 무혐의 처리되었으며, 이듬해에 모든 혐의는 기각됐다. 이후 니퐁은 법조인 자격을 박탈당했고 맹검은 남자 친구를 살해한 혐의(해당 허위 고발 사건과는 무관하다-옮긴이 주)로 감옥에 수감되었다.[24] 그러나 한 명의 거짓말 한마디로 인해 다니던 학교에서 쫓겨나고 평판이 파괴된 라크로스 선수들에게 정의는 너무 늦게 찾아왔다.

정치적 올바름이 독이 되기 전인 1990년대 초반에도 조지워싱턴대학교와 프린스턴대학교를 비롯한 여러 대학교에서 강간 사기극이 벌어졌었다. 이 사기극의 허위 고발자인 민디 브릭먼Mindy Brickman은 결국 『데일리 프린스토니언Daily Princetonian*』을 통해 자신의 주장을 철회하고 자신이 고발한 남성을 만난 적도 없다고 고백했다.[25]

일각에서는 이러한 사기꾼들에게 심리적 문제가 있다고 추측한다. 그러나 최근 몇 년 동안 이러한 사건들이 더욱 빈번하고 정교해지면

---

* 프린스턴대학교의 학생들이 운영하는 독립 일간지

서 주류 언론과 우리의 국가적 담론을 지배하고 있다. 이념적 사상가들은 이를 "불협화음"이라고 완곡하게 표현하지만, 이러한 현상을 심리학적으로만 설명하기는 어렵다. 대학 캠퍼스에서 누릴 수 있는 상대적으로 안전한 환경과 인종적 화합은 자칭 사회정의 전사_{social justic} warriors들에게는 기념할 만한 일이다. 그런데도 불구하고 왜 이 학생들은 자신들이 가장 소중히 여기는 기관에서까지 폭력 사건을 조작하는 것일까?

1987년 1월 15일, 제시 잭슨^{Jesse Jackson}이라는 이름의 목사라는 양반이 스탠퍼드대학교 캠퍼스의 팜 드라이브를 따라 500여 명의 학생 운동가들을 이끌고 행진하면서 필자가 위에 던진 질문에 대한 대답을 한마디로 외쳤다. "헤이 헤이! 호 호! 서구 문명은 사라져라!"[26] 당시 시위대가 말하는 "서구 문명"은 스탠퍼드대학교의 인문학 교양 과목인 "서구 문화 입문"을 지칭하는 것이었으나, 그 좁은 맥락의 항의는 사실 더욱 거대한 목표를 숨기고 있을 뿐이었다.

진보주의자들은 오랫동안 대학과 기생적이면서도 친족살해적인 관계를 동시에 유지해 왔다. 대학은 그들의 이념을 배양하고 안락한 보직을 제공하며 행정 국가에 필요한 전문 지식과 사회 과학적 데이터를 제공해 주었다. 그러나 동시에 대학은, 성당을 제외하면 서구 문화를 상징하는 가장 대표적인 기관이기도 하다. 따라서 여러 번 교회를 불태웠던 것처럼 캠퍼스를 불태울 여유까지는 없는 그들은, 대신 대학이 대표하고 전승해 온 전통문화를 제거하려고 한다.[27]

잭슨 목사의 시위가 있은 지 1년 후, 스탠퍼드는 서구 문명 커리큘럼을 개편할지 여부를 결정하기 위해 특별 작업팀을 결성했다. 스탠퍼드의 역사학자이자 이 위원회의 위원인 베리 M. 카츠Barry M. Katz는 양립할 수 없는 관점의 충돌을 목격했다. "기존 교과과정은 우리에게 공통의 문화가 있다고 주장하며, 그 문화는 위대한 작품들을 조금만 읽어도 정의될 수 있다고 주장한다." 그는 설명했다. "이는 수많은 학생과 교수진, 여성과 소수 집단에 대한 모욕이다."[28] 실제로 정치적 올바름의 개혁가들을 하나로 묶어 준 것은 인종이나 성별이 아닌 이념이었다. 하지만 급진주의자들의 주장을 곧이곧대로 받아들인다 해도, 서구 문명이 소수 인종과 여성을 어떻게 모욕했는지에 대해서는 더 깊이 살펴볼 필요가 있다.

대중적인 프로파간다와는 달리, 서양은 인종차별과 성차별을 최초로 발명하지 않았을 뿐만 아니라 이 두 가지를 거부한 유일한 문명이다. 지구상의 다른 모든 폐쇄적이고 부족적인 문화와는 달리 서구 문명은 우수한 문화적 업적을 누리고 기여할 수 있도록 새로운 민족을 환영했고 통합해 왔다.

스탠퍼드대학교를 비롯한 여러 대학에서 서구 문명 교과과정 폐지를 논의하던 바로 그 해, 노벨상 수상 작가인 솔 벨로Saul Bellow는 정치적 올바름에 매몰된 교육 개혁가들에게 다음과 같은 도전적인 질문을 던졌다. "줄루족의 톨스토이는 누구인가요?" 그는 물었다. "파푸아족의 프루스트는 누구죠? 저는 그들의 작품을 기꺼이 읽어 보고 싶습니다."[29] 이에 급진주의자들은 울부짖으며 이를 갈았지만, 그의 요지를 반박하는 사람은 아무도 없었다.

인종적 갈등을 조장하여 사익을 취하는 작가로 유명한 타-네히시 코츠Ta-Nehisi Coates는 그의 두 번째 자서전 『나를 둘러싼 세계The World And

Me』에서 벨로우의 말을 분개하며 인용했다. "톨스토이는 '백인'이었고, 그래서 톨스토이는 '중요'했다. 다른 모든 백인 것들이 '중요했던' 것처럼." 코츠는 이어갔다. "그리고 이러한 시각은 여러 세대를 걸쳐 이어진 공포와 박탈감으로 연결되었다. 우리는 흑인이었고, 눈에 보이는 스펙트럼 너머, 문명 저편에 있었다. 우리는 열등했기에 우리의 역사 또한 열등했다. 다시 말해 우리의 육체가 열등했다는 뜻이다."[30]

그러나 톨스토이가 중요한 이유는 그가 백인이었기 때문이 아니라, 그가 『전쟁과 평화War and Peace』를 썼기 때문이다. 그는 『안나 카레니나Anna Karenina』를 비롯해 인간 본성의 깊이를 파헤치고 인류에게 거울이 되는 수많은 이야기를 썼다. 예를 들어, 코츠의 작품에 감탄하는 많은 경박한 백인들처럼 인류 지식의 발전에 조금도 기여하지 못한 백인들과는 달리 말이다. 그러나 코츠의 급진적 유물론은 톨스토이의 위대함이 지닌 형이상학적 특성을 인식하지 못하게 한다. 코츠에게 중요한 것은 오직 물질뿐이었다.

그러나 끊임없이 원통해하는 데 인생을 허비하고 있는 코츠는 기껏해야 자신의 무지와, 최악의 경우 냉소적으로 선택된 "선택적 분노"를 드러낼 뿐이다. 러시아의 톨스토이는 서양의 전통에서 큰 자리를 차지하지만, 아프리카의 성 어거스틴Saint Augustine* 만큼 거대하지는 않다. 초기 기독교 역사 500년 동안 세 명의 베르베르인Berbers** 이 교황

---

* 성 어거스틴은 초기 기독교 신학자이자 철학자로, 서양 기독교 사상에 지대한 영향을 미친 인물 중 한 명이다. 그는 북아프리카의 타가스테(현재의 알제리)에서 태어났다.

** 북아프리카, 특히 모로코, 알제리, 튀니지, 리비아, 서사하라, 말리의 일부 지역에 거주하는 원주민 민족을 지칭하는 용어

이 되었으며, 교회는 5세기 이후 성 모세 더 블랙Siant Moses the Black*을 비롯한 여러 비백인 기독교인들을 존경해 왔다.

『나를 둘러싼 세계』의 후반부에서 코츠는 스포츠 저널리스트 랠프 와일리Ralph Wiley가 벨로에게 했던 유명한 반론을 언급한다. "톨스토이는 줄루족의 톨스토이기도 하다."라고 와일리는 벨로를 꾸짖었다. "인류의 보편적인 정신을 특정 부족의 배타적 소유물로 묶어두는 데서 이익을 발견하지 않는 한 말이다."[31] 코츠와 와일리는 톨스토이를 읽고 교화되는 것에는 인종이 상관없다는 점은 인정한다. 그러나 톨스토이는 줄루족이 아니었고, 인류의 "보편적" 정신이 그를 교육한 것도 아니었다. 톨스토이를 낳은 것은 서구, 더 구체적으로 말하자면 러시아의 문화였다. 그리고 그 문화는 책과 교실, 그리고 항구를 전 세계에 아낌없이 개방해 왔다.

그러나 정작 타-네히시 코츠 자신의 경력은 본인의 주장을 뒷받침해 주지 않는다. 2015년, 코츠의 이 평범하기 이를 데 없는 불평이 담긴 책은 그에게 전미도서상National Book Award 수상과 50만 달러 상당의 맥아더 펠로우십MacArthur "Genius Grant"을 안겨주었다.[32] 기득권층 엘리트들은 그의 징징거림이 담긴 책을 높이 칭송했다. 오늘날 두 권의 회고록을 쓴 이 젊은 작가는 자신이 끊임없이 한탄하는, 특별히 억압받는 흑인의 몸을 가졌음에도 불구하고, 벨로, 심지어 일부에서는 톨스토이보다 훨씬 더 큰 명성을 누리고 있다.

---

* 4세기 후반에서 5세기 초반에 이집트에서 활동한 기독교 수도사이다. 그는 에티오피아 출신의 흑인으로, 젊은 시절에는 강도 두목으로 악명을 떨쳤지만, 회개하고 기독교로 개종 후 수도 생활을 시작하여 당시 많은 수도사들의 영적 지도자가 되었다.

스탠퍼드의 급진주의자들은 서구 문명이 여성과 소수자를 모욕한다고 주장한다. 그러나 사실 역사상 그 어떤 문명도 여성과 소수자에게 서구 문명보다 큰 존중을 보여주지 않았다. 하지만 급진주의자들은 서구 문명에서만 예외적으로 보여준 그 특별한 존중을 악용하여 서구 문명을 파괴하는 데 이용했다. 그들은 "유럽 중심주의"에 정면으로 뻔뻔스럽게 반기를 들며 대학 측에 이 강좌를 폐지하라고 압박을 가했으며, 결국 스탠퍼드대학교는 그 압력에 굴복하고 말았다.[33]

1988년, 대학 행정처는 "서양 문화(Western Culture)" 과목을 "문명, 사상 및 가치(Civilization, Ideas and Values)", 줄여서 CIV라는 이름의 과목으로 대체했다. 관료들은 언제나 약어라면 꼼짝을 못 하기 마련이다.* 스탠퍼드대학 100년 역사상 가장 인기 있고 성공적인 과목 중 하나였던 "서양 문화" 커리큘럼에는 15권의 필독서, 18권의 강력 추천 도서 그리고 서양 사상의 기념비로 여겨지는 여러 문학 및 철학 작품들이 포함되어 있었다.[34] 새로운 CIV 과목은 이 위대한 책 중 일부를 "젠더, 인종, 민족 연구의 새로운 연구"로 대체했다.[35] 다시 말해, 스탠퍼드는 원한의 학파the School of Resentment를 받아들이고 말았다.

역사, 문학, 언어에 대한 이런 학문적 논쟁은 캠퍼스 담장을 훨씬 높이 넘어 울려 퍼지기 시작했다. 윌리엄 베닛William Bennett 교육부 장관은 이 커리큘럼의 변경을 "서구 문명을 버리자는 제안"이라며 개탄했다.[36] 잭슨 목사가 서구 문명에 반대하는 행진을 이끌었던 바로 그 해

---

* 대학 관료들이 과목의 내용보다는 간단하고 멋있어 보이는 약어를 만드는 데 신경 쓴다는 것, 즉, 그들의 형식주의와 피상적인 태도를 꼬집고 있다.

1987년, 철학자 앨런 블룸Allan Bloom은 현대 대학의 붕괴를 추적한『미국 정신의 종말The Closing of the American Mind』을 출간, 예상치 못한 베스트셀러에 올렸다. 블룸은 이 책의 부제를 "고등 교육은 어떻게 민주주의를 무너뜨리고 오늘날 학생들의 영혼을 빈곤하게 만들었는가?"라고 붙였다. 건조한 주제와 무거운 부제에도 불구하고 이 책은 백만 부 이상 팔렸다.[37] 사람들이 미국인의 정신세계에 무언가 균열이 생겼다는 것을 깨달았던 것이다.

블룸은 새로운 캠퍼스 문화에서 정치적 올바름의 핵심적인 모순, 즉 "개방성"의 추구가 되레 사람들의 마음을 닫히게 만든다는 사실을 발견했다. "개방성과 그것을 가능하게 하는 상대주의는 진리에 대한 여러 주장과 다양한 삶의 방식, 인간의 유형 앞에서 유일하게 타당한 입장이 되었다. 상대주의가 우리 시대의 위대한 통찰 중 하나인 것은 사실이다. 그러나 상대주의에 대한 절대주의는 가장 위험한 존재이다.*" 과거 미국 교육이 탁월함, 학문, 자유에 필요한 지식과 덕목, 즉 인문학의 함양을 목표로 삼았다면, 20세기 중후반에 이르러서는 그 무엇보다도 "개방성"을 중시하게 되었다.

앨런 블룸은 급진주의자들이 "과거에는 세상이 모두 미쳤었고, 사람들은 항상 자신이 옳다고 생각했으며, 그 결과 전쟁, 박해, 노예제도, 외국인 혐오, 인종차별 및 남성 우월주의가 세상을 지배했다고 가르친다."라고 말했다. 따라서 우리는 잘못된 견해를 단순히 버리는 것

---

* 블룸은 개방성과 상대주의를 절대적으로 신봉하는 것은 역설적으로 그 어느 것도 진리나 가치로 인정하지 않게 되어 허무주의에 빠질 수 있기 때문에 역설적으로 위험할 수 있다는 것을 말하고 있다.

을 넘어, 애초에 어떤 견해를 가지는 것으로부터도 스스로를 해방해야 하는 지경에 이르렀다. 블룸이 보기에 개혁가들의 목적은 실수를 바로잡고 옳은 것을 추구하는 것이 아니라, 자신이 옳다는 생각 자체를 하지 않게 되는 것이었다.[38] 미국인들의 정신은 너무 개방적으로 되는 바람에 그 열린 틈으로 뇌까지 빠져나가 버린 상태가 되어 버렸다.

블룸과 베넷 같은 소수의 보수주의 지식인이 저항했지만, 대부분의 우익은 학문적 논쟁에 전혀 관심을 기울이지 않았고, 관심을 가졌더라도 굴복했다. 보수주의자들은 교육의 질이 급격하게 무너졌음에도 불구하고 자녀들을 같은 학교에 보내기 위해 계속해서 돈을 썼다. 학생들이 소크라테스를 읽는 대신 슐라미스 파이어스톤[*]Shulamith Firestone 의 책을 읽는다 해도 부모들은 그저 어깨를 한 번 으쓱하며 그것이 잠을 설칠 정도의 문제는 아니라고 생각했다.[39] 새로운 개방적 문화는 학생들의 시간을 낭비하는 정도의 문제일 뿐, 커리큘럼을 고안할 때는 지나치게 폐쇄적인 것보다는 오히려 지나치게 개방적인 편이 낫다고 생각했던 것이다.

여기서 보수주의자들은 다시 한번 함정에 빠졌다. 급진주의자들은 커리큘럼을 개방하기를 원했지만, 그것은 오로지 자신들의 정치적 이익에 더 유리한 조건으로 다시 폐쇄하기 위함이었다. 표현의 자유나 관용과 마찬가지로 완벽한 개방성은 존재할 수 없다. 선동 금지법이나 연설 방해꾼의 훼방을 금지하는 규정처럼, 표현의 자유를 보호

---

* 1970년대 초반 활동했던 급진적 페미니즘 운동가. 그녀는 여성의 생물학적 차이가 사회적 억압의 기초가 되었다고 주장하며, 이를 해결하기 위해 기술적 해결책, 예를 들어 인공 자궁 등을 주장했다.

하기 위해서라도 표현의 자유에는 경계가 있어야 한다. 관용은 불관용을 용납할 수 없다. 그리고 개방성은 폐쇄성을 용납할 수 없다. 블룸의 말을 빌리자면, 개방성 교육은 "모든 종류의 인간, 모든 종류의 라이프스타일, 모든 이데올로기에 열려 있다. 그 교육의 적은 오로지 모든 것에 열려 있지 않은 사람뿐"이다.[40] 그러나 실제로 모든 것에 개방적인 사람은 이 세상에 아무도 없다. 개혁가들은 특히 더욱 그렇다. 교육에는 판단력이 필요하며, 진리는 인기투표로 결정되지 않는다. 교육은 개방적인 과정도 아니고, 민주적인 과정도 아니다.

누군가가 2 더하기 2는 4라고 결정하면, 사람들은 2 더하기 2가 5일 수도 있다는 가능성을 마음에서 배제한다. 누군가는 킹 제임스 성경을 읽으며 "오 주여, 우리 주여, 주의 이름이 온 땅에서 어찌 그리 아름다운지요!"라고 외칠 수도 있지만 또 누군가는 그 시편의 구절을 다시 쓴 햄릿의 말에 동의할 수 있으며, 지구와 하늘이 "더럽고 역겨운 증기의 집합체일 뿐"이라는 데 동의할 수도 있다.[41] 각각의 관점은 어쩔 수 없이 다른 관점을 배제한다. 심지어 햄릿 -진정으로 광기 어린, 급진적 상대주의의 선구자 아니겠는가!-이 미친 척하며 자신의 독서가 "말, 말, 말"에 지나지 않는다고 주장한 것조차도 결국 하나의

---

* 햄릿은 셰익스피어의 비극 『햄릿』에서 "What a piece of work is a man!(인간이란 얼마나 훌륭한 작품인가!)"라는 유명한 대사를 통해 시편 8편 4절의 구절("사람이 무엇이기에 주께서 그를 생각하시며, 인자가 무엇이기에 주께서 그를 돌보시나이까?)을 변용했다.

판단이다.[*] 급진적 개방성은 어떤 의미도 존재하지 않는다는 주장으로 인해 붕괴하며, 따라서 어떤 의미가 존재할 수 있다는 가능성 자체를 배제한다.

"공동의 목표나 공공선에 대한 비전이 없다면, 사회 계약이라는 것이 여전히 유효한가?"라고 블룸은 질문은 던졌다. 그러나 급진주의자들은 현존하는 모든 것을 가차 없이 비판하는 목표를 공유하고 있다. 그들에게 공공선에 대한 비전은 없을지 몰라도, 공공악에 대해서만큼은 누구보다 분명하게 인식하고 있다. 그들의 관점에서는 억압적인 전통이 진보를 방해하기 때문에, 사회가 미래를 향해 스스로를 개방하려면 과거에서 벗어나는 것만이 유일한 방법이 된다.

정치적 올바름은 재정의를 통해 발전해 왔다. 미국인들은 표현의 자유, 관용, 열린 마음, 자유를 소중히 여긴다. 급진주의자들은 사람들이 이러한 가치로부터 등을 돌리게 하는 대신, 개념들을 새롭게 재정의했다. 그들은 표현의 자유에 대한 국민적 존경심에 호소하여 전통적인 기준을 전복시키기 위해 "표현의 자유 운동"을 시작했고, 그 후에는 새로운 기준을 시행하기 위해 새로운 "검열의 시대"를 열었

---

* 셰익스피어의 희곡 『햄릿』에서 폴로니우스가 햄릿에게 무엇을 읽고 있느냐고 묻자, 햄릿이 "말, 말, 말"(Words, words, words)이라고 대답하는 장면을 언급하고 있다. 이 장면에서 햄릿은 미친 척을 하면서 폴로니우스의 질문에 모호하고 엉뚱한 대답을 한다. "말, 말, 말"이라는 대답은 책의 내용이 아무런 의미가 없다는 것을 암시하는 동시에, 언어와 의미에 대한 회의적인 태도를 보여준다. 이 구절을 인용한 저자는 햄릿의 이러한 언어와 의미에 대한 회의적 태도가 오늘날 급진적 상대주의자들의 "아무 의미도 없다"는 주장과 유사하다는 것을 시사한다. 그러나 저자는 햄릿의 이러한 발언조차도 결국 하나의 판단이기 때문에, 급진적 개방성과 상대주의가 "어떤 의미도 존재하지 않는다"고 주장하는 것 자체가 모순이라고 지적한다. 의미의 부재를 주장하는 것도 결국 의미의 가능성을 배제하는 폐쇄적 태도라는 것이다.

다. 그들은 자신들의 사상이 공론의 장에 진입할 때까지는 관용을 설파하다가, 그 이후에는 자신들의 이념적 반대자들에 대한 탄압을 요구했다. 바로 그 시점에서 미국인들의 정신은 미국 문화로부터 단절되었다. 이러한 모든 왜곡과 전복은 우리 세속 문화의 지적, 영적 중심지인 대학교에서 일어났다. 따라서 대학교의 사명 또한 함께 재정의된 것은 놀라운 일이 아니다.

자유주의 교육은 현대 자유주의, 심지어 고전적 자유주의보다도 훨씬 오래전부터 존재해 왔다. 그 기원은 고대 그리스까지 거슬러 올라가는데, 당시 시민들은 자유인에게 걸맞는 습관과 지식, 기술을 함양하곤 했다. 중세 유럽의 대학에서 학생들이 배운 문법, 수사학, 논리학, 기하학, 산술, 음악, 천문학 등의 과목들도 특정 직업을 위한 실무 교육이 아니었다. 이 인문학 교육은 학생들을 자유민으로 육성한다는 더 높은 이상을 추구했다.

마르크스주의자들이 주장한 "허위의식"이라는 개념은 1970년대 제2물결 페미니스트들에 의해 널리 알려졌다. 이 개념은 실제로는 비뚤어진 것으로 드러났지만, 근본적으로는 타당한 원칙, 즉 인간은 자유로워지도록 강제되어야 한다는 원칙에서 출발했다. 우리는 이 세상에 욕망의 노예로 태어난다. 만약 우리가 계속해서 무분별하게 욕망을 추구한다면 방종에 빠지게 되지만, 우리가 교육을 받고 덕목을 함양함으로써 욕망을 다스린다면 진정한 자유를 얻을 수 있다. 자유로운 정치는 자유로운 시민을 필요로 한다. 그러나 자유로운 시민들은 급진주의자들의 정치를 거부한다. 이에 급진주의자들은 아예 자유주의 교육의 개념을 재정의해 버렸다.

개혁가들은 "방종licentiousness"과 "자유liberty"의 개념을 섞어버리는 것에서부터 시작했다. 자유방탕주의는 자신이 원하는 대로 행동할 수 있는 방종을 의미하지만, 자유란 마땅히 해야 할 일을 할 수 있는 권리를 의미한다. 오늘날, 이 정반대의 개념 차이를 인식하는 사람은 거의 없지만, 우리나라를 세운 선조들은 이 구분이 자치에 필수적이라고 여겼다. 1663년의 로드아일랜드 헌장The Rhode Island Charter은 주민들이 "종교적 문제에 있어서는 자신의 판단과 양심을 자유롭게, 충분히 누릴 수 있으나, 평화롭고 조용히 처신해야 하며 이 자유를 방종과 신성모독에 사용해서는 안 된다."라고 선언했다. 1777년 뉴욕 헌법 또한 "양심의 자유가 방종적인 행위를 허용하는 것으로 해석되어서는 안 된다."라고 강조했다.[42] 자유방탕주의는 자유를 위협한다. 이 때문에 건국의 아버지들은 악덕을 억제하고 미덕을 장려할 필요성을 강력하게 주장했던 것이다.

조지 워싱턴은 고별 연설에서 "미덕 또는 도덕성은 민주 정부의 필수 불가결한 원동력"이라고 선언했다.[43] 벤저민 프랭클린은 "오직 덕 있는 국민만이 자유를 누릴 자격이 있다. 국가가 부패하고 타락할수록 그들은 더 많은 통치자를 필요로 한다."라고 못 박았다.[44] 우리나라의 세 번째 대통령이자, 더 중요하게는 버지니아대학교의 설립자인 토머스 제퍼슨은 "미덕 없이는 행복도 없다. 이것이 모든 학문적 노력의 목표"라고 경고했다.[45] 제퍼슨은 교육을 진지하게 받아들였다. 안타깝게도 학계는 그의 현명한 충고를 잊어버렸고, 20세기 후반에 이르러 급진주의자들은 개방성이라는 이름으로 자유를 가장한 방종의 문화로 미덕의 기준을 대체하는 데 성공했다.

그러나 대학의 "개방성"은 오래가지 않았다. 교재 목록에 비판적 인종 이론이 포함되면서 교수진, 교직원, 학생들을 대상으로 한 "다양성" 교육이 의무화되었다. 사회적, 성적 규범이 완화되면서 교수와 학장이 학생들의 가장 사적인 관계를 집중적으로 조사하고, 적법한 절차 없이 그들을 강간죄와 같은 중죄로 유죄 판결할 수 있는 권한을 부여하는 캠퍼스 재판소가 생겨났다. 언어와 작문 표준의 붕괴는 급진주의자들의 이념에 부합하는 새로운 언어 규제로 빠르게 이어졌다.

최근 몇 년 사이 "개방성"이 얼마나 빠르게 억압으로 변모할 수 있는지가 드러났다. 2017년 스탠퍼드대학교에 지원한 한 학생은 자기소개서에 "흑인의 생명도 소중하다#BlackLivesMatter"라는 문구를 100번이나 반복해서 썼다고 한다.[46] 분별력 있는 시대였다면 이런 반복적인 글쓰기는 방과 후 불량 학생들을 위한 벌칙 같은 것이었겠지만, 21세기에 와서는 명문대 입학의 통로가 되어버렸다. 그러나 불과 몇 년후, 캔자스주립대학교는 조지 플로이드와 BLM 운동에 대해 정치적으로 올바른 서사에 반하는 농담을 트위터에 올렸다는 이유로 한 학생을 퇴학시키려 했다. 그러나 결과적으로 법적 제재로 인해 대학 측은 해당 학생을 트윗 내용을 근거로 퇴학시키지는 못했다.[47]

급진주의자들은 전통적인 언어와 행동 기준을 폐지하자마자, 이를 대체할 새로운 규범을 요구하기 시작했다. 1988년 미시간대학교는 "인종, 민족, 종교, 성별, 성적 지향, 신념 등을 근거로 개인을 낙인찍거나 희생자로 만드는 모든 언어적, 신체적 행위 및 교육 활동, 고용 및 대학이 후원하는 과외 활동 참여에 있어 위협적이고 적대적이며 모욕적인 환경을 조성하는 행위"를 금지하는 새로운 발언 규정을 채택했다.[48] 이 광범위한 새 규정은 수정헌법 제1조에 위배되는 것처럼 보였지만, 대학 입장에서도 대학 나름의 아무런 조치를 취하지 않으면 법적 위험에 직면할 수 있었다.*

전년도에 미시간대학교 캠퍼스에는 흑인 학생들을 "접시 입술, 현관 원숭이, 지가부jigaboos"와 같은 흑인 비하 단어로 지칭하며 그들을 상대로 한 "사냥 시즌"이 열렸다고 선언하는 전단이 등장했다. 조사관들은 이 모욕적인 전단을 배포한 사람을 끝내 밝혀내지 못했다. 인종차별주의자들이 이 일을 기획했을 가능성이 높지만, 캠퍼스 내에서 인종 관련 자작극 사건이 만연한 점을 고려하면 "반인종차별" 활동가들이 이 범행을 직접 저질렀을 가능성 또한 배제할 수 없다.

진실이 무엇이 되었든, 학생들이 주도하는 "인종차별 반대 연합United Coalition against Racism"은 캠퍼스 내에 "비인종차별적이고 비폭력적인 분위기를 유지 및 조성하지 못한" 이유로 대학을 상대로 집단 민권 소송을 제기하겠다고 위협했다. 이에 대학 운영진은 결국 학생들의 요구에 굴복할 수밖에 없었다.[49]

그러나 결국 연방 지방 법원은 "해당 정책의 조항이 너무 모호하여, 이를 집행하는 것이 적법 절차 조항을 위반하게 될 것"이라는 이

---

* 대학이 새로운 언어 규제 정책을 시행하면서 직면한 딜레마를 설명하고 있다. 미국 수정헌법 제1조는 언론의 자유를 보장하고 있기에 대학이 채택한 규정은 이 헌법 조항에 위배될 소지가 있으며, 만약 누군가 이 정책이 자신의 표현의 자유를 침해한다고 주장하며 대학을 상대로 소송을 제기한다면, 대학은 법적 문제에 직면할 수 있다. 반면에, 대학이 아무런 조치를 취하지 않는다면 또 다른 법적 위험에 노출될 수 있다. 예를 들어, 누군가 대학 내에서 차별이나 괴롭힘을 당했다고 주장하면서, 대학이 이를 방지하기 위한 적절한 정책을 시행하지 않았다고 문제를 제기할 수 있기 때문이다. 결국 대학은 표현의 자유를 보장하면서도 차별과 괴롭힘으로부터 구성원을 보호할 수 있는 균형 잡힌 정책을 마련해야 하는 어려운 과제를 안게 된 것이다.

유로 언어 규제를 무효로 했다.[50] 학생들은 그들이 금지하고자 하는 언어가 인종, 민족, 종교, 성별, 성적 지향 또는 신념을 근거로 누군가를 "낙인찍거나", "피해자화"하는지 여부를 판단하기 위한 어떤 객관적인 기준이나 확립된 전통이 무엇인지 명확하게 언급하지 않았다. 만약 어떤 무슬림 학생이 "너희는 알라께서 너희를 위해 창조하신 배우자를 두고서, 모든 피조물 중에서 (음행하려고) 남자에게 동침하려는 것이냐? 너희는 모든 한계를 범한 민족이로다."라며, "남색의 죄가 있는 너희 가운데 두 사람을 벌하라."[51]라고 지시하는 꾸란을 인용한다면, 이런 경우 동성애자들이 그들의 성적 지향을 근거로 피해를 보거나 낙인찍히는 것일까? 아니면, 무슬림 학생이 꾸란을 인용했다는 이유로 비판이나 처벌을 받는 경우, 그는 자신의 종교를 이유로 피해를 보거나 낙인찍히는 것일까?

미시간대학의 언어 규제는 헌법과 미국의 법적 전통이 정한 범위를 넘어섰다. 하지만 그렇다고 해서 헌법이 모든 언어 규제를 금지하는 것은 아니다. 1942년, 대법원은 만장일치로 "합법적으로 거리나 공공장소에 있는 누구에게든 모욕적, 경멸적, 성가신 말을 하거나 그런 명칭으로 부르는 것"을 금지한 뉴햄프셔주 법률을 지지하는 판결을 내렸다. 프랭크 머피Frank Murphy 대법관은 이에 대해 "헌법적 문제를 일으키지 않는 것으로 여겨져 온 엄격하게 제한된 특정 범주의 언어들이 있으며, 이러한 언어의 예방과 처벌이 필요하다."라고 설명했다. 머피 대법관은 외설스럽고 명예를 훼손하는 언어와 "도발적인 언어"를 수정헌법 제1조의 범위와 보호 대상에서 제외되는 언어의 예로 들었다.[52]

이미 논의한 바와 같이, 특정 유형의 언어에 대한 제한은 미국 공화국의 역사 초기로 거슬러 올라간다. 뉴햄프셔주가 말하는 "성가신" 말에 대한 금지나 "외설"에 대한 국가의 오랜 억압처럼, 보호받지 못하는 언어의 범주 중 일부는 너무나 광범위하고 모호하다. "외설"의 범주에 들어가는 언어가 무엇인지 정확하게 정의하는 것은 어렵지만, 포터Potter 대법관의 유명한 말을 빌리자면 우리 모두 "보면 알 수 있다."라고 한다.[53] 보수주의자들과 자유주의자들은 모든 언어 규제가 위헌이라고 주장하며 과장된 태도를 취한다. 그러나 더 나쁜 건 자신들이 비난하는, 정치적 현실을 오해하고 있는 좌파들이 빠진 것과 동일한 유토피아적 이상주의에 본인들도 같이 빠진다는 점이다.

자연은 공백 상태를 싫어한다. 따라서 그 어떤 사회도 사회적 기준이 완전히 부재한 상태를 오래 견디지 못한다. 보수주의자들이 우리의 기준을 사회 속에서 집행할 용기를 내지 않는 한, 표현의 자유에 대한 모호한 찬사는 결국 급진주의자들의 정치적으로 올바른 기준이 확립되는 것을 살짝 지연시키는 정도의 성취를 이룰 뿐이다. 미시간대학교는 지방 법원이 언어 규제를 무효로 한 지 수십 년이 지난 후, 동일한 기능을 수행하기 위해 "편견 대응팀"을 설립하면서 이 점을 입증했다.

학교 행정처는 이 팀에게 인종, 성별, 성적 취향 또는 종교를 근거로 불쾌감을 줄 수 있는 캠퍼스 내 사건을 조사하는 임무를 맡겼다. 표현의 자유를 옹호하는 단체인 "스피치 퍼스트Speech First"는 수정헌법 제1조를 근거로 학교를 상대로 소송을 제기했다. 미국 지방 법원은 학교 측의 손을 들어주었지만, 이후 제6순회 항소법원은 이 판결을 뒤집고 편견 대응팀이 "표현의 자유를 억압하기 위해 처벌과 협박 등의 암묵적인 위협을 가했다."라고 판결했다. 학교는 편견 대응팀을 해산하고 "스피치 퍼스트"와 합의를 맺었다. 그러나 편견 대응팀을 해체하자마자, 그들은 모욕감을 느꼈다고 주장하는 학생, 교수진, 교직원을 지원하기 위한 "캠퍼스 분위기 지원팀campus climate support team"을 설립했다.[54] 다시 한번, 일정 기준에 의해 제한되는 실질적인 표현의 자유가 아닌, 그저 추상적인 표현의 자유에 대한 옹호는 정치적으로 올바른 급진주의자들의 승리를 살짝 지연시킬 뿐이라는 것이 입증되는 부분이다.

미시간대학교의 언어 규제와 1942년 대법원이 지지한 뉴햄프셔주의 모욕적 행위 금지법은 둘 다 넓은 범위의 언어를 불법으로 규정했다. 그러나 뉴햄프셔의 법은 모호하지 않았다. 이 법은 오랫동안 널리 통용되어 온 기준을 따랐기 때문이다. 그러나 미시간대학교의 언어 규제는 정치적 올바름의 노선에 따라 새로운 기준을 세우려고 했기 때문에 모호했다. 이 문제는 애초에 기준이 있느냐 없느냐, 즉 기준의 존재 여부에 대한 경박한 논쟁으로 해결될 수 있는 것이 아니었다. 대신 그 기준이 무엇을 말하는지에 대한 본질적인 질문으로 귀결되었다.

성(性)은 캠퍼스에서 "기준"에 대한 논쟁이 어떻게 진행되어 왔는지를 가장 명확하게 보여준다. 20세기 중반까지만 해도 대학 캠퍼스는 남녀가 어울리는 방식에 대한 엄격한 지침을 시행했다. 1960년대 이전까지 미국에는 남녀 공학 대학이 거의 존재하지 않았고, 존재했다 하더라도 학교 관리자들은 공부보다 더 자극적인 활동에 집중하지 않도록 학생들을 세심하게 관리했다.

1969년에 하버드대학교에 입학했던 캐럴 스턴헬은 남학생들이 일요일에만 여학생 방에 들어올 수 있었고, 들어오는 경우에도 방문을 활짝 열어둔 상태로 바닥에 세 발을 딛고 서 있어야 했다고 회상한다.* 그러나 이러한 사회적 규칙은 기숙사 방에만 국한되는 것이 아니었다. "우리에게는 통금 시간이라는 게 있었어요. 저녁에 외출하려면 기록과 서명을 남겨야 했고, … 늦게 들어오면 큰 문제가 생겼죠. 남학생들은 신입생 기숙사에서 저녁 식사를 할 때 재킷과 넥타이를 착용해야 했습니다."

그러나 그녀가 2학년이 되자 여학생들은 비공식적으로 남자 친구와 동거를 하기 시작했다. 3학년이 되자 기숙사 전체가 혼성으로 바뀌었다. 캐럴의 동기인 헬렌 스니블리는 "순결과 기숙사 규칙이 모두 무너지고 있었고, 페이 하우스의 제아무리 친절한 학장이라 해도 이를 막을 수는 없었을 거예요."라고 회고한다.** 역사적으로 볼 때 이 문화대혁명이 갑작스러워 보일 수 있지만, 그 속에서 살아가는 학생들

---

* "세 발이 바닥에 있어야 한다"는 표현은 대학 기숙사에서 남녀 학생 간의 방문 규칙을 설명할 때 사용되는 구식 표현이다. 이 규칙은 남녀 학생이 방에서 함께 있을 때 언제나 적어도 세 발(보통 두 사람의 두 발과 세 번째 발은 의자나 소파의 한 발)이 바닥에 닿아 있어야 한다는 것을 의미한다. 이는 학생들이 완전히 앉거나 눕는 대신 어느 정도 거리를 유지하고, 성적인 행동을 자제하도록 하기 위한 규칙으로, 보수적인 대학이나 기숙사에서 성적인 접촉을 방지하기 위해 설정된 규칙 중 하나였다.

** "페이 하우스의 친절한 학장(sweet dean from Fay House)"이라는 표현은 특정 학교의 기숙사나 학생 생활과 관련된 건물인 "페이 하우스(Fay House)"에서 근무하는 학장(여성인 경우가 많음)을 친근하고 부드러운 이미지로 묘사하는 용어다. 이 표현에서 "친절한(sweet)"은 학장이 학생들에게 친절하고 이해심이 많은, 부모 같은 인물로 여겨진다는 뜻을 내포하고 있을 수 있다. 그러나 표현의 맥락에 따라, 학장 또한 변화하는 사회적 규범이나 학생들의 자유 의지에 대해 통제력을 상실하고 있다는 의미로 해석될 수도 있다.

에게는 더욱 그렇게 느껴졌을 것이다. "가치관과 도덕성, 정치, 가능성, 그리고 우리 자신에 관한 가장 근본적인 신념이 "하룻밤 사이에" 바뀌었다."[55] 물병자리 시대가 밝아왔지만, 그것이 약속하는 자유로운 연애와 기성문화에 대한 저항은 곧 그것이 대체한 기준만큼이나 엄격한 새로운 규칙들로 붕괴할 예정이었다.

1991년, 오하이오주 안디옥대학은 그 이념적 성향을 설명할 필요조차 없는 학생 운동 단체인 "안디옥의 여성들Women of Antioch"의 요청에 따라 새로운 성폭력 예방 정책을 발표했다. 이 학교는 "성적 활동이 있을 때마다", 또는 성적 활동의 "각 새로운 단계"마다, 알코올, 약물 또는 정신건강 문제 등 여타 다른 중독성 물질에 의해 판단력이 전혀 손상되지 않은 상태에서 성행위의 유형, 사용되는 소품/도구/장난감, 행위에 참여한 사람의 수, 성별 또는 성별 표현과 관계없이 "안전한 성행위"를 하는 것에 대해 양 당사자(이 부르주아 학교는 이러한 행위에 딱 두 사람씩만 참여한다고 가정하나 보다)의 구두 동의를 요구했다.[56] 안디옥대학교의 이 이념주의자들은 기어코 불가능한 일을 가능하게 만드는 능력을 발휘했다. 섹스를 지루하게 만들어 버린 것이다.

---

*   1960년대~1970년대 초반, 히피 문화가 절정에 달했을 때 유행했던 표현이다. 실제로 물병자리는 점성술에서 혁신, 자유, 평등, 우애 등을 상징하는 별자리로 여겨진다.

** 글쓴이는 이 학교가 성관계에 두 명만 참여한다고 가정하고 있다며 비꼬고 있다. 그러나 바로 앞에 나오는 문장에서 "행위에 참여한 사람의 수"라는 조항이 등장함으로써 두 명 이상이 성관계에 참여할 가능성을 학교가 열어두고 있음을 알 수 있다. 이는 글쓴이가 안디옥 대학교의 정책이 모순되고 비현실적이라는 점을 강조하기 위한 수사적 기법으로 볼 수 있다. 즉, 대학 당국이 전통적인 이성애 규범을 전제하면서도, 다른 한편으로는 그 규범에서 벗어난 다양한 성적 실천 양상을 망라하려 한다는 점을 풍자적으로 묘사하고 있는 것이다.

더 나쁜 것은, 이들이 사실상 충족하기 불가능한 지침을 내림으로써 섹스를 위험하게 만들었다는 점이다. 성적 활동의 "새로운 단계"가 무엇이든 간에 매번 명시적이고 임상적인 동의를 요청하고 제공하는 것만큼이나 분위기를 망치는 것도 없다. 게다가 대학생들의 성관계는 대부분의 경우 판단력이 흐려진 상태에서 이루어진다. (물론 방탕하긴 하지만 분별력 있는 젊은 여성이라면 반지를 요구할 것이다.) 안디옥대학교는 사실상 모든 성행위를 강간으로 규정했다. 학생들은 마음만 먹으면 언제든지 누구든 강간범으로 낙인찍을 수 있게 된 대학 관리자와 연인의 변덕에 의존할 수밖에 없게 되었다.

2015년, 애니메이션 시트콤 「사우스 파크South Park」의 한 에피소드는 이러한 정책을 적나라하게 풍자했다. "PC 교장"이 정치적으로 올바른 남학생 기숙사 복도를 걸어 다니며 남학생들로부터 성관계 동의서를 수집하는 장면을 묘사한 것이다. "자, 일어나봐, 얘들아!" PC 교장이 소리친다. "어젯밤에 누구 한 명 자빠뜨렸다면, 난 너희의 동의서가 필요해!" 그는 학생 중 한 명이 유난히 음란한 방식의 성행위를 했다는 것을 알아차리고 이렇게 말한다. "와우, 바커 군. 이건 다른 동의서 양식을 작성해야겠는데?"[57]

안디옥대학은 2008년에 폐교했다. 그러나 이와 유사한 수준의 가혹한 동의 규정이 게티즈버그대학에 여전히 살아 있다. 이 대학은 "쓰다듬기"나 "포옹"에서부터 더 깊은 상호작용에 이르기까지 모든 성적 활동에 대해 "지속적이고 적극적인" 구두 동의를 요구한다.[58] 수많은 다른 대학들도 이와 비슷한 정책들을 채택했다. 이러한 성적 지침이 이 책에서 언급되는 이유는 학생들에게 대학이 침해한 성적 쾌락에 대한 권리가 있기 때문이 아니다. 학생들에게는 그러한 권리가 없으며, 설사 있다 하더라도 보수주의자라면 그 권리가 침해되더라도 크게 개의치 않을 것이다. 오히려 이 정책들이 숙고할 만한 가치가 있는 이유는 그것들이 기준의 필요성과 불가피성을 보여주기 때문이다. 안디옥대학의 성 규범의 매우 광범위하여, 영국 빅토리아 시대의 가장 엄격한 사람조차도 충격을 받을 만한 수준이었다.

대학이 자유분방한 지식인들과 해방된 학생들이 제멋대로 행동하면서 지식을 얻는 무정부적 난교의 장이라는 환상은, 굳건한 기준에 따라 진리를 추구하는 데 전념해 온 질서 있는 기관으로서의 대학의 천 년 역사를 무시하는 것이다. 더 나쁜 것은, 이 환상이 대학의 현재 실상을 무시한다는 점이다. 대학은 "해체"한 모든 낡은 규칙을 정치적 올바름이라는 새로운 경직성으로 조직적으로 대체해 왔다.

20세기 후반, 마침내 급진적 이념가들은 때로는 무력을 동원하면서까지 대학을 장악해 나갔다. 그들은 서구 교육을 발전시켜 온 규범과 전통을 해체하기 위해 신랄한 문제 제기와 비판 연구를 통해 교육자들의 도덕적 의지를 약화했다. 아이러니하게도 교육자들은 이런 사태를 누구보다 먼저 예견하고 대비했어야 할 사람들이었다. 급진 세력의 공세로 인해 대학은 점차 난장판이 되어갔고, 급기야 대학 자체가 인종적 편견과 강간의 온상으로까지 몰리게 되었다. 이러한 부당한 비판은 급진주의자들이 자신들의 정치적 아젠다에 더 유리한 규제를 새롭게 도입하게 함으로써 오히려 대학을 완전히 장악할 구실을 제공해 주었다. 한편, 순진한 보수주의자들은 상대 진영의 얄팍하고 전술적이며 일시적인 자유방임주의적laissez-faire 구호를 아예 자신들의 존재 이유_{raison d'être}로 채택하는 누를 범하면서, 정치적 올바름이라는 새로운 압제에 반대하는 데 필요한 도덕적 명확성과 용기를 잃어버리고 말았다. 그 결과 1990년대 초, 베를린 장벽이 무너지고 새로운 문화 냉전의 막이 열렸을 즈음에는 이미 급진 세력이 모든 면에서 유리한 고지를 장악한 상태였다.

신냉전의 시대

THE NEW COLD WAR

10

신냉전의 시대

1991년 봄, 위기에 직면한 미시간대학교는 조지 H. W. 부시 전 대통령을 졸업식 연설자로 초청했다.[*] 당시 미국은 막 냉전에서 승리를 거둔 직후였다. 베를린 장벽이 무너졌고, 소비에트 연방은 그해 말 공식적으로 해체될 예정이었다. 자유가 전제 정치를 물리친 것이다. 그런데 자국을 승리로 이끈 미국 대통령이 연단에서 학생들을 향해 연설하는 동안, 급진적인 학생 집단이 고함을 지르며 그의 연설을 방해하려 했다.

그리고 부시 대통령은 마치 이런 돌발 상황에 대처하는 모습을 보여주려고 초청을 수락했던 것 마냥 이 상황을 능숙하게 통제해 나갔

---

[*] 앞서 언급된 미시간대학교의 언어 규범에 관한 학칙 제정을 말한다.

다. "창조의 힘은 타인의 자유, 특히 사람들이 자유롭게 말할 수 있는 자유에 바탕을 두고 있습니다. 지금 이 순간, 저는 바로 그 자유에 대해 생각하고 있습니다." 대통령의 입에서 이 문장이 나오자, 시위대의 고함에 이미 짜증이 머리끝까지 나 있었던 청중은 대통령의 이 한마디에 우레와 같은 박수로 화답했다. 부시는 여기서 재치 있게 한 마디 던졌다. "사실 이 문장은 원래 제 연설문에 있었던 건데, 저 친구들이 오늘 여기 나타날 줄은 몰랐네요." 그는 이어서 본론을 시작했다.

"역설적으로 권리장전[*]<small>Bill of Rights</small> 제정 200주년을 맞은 지금, 우리는 미국 전역에서, 심지어 일부 대학 캠퍼스에서조차 표현의 자유가 위협받고 있는 상황을 목도하고 있습니다." 부시 대통령은 경고했다. "정치적 올바름이라는 개념이 전국적으로 논란을 불러일으키고 있습니다. 이 운동이 비록 처음에는 인종차별, 성차별, 혐오의 잔재를 쓸어내려는 긍정적 열망에서 비롯되었다 하더라도, 결과적으로는 오래된 편견을 새로운 편견으로 대체하고 있을 뿐입니다." 대통령은 정치적 올바름이 초래할 수 있는 심각한 결과를 지적하면서도, 그 특유의 부드럽고 온화한 어조를 잃지 않았다.

"정치적 올바름은 특정 주제를 금기시하고, 특정 표현을 제한하며, 심지어 특정 제스처조차 허용하지 않습니다." 부시 대통령은 환호하는 군중에게 설명했다. "예의와 격식을 지키자는 운동으로 시작된 이 흐름이 어느새 갈등과 검열의 도구로 전락하고 만 것이죠."[01] 이 지점

---

* 1789년 미국 의회에서 제안되어 1791년에 비준된, 미국 헌법의 처음 10개 수정 조항을 말한다. 이 조항들은 개인의 자유와 권리를 보장하고 정부의 권리를 제한하는 내용을 담고 있다.

에서 대통령은 문제의 심각성은 인지하고 있었지만, 그 출발점을 제대로 짚어내지는 못하고 있었다.

정치적 올바름은 예의와 격식을 지키자는 의도로 시작된 운동이 아니라, 처음부터 서구 사회를 뒤엎기 위한 정치적 캠페인으로 시작된 운동이다. 이 운동의 선동가들은 우리 문화를 불공정하고 억압적인 것으로 간주했으며, 전통적 관점을 금지하고 좌파 이념가들의 유행하는 견해를 강요함으로써 문화를 개조하고자 했다. 이 새로운 기준은 정치적 올바름이라는 이름을 얻게 되었는데, 이는 과거 공산주의자들의 슬로건을 변형한 용어였다.

부시 대통령은 이런 종류의 "괴롭힘"을 "언어도단"이라고 비난하며, "관용과 존중의 가치에 뿌리를 둔 위대한 국가에 어울리지 않는 행태"라고 일갈했다.[02] 그러나 정치적 올바름을 주창하는 이들은 애초에 우리나라를 결코 위대하다고 여기지 않기 때문에, 부시의 지적은 사실상 허공의 메아리였다. 그들은 미국을 태초부터 편견으로 가득 찬 나라로 규정하고, 이 나라의 관용 범위와 존중의 대상을 재설정하려 한다. 부시 대통령은 청중들에게 "낙관주의"를 호소했고, "사람들이 자신의 정체성을 포기하지 않으면서도 공동의 대의에 동참할 수 있다"는 희망과 확신을 내비쳤다.[03] 하지만 정치적 올바름은 부시가 언급한 바로 그 문화를 파괴하는 것을 공동의 대의로 삼고, 그 목적을 달성하기 위해 부수적인 정체성을 우상화한다.

"자기 생각을 자유롭게 표현할 수 있는 자유는 우리가 가진 모든 자유 중 가장 근본적이고 깊이 존중받는 자유일 것입니다." 부시 대통령은 선언했다. "미국인들은 토론할 수 있으며, 생각하는 바를 말할 수 있습니다. 왜냐하면 그것이 좋은 생각과 나쁜 생각을 구분해 주기 때문입니다. 그것은 우리 국가의 위대함이 기반을 두고 있는 다양성을 정의하고 육성합니다."[04] 이 여러 겹의 의심스럽고 진부한 말들 밑에는 『아레오파지티카』와 『관용에 관한 편지』의 철학적 통찰이 깔려 있었다. 그러나 밀턴과 로크는 표현의 자유와 관용의 한계 또한 필수적이라는 사실을 이해하는 통찰력과 진실성을 가지고 있었던 반면, 부시 대통령은 "다양성"에 대한 모호한 호소를 통해 추상적인 의미에서의 표현의 자유가 지닌 미덕만을 찬양했다.

좋은 생각과 나쁜 생각을 구분하는 과정, 즉, 무언가를 차별하는 것이 어떻게 동시에 "다양성"을 육성할 수 있는지에 대해 부시 대통령은 명쾌하게 설명하지 않았다.* 진부하고 상투적인 말은 대부분의 정치적 연설, 특히 조지 부시와 같은 "친절하고 온화한" 보수주의자들의 연설에서 두드러진다.[05] 그러나 대통령이 이 용어를 언급한 것만으로도 정치적 올바름에 대한 논쟁은 전국적인 수준으로 격상되었다.

대부분의 보수주의자는 좌파의 정치적 입장 자체를 반박하기보다는 좌파가 캠퍼스에서 정치적 주장을 할 만큼 대담하다는 점을 비판하며 부시의 선례를 따랐다. 부시 대통령이 졸업식 연설을 한 그 해에 보수주의 변호사 로버트 켈너Robert Kelner는 『월스트리트저널Wall Street

---

* 좋은 생각과 나쁜 생각을 구분하는 과정이란, 어떤 의견은 받아들이고 다른 의견은 배제하는 선별의 과정이 수반될 수밖에 없기 때문에 "차별"을 의미한다. 그런데 부시는 이것이 동시에 '다양성을 배양한다'고 주장하고 있다. 필자가 보기에 이는 모순된 발상이다. 일단 선과 악, 옳고 그름을 가르는 순간 거기에는 이미 다양성의 억압이 개입하게 되기 때문이다. 이 대목에서 필자는 우리가 겉으로는 그럴듯한 수사를 늘어놓지만 속을 들여다보면 여전히 획일화의 오류에 빠져 있는 것은 아닌지, 우리 사회의 지성인들이 자유와 다양성의 문제를 보다 근본적으로 성찰해보고 끊임없이 자문하고 경계해야 한다는 메시지를 던지고 있다.

Journal』에 칼럼을 게재해 "정치적 올바름에 대한 가짜 전쟁"을 벌이고 있는 동료 우파들을 질타했다.[06] 켈너는 프린스턴대학교 재학 시절 처음 접한 이 용어를 통해, "개방적인 자유주의자들이 사실은 캠퍼스에서 가장 폐쇄적인 사람들이었다는 사실을 조롱"하는 데 사용했다.[07] 정치적으로 올바른 불관용에 대응하기 위해, 보수주의자들은 자신들이야말로 진정한 관용과 자유의 수호자라고 자처했다. 그러나 보수주의자들의 마음도 완전히 개방적인 것은 아니었다.

"우리는 우위를 추구했고, 지금도 추구하고 있다." 켈너는 우파들에게 이 점을 상기시켰다.[08] 만약 좌파들이 단순히 우파와 다른 의견을 가지고 있으며, 그것을 다른 사람들에게 전파한다는 이유만으로 우파가 그들을 공격한다면, 우파는 그들 자신의 의견을 전달할 권리, 심지어 그 의견을 가질 권리마저 상실하게 될 것이다. 켈너는 보수주의자들이 좌파의 수사적 전략을 비판하는 것에 그칠 것이 아니라, 우리가 추구하는 문화가 무엇인지 구체적인 비전을 명확히 제시해야 한다고 말했다.

1년도 채 지나지 않아 켈너의 바람은 이루어졌다. 1992년 공화당 전당대회에서 부시 대통령의 경선 라이벌이었던 팻 뷰캐넌Pat Buchanan이 그 유명한, 혹은 관점에 따라서는 악명 높은 "문화 전쟁" 연설을 했기 때문이다. "여러분, 우리는 우리의 도시를 되찾고, 우리의 문화를 되찾고, 우리의 나라를 되찾아야 합니다." 경선에서 부시에게 패배하게 되는 그는 대의원들에게 호소했다. 부시에 대한 지지를 아끼지 않으면서도, 뷰캐넌은 현직 대통령과는 확연히 다른 호전적인 어조를 취했다. 그는 "급진적 페미니즘, 본인의 의지에 의한 낙태, 연방대법관 임명 전 시금석 테스트*, 동성애자 권리, 종교 학교에 대한 차별, 여군의 전투 인력 배치" 등 수많은 정치적 올바름의 우상들을 맹비난했다.[09]

오늘날에는 많은 보수주의자들조차도 "동성애자 권리"를 이 목록에 포함한 것에 대해 이의를 제기할 수 있다. 이는 그만큼 급진주의자들이 언어를 조작하는 데 성공했기 때문이다. 하지만 우리는 이 용어가 동성애자들에게 정치적 권리를 부여하는 것을 지칭하지 않았다는 점을 기억할 필요가 있다. 동성애자들은 이미 그런 권리를 누리고 있었다. 예를 들어, 아무도 동성애자들의 투표권 혹은 적법절차를 받을 권리를 부인하지 않았다. 오히려 뷰캐넌은, 사법부의 결정을 통해 만들어진 특권을 손에 넣은 새로운 정치적 집단을 피해자로 인정하는 것에 반대했다. 그것은 다른 오랜 기간 소중히 여겨져 온 권리, 특히 종교의 영역에서의 권리를 축소하는 것을 수반했기 때문이다. 뷰캐넌이 이 용어를 "대법원"과 "종교 학교에 대한 차별" 사이에 끼워 넣은 것은 우연의 일치로 보이지 않는다. 대법원은 그 후 수십 년 동안 헌법을 새로 쓰면서 그러한 새로운 집단적 권리를 만들어냈고, 종교 학교에 대한 차별이 그에 따른 불가피한 결과로 뒤따랐기 때문이다.

뷰캐넌은 "정치적 올바름"이라는 표현을 한 번도 사용하지 않으면서도 새로운 문화 전쟁의 전선을 상세히 묘사했지만, 부시 대통령은 다른 방식을 택했다. 그는 대선 후보 수락 연설의 대부분을 외교 정책에 할애했다. 그는 소련의 몰락, 엘살바도르 전쟁, 니카라과의 자유

---

* 대법원 판사 후보자를 선별하기 위해 시행되는, 후보자의 특정 정책이나 이념적 입장을 확인하기 위한 테스트 혹은 기준을 가리키는 용어

선거, 사담 후세인의 쿠웨이트 침공, 세계 무역을 보호하는 미군의 역할, 그리고 "멀리 떨어진 국가들"을 "점점 더 미국과 비슷한" 민주주의 국가로 변화시킬 기회 등에 대해 언급할 뿐이었다.

그는 자신이 "편견과 반유대주의 사상"을 품고 있지 않다는, 아무도 궁금해하지도 않았던 사항에 대해 뜬금없이 부인하는 데 할애할 시간은 있었지만, 문화적 문제는 다룰 시간은 전혀 없었던 것 같다. 부시는 장애인법 통과를 자랑할 때조차 그 법이 "4,300만 명의 인력을 시장 경제의 주류로 끌어들였다."라고 자랑하며 경제적 측면에만 초점을 맞추었을 뿐, 그 법의 문화적 차원에 대해서는 전혀 언급하지 않았다.[10] 20세기를 규정했던 철학적 투쟁은 끝이 났다. 자유가 폭정을 물리쳤다. 서구 기독교가 무신론적 소련 제국을 무너뜨렸다. 그리고 수백만 명의 미국인과 전 세계 수십억 명의 사람들이 이 모든 일의 의미를 이해하기 위해 고군분투할 때, 자유세계의 지도자가 내놓을 수 있는 최선의 것은 더 많은 돈을 벌 수 있다는 전망이 전부였다.

물론 그가 당시의 역사적 중대성에 대해 이해하지 못하고 있는 것은 아니었다. "우리는 전환기의 세계 속에 있고, 우리는 그 변화를 각 가정에서도 느끼고 있습니다." 그러나 부시는 그 순간이 의미하는 바는 이해하지 못했다. 그는 "90년대의 결정적 도전은 경제 경쟁에서 이기고 평화를 쟁취하는 것"이라고 생각했다. "우리는 군사 초강대국, 경제 초강대국, 수출 초강대국이 되어야 합니다."[11] 군사력, 경제력, 수출력이 의심할 여지 없이 중요한 것은 사실이다. 그러나, 문화적 힘은 어떠한가? 조지 H. W. 부시는 일관된 보수주의적 문화 의제를 명확히 제시하는 데 관심이 없었다. 왜냐하면 그는 공화당의 자유

주의liberal 기득권 계파를 대표하는 사람이었기 때문이다. 그는 1980년
대 레이건에 맞서 출마하면서 "부두교 경제학Voodoo economics*"이라는 용
어를 만들어냈다. 레이건이 그를 러닝메이트로 지명하기 전까지 그
는 합법적 낙태를 지지하기도 했다.[12] 물론, 부시는 이후 당의 정강 정
책을 지지했고 레이건의 충실한 부통령으로 봉사했지만, 그가 해외
에 전파하려고 했던 문화적 문제에 대한 견해는 미국 전통문화를 보
존하는 데 헌신하는 보수주의 운동보다는 자유주의 기득권층의 이익
을 대변하는데 가까웠다.

부시는 상대 후보였던 빌 클린턴과 민주당이 "내부만 들여다보는"
반면, 자신과 공화당은 "앞을 내다보고, 새로운 시장을 개척하며, 국
민들이 경쟁할 수 있도록 준비시키는" 등 해외에서 미국의 패권을 확
장할 것을 약속했다.[13] 그러나 클린턴과 뷰캐넌 모두 냉전의 종식이
국내에서의 문화 전쟁을 격화시킬 것임을 알고 있었다. 반면에 부시
는 1960년대와 70년대의 문화적 투쟁을 재차 다루는 데에는 관심이
없었다. 그는 그저 "새로운 세계 질서new world order"를 주도하는 미국의
리더십이 이러한 국내의 소모적인 다툼을 해결해 줄 것이라고 잘못
판단했던 것이다.

부시와 클린턴의 대선 경쟁이 있기 1년 전, 합동회의 연설에서 부
시는 "테러의 위협으로부터 더 자유로운 시대, 정의를 추구하는 데
더 강하며, 평화를 추구하는 데 더 안전한 시대"의 도래를 선언했다.[14]

---

* 일반적으로 레이건의 경제 정책을 비판하기 위해 사용되는 용어로, 현실적이지 않고 마술같
다는 뜻에서 파생됐다. 당시 레이건은 대규모 감세와 재정 지출 확대를 통해 경기를 부양하겠
다는 공약, 이른바 공급중시경제학에 입각한 정책을 내세웠다.

비록 세부 사항에 있어서는 민주당의 진보 진영과 의견 차이를 보였을지 모르지만, 그는 본질적으로 진보 역사관을 지지했다.

비슷한 시기, 네오콘Neo-Conservative* 정치학자 프랜시스 후쿠야마Francis Fukuyama는 베를린 장벽의 붕괴가 "단순히 냉전의 종식이나 전후 특정 시기의 종결을 알리는 것이 아니라 역사 그 자체의 종말, 즉 인류의 이념적 진화의 종착점이나 서구 자유민주주의의 보편화가 인류 정부의 최종 형태로 자리 잡는 것"을 의미한다고 선언했다.[15] 그로부터 10년 후, 후쿠야마가 말한 정부의 "최종" 형태를 격렬하게 거부하기라도 하는 듯, 이슬람 테러리스트들은 미국 역사상 가장 치명적인 테러 공격을 감행했다(9·11 테러를 말한다-옮긴이 주). 그 사이, 수십 년 전부터 시작되어 서구 자유민주주의의 수많은 원칙을 위협해 온 급진적 사회 변혁은 "정치적 올바름"이라는 이름으로 명시적으로 알려지면서 계속 진행되었다. 국제주의자들의 낙관론에도 불구하고, 역사는 계속되고 있었다.

1992년 공화당 대선 후보로 신랄한 언변의 뷰캐넌이나 문화 전쟁에 좀 더 민감한 보수주의자가 선정되었다면 문화 전쟁의 양상은 달라졌을지도 모른다. 그러나 온건하고 진보적인 성향의 조지 부시가 역시 온건하고 진보적인 빌 클린턴과 맞붙어 패배하고 말았다. 소련

---

* 네오콘은 'Neo-Conservative'의 줄임말로, 20세기 중반 이후 등장한 신보수주의자를 뜻한다. 이들은 전통적 보수주의자들과는 구별되는 특징을 가지고 있으며, 대외 정책의 적극 개입주의, 미국의 군사력을 사용하여 민주주의와 인권을 전 세계에 확산시켜야 한다고 주장한다. 또한, 자유시장 경제를 신봉하면서도 동시에 정부의 역할을 중요하게 여긴다. 대표적인 네오콘으로는 폴 월포위츠, 딕 체니 등이 있다. 이들은 조지 W. 부시 행정부 시절 큰 영향력을 발휘했으며, 특히 2003년 이라크 전쟁을 주도했다.

공산주의 몰락 이후 그 중대한 시기에, 공화당은 보수 정당이라는 이름뿐이었다. 보수 성향의 유권자들 사이에서 새로운 문화에 대한 반발이 거세게 일어나고 있었지만, 공화당은 정치적 올바름에 반대하는 약간의 겉치레 제스처만 취했을 뿐 실질적인 행동은 보이지 않았다.

정치적 올바름에 대한 반발은 대중 문화에도 스며들었으며, 심지어 뉴욕의 브로드웨이라는 별칭으로 불리는 "그레이트 화이트 웨이 Great White Way"–인종 정의라는 명목하에 언젠가는 이 별칭마저도 역사 속으로 사라지게 될 것이다–에까지 영향을 미쳤다. 1992년, 퓰리처상과 토니상을 받은 극작가 데이비드 마멧David Mamet은 정치적 올바름을 무대 중앙에 내세웠다. 마멧의 작품『올리애나Oleanna』는 대학 교수 존이 아내와 통화하며 곧 종신 재직권을 얻게 될 것을 기념해 매매할 집에 관해 이야기하는 장면으로 시작한다. 그의 맞은편에는 성적 부진에 빠진 페미니스트 학생 캐럴이 앉아 있다. 이후 이어지는 두 사람의 대화는 교육적인 것에서 개인적인 내용으로 옮겨간다. 캐럴은 수업 내용을 거의 이해하지 못하고 있다고 토로하고, 존은 수업에 잘 출석하고 수업 내용을 이해하려 노력하는 모습을 보인다면 A 학점을 주겠다고 제안한다.

다음 만남에서 캐럴은 존의 종신 재직권 심사위원회에 모호한 불만을 제기한 상태였고, 존은 그 불만의 이유를 알아내어 그녀가 제기를 철회하도록 설득하기 위해 캐럴과 면담 자리를 마련한다. 알고 보

---

* 이 별칭은 1890년대에 전기 조명이 도입되면서 밝게 빛나는 브로드웨이의 모습에서 유래되었다. 그러나 "그레이트 화이트 웨이"라는 표현이 인종적 함의를 담고 있다는 비판이 제기되었다. "화이트(white)"라는 단어가 백인 중심주의를 연상시킨다는 것이다.

니, 한 학생 단체가 캐럴에게 존을 "성차별주의자"이자 "엘리트주의자"라고 고발하도록 설득한 것이었다. 캐럴이 사무실을 떠나려 할 때, 존은 그녀를 막으려고 손을 뻗었고, 세 번째이자 마지막 만남에서 캐럴은 존이 사무실을 떠나는 자기 몸에 손을 댄 것을 강간으로 몰래 고발한 상태였다. 존은 종신 재직권을 얻지 못했고 곧 직장과 집을 잃게 될 처지에 놓이게 된다. 하지만 캐럴은 존이 특정 도서를 수업 과정에서 제외하기로 동의한다면 자신의 고발을 철회하고 그의 명성을 지켜주겠다고 제안한다. "여기 책 목록이 있어요. 우리가 … " 그녀는 자신이 속한 운동 단체를 언급한다. "우리가 문제가 있다고 생각하는 책들이에요." 그 목록에는 존 자신의 책도 포함되어 있었다.

"제길, 당장 내 사무실에서 꺼져." 존이 대답한다. "넌 위험하고 틀려먹은 인간이야. 그리고 내 대답은 … '안 된다'야. 그게 내 대답이야. 내 책을 금서로 지정하고 싶다고? 제기랄, 지옥에나 떨어져 버려. 그리고 그 새끼들이 원하는 대로 할 테면 어디 한 번 해봐." 그리고 연극적인 완벽한 타이밍에 전화벨이 울리고 존의 변호사 제리가 그에게 강간 혐의 건에 대해 알려준다.

"법대로 하세요. 그들이 내게 말해줬어요. 당신이 내게 한 짓은 폭행이었다고요." 그녀는 우겨댄다. "미수에 그친 강간이었죠."[16] 말도 안 되는 소리처럼 들리지만, 그녀의 주장이 맞을지도 모르겠다. 적어도 그녀가 다니는 가상의 대학교가 1991년, "법적으로 강간으로 정의된 범죄부터 언어적 희롱, 부적절한 암시가 섞인 말에 이르기까지 다양한 사건과 행동"으로 강간을 정의한 스워스모어대학교와 비슷했다면 말이다.[17]

그때 존은 한계점에 도달한다.

연극은 존이 캐럴을 심하게 구타하며 고함치는 장면으로 끝을 맺는다. "이 악랄한 년! 정치적 올바름을 내세워서 내 인생을 망칠 수 있다고 생각해?" 조명이 점점 어두워지는 가운데, 그녀는 그를 바라보며 말한다. "네, 맞아요." 그리고 다시 한번, 혼잣말로 중얼거린다. "그래, 맞아….".[18] 이 결말은 90분 동안 이어진 불의에 대한 카타르시스를 관객들에게 선사한다. 그러나 결국 마지막에 웃음을 짓는 사람은 정치적 올바름을 추구하는 학생이다. 존은 캐럴이 주장한 범죄 중 그 어느 것도 저지르지 않았지만, 결국 그녀는 존을 종신 재직권 심사위원회에서 자신이 묘사한 바로 그 괴물로 만들어 버린 것이다.

멍들고 피투성이가 된 채 사무실 바닥에 쓰러진 캐럴은, 자신이 처음부터 내내 옳았다는 것을 존에게 보여주게 된 것에 만족한 듯 보인다. 더 중요한 건, 그녀가 자신의 의심을 말끔히 떨쳐낸 것을 기뻐한다는 사실이다. 그녀는 자신이 속한 학생 운동 단체도, 이념적 세뇌도, 결국 자신을 속이지 않았음을 증명하려는 듯, 혼잣말로 마지막 문장을 반복한다. 존이 마지막 장면에서 가한 폭력은 그녀가 마지막까지 품고 있었던 일말의 의심과 망설임을 말끔히 씻어내 준다. 정치적 올바름이 옳았고, 그것을 이용해 존의 인생을 파탄 낸 것도 옳은 일이었다.[19]

마멧은 정치적 올바름이 쳐놓은 함정의 교묘함을 묘사한다. 존에게는 일생의 업적을 스스로 배신하거나 짐승이 되는 것, 두 가지 선택지밖에 없었다. 정치적 올바름을 반대하는 사람들은 수십 년 동안 이와 같은 거짓 이분법에 속아 왔다. 2017년 오하이오주 켄트주립대학교에서 "표현의 자유 주간" 시위 중 한 보수 성향의 학생 활동가가 "안전한 공간"에 대한 항의의 표시로 기저귀를 차고 유아용 울타리 안에서 공갈 젖꼭지를 빨았던 것이 그 대표적인 예다.[20] 정치적 올바름의 퇴행적 영향력을 묘사하는 과정에서, 그 학생은 스스로를 퇴행시킨 것이다.

좌파들은 "좌파들을 조롱하기 위해" 기저귀를 차고 거둔 보수주의자들의 피로스식 승리Pyrrhic Victory를 조롱했다.* 이 학생 딴에는 급진주의자들을 어리석어 보이게 만들었을지 모르지만, 자신 역시 스스로를 그 이상으로 어리석어 보이게 만들었다. 아이러니하게도 이 학생의 시위는 급진주의자들이 애초에 "안전한 공간"을 만든 궁극적인 목적, 즉 캠퍼스에서 이성보다 감성을 우선시하고 학문적 엄격성을 약화함으로써 전통적인 학문적 기준을 훼손하려는 목적을 달성했다.

2016년, 우익 단체인 프라우드 보이즈Proud boys는 세계의 모든 병폐를 서구의 탓으로 돌리는 정치적 올바름의 내러티브에 맞서기 위해 스스로를 "서구 쇼비니스트chauvinists(우월주의자)"라고 칭하기 시작했다. 그러나 "우월주의"는 정의상 과도한 것을 의미한다. 자국에 대한 지나친 애국심을 뜻하는 이 용어는 18세에 입대해 17개의 상처로 끔찍하게 불구가 된 전설적인 프랑스 군인 니콜라 쇼뱅Nicolas Chauvin에서 유래했다. 쇼뱅은 나폴레옹으로부터 명예의 군도를 수여한 후 나폴레옹에게 눈물겨운 헌신을 바쳤는데, 그의 이러한 삶은 부르봉 왕정

---

* 고대 그리스의 피로스라는 왕의 이름에서 유래된 용어로, 승리한 쪽이 너무 큰 대가를 치르거나 손해를 입는 승리를 가리킨다. 피로스는 로마와의 전쟁에서 승리를 거두었지만, 너무 많은 병력과 자원을 잃어버려 결국 로마에 패배하고 말았다.

복고 이후 프랑스 전역에서 조롱거리가 되었다고 한다.

보수주의 코미디언이자 프라우드 보이즈의 창립자인 개빈 맥킨스 Gavin McInnes는 분명 농담 목적으로 이 이름을 제안했을 것이다. 그러나 이 명칭이 서구 문명이 악하다는 급진주의자들의 전제를 반박하면서도, 서구를 옹호하는 사람들이 과도하고 비이성적일 수밖에 없다는 그들의 부차적 전제를 무의식적으로 인정하게 만들기도 했다. 어느 쪽이든 정치적 올바름이 승리하게 된 셈이다.

제3의 선택지도 존재한다. 프라우드 보이즈는 꼭 "서구 쇼비니스트"가 될 필요는 없다. 정치적 올바름을 추구하는 급진주의자들이 자국에 대한 증오심을 부추기기 위해 근거 없는 감정에 의존하는 것처럼, 우리도 애국심을 북돋우기 위해 그들과 같은 감정에 휩싸일 필요가 없는 것이다. 이성, 전통, 효심 등이 모두 애국심을 위한 토대가 될 수 있다. 특히 그 국가가 미국이라면 더더욱 그렇다. 켄트주립대학교에서 시위를 벌인 그 보수주의 퍼포먼스 예술가 학생은 "안전한 공간"에 항의하기 위해 꼭 기저귀나 공갈 젖꼭지가 필요하지 않았다. 대신 그는 정치적 올바름의 언어 규범을 무시하고 기존의 표준 언어를 고수할 수도 있었다. 존도 캐럴을 때릴 필요가 없었다. 첫 면담에서 그녀가 언성을 높인 순간부터, 그는 그녀의 낙제 학점을 바꿔줄 수 없다고 거절하고 사무실에서 나가달라고 정중히 요청할 수 있었다.

정치적 올바름을 지지하는 사람들은 그들이 만드는 새로운 언어 규범이 사회를 더욱 정중하고, 합리적이며, 문명화된 방향으로 이끈다고 주장한다. 하지만 정치적 올바름에 반대하는 사람들이 무례하고, 비이성적이며, 야만적인 방식으로 행동하면서 그들에게 항의한다면, 그것은 급진주의자들이 원하는 바를 정확히 이루어주는 셈이 된다. 프라우드 보이즈가 단순히 서구를 옹호하기만 했다면, 켄트주립대의 학생이 "안전한 공간"을 그저 가볍게 무시했다면, 존이 캐럴을 그냥 사무실에서 내보냈다면 어땠을까? 물론 그들 모두 정치적 올바름의 수호자들로부터 어떤 형태로든 보복을 당했을 수 있다. 하지만 적어도 급진주의자들의 전제에 설득력을 실어주거나 그들의 세력을 확장하는 데 일조하지는 않았을 것이다.

『올리애나』의 학문적 배경은 1980년대 후반의 대학가 논쟁으로부터 영감을 받은 것으로 보인다. 그러나 사실 마멧은 더 큰 드라마에서 영감을 얻었다. 그것은 바로 클래런스 토머스Clarence Thomas 대법관 인준 청문회였다. 이 사건에서 정치적 올바름은 한 사람의 인생을 거의 파탄 내다시피 했고, 미국의 정치 과정을 더욱 타락시키는 데 성공했다.[21]

1991년, 조지 H. W. 부시 대통령은 퇴임을 앞둔 서굿 마셜Thurgood Marshall 대법관의 후임으로 항소심 법원 판사 클래런스 토머스를 지명했다. 두 사람 모두 흑인이었지만, 두 사람 사이의 유사점은 피부색뿐이었다. 두 판사는 헌법에 대해 정반대의 견해를 가지고 있었다. 마셜은 사법 적극주의를 옹호했으며, 헌법을 "살아있는 문서"로 간주했다. 마셜은 법관들이 헌법의 문언적 의미를 무시하거나 모순되는 해석을 하더라도, 그것이 국가를 진보의 방향으로 이끈다면 얼마든지 그러한 해석도 허용해야 한다고 주장했다.[22] 반면 토머스는 당시로서는 소수 의견이었던, 헌법은 장기나 동맥이 없는 법률 문서이며 그 의미는 헌법 비준 당시 단어들이 가졌던 뜻을 신중히 연구함으로써 알

아닐 수 있다는 견해를 가지고 있었다.

백악관 비서실장 존 수누누John Sununu는 처음부터 토머스의 대법관 인준이 "치열하고 피 튀기는 싸움"이 될 것으로 예측했다. 부시 대통령이 "진정한 보수주의자"를 지명하겠다고 약속했기 때문이었다.[23] 불과 4년 전, 민주당 상원의원들은 로버트 보크Robert Bork 판사의 인격을 잘근잘근 짓밟았었는데, 그 과정에서 아주 비열한 공격을 일컫는 새로운 동사가 만들어지기도 했다.* 보수주의자인 클래런스 토머스 역시 그에 준하는 취급을 받을 것으로 예상되었다. 좌파들은 토머스의 사법 철학과, 본인들이 가장 소중히 여기는 판결, 특히 로 대 웨이드 재판에 대한 그의 적대적인 태도 때문에 그를 반대했다. 그러나 테드 케네디Ted Kennedy가 보크 판사의 철학에 초점을 맞추어 그의 인격을 폄하하고 그가 대법원에 부적격하다는 서사를 늘어놓았었던 반면, 이번 민주당 상원의원들은 토머스에 대한 공격에 있어서는 훨씬 더 개인적인 인신공격적 접근법을 취했다.

1991년 7월 1일, 부시 대통령은 토머스를 지명했고, 인준 청문회는 순조롭게 진행되고 있었다.[24] 그로부터 꼬박 3개월이 지나고 상원이 토머스 판사의 인준을 한창 준비하고 있던 10월 6일, 토머스의 전 동료였던 아니타 힐Anita Hill이 제기한 성추행 혐의가 민주당이 장악한 사법위원회에서 유출됐다. 힐은 두 사람이 교육부, 그리고 이후 평등고용기회 위원회Equal Employment Opportunity Commission (이하 'EEOC')에서 함께 근무

---

* 여기서 언급된 동사는 'bork'를 말한다. 로버트 보크 판사의 성을 동사로 만든 것인데, 누군가의 인격이나 경력을 공격하여 그 사람의 명성을 실추시키고 대중적 지지를 잃게 만드는 조직적인 시도를 의미한다.

하는 동안 토머스 판사로부터 성추행을 당했다고 주장했다. 그러나 FBI는 이미 이 혐의에 대해 조사를 마친 상태였고, 조 바이든이 이끄는 사법위원회는 이를 기각한 바 있었다. 토머스가 정말 교육부에서 힐을 성추행했다면 힐이 어째서 그를 따라 EEOC까지 직장을 옮겨갔는지 상식적으로는 이해하기 힘들며, 얼핏 보기에도 힐의 주장은 여러 부분에서 설득력이 떨어졌기 때문이었다. 그러나 상식이라는 것은 정치적 올바름을 당해낼 수 없었고, 바이든은 청문회를 재개하기로 했다.[25]

혐의가 유출된 지 일주일도 채 되지 않아, 사법위원회는 아니타 힐을 증언대에 세웠다. 힐은 1981년 교육부에서 함께 일하던 당시 토머스가 여러 편의 포르노 영화, "롱 동 실버"라는 이름의 포르노 배우에 대해 언급했고, 자신이 침대 위에서 얼마나 기가 막히는지 등에 대해 자랑했다고 주장했다. 또한 1982년 토머스를 따라 EEOC로 이직한 이후, 그가 책상 위에 놓인 탄산음료 캔을 보며 "누가 내 콜라에 음모를 넣었지?"라고 물었다고 주장했다.[26] 몇몇 증인들이 상원 보좌관들에게 힐의 진술을 입증했지만, 실제 증언의 자리에는 나서주지 않았다.

대신 또 다른 여러 증인은 힐의 주장을 반박하고 토머스를 옹호했다. EEOC에서 토머스의 부하 직원으로 일했던 J. C. 알바레스J. C. Alvarez는 토머스가 "전문성과 성과를 요구"하는 상사였으며, "조금이라도 부적절한 행동은 절대 용납하지 않았고, 우리 모두가 그 사실을 알고 있었다."라고 증언했다.[27] 이어서 그녀는 정치적으로 올바르지 않은 추론을 내놓으며 힐의 혐의를 반박했다. "힐의 주장이 모두 사실이고, 실제로 성희롱당한 여성이라면, 그 여성은 자신을 희롱한 사람과 최대한 거리를 두려 할 것"이라고 지적했다. 그러나 힐이 일자리가 꼭 필요했던 절박한 상황이었을 수도 있지 않았을까? 알바레스에 따르면 그런 주장은 말도 안 되는 것이었다. "현실적으로 생각해 봅시다. 예일대 로스쿨을 졸업한 흑인 여성이라면, 자신을 성희롱한 상사를 따라 다음 직장으로 억지로 이직해야 할 만큼 절박하지 않습니다." 그녀는 직설적으로 말했다. "기업들은 그런 요건을 갖춘 여성을 채용하기 위해 치열하게 경쟁하고 있으니까요." 다시 말해, 다른 곳에서 전문적으로 성공할 기회가 충분했음에도 힐은 토머스와 계속 함께 일했던 것이다.

알바레스는 힐이 순전히 전문적인 기회를 잡기 위해 토머스를 성희롱 범죄자로 지목했다고 주장했다. 그녀는 힐을 "성희롱계의 로사 파크스Rosa Parks*"라고 부르며 그녀가 강연 기회, 출판 계약, 영화 계약 등을 노리고 있는 것이라고 말했다. 다른 두 명의 전직 EEOC 직원들 역시 알바레스와 함께 토머스를 옹호했다. 토머스의 특별 보조 역사학자였던 낸시 피치Nancy Fitch는 단호하게 "그가 그런 짓을 하지 않았음을 알고 있다."라고 증언했다. 토머스의 또 다른 특별 보좌관이었던 필리스 베리-마이어스Phyllis Berry-Myers는 그를 "정중하고, 업무에서 탁월함을 요구하며, 따뜻하고, 전문적이고, 우리의 삶과 커리어의 야망에 관심을 두는 사람"으로 묘사했다. 그녀는 또한 혐의를 뒤집어서, 힐이

---

* 로사 파크스(Rosa Parks)는 미국의 민권 운동가로, 1955년 몽고메리 버스 보이콧을 촉발한 사건으로 유명하다. 1955년 12월 1일, 그녀는 앨라배마주 몽고메리에서 백인 승객에게 자리를 양보하라는 버스 운전사의 명령을 거부하여 체포되었는데, 이 사건은 미국 전역의 민권 운동을 촉발시키는 중요한 계기가 되었다.

야말로 토머스와 업무적 관계 이상의 것을 원했다고 주장했다.

전화 기록에 따르면 힐은 EEOC를 떠난 후에도 토머스와 여러 차례 통화를 주고받고 만났을 뿐만 아니라, 심지어 식사까지 함께한 것으로 드러났다. 그럼에도 불구하고 민주당의 상원의원들은 토머스가 좌파들의 정치적으로 올바른 사상에 의해 짜인 각본 속에 갇힐 때까지 해당 의혹을 물고 늘어졌다. 이 청문회를 종결시키기 위해 토머스는 결국 인종 카드를 꺼내 들었다.

대법관 후보로 지명된 지 100일이 넘은 1991년 10월 11일, 토머스 판사는 사법위원회에 제출한 최종 진술에서 모든 혐의를 명백하고 분명하게 부인했으며, 청문회와 기밀 유출을 "참상"이자 "역겨운" 일이라고 비난했다. 그리고는 아무도 반박할 수 없는 격정적인 연설로 청문회를 마무리했다. "이건 서커스입니다. 국가적 불명예죠. 저는 미국의 흑인으로서, 이 일이 건방진 흑인들을 위한 최첨단 린치라고 생각합니다. 스스로 생각하고, 스스로 행동하며, 다른 생각을 가진 건방진 흑인들에 대한 린치 말입니다." 그는 힘주어 말했다. "이 사건은 당신이 낡은 질서에 굴복하지 않는 흑인이라면 이런 일이 당신에게도 벌어질 수 있을 것이라는 메시지를 우리에게 전달합니다."[28] 위원회를 주재하던 조 바이든은 토머스가 린치라는 자극적인 단어를 꺼내자마자 고개를 숙이고 서류를 내려다보았다. 그러나 토머스는 혹시

---

* 린치(lynch)는 유죄로 판결되지 않은 사람에 대한 대중의 즉결 처형 또는 사법 제도를 거치지 않은 사적제재를 의미한다. 역사적으로 린치는 주로 미국 남부에서 흑인들을 대상으로 행해졌는데, 인종 차별이 만연했던 19세기 후반에서 20세기 초반까지 흑인은 린치의 주요 대상이었다.

나 요점을 놓친 상원의원이 있을까 봐 계속 말을 이어 갔다. "이 일은 당신에게도 일어날 수 있는 일입니다. 당신은 그 옛날처럼 나무에 매달리는 대신 미국 상원 위원회에 의해 린치를 당하고, 파괴되고, 조롱거리가 될 겁니다."[29] 상원은 나흘 후 토머스 판사의 임명을 인준했다.

사실 민주당은 클래런스 토머스의 성생활에 아무 관심이 없었다. 존 F. 케네디의 정당(민주당을 말한다-옮긴이 주)은 성도덕 관념에 대해 언제나 느슨한 태도를 취해왔고, 이를 과시하듯 이듬해 빌 클린턴을 대통령 후보로 지명하기까지 했다.* 그들이 아니타 힐을 내세워 성 스캔들을 악용한 이유는 그들이 토머스의 사법 철학을 혐오했기 때문이며, 그의 사법 철학이 의회나 대통령 권한이 아닌 대법원판결로 법제화된 자신들의 가장 소중한 성과들을 위협했기 때문이다.

정치적 이득을 위해 성 스캔들을 악용하는 것은 미국의 오랜 전통이다. 이 관행은 건국의 아버지들과 알렉산더 해밀턴Alexander Hamilton의 시대까지 거슬러 올라간다. 해밀턴이 마리아 레이놀즈Maria Reynolds라는 여성과 부적절한 관계를 맺은 것이 발각되어 그의 정적들이 1797년에 이 사실을 그에게 불리하게 이용했던 역사적 에피소드도 있다.[30] 아니타 힐 청문회가 평범한 불륜에 초점을 맞추었다면, 사실상 이 사건은 미국 정치사에서 거의 언급될 만한 가치도 없었을 것이다. "섹스 스캔들"은 결국 토머스의 인준 과정을 뒤집지 못했다. 이 모든 소동을 생각해 보면, 문제의 모든 발단이었던 성의 문제, 즉 힐이 정작

---

* 케네디는 재임 기간 동안 여러 여성들과 부적절한 관계를 가진 것으로 알려져 있으며, 클린턴 또한 재임 기간 동안 모니카 르윈스키 스캔들 등 성 관련 의혹에 휩싸였다.

토머스와 실제로 성관계를 했다고 주장한 적이 단 한 번도 없었다는 사실을 잊기 쉽다. 대신, 힐은 토머스가 당시 만들어진 지 불과 20년도 채 되지 않은 "성적 괴롭힘(sexual harassment)"이라는 이름의 모호한 범죄를 저질렀다고 주장했다. 아니타 힐 청문회가 미국 정치 지형을 변형시킨 것은 단순히 성을 정치적 무기로 삼은 것 때문이 아니라, 새로운 성적 기준 때문이었다.

아니타 힐은 몇몇 동료들의 진술 외에 자신의 주장을 뒷받침할 증거가 없었고, 이마저도 토머스와 함께 일했던 다른 여성들의 진술에 의해 반박되었다. 힐의 통화 기록과 취업 이력은 토머스가 자신을 피해자로 삼았다는 그녀 주장의 신빙성을 떨어뜨렸으며, 여러 동료는 그녀를 거짓말쟁이라고 비난하기까지 했다. 토머스는 힐을 강간하거나 추행한 적도, 심지어 합의하에 성관계조차 맺은 적도 없었고, 힐 본인 역시 그와 성관계했다고 주장하지도 않았다.

1960년대 문화 혁명은 기존의 성적 기준을 없애버렸지만, 자유연애는 곧 정치적 올바름에 따른 새로운 성 윤리로 빠르게 대체되었다. 동시에 급진주의자들은 적법 절차, 무죄 추정의 원칙, 법 앞의 평등을 훼손하는 데 성공했다. 그 대신 캠퍼스 재판소나, 여성은 절대 거짓말을 할 수 없고 남성에게는 자기 방어권이 없어야 함을 시사하는 "모든 여성을 믿으라believe all women"*와 같은 격언 따위를 낳게 될 정치적

---

* "모든 여성을 믿으라"("Believe All Women")는 특히 성폭력, 성추행, 성희롱과 관련된 주장에 대해 여성의 말을 신뢰하고 존중해야 한다는 주장을 담고 있는 구호이다. 이는 여성들이 종종 성폭력이나 성희롱을 당했을 때 무시당하는 현실에 대한 반발로 등장했으며, 미투 운동(#MeToo)과 함께 더욱 주목받게 되었다.

올바름의 기준이 자리 잡았다.

클래런스 토머스 인준 청문회는 이러한 구시대적 기준과 새로운 기준 사이의 충돌을 상징하는 사건이었다. 토머스는 결국 대법관이 되는 데 성공했지만, 그것은 오로지 정치적 올바름이 집착하는 인종 문제를 급진주의자들에게 거꾸로 되돌려주고서야 가능했던 일이었다. 보수주의자들은 이 작은 전투에서 겨우 승리했지만, 큰 전쟁에서는 결국 패하고 말았다. 이듬해 대법원에서 새로운 정치적 올바름의 기준을 헌법에 명문화했기 때문이다.

1992년, 대법원은 조지 워싱턴이 1789년 법원을 설립한 이래 가장 급진적인 판결을 내렸다. 연방대법원이 가족계획협회 대 케이시Planned Parenthood v. Casey 재판에서, 19년 전 로 대 웨이드 판결에서 만들어낸 헌법상의 낙태권을 지지한 것이다. 레이건 또는 부시 대통령이 지명한 대법관들인 샌드라 데이 오코너Sandra Day O'Connor, 앤서니 케네디Anthony Kennedy, 데이비드 소터David Souter가 이 허구적 권리를 지지하는 다수 의견을 작성했다.

대법원은 낙태가 "개인의 존엄성과 자율성에 중심이 되는 선택, 일생에 걸쳐 내릴 수 있는 가장 개인적인 선택과 관련된 문제"에 속하며, 이는 "수정헌법 제14조가 보호하는 자유의 핵심"이라고 판단했다.[31] 그러나 낙태를 개인적인 문제로 보는 것은 이 논쟁의 요점 전체

---

* 가족계획협회(Planned Parenthood)는 미국의 비영리 조직으로, 성과 생식 건강 관련 의료 서비스 및 교육을 제공하는 기관이다. 이들은 피임, 낙태, STD 검사 및 치료, 유방 검진 및 자궁경부암 검사 등의 의료 서비스를 제공한다. 그러나 낙태 서비스 제공으로 인해 친생명주의자들로부터 강한 비판을 받고 있다.

를 놓치는 것이다. 논쟁의 핵심은 법이 자궁 속 태아를 죽일 수 있는 권리, 무고한 인간의 생명을 끊을 권리, 더 나아가 특정 유형의 살인을 금지할 권리를 포함하기 때문에 엄연히 정치적 문제로 간주해야 한다. 오직 정의(justice)의 기준을 근본적으로 재정의(redefinition) 해야만 낙태를 정치적 문제에서 개인적 문제로 전환할 수 있는데, 급진주의자들은 "개인적인 것이 정치적인 것"이라고 선언함으로써 그 재정의에 성공했다. 그리고 이러한 재정의를 통해 법원은 이를 헌법에 명문화했다.

그러나 대법원은 낙태에 관한 법을 제정할 국민의 권리를 폐지하는 것에서 그치지 않았다. 사법부는 개인이 현실을 재정의할 수 있는 권리를 선언함으로써 정치보다 개인의 지위를 한 단계 더 높였다. 케네디 대법관은 "자유의 핵심에는 존재, 의미, 우주, 인간 생명의 신비에 대한 자신만의 개념을 스스로 정의할 권리가 있다."라고 말했다.[32] 이런 말도 안 되는 주장에 동의한 오코너, 소터 대법관과 함께 케네디 대법관은 미국 대법원을 마치 대학교 1학년 철학 수업이나 담배 연기 자욱한 학부생들의 불평 토론 세션쯤으로 착각한 것 같지만, 그의 초등학생 수준의 슬램 시 같은 궤변은 전통적 기준의 붕괴를 가속할 급진적 주관주의를 법리학에 명문화했다.

대법관들의 경박한 철학적 사색은 논리적으로 전혀 앞뒤가 맞지 않았다. 그 누구도 자신만의 "존재, 의미, 우주 또는 인간 생명의 신비에 대한 개념"을 정의할 권리를 가지고 있지 않다. 달이 푸른색 치즈로 만들어졌다고 믿는 사람도 있을 수 있겠지만, 학문적 기준에서 적어도 현재로서는, 이러한 환상적 공상은 생물학 교실에 들어오지 못한다. 누군가는 적색 신호등이 "가시오"를 의미한다고 믿을 수도 있겠지만, 경찰관들은 신호등의 의미에 대해 기본적으로 이해되는 개념을 고집하면서 운전자에게 딱지를 발부할 권리가 있다. 누군가는 아기가 인간이라고 믿을 수도 있겠지만, 우리의 제도는 그 견해를 거부하고 자신들만의 "존재에 대한 개념"을 선호한다. 사실 대법관들은 수정헌법 제14조가 어떤 식으로든 낙태권을 부여한다고 선언한 바로 직전 문장에서 그렇게 했다. 그것도 하필 그 악명 높은 "인간 생명의 달콤한 신비"라는 구절 바로 앞에서 말이다.

이 삼인방은 자신들의 비논리에도 굴하지 않고 끝까지 버텼다. "이러한 문제에 대한 신념이 국가의 강압에 의해 형성된 것이라면, 우리는 개인의 정체성조차 정의할 수 없을 것이다." 대법관들은 이 더없이 황당한 주장을 변호하려는 시도조차 하지 않은 채 본인들 멋대로 결론을 내려버렸다. 왜냐하면 가족계획협회 대 케이시 재판이나, 로대 웨이드 재판에서 국가는 이미 이러한 문제에 대한 신념을 강요했기 때문이다. 두 판결 모두에서 대법원은 태아가 살해로부터 보호받을 권리가 있는 인간이라는 명제를 법으로 금지했다.

그 뿐만 아니라, 어떤 주장의 진실 여부는 그것이 자발적으로 수용되느냐 아니냐에 따라 달라지지 않는다. 국가가 특정 신념을 강요한다고 해서 그 신념이 반드시 거짓이라고 단정할 수는 없다. 국가는 학생들에게 2 더하기 2는 4라는 것을 받아들이도록 강요한다. 심지어 A 더하기 B와 B 더하기 A가 같다는 것과 같이 증명할 수 없는 공리도 받아들이도록 강요한다. 이러한 믿음은 국가가 믿음을 강요하든 강요하지 않든 수학적으로 참인 명제이다. 국가는 시민들에게 살인은 잘못된 것이라는 원칙을 강요하지만, 그 원칙은 국가가 살인에 대한 법을 집행하든 그렇지 않든 도덕적으로 참일 것이다. 우리가 현실을 이해하는 방식이 바뀐다고 해서 현실 자체가 바뀌지는 않는다.

특히 앤서니 케네디 대법관이 약 25년 후 결혼의 개념을 재정의함으로써 "동성 결혼"에 대한 헌법적 권리를 확보한 오버지펠 대 호지스Obergefell v. Hodges(2015) 재판에서 자신의 비논리적 주장을 스스로 모순시킨 것을 보면, 과연 이 판사들이 본인들의 논리에 대해 깊이 고민을 하긴 했는지 의문이 든다. 케네디는 "결혼의 본질은 두 사람이 지속적인 유대를 통해 표현, 친밀감, 영성과 같은 자유를 함께 누릴 수 있음을 의미한다"고 주장했다. 케네디 대법관은 "친밀감"과 "영성"이 어떻게 "자유"를 구성하는지 제대로 설명하지 않았고, 오랫동안 결혼생활을 해 온 동료 판사인 안토닌 스칼리아 대법관은 반대 의견을 통해 결혼이 그러한 자유를 확장한다는 개념을 조롱했다. "친밀감과 영성(그것이 무엇을 의미하든)이 자유의 영역이라고 누가 생각이나 했겠는가?" 스카일라는 반문했다. "만약 친밀감이 자유라면, 결혼으로 인해 오히려 친밀감의 자유가 확장되기보다는 축소된다고 생각할 텐데 말이다. 잘 모르겠으면 가장 가까운 히피에게 물어보시라." 스칼리아는, 자기 생각을 표현하는 행위가 자유라는 점은 인정했지만, 결혼이 그 자유를 확장한다는 생각에는 동의하지 않았다. "오랫동안 결혼생활을 해 온 사람이라면 누구나 그 행복한 상태가 표현의 자유를 확장하기보다는 제약한다는 점을 증언해 줄 것이다."[33] 스칼리아는 케네디의 주장을 농담이라고 치부하며 또 다른 농담으로 대법원의 의견을 일축했다.

그러나 케네디의 비논리가 초래한 문화적 결과는 그다지 웃을 일이 아니다. 이제 이 나라의 최고 법원은 이런 비논리를 빈번하게 끌어와 우리가 오랫동안 소중히 여겨온 원칙과 제도를 해체하고, 정치적 올바름과 그것이 제시하는 왜곡된 현실 인식에 따라 사회를 재편성하고 있기 때문이다.

케네디는 국가 권력을 휘둘러 결혼이라는 근본적인 정치적, 개인적 제도에 대해 새롭고 대중적이지 않은 신념을 강요했다. 그는 결혼을 남자와 여자가 아닌 "두 사람"으로 재정의했으며, 이 재정의를 사람들의 관심에서 돌리기 위해, 남성과 여성 대신에 (또는 역사적으로 다부다처제의 관행을 고려할 때 남편들과 아내들에 대해) 친밀감과 영성에 대한 복잡하고 이해하기 어려운 장황한 설명으로 사람들의 주의를 분산시켰다. 그리고는 자신만의 새로운 억압적 기준으로 오래된 기준을 대체했다. 그것도 자유의 이름으로.

미국은 서구의 자유와 공산주의의 폭정이 맞붙었던 냉전에서 승리자로 1990년대를 맞이했다. 냉전에서 승리한 보수 연합은 소련의 무신론과 우상 숭배에 반대하는 전통주의자 및 종교적 보수주의자, 소련의 집단주의에 반대하는 경제적 자유지상주의자, 그리고 크렘린의 제국주의적 야망에 반대하는 강경파 외교 정책전문가들을 하나로 묶었다. 소련에 대한 반대는 이 세 갈래의 상이한 융합주의자^{Fusionist*}들의

---

* 서로 다른 이념이나 정치적 원칙들을 하나의 철학이나 운동 안에서 결합하려는 사람을 지칭한다. 가장 흔한 예로는 보수주의와 자유주의를 결합하려는 미국의 정치적 전통에서 발견할 수 있다. 이 경우, 개인의 자유를 중시하는 자유주의적 가치와 도덕적이고 사회적 질서를 강조하는 보수적 원칙을 동시에 가져가려는 모순적 시도가 포함된다.

다리를 모두 하나로 묶어주었고, 그들은 자신들이 이해하는 바대로 자유의 기치 아래 결집했다.

이 연합은 주로 경제적 자유지상주의자들이 주도하게 되었는데, 그들이 이 셋 중 서로에게 가장 덜 거슬렸기 때문이었다. 자유지상주의자들과 강경파 외교 정책전문가들은 종종 기독교를 거부했고, 전통주의자들은 외국에 대한 개입에 거의 관심이 없었지만, 세금 감면만큼은 모두가 좋아했기 때문이었다. 냉전이 종식되면서 문화적 문제에 대한 무관심과, "자유"를 구체적 정치적 전통이 아닌 범퍼 스티커 슬로건 정도로 안일하게 받아들인 결과, 정치적으로 올바른 급진주의자들이 국내에서 벌어지는 신냉전에서 우위를 점하게 되었다.

보수주의자들은 자신들의 성공에 의한 희생양이 되었다. 자유에 대한 추상적인 찬가를 외치는 것만으로는 온 사회를 휩쓸고 있는 좌익적 검열의 물결을 막기에 충분하지 않았다. 의기양양한 보수주의자들은 자신들의 목표에 유리할 것이라고 믿었던 "새로운 세계 질서"에 환호했다. 그들은 자신들의 정치적 슬로건과 문화적 태만이 처음에는 사회적 혼란을 초래하고, 나중에는 그들이 보존하고자 하는 세계와 근본적으로 대립하는 질서로 서서히 귀결될 줄은 상상도 하지 못했다.

금기와 맞바꾸다

TRADING TABOOS

11

금기와 맞바꾸다

정치적 올바름을 주장하는 사람들은 자신들을 예의와 매너의 굳건한 수호자로 그려내곤 한다. 그러면서 정치적 올바름이 단순한 정중함을 뜻하는 또 다른 표현일 뿐이라고 주장한다. 그러나 정작 본인들이야말로, 소위 "무례하고 정치적으로 올바르지 않다"고 자신들이 비난하는 사람들보다 더 저속하고 상스러운 언행을 보이는 경우가 많다. 역설적으로, 정치적 올바름을 특징짓는 것은 정중함이 아니라 욕설인 것 같다.

　PC주의자들은 인종, 성별, 지리, 심지어 과학을 논할 때도 그 누구의 기분도 상하지 않게 해야 한다면서 모두에게 자신들의 전문 용어를 사용하라고 요구한다. 하지만, 이 점잖 떠는 언어의 독재자들은 TV, 인쇄물, 공공장소에서, 혹은 상의를 탈의하고 가슴을 드러낸 채 행진하는 "걸레 년들의 행진slut walks"[*]이나 음란하기 짝이 없는 "프라이드 퍼레이드pride parades", 혹은 "여성 성기 모양의 모자pussy hats"를 쓴 행진 등에 참가할 때는 마치 선원과 같은 거친 언행을 보여준다. 정치적으로 올바른 1990년대 문화계 문지기들은 도덕적인 기준을 느슨하게 했고, 이는 90년대가 끝날 무렵 마크 하몬Mark Harmon이 「시카고 호프Chicago Hope」라는 프로그램의 한 에피소드에서 네트워크 TV 방송 사상 최초로 "젠장shit"이라는 단어를 사용하면서 그 정점을 찍었다. 이후 애니메이션 시리즈인 「사우스 파크」는 한 에피소드에서 "젠장"을 162번 언급하고 텍스트로 38번 보여주는 것으로 총횟수를 딱 200번으로 채움으로써, 이 획기적인 순간을 패러디했다.

　이미 거친 언어를 사용하는 것으로 유명한 「사우스 파크」는 이 에피소드 "It Hits the Fan"에서 유난히 더 많은 비속어를 사용했다. 하지만 이 에피소드는 「시카고 호프」가 별 대수롭지도 않은 비속어를 사용한 것에 야단법석을 떨어낸 것과 방송사 심의의 앞뒤가 맞지 않는

---

[*] 걸레 년들의 행진(Slut Walks)은 여성에 대한 성폭력 및 피해자 비난(victim blaming)문화에 저항하기 위한 국제적 시위 운동으로, 캐나다대학교 경찰관이 "여성이 걸레(sluts)처럼 옷을 입지 않으면 성폭행을 피할 수 있다"는 발언을 한 것에 대한 항의로 시작되었다.

규정을 조롱하면서도, 저속한 언어의 위험성 자체를 무시하지는 않았다. 오히려 「사우스 파크」는 욕설의 확산과 일상화가 사회에 문자 그대로 저주, 즉 흑사병을 가져와 사우스파크의 주민들이 창자를 토해내고 죽어가는 모습을 묘사했다.

「사우스 파크」가 그린 저속한 미래에는, 자신들만의 취향이라고는 없는 스튜디오 책임자들이 TV에서 모든 단어를 "shit"으로 대체해 버리고, 그 결과 뜻하지 않게 겔돈이라는 사악한 용을 소환하게 되는 장면이 펼쳐진다. 그리고 이 용을 물리칠 수 있는 것은 오직 방송심의 기준과 관행의 질서에 속한 마법의 룬 스톤뿐이다. 늘 그렇듯이 「사우스 파크」는 모두를 조롱한다. 전통적 기준을 지지하는 보수주의자들도, "shit"을 쉼표 대신 사용하는 급진주의자들도.

"It Hits The Fan" 에피소드가 방영된 지 20년이 지난 지금, 이 에피소드는 이제 구식으로 보일 지경이다. "shit"은 현재 방송에서 허용되는 다른 비속어에 비교하면 오히려 건전해 보인다. 2003년, 「코미디 센트럴Comedy Central」은 리처드 프라이어Richard Pryor의 "난 아직 안 죽었어, 이 개새끼야 I Ain't Dead Yet, Motherfucker" 스페셜을 방영했다.[01] 같은 해, 가수 보노Bono는 골든글로브 시상식 방송에서 "존나 끝내주네요fucking brilliant"라며 고함을 질러댔다.[02] 5년 후, 평생 급진적이었던 배우 제인 폰다 Jane Fonda는 「투데이 쇼Today Show」에 출연, 메러디스 비에이라Meredith Vieira

---

* 주로 코미디 장르를 방영하는 미국의 케이블 TV 채널 중 하나로, 「사우스 파크」, 「데일리 쇼」, 「콜베어 리포트」등을 방영한다.

와의 인터뷰에서 "씹년^{cunt}"이라는 단어를 내뱉으며 마지막 언어적 금기를 깨버렸다.[03]

20년이 지난 지금, 「사우스 파크」의 "It Hits The Fan" 에피소드의 전제는 단순히 시대에 뒤떨어져 보일 뿐만 아니라 잘못된 느낌마저 든다. 오늘날 불쾌감을 주는 발언을 허겁지겁 검열하는 사람들은 보수주의자들이 아니라 오히려 좌파들이다. 어쩌다 세상이 이렇게 순식간에 거꾸로 돌아가게 된 걸까?

그 원인은 바로 보수주의자들과 급진주의자들 모두의 부정직한 태도에 있다. 오늘날 "표현의 절대적 자유"의 망토를 두른 보수주의자들은 헤이즈 코드와 반미 활동 조사위원회의 존재를 쉽게 잊곤 한다. 그들은 조지 워싱턴의 『기사도 정신의 규칙^{Rules of Civility}』을 한 번도 읽어본 적이 없는 것 같다. 혹은 기사도 정신이 죽었을 뿐만 아니라 애초에 존재하지 않았다고 생각하는지도 모르겠다. 이유가 무엇이든, 이 우익 자유방탕주의자^{right-wing libertines}들은 보수주의자들이 기준을 가지고 있었고 또한 그것을 수호했던, 지나간 황금기를 지워버리고 있다.

마찬가지로, 정치적 올바름을 단순한 정중함과 혼동하는 좌파들은 프랑스 혁명 당시 "좌파^{the Left}"가 탄생한 이래, 자신들이 얼마나 무례하게 행동해 왔는지를 숨기고 있다. 1789년, 국민의회는 의장의 오른쪽에는 왕을 지지하는 보수파 의원들을, 의장의 왼쪽에는 혁명을 지

---

* 여성의 성기를 뜻하는 비속어로, 사실상 영어에서 가장 극도로 모욕적인 표현이다.

** 조지 워싱턴이 16세 때 작성한 예절과 품행에 관한 규칙집이다.

지하는 급진파 의원들을 배치하여 의원들을 구분했다. 드 고빌 남작
Baron de Gauville은 이 구분이 어떻게 시작되었는지 설명한다. "우리는 그
때부터 서로를 알아보기 시작했다." 그는 회상했다. "종교와 국왕에
충성하는 사람들은 고함, 욕설, 그리고 상대 진영에서 난무하는 외설
스러운 언어들을 피하려고 의장석 오른쪽에 자리를 잡았다."[04] 좌파
들은 오늘날까지도 여전히 외설스러운 언어를 입에 담고 있으며, 심
지어 정치적 선동을 위해 아이들에게조차 상스러운 말들을 하도록
부추기고 있다.[05]

  역사적으로 보수주의자들은 "표현의 자유를 절대적으로 지지하
는 사람들"도 아니었고, 공격적인 발언을 검열하는 유일한 집단도 아
니었다. 마찬가지로 좌파들 역시 순수하게 "자유주의적"이지 않았고,
유일한 언어 검열관 또한 아니었다. 어느 시대 사람들이나 그러하듯,
양측 모두 각자 고유의 세계관에 따라 서로 다른 금기를 인식하고 있
었다. 예를 들어, 누군가 야외 카페에서 담배 혹은 시가를 피우는 경
우 좌파들은 공포에 질려 뒷걸음질 친다. 이는 담배의 위험성에 대
한 "인식을 높이기 위한" 수십 년간의 공익 캠페인 끝에 미국의 담배
라는 작물이 정치적으로 부적절한 것이 된 까닭이다. 2002년, 뉴욕시
시장 마이크 블룸버그Mike Bloomberg가 실내 흡연을 금지한 데 이어 2011
년에는 실외 흡연까지 금지한 이후, 흡연 금지 조치는 미국 전역과 전
세계로 확산하였다.[06] 좌파에게 있어 담배는 금기가 된 것이다.

  그러나 동시에, 대마초가 주류 사회에 진입하는 엉뚱한 일이 발생
했다. 1996년 캘리포니아주는 의료용 대마초를 합법화한 첫 번째 주
가 되었고, 이후 20년 동안 미국 대부분의 다른 주들도 그 뒤를 이었

다.[07] 2012년에는 콜로라도주와 워싱턴주가 악마의 상추 혹은 죄의 시금치라고도 불리는 대마초를 오락용으로 즐기는 것을 합법화했고, 이후 여러 주에서 이를 야심 차게 따랐다. 보수주의자들은 최근까지만 해도 대마초를 금기시하는 경향이 있었지만, 좌파들은 그것을 정치적으로 올바른 것으로 여겨왔다.

폴리네시아인들이 금기를 발명한 것은 아니지만, 그들은 이 용어를 만들었고 우리 언어에 도입했다.[08] 영국의 탐험가 제임스 쿡James Cook은 1777년 통가를 여행하던 중 이 단어를 처음 들었다고 한다. 쿡은 "어떤 것을 먹거나 사용하는 것이 금지되었을 때, 그들은 그것을 '타부(taboo, 금기)'라고 말한다."라는 글을 남겼다. 그러나 그 의미는 단순한 식단 제한을 넘어선 개념이었다. 쿡은 이 단어를 "광범위한 의미를 가진 단어"라고 설명했다.[09]

타히티에서 만난 쿡의 친구이자 훗날 유럽을 방문한 두 번째 폴리네시아인으로 명성을 얻게 되는 오마이Omai는 타부의 미묘하고 복잡한 측면을 설명했다. 예를 들어, 만약 왕이 우연히 어떤 백성의 집에 들어가게 된다면, 그 집은 '타부'가 되어 그 집의 주인이 다시는 그 집에서 살 수 없게 된다고 한다. 이런 관례 때문에 왕의 방문은 양날의 검과 같은 것이었다. 너무 많은 백성이 살 집을 잃게 하지 않기 위해, 왕은 자신의 이동 경로를 따라 숙소를 마련했다. 즉, '타부'에는 경외심뿐만 아니라 혐오감도 함께 존재했고, 이 두 가지는 '탕가타 타부 tangata taboo'라고 알려진 인신 공양의 경우처럼 서로 뒤섞일 수도 있었다. 이처럼, 타부의 금기는 귀족뿐만 아니라 평민, 신성한 것뿐만 아니라 세속적인 것에도 적용되었다.

금기에는 실용적인 목적뿐만 아니라 신비로운 목적도 있었다. 쿡은 오마이로부터 듣게 된 투부라는 노인의 이야기를 전한다. "그는 타부를 감독했다. 즉, 그와 그의 대리인들은 섬의 모든 생산물을 검사하면서, 각 개인이 자신의 할당량을 경작하고 심도록 관리하고, 무엇을 먹어야 하고 무엇을 먹어서는 안 되는지 지시했다."[10] 수 세기 후 프랭클린 루스벨트 대통령은 비록 그 방식은 투부의 방식보다 덜 신성했고 헌법적 권위도 덜했지만, 1933년 농업조정법Agricultural Adjustment Act이라는, 투부의 것과 비슷한 정책에 서명하면서 농민들이 재배할 수 있는 식량을 규제하는 정책을 제정했다. 루스벨트의 할당제는 생산량을 줄이고 농산물 가격을 안정시키는 것을 목표로 했는데, 이는 폴리네시아 경제를 규제하고 기근으로부터 사람들을 보호하고자 했던 투부의 '타부'를 보다 정교하게 구체화한 것이었다.

모든 문화에는 금기가 있다. 성경은 여러 권에 걸쳐 유대인들에게 금지된 음식, 행동, 언어 등을 상세히 기록해 두었다. 십계명의 제3계명인 "네 하나님 여호와의 이름을 망령되이 일컫지 말라"는 말씀은 신실한 유대인들에게 큰 의미를 지닌다. 이들은 심지어 하나님의 이름을 철자로 표기하는 것조차 삼가기 때문에 보통 하나님을 "G-d"로 표기한다. 기독교인들에게도 그들만의 많은 금기 사항이 있다. 수천 년 동안 가톨릭 신자들은 금요일에 고기 먹는 것을 삼가왔다. 1898년부터 적어도 1979년까지, 오클라호마주 엘모어 시티의 개신교도들은 공공장소에서 춤추는 것을 금지했는데, 이는 훗날 케빈 베이컨의 영화 「풋루스Footloose」를 통해 널리 알려졌다.

금기는 한 문화가 무엇을 숭배하고 무엇을 혐오하는지 명확하게 보여준다. 금기는 어떤 문화를 다른 문화와 구별시켜 주기도 하고 하나로 묶어주기도 한다. 유대인 작가 아하드 하암Ahad Ha'am은 "유대인들이 안식일을 지켜왔다기보다 안식일이 유대인들을 지켜왔다"고 말한 바 있다.[11] 금기는 집단마다 다르고, 심지어 같은 집단 내에서도 새로운 정체성을 가지게 됨에 따라 다양해진다.

1972년, 코미디언 조지 칼린George Carlin은 "TV에서 절대 말할 수 없는 일곱 가지 단어"로, "젠장shit, 꺼져piss, 씨발fuck, 씹년cunt, 좆같은 새끼cocksucker, 호로자식motherfucker, 가슴tits"을 꼽았다.[12] 오늘날, 이 단어들은 모두 방송에 등장했고, 대부분은 일상적인 단어가 되었다.[13] 그러나 이제 미국 영어에서 입에 담지 못할 단어는 딱 하나만 남았다. 바로 "n-word"이다.

"n-word"가 항상 "n-word"였던 것은 아니다. 한때 이 단어는 미국 흑인에 대한 인종차별적인 욕설인 깜둥이nigger를 의미하는 단순하고 모욕적인 단어였다. 백인은 "크래커crackers", 이탈리아인은 "기니guineas", 아일랜드인은 "믹micks" 히스패닉은 "스픽spics", 동양인은 "국크gooks" 등 모든 인종에 대한 비하 용어는 차고 넘친다. 그러나 다른 인종 비하 용어들과 달리 "n-word"는 절대 소리 내 말할 수 없다. 반면, 아일랜드인을 비하하는 단어나 동양인을 비하하는 단어는 "m-word"나 "g-word"로 완곡하게 부르지 않는다. 그러나 "n-word"는 비난의 맥락에서조차 쓰여서는 안 되는 단어가 되었다.

"n-word"가 지금의 "n-word"가 된 것은 O. J. 심슨O. J. Simpson에 대

한 형사 재판에서 유래됐다. 심슨은 두 명을 살인하고도 인종과 정치적 올바름에 대한 논쟁을 악용하여 유죄 판결을 피해 간 인물이다. 조니 코크런Johnnie Cochran, 앨런 더쇼위츠Alan Dershowitz, 로버트 샤피로 Robert Shapiro, 로버트 카다시안Robert Kardashian 등으로 구성된 심슨의 드림팀 변호인단은 범행 현장에 처음 도착한 수사관 중 한 명인 마크 퍼먼 Mark Fuhrman이 "n-word"를 사용했다고 주장되는 여러 사례를 증거로 제출하려고 했다. 이 사건을 기소한 흑인 지방 검사 크리스토퍼 다든 Christopher Darden은 심슨의 변호인단의 이런 술책을 비난했다. 다든은 "만약 코크런 씨가 이 단어를 이용해서 인종 카드를 꺼내도록 내버려둔다면 이 사건의 방향과 초점은 바뀌게 될 것이며, 이제 이 사건은 살인 사건이 아니라 인종 문제로 변질될 것이다."라고 경고했는데,[14] 아니나 다를까 실제로 다든 검사의 예언대로 되고 말았다.

어느 시점에서, 코크런 변호사가 심슨과 그의 아내였던 니콜 브라운Nicole Brown의 인종 간 결혼(심슨은 흑인, 니콜 브라운은 백인이었다-옮긴이 주)을 옹호하자, 심슨은 그 순간 연극적으로 눈물을 닦아냈다. 심슨의 눈물은 그가 살해한 아내를 위한 것이라기보다는 증거를 감추는 데 서툴렀던 자기 모습에 대한 후회로 인한 것이었으리라 추측된다.

렌스 이토Lance Ito 판사는 한탄 하며 말했다. "이 문제는 우리 사회가 유일하게 해결하지 못한 마지막 문제 중 하나이며, 60년대에 성장하

---

* 심슨의 전처 니콜 브라운 심슨과 그녀의 친구였던 론 골드먼을 말한다.

** O. J. 심슨 살인 재판을 담당했던 판사.

면서 이 문제가 사라지기를 기대했던 우리에게 큰 실망을 안겨주었다."[15] 이토 판사는 재판이 진행되던 90년대 당시 미국 사회를 괴롭히고 있었던 사회의 여러 문제, 예를 들어 에이즈, 마약, 핵확산, 오존층 파괴 등은 잊어버린 듯 보였지만, 인종 갈등이 여전히 남아 있다는 것만은 기억하고 있었던 모양이다. 그리고 판사의 이 발언은 냉소주의자들과 급진주의자들이 자신들의 직업적, 정치적 목적을 달성할 수 있는 충분한 기회를 제공했다.

"그 단어는 영어에서 가장 더럽고, 역겹고, 불쾌한 단어입니다." 다든 검사는 판사에게 강조했다. "그러나 지금 심슨의 유죄를 입증하는 증거는 산더미처럼 쌓여 있습니다. 배심원단이나 아프리카계 미국인들 앞에서 그 단어를 언급하는 순간 사람들은 이성을 잃어버리고 말 겁니다. 그렇게 배심원들의 판단력이 흐려지고, 진실이 가려지게 될 것이며, 그들은 진실과 거짓을 구별할 수 없게 될 겁니다."[16] 이 사건은 인종 차별 논란을 빚은 로드니 킹 재판Rodney King trial* 직후 열린 까닭에, 심슨의 유죄 여부보다는 심슨의 변호인단이 부추긴 인종적 분노에 더 초점이 맞춰졌다. 그리고 변호인단의 이러한 전략은 성공했다.

재판 이후의 역사는 결국 다든과 검찰의 모든 주장을 입증해 주었다. 2006년, 심슨이 자신의 살인 사건에 대한 책『내가 정말 그랬다면 If I Did It』을 홍보하는 인터뷰에서 자신의 아내와 그녀의 친구인 론 골드먼을 살해한 것을 "가정적으로" 자백한 것이다. 형사 재판에서 배

---

* 흑인 남성인 로드니 킹이 경찰의 과도한 폭력에 의해 구타당한 사건이다. 체포 과정에서 백인 경관들이 킹에게 과도한 폭력을 행사하는 모습이 찍힌 영상이 공개되어 사회적 이슈가 되었다.

심원단은 심슨을 무죄로 판결했지만, 또 다른 배심원단은 민사 재판에서 그에게 재정적 책임이 있다고 판결했다. 이에 따라 책의 소유권이 골드먼의 유족에게 넘어가면서 그들은 책의 제목을 『내가 정말 그랬다면: 어느 살인자의 고백If I Did It: Confessions of the Killer』으로 바꾸었다.

그러나 심슨의 유죄 여부를 떠나서, 이후의 사건들은 인종 관계와 "n-word"에 대한 다든의 통찰력을 확인시켜 주었다. 마크 퍼먼이 인종 차별적인 용어를 사용했다는 주장은 배심원단에게 편견을 심어주었고, 이에 따라 심슨의 명백한 유죄를 밝혀주었던 증거들은 무시되었다. 게다가 90년대 중반까지만 해도 "n-word"에 대한 다든의 묘사가 과장된 것처럼 보였던 것과 달리, 얼마 지나지 않아 그가 묘사한 대로 이 단어는 "영어에서 가장 더럽고, 역겹고, 불쾌한 단어"가 되었다.

1995년 『뉴욕타임스』가 이 재판에 대해 보도했을 때, 그들은 "퍼먼 형사가 'nigger'라는 단어를 사용했다고 한다."라며 이 단어를 철자 그대로 기재했다. 그러나 그들은 다든 검사의 말을 인용할 때만 "n-word"라고 완곡 표기했다.[17] 그로부터 25년이 지난 지금, 이 신문은 해당 금기어를 묘사할 때 거의 항상 완곡적으로 표기한다. 이 단어는 마치 고대 이스라엘 사람들이 하나님의 신성한 이름을 입에 담는 것을 금기시했던 것과 같은 종류의 종교적 공포감을 자아내고 있다.

그 누구도 "n-word"가 추한 단어임을 부정하거나, 이 단어를 정중한 용어로 사용해야 한다고 주장하지 않는다. 그러나 종교적, 문화적 금기보다 인종적 금기를 더 우선시하는 것은 사회적 우선순위의 재배열을 반영하는데, 이는 흑인이나 다른 인종 집단에 도움이 되기는커녕 좌파 극단주의자들에게 이익만 안겨줄 뿐이다. 타-네히시 코츠가 흑인의 영혼이나 전인격보다는 "흑인의 육체"만을 시적으로 표현했을 때처럼, 급진주의자들은 형이상학적인 것을 배제하고 오로지 육체적인 것만을 강조함으로써 문화적 우선순위를 재편하고 사회를 뒤집는다. 이러한 전복은 인종적, 성적, 배설적인 욕설을 훨씬 넘어서는 것이다. 급진주의자들은 금기를 바꿈으로써 일곱 가지 죄악 중 가장 치명적인 죄에 이르기까지 도덕적 질서 전체를 바꾸어 버린다.[*]

"교만(Pride)은 패망의 선봉이요", 정치적 올바름은 넘어짐의 앞잡이다.[**] 1970년 6월 28일, 뉴욕에서 한 무리의 동성애 운동가들이 최초의 "프라이드(Pride) 퍼레이드"를 열었는데, 이는 그리니치빌리지에서 마피아가 불법적으로 운영하던 게이 전용 술집을 경찰이 급습한 사건을 빌미로 발생한 "스톤월 폭동Stonewall Riots"을 기념하기 위한 것이었다.[18] 정치적 올바름은 경찰의 급습 사건을 성 소수자에 대한 편견을 가진 경찰의 공격으로 묘사했지만, 실제 이야기는 스톤월 인 레스토랑의 덜 게이적인 이미지를 보여준다.

1966년, 악명 높은 제노베제Genovese 마피아 패밀리는 "이성애자" 식당인 스톤월 인 레스토랑을 사들여 게이 바로 개조했는데, 그건 공공장소에서의 동성애 행위가 불법이었던 당시, 이런 장소를 통해 수익

---

[*] 기독교 문화권에서 대표적 죄악으로 여겨지는 죄목에는 교만, 탐욕, 음욕, 분노, 탐식, 시기, 나태 등이 있다. 그리고 이 중에서 가장 근본적이고 심각한 죄악, 즉 나머지 여섯 가지 죄악들을 파생시킨 최초의 원죄는 교만(Pride)으로 여겨진다. 그런데 "Pride"는 교만이라는 부정적인 의미 말고도 자부심, 자긍심, 자랑스러움이라는 긍정에 가까운 의미도 가지고 있다. LGBTQ+커뮤니티에서 "Pride"는 주로 후자의 의미로 사용된다.

[**] 성경의 잠언서 16장 18절, "교만은 패망의 선봉이요 거만한 마음은 넘어짐의 앞잡이니라"를 변형한 표현이다.

을 얻고 있던 다른 업소들도 마찬가지였다. 개조 과정에서 마피아는 비상구, 바 뒤에 위치한 수돗물, 제대로 작동하는 청결한 화장실을 설치하는 것 등을 소홀히 했다. 제노베제 패밀리는 음침하고 위험한 분위기에서 주류 판매 허가도 받지 않고 물로 희석한 음료들을 게이 고객들에게 판매하며 바가지를 씌웠을 뿐만 아니라, 부유층 고객들을 협박하기도 했다.[19] 성 정치학과는 상관없이, 경찰 입장에서는 스톤월을 폐쇄할 모든 정당한 이유가 있었던 것이다.

그러나 1년 만에 스톤월 단속과 그로 인해 촉발된 폭동은 신화적인 지위를 획득하면서 최초의 프라이드 퍼레이드의 기초가 되었다. 1970년대와 80년대에 게이 프라이드 퍼레이드는 공공장소에서 동성애적 행위를 억압하고 있던 당시 법률을 뒤집는 데 초점을 맞춘, 좁은 의미의 정치적 퍼레이드에 머물렀다. 1990년대에 이르러서는 퍼레이드의 범위, 다양성, 기간 면에서 크게 확장되었는데,[20] 특정 날짜에 하루동안 개최되는 행사였던 프라이드 퍼레이드는 한 주 내내 열리는 프라이드 위크Pride Week, 이제는 프라이드 먼스Pride Month로 발전했다. 90년대에는 대안적인 성적 취향뿐만 아니라 프라이드 자체가 좌파의 미덕으로서 주류화되었다.

홍보적인 측면에서 볼 때 프라이드, 곧 교만은 몇 가지 문제점을 안고 있다. 교만은 일곱 가지 죄악 중 하나일 뿐만 아니라 그중에서도 가장 치명적인 죄악으로 여겨진다. 성 토머스 아퀴나스Thomas Aquinas와 성 그레고리우스 교황Gregory the Great은 교만을 "악덕의 여왕"이라고 불

렀다.[21] 정치적으로 올바르지 않은 내 친구는 오늘날 교만이 "퀸queen들*
의 악덕"이 되었다는 썰렁한 농담을 던지기도 했다. 그러나 이제 정
치 운동으로서 교만은 성적 권리를 훨씬 넘어서는 문제가 되었다.

만약 동성애자들이 단순히 자신들의 성적 취향 및 행위에 대한 인
정만을 바랐다면, 왜 하필 가장 치명적인 죄악으로 여겨지는 "교만
(Pride)"을 기치로 내걸고 조직을 결성했을까? 그들은 "게이 수용의
달" 혹은 "게이 비판 금지의 달"과 같은 이름으로 조직을 만들 수도
있었을 것이다. 혹은 교만보다는 덜 심각한 다른 죄악들, 예를 들어
"게이 분노의 달" 혹은 "게이 폭식의 달"을 지정할 수도 있었을 것이
다. 탐욕, 나태, 시기, 심지어 음욕조차도 교만보다는 대중이 동성애
를 받아들이는 데 훨씬 더 설득력 있는 명분이 될 수 있었을 텐데 말
이다.

모든 정치적으로 올바른 수정이 그렇듯, 급진주의자들이 교만을
어떻게 재정의했는지 살펴보기 전에 그 단어의 원래 의미를 상기해
볼 필요가 있다. 교만은 자신의 탁월함에 대한 과한 애정을 의미한다.
우리는 때때로 "교만"을 다른 개념의 잘못된 동의어로 사용하기도
한다. 예를 들어, 리 그린우드Lee Greenwood가 자신이 "미국인인 것이 자
랑스럽다proud to be an American"고 노래할 때, 여기서 말하는 "자랑스러움
(Pride)"은 자신의 조국에 대한 사랑을 의미한다. 여기서 "Pride"는 교
만보다는 충심에 더 가까운, 훌륭한 자질로써 사용된 것이라고 할 수
있다. 물론, 조국에 대한 사랑도 너무 지나치게 되면 그것이 우월주의

---

* 동성애자, 특히 남성 동성애자를 지칭하는 속어이다.

11. 금기와 맞바꾸다 • 269

나 호전성으로 변질될 수도 있다. 그러나 교만은 전혀 다른 문제이다.

교만은 우리 자신이 지금 이대로 완벽하다고 주장한다. 우리 문화는 이미 교만의 정치로 가득 차 있다. 사회적 문제는 항상 우리 자신이 아닌 "사회"에서 비롯된 것으로 여겨진다. 그러나 유토피아를 지향하는 좌파들은 급진주의자들에게 조금만 더 시간과 권력, 자금을 준다면 우리가 이 문제들을 극복하고 궁극적인 완벽함에 도달할 수 있다고 믿는다. 휘태커 체임버스는 공산주의가 새로운 이념이 아니라고 지적했다. 그는 "공산주의는 새로운 것이 아니다. 사실 그것은 인류의 두 번째로 오래된 신앙이다. 그것은 선악과나무 아래 창조의 첫날부터 '너희가 하나님과 같이 되리라'는 약속으로 속삭여진 거짓 신앙에 불과하다."라고 말했다. 체임버스는 공산주의를 "인류 역사에서 가장 거대한 대체 신앙, 즉 신 없는 인간의 비전"이라고 칭했다.[22] 그렇다면, 그 대체 신앙의 신봉자들이 인류의 원죄인 교만을 최고의 미덕으로 삼았다는 것은 놀라운 일이 아니다.

1963년 존 F. 케네디 대통령은 체임버스가 공산주의에 대해 내린 정의가 좌파 이념 전반에 적용될 수 있음을 전 세계에 보여주었다. 아일랜드 의회에서 연설할 당시 케네디는 사회주의 극작가 조지 버나드 쇼George Bernard Shaw를 인용했다. 케네디는 유명 작가들의 말을 자주 인용해 왔지만, 정작 그들의 작품을 제대로 읽어볼 시간은 없었는지 그들을 종종 잘못 인용하곤 했다. "조지 버나드 쇼는 삶에 대한 접근 방식을 간명하게 표현했습니다. 그는 이렇게 말했죠. '다른 사람들은 사물을 보고 "왜?"라고 묻는다. 하지만 나는 한 번도 존재하지 않았던 것들을 꿈꾸며 "왜 안 돼?"라고 말하지.'"[23] 케네디는 이 작품의 한 구절을 정확하게 인용하긴 했지만, 작품의 맥락을 제대로 이해하지 못한 탓에 자신의 견해를 의도치 않게 영 잘못된 빛으로 비추고 말았다.

이 대사는 조지 버나드 쇼의 5부작 연극 『므두셀라로 돌아가라^{Back to Methuselah}』 중 첫 번째 작품인 「태초: 기원전 4004년^{In the Beginning: B.C. 4004}」에 등장하는 대사로, 에덴동산에서 이브를 유혹하는 뱀의 입에서 나오는 대사다. 뱀은 이렇게 말을 꺼낸다. "내가 얼마나 교활한지 알려주마. 아담과 대화할 때 넌 '왜?'라고 묻는다. 하지만 나는 한 번도 존재하지 않았던 것들을 꿈꾸며 '왜 안 돼?'라고 묻지." 케네디는 쇼가 사탄의 입에 넣은 대사, 즉 극작가가 인류의 타락을 초래했다고 상상하며 만들어낸 대사라는 사실도 이해하지 못한 채 청중을 고무하려 했다.

로버트 F. 케네디^{Robert F. Kennedy}는 1968년, 불운했던 대선 출마 당시[*] 자신의 형으로부터 이 대사를 그대로 물려받아 인용했고, 에드워드 케네디^{Edward Kennedy}는 로버트의 장례식에서 이 구절을 또다시 인용했다.[24] 그 이후로 수많은 리버럴과 좌파들이 이 대사를 인용해 왔다. 안타깝게도 이 대사를 영감의 원천으로 삼은 대부분의 사람은 아마도 그 출처를 전혀 몰랐을 가능성이 높으며, 설사 맥락을 이해했다 해도 인용하는 의도 자체는 선했을 것이다.

기독교 작가 G. K. 체스터턴은 그의 친구 조지 버나드 쇼에 대해 바로 그런 너그러운 입장을 가지고 있었다. 체스터턴은 쇼에 대해 이런

---

[*] 로버트 케네디는 1968년 민주당 대통령 후보 경선에 출마했는데, 같은 해 6월 5일, 캘리포니아 예비선거에서 승리한 직후 로스앤젤레스 앰버서더 호텔에서 암살당했다.

글을 남겼다. "만약 쇼의 성품을 정직하게 묘사해야 한다면, 그는 영웅적으로 넓고 관대한 마음을 가졌지만, 그 마음이 올바른 곳에 자리잡고 있지는 않았다고 표현하고 싶다. 이는 우리 시대의 전형적인 사회상을 보여주는 것이기도 하다."[25] 우리 사회를 변화시키고 도덕적 기준을 뒤집어 놓은 급진주의자들 역시 의도 자체는 나름대로 선했을 수 있다. 그러나 지옥으로 가는 길은 선의로 포장되어 있다고 하지 않는가.

2008년 대선에 출마했을 당시 버락 오바마는 자신이 당선된다면 "해수면 상승이 느려지고 지구가 치유되기 시작할 것"이라고 약속했다. 그는 이 약속을 하면서 "제 한계를 잘 알고 있기에 겸손한 자세로 이 도전에 맞서겠습니다. 하지만…"[26]이라는 말로 연설을 시작했는데, 아무래도 뒤이어 한 말이 자신이 앞서 말한 내용을 모두 부정하고 있다는 사실을 깨닫지 못한 것으로 보인다.

오바마의 진보적 전통을 이어받은 사람들은 그의 오만함까지도 같이 이어받은 것 같다. 2019년, 사회주의 정치인 알렉산드리아 오카시오-코르테스는 93조 달러 규모의 그린 뉴딜 제안을 채택해야 한다면서 "기후 변화에 대처하지 않으면 12년 안에 세상이 멸망할 것"이라고 경고했다.[27] 2018년, 민주당 전국위원회 위원장은 코르테스를 "우리 당의 미래"라고 칭찬했다.[28] 큰 칭찬이다. 그러나 그녀는 민주당의 미래가 되는 것보다 더 큰 야망을 품고 있었다. 바로 세계의 미래가 되어, 오직 그녀의 계획을 통해 세계를 완전한 파괴로부터 구하겠다는 야망 말이다.

그러나 체임버스, 쇼, 그리고 미국의 진보 정치인들이 묘사한 유토피아는 존재하지 않는다. 많은 사람들이 "유토피아utopia"라는 단어가 그저 이상적인 장소를 의미한다고 생각하지만, 사실 이 단어는 "어디에도 없는 곳"을 뜻한다. 그리스어 "ou(아님)"와 "topos(장소)"에서 유래한 이 단어는 1516년에 세상에 처음 소개된 단어로, 당시 성 토머스 모어Thomas More가 완벽한 정치 체제를 가진 가상의 섬을 다룬 자신의 책 제목으로 이 단어를 처음 사용했다.[29] 이에 따라 많은 사람들이 "유토피아(utopia)"를 단순히 "좋은 곳"을 의미하는 "eutopia"와 혼동하게 되었다.[30]

교만에는 개인적인 차원이 있다. 버락 오바마가 서른네 살부터 지금까지 회고록을 써 온 것과 같은 종류의 교만이 그 예다.[31] 하지만 교만에는 정치적인 차원도 있는데, 이는 인간이 자신들의 노력과 독창성으로 세상의 불완전함, 심지어 인간의 본성까지도 극복할 수 있다는 생각이 포함된다. 그러나 보수주의자들은 정치에 좀 더 겸손한 입장을 취하고 있다. 보수주의자들은 인간의 타락성을 인정한다.

보수주의 정치철학자 마이클 오크쇼트Michael Oakeshott는 이런 겸손한 접근법을 다음과 같이 요약했다. "보수주의자가 된다는 것은 미지의 것보다 익숙한 것을, 시도되지 않은 것보다 이미 시도된 것을, 신비보다 사실을, 가능성보다 현실을, 무한한 것보다 제한된 것을, 먼 것보다 가까운 것을, 과한 것보다 충분한 것을, 완벽함보다는 편리함을 선호하는 것이다." 오크쇼트는 결론에 도달하기 전에 이렇게 설명했다. "보수주의자는 유토피아적 행복보다 현재의 웃음을 선호한다."[32] 즉, 보수주의자들은 불완전한 세상에서도 다른 좋은 점들을 발견하며, 우리 자신의 본성 역시 그 불완전함의 일부라는 사실을 항상 기억하면서 세상을 신중하게 개선하고자 한다. 반면 좌파들은 타락한 세상에 분노하면서 자신들의 교활함과 영리함으로 우리 모두 마땅히 누려야 한다고 믿는 낙원으로 이 세상을 대체하고자 한다.

"프라이드 퍼레이드"는 오랫동안 미국인들의 머릿속에 동성애자들의 행사로 자리 잡아왔다. 그러나 오늘날에는 동성애뿐만 아니라 모든 성적 지향을 가진 좌파들의 행사가 되었다. 이제 이 행사는 성적 취향에 대한 것이 아니라, 교만의 입장에서 정치에 접근하는 좌익 이념 전체에 대한 것이 되었다. 반면 정치적 겸손함은 보수주의자들에게 쇼비즈니스 측면에서 불리하게 작용한다. ("겸손 퍼레이드"는 자기 패배적으로 보일 테니까.) 보수주의자들의 공적 미덕은, 그것이 무엇이든 간에, 그들의 정치적 겸손함에서 비롯된다. 그러나 급진주의자들의 정치적 악덕은 그들의 교만한 성향에서 비롯된다.

전통 사회에서는 교만 외에도 시기, 분노, 나태, 탐욕, 탐식, 음욕 등 일곱 가지 죄악을 지양하도록 가르쳤다. 그러나 지난 한 세기 동안 급진주의자들은 이러한 죄악들을 오히려 미덕으로 인정하는 반대의 기준을 확립했다. 통찰력 있는 정치 관찰자들은 이러한 변화가 실시간으로 일어나고 있음을 알아차렸다.

1948년, 윈스턴 처칠은 사회주의를 "실패의 철학, 무지의 신념, 질투의 복음"이라고 묘사했다.[33] 그는 휘태커 체임버스와 마찬가지로 사회주의를 인류의 대체 종교, 즉 진리보다 거짓을 숭배하고 미덕보다 죄악을 높이 평가하는 반(反)복음으로 규정했다. 레오 13세 교황은 역대 교황들과 마찬가지로 사회주의자들을 비난했는데, 그는 그들이 "순진한 사람들을 더 쉽게 속이기 위해 복음 자체를 그대로 베껴갔다."라고 주장했다.[34] 급진적 좌파주의의 복음은 그것을 어떤 이름으로 부르든 자선의 미덕을 시기의 죄악과 맞바꾼다.

급진주의자들의 새로운 기준에 따르면, 자기 재산을 소유하는 것은 탐욕스럽지만 다른 사람의 소유물을 탐내고 훔치는 행위는 자선으로 여겨진다. 이는 과거 정의의 기준을 완전히 뒤집은 것이다. 사람들은 종종 시기와 탐욕을 혼동하지만, 좌파는 두 가지 모두를 높이 평가한다. 그러나 이 두 가지 사이에는 차이점이 있다. 탐욕은 과도한 소유욕이고 시기는 타인의 행운을 보며 느끼는 고통이다. 탐욕스러운 사람들은 자신을 위해 무언가를 소유하기를 원하는 반면, 시기심에 사로잡힌 사람들은 다른 이들이 그 무언가를 갖지 못하기를 바랄 뿐이다.

좌파들은 "부자들이 정당한 몫을 내야 한다."라고 외친다. 그들은 시기라는 죄악을 미덕으로 삼고 있다. 그러나 2016년, 미국 납세자의 상위 3%가 정부가 거둬들인 전체 소득세의 대부분을 납부했다. 상위 1%는 하위 90%를 합친 것보다 더 많은 세금을 납부했다. 상위 50%는 전체 개인 소득세의 97%를 납부했다.[35] 그렇다면 "정당한 몫"을 주장하는 사람들은 부자들이 여기서 얼마나 더 많은 세금을 내야 한다고 생각하는 걸까? 98%? 아니면 100%? 어떤 비율도 급진주의자들을 만족시킬 수 없을 것이다. 그들의 관심은 획득이 아니라 탈취에 있기 때문이다.

우리 시대 가장 오랜 세월 동안 좌파 진영의 상징적 인물이었던 힐러리 클린턴은 2018년, "당신이 지지하는 것을 파괴하려는 정당과는 예의를 갖추고 대할 수 없다."라고 말하면서 동료 진보주의자들의 분노에 동조했다.[36] 그녀의 인상적인 학력에도 불구하고, 혹은 그 학력 때문일지도 모르겠지만, 그녀는 민주 시민답게 행동하는 것, 즉 서로 다른 이해관계와 견해를 가진 시민들 사이의 관계를 중재하기 위해 예의범절이 존재한다는 사실을 이해하지 못하는 것 같았다. 하지만 이런 비시민적 태도를 보인 것은 비단 클린턴만이 아니었다.

단 한 개 주의 개표 결과도 아직 확정되지 않았을 때 주요 언론들은 조 바이든이 2020년 대선의 승자라고 선언했다. 그 직후 저명 좌파 인사들은 도널드 트럼프 대통령을 조금이라도 지지했던 사람들을 처벌하기 위해 그들의 명단을 만들 것을 촉구했다. 알렉산드리아 오카시오-코르테스는 "트럼프 추종자 명단을 기록하고 있는 분이 있나요? 그들이 다음에 자신들의 공모 행위를 축소하거나 부정하려고 할 때를 대비해서요."라고 말했다.[37] 그녀는 트럼프 지지자들이 굳이 왜 자신들의 공모 행위를 축소하거나 부정하고 싶어 할 것인지에 대한 정확한 이유를 밝히지는 않았지만, CNN의 제이크 태퍼Jake Tapper는 그녀의 의미를 더 분명히 했다. 태퍼는 특유의 거들먹거리는 태도로 운을 뗐다. "저는 패배를 겪고 있는 사람들에게 진심으로 공감합니다. 쉽지 않은 일이죠." 그는 이어서 "하지만 어느 순간에는 국가를 위한 최선의 것(평화로운 정권 이양)뿐만 아니라 미래 당신들의 직장 고용주들이 어려운 상황에서 당신들의 성품을 어떻게 볼지도 생각해야 합니다."[38] 태퍼가 좀 더 솔직한 사람이었다면, 그는 경고와 위협을 동시에 가하는 조폭처럼 이렇게 말했을지도 모른다. "당신네 사업 참

잘 돌아가는 것처럼 보이는군. 무슨 일이 생긴다면 참 안타깝겠어.*"

태퍼는 그나마 보수주의자들을 향한 좌파들의 의도를 암시하는 정도에서 그쳤을 뿐이지만 비슷한 시기에 등장한 "트럼프 책임 프로젝트Trump Accountability Project"는 급진주의자들의 계획을 이보다 더 노골적으로 설명했다. 그들의 웹사이트 상단에는 "그들이 한 짓을 기억하라"라고 쓰여 있었다. "우리는 트럼프의 정책에 도움을 준 사람들을 절대 잊어서는 안 된다. 우리는 정치적으로 견해가 다른 동료 미국인들을 환영해야 한다. 하지만," 복수자들은 화해의 뜻을 담은 첫 문장을 부정하기도 전에 행동을 개시했다. "우리는 무슨 일이 있어도 트럼프 행정부를 지지하기 위해 자신의 돈, 시간, 명성을 걸었던 사람들을 절대 잊어서는 안 된다." 이 프로젝트의 구성원들은 "그를 선출했고, 그의 정부에서 일했고, 그를 섬겼고, 그에게 자금을 댔고, 그를 지지했으며, 그를 대표했던" 모든 사람들을 처벌하겠다고 약속했다.[39] 그들은 도널드 트럼프와 어떤 식으로든 연관된 모든 사람들에게 복수하려 했으며, 그들의 분노를 곧 미덕으로 과시했다.

그러나 복수라는 행위는 꽤 피곤한 행위이다. 이는 좌파들이 "근면"이라는 미덕을 악덕으로 몰아붙인 이유를 설명해 준다. 2020년

---

* 여기서 태퍼가 말하는 대상은 트럼프 지지자들이다. 그리고 태퍼는 트럼프 지지자들이 앞으로 일하게 될 직장의 고용주들을 염두해야 한다는, 협박 섞인 말을 하고 있다. 트럼프를 한때나마 지지했던 이력이 미래에 취업에 불이익을 줄 수 있을지 모르니, 트럼프 지지를 그만두라고 압박하고 있는 것이다.

BLM 폭동 이후, 스미스소니언 협회Smithsonian Institution*는 "인종에 대해 이야기하는 법", 특히 "반인종차별주의자 되는 법"에 대한 정치적으로 올바른 지침을 발표했다.[40] 이 지침은 "표준적인 관행으로 여겨지는 백인 문화의 특징과 전제들"을 비난했는데, 스미스소니언에 따르면 백인들이 세상에 강제로 떠넘긴 여러 악 중에는 "자립", "예의범절", 그리고 "근면"이 포함되어 있었다.[41] 이 지침의 저자는 근면함이 특별히 백인의 특성이라는 자신들의 이론에 대해 다른 소수 인종의 의견은 물어보지 않은 것 같다. 만약 그렇게 했다면 어디 한 군데 얻어맞았을지도 모를 일이다.

2010년, 낸시 펠로시 하원의장은 버락 오바마의 의료보험 계획을 미국 국민들에게 팔아먹는 데 어려움을 겪자, "그 법안을 통과시켜야 그 안에 무엇이 들어있는지를 알 수 있다."라고 주장한 것으로 악명 높다.[42] 그녀가 이 법에 대해 내세운 유일하게 강력한 논거는 오바마 케어가 국민들을 노동의 짐에서 해방한다는 것이었다. 하지만 이는 오히려 그녀가 속한 정당이 근로에 대한 전통적인 가치관을 뒤집고 나태함을 조장하고 있음을 보여주었다.

2013년, 펠로시는 오바마케어가 미국인들을 노동의 짐에서 해방하는 데 성공했다고 자축했다. 그녀는 이렇게 횡설수설했다. "오바마 케어는 우리가 미국 국민에게 약속한 생명, 자유, 행복 추구권을 지키게 해줍니다. 더 건강한 삶, 행복을 추구할 자유, 개인의 행복 말이에

---

* 스미스소니언 협회는 세계에서 가장 큰 박물관, 교육, 연구 복합체로 총 21개의 박물관과 갤러리, 국립 동물원을 포함하고 있다. 이 기관은 미국의 국가 정체성을 형성하는 데 중요한 역할을 해왔다.

요. 왜냐하면 가족 중 누군가 혹은 자신에게 지병이 있어도 직장에 얽매여 있지 않아도 되기 때문입니다."[43] 전통적인 기준은 정직한 노동에 존엄성을 부여했지만, 정치적으로 올바른 사람들에게 노동은 일종의 불명예로 여겨진다.

그렇다면 펠로시는 오바마케어가 우리에게 선사한 자유 시간에 사람들이 무엇을 해야 한다고 주장했을까? 그녀는 이 법안 통과를 둘러싼 논쟁에서 이렇게 말했다. "당신은 사진작가나 작가가 될 수 있을 겁니다." 펠로시는 "우리는 이 법안을 기업가 정신을 북돋우는 법안으로 보고 있습니다."라며, "이 법안은 누군가 창의적인 사람이 되고 싶거나 음악가 혹은 그 밖의 다른 무엇이 되고 싶다면 직장을 그만두고 당신의 재능, 기술, 열정, 포부에 집중해도 된다고 말해주는 법안입니다. 왜냐하면 당신은 직장이 없어도 의료보험을 누릴 수 있을 테니까요."[44] 그러나 좌파들의 예술적 허세에도 불구하고, 예술적 영감은 소수의 사람에게만 나타나기 마련이며, 대부분의 예술가 지망생은 자신들의 재능이나 기술보다 열정과 포부가 더 큰 탓에 실패하는 경우가 훨씬 더 많다.

예술이든 "그 밖의 다른 무엇이든", 태만한 태도로 자신의 꿈에 접근하는 아마추어들은 다른 모든 분야의 게으름뱅이들과 마찬가지로 성취의 열매를 거두지 못한다. 펠로시와 그녀의 동료들은 노동과 예술뿐만 아니라 재정적 리스크를 수반하는 기업가 정신에 대해서도 잘못 이해하고 있었다. 사람들에게서 리스크를 제거하면, 정부는 재능이 없는 사람들, 더 나쁜 경우 게으른 사람들을 위한 일자리만 대거 양산해 주면서 보조금이라는 명목으로 공중에 세금을 뿌리는 낭비만 조장하게 될 것이다.

과거에는 근면 성실함을 명예로운 미덕 중 하나로 여겼다. 그러나 정치적 올바름은 성공을 "특권"의 부당한 결과물에 불과하다고 비난하고 있다. 아이러니하게도 불만과 피해의식은 가장 이용 가치 있는 특권이 되어, 실패에 대한 변명과 특별 대우를 요구할 수 있는 근거로 이용된다. "아메리칸드림"에 대한 좌파들의 비판과 계층 이동 사다리에 대한 보수주의자들의 옹호는 각각 자신들이 소중히 여기는 통계에 기반을 두고 있지만, 두 집단 모두 이보다 더 근본적인 문제를 놓치고 있다. 급진주의자들이 공공 가치의 전당에서 근면이라는 미덕을 나태라는 죄악으로 대체했다는 것이 바로 그것이다.

탐욕은 정치적 성향과는 관계없다. 그러나 리버럴들이 그토록 인용하기 좋아하는 "연구"에 따르면 좌파가 우파보다 더 탐욕스러운 것으로 나타났다.[45] 심지어 『뉴욕타임스』조차도 공화당 소속 지역이 민주당 소속 지역보다 자선단체에 더 많이 기부한다는 사실을 인정했다.[46] 2020년 대선 경선에서 가장 급진적인 후보였던 버니 샌더스Bernie Sanders와 엘리자베스 워런Elizabeth Warren은 "자신들의 공정한 몫을 내기를 거부하는" 소위 백만장자, 억만장자들을 비난하지만, 정작 이 두 백만장자 정치인 본인들은 자선 단체에 거의 한 푼도 기부하지 않았다.[47] 오히려 버니 샌더스는 자신의 인색함을 자랑거리로 여겨오기까지 했다. 1981년, 버몬트 출신의 이 사회주의자는 『뉴욕타임스』와의 인터뷰에서 "나는 자선 단체를 믿지 않는다."라고 주장하며, 정부가 대신 자선 활동을 해야 한다고 주장했다.[48]

샌더스와 달리 전통사회는 자선을 더러운 단어로 간주하지 않는다. 기독교는 자선을 희망과 믿음에 이어 세 가지 신학적 미덕 중 하나로 꼽는다. 바울은 고린도전서에 이렇게 기록했다. "그런즉 믿음(faith), 소망(hope), 사랑(charity), 이 세 가지는 항상 있을 것인데 그 중 제일은 사랑(charity)이라."[49]

그러나 열렬한 사회주의자인 샌더스는 자선을 거부함으로써 자신의 이념적 신념을 따랐을 뿐이다. 휘태커 체임버스는 자신의 책『증인』에서 공산주의자 동지였던 해리 프리먼Harry Freeman과 함께 뉴욕 바우어리 지역을 걸어가던 중 한 거지를 만난 경험을 회고한다. "추위에 떠는 노숙자 한 명이 다가와 도움을 요청했다. 해리는 그를 흘끗 쳐다보기만 할 뿐, 무시하며 지나쳤다. 이것이 공산주의자로서 적절한 태도였다. 이렇듯, 공산주의자들은 자선을 베푸는 것이 인민의 혁명 정신을 무디게 만든다고 생각한다." 체임버스가 그 거지에게 동전을 건네자 같이 걷고 있던 프리먼은 그를 나무라며 말했다. "그들을 불쌍히 여겨선 안 돼." 프리먼은 동정심을 느끼면서도 이렇게 말했다고 한다. 체임버스는 본능적으로 생겨나는 동정심에도 불구하고, "공산주의적 입장에서 보면, 그(프리먼)가 옳고 내가 틀렸음을 이해했다."라고 회고했다.[50] 전통적 기준은 체임버스가 거지에게 자선을 베풀도록 이끌었지만, 새로운 기준은 개개인의 필요보다 "인류 전체"의 이익을 우선시했다.

---

* 킹 제임스 성경에서는 'love' 대신 'charity'라는 단어로 사랑이 표현되어 있는데, 여기에서 사용된 charity는 단순히 현대적 의미의 자선이 아닌, 단순한 감정 이상의 높고 고귀한 사랑의 형태로, 하나님의 인간에 대한 사랑을 포함하는 의미로 사용되었다.

** 고린도전서 13장 13절

급진주의자들은 굶주린 사람들에게 땡전 한 푼 베풀지는 못하지만, 자신들의 배만큼은 잘 채우는 것 같다. 전통 사회의 기준은 절제를 요구하지만 정치적 올바름은 탐닉과 탐식을 장려하는데, 사회과학 연구들이 이러한 사실을 뒷받침해 주고 있다. 2019년『사이콜로지투데이Psychology Today』는 "보수 정치 성향을 가진 사람들이 진보 정치 성향을 가진 사람들에 비해 건강 상태가 더 좋은 경향이 있는데, 이는 전자의 사람들이 개인의 책임을 더 중요하게 여기기 때문"이라고 인정했다.[51]

물론 보수주의자들도 다양한 체형과 크기의 몸을 가진 사람들로 구성되어 있다. 그러나 그들은 건강과 절제를 가치 있는 목표로 인정하는 경향이 있다. 반면, 급진주의자들은 최근 몇 년 동안 "체형 긍정주의body positivity"와 "비만 프라이드fat pride" 운동을 펼쳐왔다.[52] 다른 많은 급진적 정체성 캠페인과 마찬가지로 "비만 수용 운동fat acceptance movement"은 1960년대 후반에 시작되었다.[53] 예의 바른 사람이라면 누구나 타인의 외모를 조롱하거나 신체적 결함을 두고 상대방을 얕보려고 하지 않는다. 그러나 "비만 수용 운동"은 여기서 한 단계 더 나아가 건강에 해로운 습관을 긍정적인 가치로 여겼으며, 심지어 그것을 장려하기까지 했다. 1967년, 500여 명의 비만 애호가가 센트럴 파크에 모여 폭식을 위한 집회를 개최했다. 당시『뉴욕타임스』가 보도한 바에 따르면, "키 작은 뚱뚱한 사람들, 키 큰 뚱뚱한 사람들, 그리고 뚱뚱해지기를 바란다고 말하는 수십 명의 날씬한 사람들이 어제 오후 센트럴 파크에 모여 인간의 비만을 기념했다."라고 한다.[54] 비만 운동가들은 단순한 예의 바름 이상의 것을 추구했다. 아름다움과 행동의 기준까지 뒤집어야 한다고 요구했던 것이다.

급진주의자들은 음식이라는 특정 이슈 외에도, 절제와 중용 자체를 거부한다. "급진적(radical)"이라는 단어는 "뿌리"를 뜻하는 라틴어 "radix"에서 파생되었다. 이들은 전통 사회를 뿌리째 뽑음으로써 완전한 사회 개혁을 추구하며, 이러한 야심 찬 목표에서 절제는 배제한다. 이들은 사람들로 하여금 식욕을 자극하고 심장과 두뇌가 아닌 위장과 하체 기관을 따르게 만들고, 이에 따라 영혼의 이성적, 영성적 부분을 마비시켜 사회 변혁을 더 쉽게 만들려고 한다. 그렇기 때문에 급진주의자들이 그토록 섹스에 집착하는 것이다.

좌파 축제 달력은 프라이드 먼스Pride Month 외에도 "LGBT 역사의 달"을 따로 마련해 두고 있다. 1년의 6분의 1이 성적 지향을 중심으로 돈다는 사실은 놀라운 일도 아니다. 급진주의자들은 섹스가 잘 팔린다는 것을 알기에 정치적 도구로서 사람들의 욕망과 성을 이용한다. 대중 문화는 성 혁명과 "성 긍정주의sex positivity"에 대한 좌파의 포용성을 트랜디하다고 추켜세우면서, 보수주의자들은 꼰대로 치부해 버린다.

그러나, 미국의 상대적 출산율을 대충 살펴보면 그런 생각은 편견에 불과하다는 사실을 금방 알 수 있다. 일반 사회 조사 데이터에 따르면 보수주의자들이 리버럴들보다 훨씬 더 많은 자녀를 갖는다. 정확히 말하면 41%나 더 많이 낳는다. 통찰력 있는 풍자만화 작가들의 그림을 보자.[55] 보수적인 가톨릭교도들은 축구팀 하나에 버금가는 아이들을 갖는 반면, 전형적인 좌파들은 데이팅 어플과 고양이만 갖고 있다. 보수든 급진주의자든 모두 섹스를 즐기며 그 힘을 인정한다. 그러나 보수주의자들은 성을 출산을 위한 수단으로 삼는 반면, 좌파들은 그것을 무기로 이용한다.

온 사회에 만연한 포르노그래피, "원나잇 문화hookup culture", 콘돔 구매 보조금, 주문형 낙태 등이 한 덩어리가 되어 사람들의 정신을 쏙 빼놓고, 식욕의 노예가 되게 하면서 사람들로 하여금 가장 원초적인 욕망에 집중하도록 유도하고 있다. 그리고 이런 일들이 일어나는 동안 운동가들은 정치와 문화를 재구성하고 있다. 이러한 유혹에는 리버럴들 뿐만 아니라 보수주의자들도 곧잘 빠지곤 한다. 본래 신앙이란 인간의 타락과 함께 생겨난 것이다. 따라서 사람이라면 누구나 죄를 짓고 넘어질 수 있다. 이것은 위선이 아니며, 설령 위선이라 하더라도 프랑수아 드 라 로슈푸코François de La Rochefoucauld가 말한 대로 "위선은 악덕이 미덕에게 바치는 경의*"라고 할 수 있다.[56] 그러나 급진주의자들은 위선보다 더 큰 죄, 악덕을 미덕으로, 미덕을 악덕으로 재정의하는 죄를 범한다.

급진주의자들이 일곱 가지 죄악을 정치적 올바름의 일곱 가지 덕목으로 재정의하는 동안, 우유부단한 보수 진영은 금기를 부정하는 자유지상주의libertarianism로 가장한 자유방탕주의libertinism에 호소함으로써 도덕적 논쟁을 완전히 피할 수 있다고 스스로를 설득해 왔다. 그러나 금기는 모든 문화를 정의한다. 금기는 한 사회가 숭배하는 것과 혐오하는 것을 규정한다. 문화 혁명가들은 이 사실을 인정하고 금기를 자신들의 정치적 목적에 맞게 변형시켜 왔다. 반면 보수주의자들은

---

* 인간의 죄성을 인정하는 신앙인들의 죄를 위선으로 단정 짓는 것은 옳지 않으며 위선 자체가 역설적으로 인간 내면의 악덕을 인정하는 것일 수 있다는 점을 지적하고 있다.

이러한 변형을 막을 능력도 없었거니와, 막을 시도조차 하지 않았다. 새로운 세속적 기준이 안전하게 자리 잡으면서, 급진주의자들은 더욱더 뻔뻔한 태도로 옛 도덕규범과 이를 지탱해 온 종교를 공격했다. 우습게 들릴지도 모르겠지만, 정치적으로 올바른 진보주의자들은 이제 급기야 크리스마스에 전쟁을 선포하기에 이르렀다.

크리스마스와의 전쟁

THE WAR ON CHRISTMAS

12

크리스마스와의 전쟁

크리스마스와의 전쟁은 미국 역사 초창기까지 거슬러 올라간다. 그러나 현재는 교전 당사자들의 입장이 서로 바뀐 상태라는 점이 아이러니하다. 1621년 크리스마스 당일, 윌리엄 브래드포드^{William Bradford}* 총독은 청교도적 금욕주의를 통해 예수님의 탄생을 기념했다. 그는 축하 행사를 금지하고, 주민들에게 평상시처럼 농사일을 할 것을 요구했으며, 크리스마스랍시고 일하지 않고 놀고 있는 주민들로부터

---

* 윌리엄 브래드포드(William Bradford) 총독은 17세기 초 영국의 청교도로, 메이플라워 호를 타고 신대륙으로 건너와 플리머스 식민지를 세웠다. 그는 30년 이상 플리머스 식민지의 총독을 역임했다. 브래드포드는 원주민과의 우호 관계를 맺고, 첫 추수감사절 행사를 주도하는 등 식민지 발전에 크게 기여했다. 또한 그의 저서 『플리머스 농장에서』는 초기 식민지 역사의 중요한 문헌으로 평가받고 있다.

장난감과 놀잇감 등을 압수했다. 브래드포드의 정책은 청교도주의에 대한 H. L. 멩켄H. L. Mencken의, "어딘가에서 누군가가 행복할지도 모른다는 두려움에 시달린다"는 유명한 말을 떠올리게 한다.[01]

종교적 의례 의식에 알레르기 반응을 가지고 있었던 플리머스 식민지의 청교도들은 크리스마스 축제를 가톨릭적이고 이교도적인 것으로 여겼던 까닭에, 브래드포드가 기도로 하루를 보내고 싶어 하는 주민들 한정으로 예외를 허용한 경우를 제외하곤 대부분 밭에서 일하면서 프로테스탄트 노동 윤리를 실천했다. 브래드포드는 자신을 삼인칭으로 저술한 역사서, 『플리머스 농장에서On Plymouth Plantation』에 다음과 같은 글을 남겼다. "크리스마스라고 불리는 날, 총독은 평소처럼 일을 하라고 사람들을 불렀지만, 새로 이주 온 주민들 대부분은 이날 일하는 것이 양심에 어긋난다고 말하며 일하는 것을 거부했다. 그래서 총독은 그들이 이것을 양심의 문제로 삼는다면, 그들이 진실을 알 때까지는 쉴 수 있도록 기다려주겠다고 말했다." 그러나 총독과 그의 부지런한 동료 신도들이 점심 식사를 위해 일을 마치고 돌아왔을 때, 양심적 노동 거부자들이 "거리에서 공공연히 놀고 있는 것"을 발견하자, "총독은 그들의 놀이도구를 빼앗고는 다른 사람들이 일하는 동안 또 다른 사람들을 놀게 해주는 것이야말로 총독 자신의 양심에 어긋난다."라고 말했다.[02] 브래드포드는 종교적으로 덜 엄격한 플리머스의 새로운 주민들에게 크리스마스에 하루 쉴 수 있게 하는 정도의 배려를 베푸는 것은 문제가 없다고 생각했지만, 재미를 느끼게 하는 것만큼은 용납하지 않았다.

미국의 청교도들은 이후 1681년까지 무려 40년 동안 크리스마스

축하 행사를 불법으로 규정했고, 축제를 공식적으로 금지하는 법이 폐지된 이후에도 이 휴일을 삼가도록 권장하는 전통은 지속되었다. 1712년, 코튼 매더Cotton Mather 목사는 "그리스도의 탄생 축제가 대부분 방탕함, 주사위 놀이, 카드놀이, 가면 쓰기 그리고 모든 종류의 방종한 자유 속에서 마치 이교도의 축제, 즉 케레스나 바쿠스의 축제인 것처럼 기념되고 있다"고 불평하며 선조들의 발자취를 따랐다.[03] 그러나 그의 선조들과 마찬가지로, 매더 역시 경건한 방식으로 크리스마스를 기념하는 것은 기꺼이 허용하고자 했다.

18세기 내내 크리스마스 축제에 대한 뉴잉글랜드 사람들의 반대가 점차 완화되자, 1856년 매사추세츠주는 크리스마스를 공휴일로 인정하기 시작했다.[04] 그로부터 14년 후인 1870년, 율리시스 S. 그랜트 대통령이 크리스마스를 새해, 독립기념일, 추수감사절과 함께 연방 공휴일로 지정하는 법안에 서명하면서, 이날에 남아있던 낙인이 완전히 사라졌다.[05] 이렇게 미국의 크리스마스와의 전쟁 중 그 첫 번째 전투에서 산타클로스가 스크루지*를 물리치게 된 것이다.

오늘날의 진보주의자들이 세속주의의 이름으로 크리스마스와 전쟁을 벌이고 있는 반면, 청교도들은 정반대의 이유로 크리스마스를 공격했었다. 브래드포드 총독, 매더 목사, 그리고 다른 모든 청교도는 크리스마스 축제가 충분히 경건하지 않다고 생각했기 때문에 크리스마스를 반대했다. 그러나 모든 종류의 교회 축제를 비난한 장로교의

---

* 스크루지는 찰스 디킨스Charles Dickens의 소설 『크리스마스 캐럴Christmas Carol』의 주인공이다. 스크루지는 매우 인색하고 냉정한 노인으로, 크리스마스를 질색하는 노인이다.

창시자인 존 녹스John Knox를 제외하고는 크리스마스의 전면적인 폐지를 주장한 개신교 지도자는 없었다.[06]

1583년 영국의 팸플릿 작가 필립 스텁스Philip Stubbs는 다음과 같은 불평을 토로했다. "크리스마스를 진정으로 의미 있게 보내는 방법은 예수 그리스도의 탄생에 대해 묵상하고 감사하는 것이다. 그분의 위대함을 되새기며 감사를 표하는 일은 크리스마스 하루에 그치지 않고, 우리 삶의 모든 순간으로 이어져야 할 것이다." 하지만 크리스마스를 기념하는 바람직한 방식은 스텁스의 생각만큼 잘 실천되지는 않았다. 스텁스는 질문을 던졌다. "크리스마스 시즌에 다른 어느 때보다 악행이 많이 저질러진다는 사실을 모르는 사람이 있을까? 가면 변장 놀이 때문에 강도, 매춘, 살인 등 각종 범죄가 자행되지 않는가? 주사위와 카드 도박, 폭음과 폭식, 향락적인 연회와 축제가 다른 계절보다 훨씬 더 성행하지 않는가?" 이런 불경한 행위들이 하나님을 모독하고 기독교 세계 전체를 영적으로 피폐하게 만든다고 스텁스는 주장했다.[07]

50년 후, 청교도 논쟁가 윌리엄 프린William Prynne은 대부분의 영국인이 "크리스마스나 다른 성스러운 축제를 다른 종교와 혼합된, 음탕하고 쾌락적이고 비기독교적이며, 하나님과 그리스도의 명예를 욕되게 하는 이교도적인 춤으로 보낸다."라고 한탄했다.[08] 청교도들은 로마

---

* 팸플릿 작가(Pamphleteer)는 팸플릿, 즉 작고 얇은 책자 형태로 대량 생산 및 배포되는 여론 형성 수단을 통해 주로 정치, 사회, 종교 등의 주제에 대한 의견을 전파했던 사람들을 말한다. 대표적으로 토마스 페인Thomas Paine은 18세기 미국 독립 혁명 시기에 『상식Common Sense』이라는 팸플릿을 발표하여 대중적인 지지를 얻었으며 16세기에 마틴 루터Martin Luther도 팸플릿을 통해 가톨릭 교회를 비판했다.

가톨릭교도들과 이교도들을 둘 다 동일하게 타락했다고 여겼던 종교개혁가들의 시각에서, 그리고 그들에 의해 타락된 것으로 여겨졌던 크리스마스 풍습으로부터 그리스도를 지키기 위해 크리스마스를 공격했다.

종교개혁 이후 수 세기 동안, 12월 25일에 예수 그리스도의 탄생을 축하하는 것은 반가톨릭 논쟁의 대상이 되었다. 이들은 교회가 이 날짜를 선택한 것이 토성, 무적의 태양the Unconquered Sun *, 미트라스Mithras **등을 기념하는 다양한 이교도 축제와 일치하기 때문이라고 주장했다. 그러나 역사는 이러한 논쟁가들의 주장을 뒷받침하지 않는다. "354년의 연대기Chronography of 354 ***"는 12월 25일의 이교도 축제에 대한 가장 오래된 역사적 증거를 제공하지만, 이 달력에는 같은 날 크리스마스에 대해서도 함께 언급하고 있다. 따라서 이교도 축제가 그리스도의 탄생을 축하하기 이전에 존재했다는 증거는 사실상 존재하지 않는다.[09]

---

* 고대 로마 제국에서 숭배되던 태양신 솔 인빅투스(Sol Invictus)를 가리키는 영어 표현이다.

** 고대 페르시아(현재의 이란)와 로마 제국에서 숭배된 신이다. 원래 인도-이란 신화에서 등장한 미트라(Mitra)에서 기원하며 주로 빛, 진실, 계약, 전쟁의 신으로 여겨졌다.

*** 4세기 로마의 기독교 귀족인 발렌티누스가 제작한 달력이자 연대기이다. 이 문서는 354년의 로마 달력, 콘스탄티노플 제국의 중요한 사건들, 로마 황제들과 교황들의 목록 등 다양한 정보를 포함하고 있다. 특히 이 문서에는 "Depositio Martyrum"이라는 부분이 있는데, 여기에는 초기 기독교 순교자들의 기념일과 장례일이 기록되어 있다. 이 부분에서 가장 주목할 만한 점은 12월 25일에 "그리스도의 탄생(Natale Christi)"이 기록되어 있다는 것이다. 이것이 현재 알려진 가장 오래된 크리스마스 날짜에 대한 기록이다. 또한 이 달력에는 로마의 전통 축제인 사투르날리아(Saturnalia)와 솔 인빅투스(Sol Invictus) 축제 등도 기록되어 있는데 이는 초기 크리스마스 축제가 이들 로마의 전통 축제와 밀접한 관련이 있음을 시사하기도 한다.

사투르날리아^{Saturnalia} 축제는 예수의 탄생이 있기 수 세기 전에 시작되었지만, 크리스마스와 정확히 일치하지는 않는다. 로마인들은 원래 12월 17일에 토성신을 기념했으며, 심지어 축제가 일주일 전체로 연장되었을 때도 12월 23일까지만 축제를 즐겼다. 게다가 초기 기독교 자료에는 크리스마스와 이교도 절기 사이의 연관성이 전혀 언급되어 있지 않다.[10] 사실, 그리스도의 탄생일은 어떤 이교도 절기의 날짜에서 유래된 것이 아니라, 그리스도의 사망일에서 비롯된 것으로 보인다.

3세기 무렵, 기독교 초기 신학자였던 테르툴리아누스^{Tertullian}는 그리스도의 십자가 처형이 일어난 날짜를 3월 25일로 추정했다.[11] 특히 로마의 성 히폴리투스^{Saint Hippolytus}를 비롯한 초기 기독교 작가들은 세상 자체가 3월 25일에 창조되었다고 주장하면서 이는 창조주와 피조물 사이의 완벽한 연결고리라고 보았다.[12] 신적인 존재의 생애는 정확한 연수로 이루어진다는 고대의 믿음을 감안하면, 그리스도의 수태는 크리스마스 9개월 전 정확히 같은 날짜에 일어났을 가능성이 높다는 것이다.[13] 4세기 익명의 저술 『동지와 춘분에 관하여^{On Solstices and Equinoxes}』는 이러한 견해를 옹호하고 있으며, 성 어거스틴은 그의 논문 「삼위일체론^{On the Trinity}」에서 "그분은 3월 25일에 잉태되신 것으로 추정되며, 같은 날에 십자가에 못 박히셨다. 따라서 그분이 잉태되신 동정녀의 자궁은 필멸자 중 누구도 태어난 적 없는 곳이며, 이는 그분이

---

* 고대 로마에서 토성신(Saturn)을 기념하던 축제이다. 이 기간 동안 사람들은 선물을 주고받고 촛불과 등불로 집을 장식하고 녹색 나뭇가지로 문을 장식했으며, 파티와 도박, 음주가 성행했다.

묻히신 새 무덤과 같다."라고 주장했다.[14]

크리스마스 날짜에 관한 이 이론은 서방과 동방의 기독교인들이 성탄절을 기념하는 날짜의 차이를 설명하는 데도 도움이 된다. 동방의 기독교인들은 1월 6일에 그리스도의 탄생을 기념하는 반면, 서방에서는 12월 25일에 기념한다. 4세기 그리스의 살라미스 주교인에피파니우스Epiphanius는 그리스도의 수태일을 4월 6일로 정했는데, 이는 동방의 크리스마스 축제일보다 정확히 9개월 전이다.[15]

정리하자면, 이교도 축제가 크리스마스 날짜의 기원이라는 주장은 역사적 검증에 들어맞지 않는다. 21세기 초 베네딕토 16세 교황이 설명한 대로, 로마 신들에 관한 이러한 오래된 이론들은 "더 이상 유지될 수 없으며, 이 이론의 결정적인 근거는 창조와 십자가, 창조와 그리스도 수태 사이의 연관성이 전부"이다.[16] 그럼에도 불구하고, 크리스마스에 종종 동반되는 여러 사회적 방탕함을 감안할 때, 이 휴일의 이교도적 기원에 대한 청교도들의 오해는 충분히 이해할 만하다.

청교도주의가 영미권 전역에서 쇠퇴함에 따라, 크리스마스는 18세기와 19세기에 다시 유행하기 시작했다. 그러나 20세기로 접어들면서 크리스마스에 대한 아예 새로운 결의 비판이 형성되었다. 크리스마스 전쟁의 첫 번째 단계에서는, 청교도들은 크리스마스 축제에 수반되는 방탕함에 문제를 제기했다. 두 번째 단계에서 이 휴일의 상업화에 대한 비판이 제기되었다. 탐욕스러운 자본가들은 탐욕스러운

---

* 기독교 역사에서 키프로스 섬의 살라미스 도시를 관할하는 주교를 의미한다. 살라미스는 고대 그리스와 로마 시대 주요 도시 중 하나로, 살라미스 주교 중 가장 유명한 성 바르나바(St. Barnabas)는 기독교 초기에 사도 바울과 함께 초기 기독교 전파에 중요한 역할을 했다.

아이들과 그들의 방종한 부모들에게 장난감을 파는 데에만 혈안이 되었는데, 그들 모두는 구세주의 탄생보다는 산타클로스에 대한 낭만적인 묘사에 더 관심이 있는 것처럼 보였다.

C. S. 루이스C. S. Lewis는 1954년 에세이, 「Xmas와 Christmas: 헤로도토스의 잃어버린 장Xmas and Christmas: A Lost Chapter from Herodotus」에서 이 두 번째 단계의 전투를 정확히 그려냈다. 루이스는 고대 그리스의 역사가였던 실존 인물, 헤로도토스Herodotus와 헤카테오스Hecataeus의 목소리를 빌려, 가상의 북쪽 섬 니아틸브Niatirb, 즉 철자를 거꾸로 쓴 "브리튼Britain"의 크리스마스 시즌 광경을 묘사한다. 니아틸브인들은 한겨울에 엑스마스Exmas라고 불리는 이상한 축제를 기념하는데, 이 축제를 위해 "엑스마스 러쉬"라는 50일간의 준비 기간을 갖는다. 이 기간에 그들은 받는 즉시 버려질 카드를 보내고, 자기 능력 이상의 감당할 수 없는 선물을 사며, 음식과 술을 너무 많이 먹는 바람에 정작 엑스마스 당일에는 지칠 대로 지쳐서 거의 움직이지도 못하고 행사 다음 날에도 거의 움직이지 못한다.

그러나 동일한 날, 니아틸브교의 어떤 작은 종파는 "크리스마스"라고 불리는 별도의 축제를 기념하는데, 이는 엑스마스 애호가들과는 정반대의 모습을 보인다. 이들은 쇼핑의 광기를 피하고, 크리스마스 당일 일찍 일어나 사원으로 가서 "갓 태어난 아기와 아름다운 여인"과 관련된 신성한 축제를 관람하는데, 이 신비로운 행사의 세부 사항은 작가가 반복하여 설명하기를 거부한다.

이 두 축제 사이의 극명한 차이를 감안하여, 루이스 작품 속 역사학자는 크리스마스 날짜를 변경할 것을 제안한다. 이에 사제는 "낯선

이여, 우리가 크리스마스 날짜를 변경하는 것은 불법이지만, 제우스가 니아틸브인들의 마음에 엑스마스를 다른 때에 지키거나 아예 지키지 않도록 하는 생각을 넣어주시길 바랍니다."라고 대답한다. 사제는 "사람들이 크리스마스에는 즐거워해야 하지만, 안타깝게도 엑스마스에는 즐거움이 전혀 남아 있지 않네요."라고 말한다. 어리둥절한 역사학자가 니아틸브인들이 왜 그렇게 엑스마스의 비참한 의식을 견뎌내는지 묻자, 사제는 솔직하게 대답한다. "이방인이여, 이 모든 것은 사기입니다."[17]

20세기 중반까지 많은 보수적인 종교인들은 크리스마스 산업을 사기로 여겼으며, 그 비판은 오늘날까지 이어지고 있다. 반면 20세기 후반과 2000년대 초반에는 미국과 영국 전역의 자유 시장 경제를 옹호하는 보수주의자들이 대기업, 무역 자유화, 그리고 카를 마르크스가 대중화한 용어인 "자본주의"를 무비판적으로 옹호했다. 하지만 보수주의 전통의 더 깊은 뿌리에는 산업화, 그리고 "보이지 않는 손"으로 알려진 자유시장에 대한 회의적인 시각이 존재해 왔다. 이 "보이지 않는 손"은 일종의 준 종교적 개념이지만, 종종 그것을 설파하는 사제와 추종자들이 약속한 것이 실제 세계에서는 완벽하게 충족되지 못하는 경우도 많다.[18]

20세기 크리스마스에 대한 비판적 시각과 미국 건국 초기 청교도적 불만은, 비록 초점은 달랐지만, 한 가지 본질적인 공통점이 있었다. 그것은 바로 크리스마스를 타락으로부터 지키려는 것이었다. 브래드포드 총독은 크리스마스 축제가 정작 주인공인 그리스도에 대한 모독이라고 여겼기 때문에 크리스마스 축제에 반대했다. C. S. 루이스는 크리스마스카드를 보내고, 값비싼 선물을 사고, 저녁 만찬에서 폭식하는 관행이 예수 탄생의 영적 의미를 흐리게 한다고 생각했기 때문에 크리스마스 축제를 비판했다. 20세기 후반까지 크리스마스에 대한 전쟁의 모든 단계에서 모든 전투 참여자는 기본적으로 동일한 기준을 공유했다. 청교도와 크리스마스를 즐기는 사람들 모두 기독교를 믿었으며, 그들의 의견 차이는 그리스도의 탄생을 어떻게 '올바르게 기념할 것인가'에 관한 것이었다.

1980년대와 90년대에 시작되어 오늘날까지 이어지고 있는 크리스마스 전쟁의 가장 익숙한 최신 국면은 근본적으로 아예 다른 전투선을 따라 전개된다. 한쪽에서는 종교적, 상업적으로 크리스마스를 지키려는 사람들과 두 극단 사이 어딘가에 속하는 대다수의 사람이 이 휴일에 대한 대중적 인식을 옹호한다. 다른 쪽에서는 한 무리의 이념주의자 집단이 크리스마스를 공공 광장에서 몰아내려 하며, 이를 세속주의, "포용성", "다양성"이라는, 정치적으로 올바른 가치에 따라 정당화하고 있다.

크리스마스에 대한 새로운 전투에서 공격자들은 두 가지 모순된 전략을 사용하고 있다. 먼저 그들은 이런 전투가 존재한다는 사실 자체를 부인한다. 좌익 성향 단체인, "정교분리를 위한 미국인 연합 Americans United for Separation of Church and State"은 "종교적 우파들이 주장하는 '크리스마스와의 전쟁'은 허상이라며, 그들의 주장을 터무니없다고 일축한다.[19] 그러나 또 한편으로는, 수십 년간 이어진 반(反)크리스마스 운동을 누군가 언급이라도 하는 순간, 순식간에 태도를 바꾸어 문제의 심각성을 축소하기 시작한다.

퓰리처상을 수상한 『워싱턴포스트』의 칼럼니스트 콜베어 킹Colbert King은 2017년, 「나는 '메리 크리스마스'에 관심이 없다」라는 글에서 상황에 따라 입장을 이리저리 옮기는 모순적 태도를 보였다. 그가 관심 없다고 주장하는 내용에 굳이 지면을 할애한 이유는 차치하고, 그가 크리스마스를 둘러싼 전쟁의 존재 자체를 인정한 점만큼은 주목할 만하다. 비록 이 갈등을 "냉소적 조작"이라 일축했지만,[20] 킹은 "크리스마스(Christmas)"를 "휴일(Holiday)" 같은 일반적 용어로 대체하려는 캠페인과, 이에 앞장선 리버럴들의 존재를 부인하지 않았다. 또한 그는 이 캠페인이 "타인의 감성을 존중하기 위한 것"이라 여기면서도, 의미의 변화가 크게 중요치 않다고 주장했다.[21] 하지만 반크리스마스 운동이 무려 40년이나 지속되어 온 사실을 생각해 보면, 정치적 올바름을 추구하는 이들에게 이 의미적 변화가 얼마나 중요한지를 알 수 있다.

크리스마스를 둘러싼 최근의 전쟁에서 발생한 첫 번째 충돌은 1980년대 초 로드아일랜드주 포터킷에서 발생했다. 포터킷은 1943년부터 시내 쇼핑거리에 매년 크리스마스 장식을 설치해 왔다. 이 장식에는 크리스마스트리, 산타클로스의 집, 4채의 집과 교회로 구성된 작은 마을, 캐럴 가수들, 순록 무리, 광대, 춤추는 코끼리, 로봇, 곰 인형, "즐거운 연말Season's Greeting"이라고 적힌 현수막, 그리고 구유가 포함되어 있었다. 이 중 열 몇 개의 요소는 크리스마스를 상징하는 것이었고, 그중 단 하나만이 그리스도를 상징하고 있었다. 그러나 포터킷 주민 다니엘 도넬리Daniel Donnelly에게는 그 하나도 너무 과했는지, 시당국에 아기 예수를 철거할 것을 요구했다. 시가 이를 거부하자, 그는 이름부터 모순적인 미국 시민 자유연합 American Civil Liberties Union (이하 'ACLU')
이라는, 본인과 같이 급진적인 성향 단체의 도움을 받아 포터킷 시를
고소했다.

로드아일랜드 지방법원은 수정헌법 제1조의 정교분리 조항에 따
라 구유 전시를 금지한다고 판결했고, 제1순회 항소법원도 이 판결을
인용했다. 그러나 포터킷 시는 아기 예수의 구유를 지키기 위해 끈질
기게 싸움을 이어갔고, 결국 이 사건은 1983년 10월 4일 대법원까지
올라가게 되었다. 석고로 만들어진 아기 예수의 운명이 불투명한 가
운데 또 한 번의 크리스마스가 지나갔고, 마침내 이듬해 3월 5일, 대
법원은 5대 4로 하급 법원의 판결을 뒤집고 포터킷 시의 손을 들어주
었다.[22]

대법원의 판결은 크리스마스 전쟁을 둘러싼 이 새로운 전투에서
보수주의자들에게 당장의 승리는 안겨주었을지 모르지만, 이 좁은
범위의 판결은 앞으로 펼쳐질 더 많은 소송의 발판을 마련해주었다.
일단, 연방 정부가 크리스마스에서 그리스도를 추방하는 것을 막았
던 것은 딱 한 표 차이 덕분이었다. 또한 법원이 예수의 편을 들었던
것은 오로지 포터킷의 전시가 "합법적인 세속적 목적" 및 "구유를 전
시하는 것이 특정 종교에 대한 정부의 지지를 표현하려는 의도적 혹
은 은밀한 노력임을 입증하는 증거가 불충분하다"는 이유 덕분이었
다.[23] 하나님의 아들은 겨우 살아남았지만, 그것은 그가 어디까지나
종교적 인물이 아니라는 이유로만 가능했던 것이다.

보수주의자들은 이 소송에서 승리했지만, 승리하기 위해 사용된
논거는 결국 보수 진영의 문화적 목표를 약화하는 결과만 낳았다. 포

터킷 시는 구유가 세속적인 이유로 사용된 것이기 때문에 정교분리 원칙을 위반하지 않았다고 주장했고, 법원은 바로 이 지점에서 동의했던 것이다.

사실 포터킷 시는 구유의 종교적 특성을 인정한다고 하더라도 구유를 전시할 충분한 권리를 가지고 있었다. 로드아일랜드주에 주(州)교회state church를 설립하는 것조차 수정헌법 제1조를 위반하지 않을 수 있었다. 역사적으로 수정헌법 제1조는 연방 정부가 "종교의 설립에 관한 법률을 제정하거나 종교의 자유로운 행사를 금지하는 것"만을 금지했기 때문이다.[24]

세속주의자들은 "정교분리"를 내세우지만, 이 문구는 1802년 토머스 제퍼슨이 코네티컷주 댄버리 침례교 협회에 보낸 편지에서 인용된 것일 뿐, 이 문구나 그것이 현재 나타내는 정서는 헌법 어디에도 나타나지 않는다.[25] 우리는 수정헌법 제1조가 주정부의 교회 설립을 금지하지 않았다는 것을 확실히 알 수 있다. 왜냐하면 수정헌법 제1조가 비준되었을 당시 여러 주에서 주교회를 유지하고 있었기 때문이다. 뉴햄프셔주는 1817년까지 주교회를 폐지하지 않았고, 코네티컷주는 1818년까지 회중 교회 체제를 유지했으며, 매사추세츠주는 미국 헌법을 비준한 지 45년이 지난 1833년까지 주교회에 자금을 지원했다.[26]

---

* 주교회는 특정 국가나 지방 정부가 공식적으로 인정하고 지원하는 교회를 말한다. 과거 유럽 국가들은 가톨릭이나 개신교 등 특정 종파를 국교로 지정하고 국가 예산으로 교회를 운영하거나 성직자 봉급을 지급했다. 영국의 국교회인 성공회가 대표적인 예다. 미국 건국 초기에도 일부 주에서는 이런 국교회 제도를 유지했다. 매사추세츠주는 회중교회를, 버지니아주는 성공회를 주교회로 삼았다

포터킷 시와 대법원은 수십 년 동안 정치적 올바름을 전진하게 했고, 보수주의자들이 문화전쟁에서 패배하게 했다. 포터킷 시와 대법원, 그리고 보수주의자들은 세속적 자유주의가 정치 게임을 할 수 있는 중립적인 전장이라는 급진주의자들의 전제를 받아들였다. 그러나 현실에서 이러한 전제는 게임의 주도권과 국가의 미래를 정치적 올바름을 추구하는 좌익에게 넘겨주는 결과를 초래할 뿐이었다.

제퍼슨의 주장과는 달리, 교회와 국가 사이에 확고한 "분리의 벽"은 결코 존재할 수 없다. 모든 법은 도덕적 질서를 전제로 하며, 모든 도덕적 질서는 종교적 교리에 기반하기 때문이다. "숭배(Cult)"와 "문화(Culture)"는 같은 어원에서 파생된 단어로, 한 문화가 금지하거나 장려하는 것은 그 문화가 무엇을 숭배하는지 보여준다. 제퍼슨의 다소 기이한 이성주의적 사색과는 반대로, 교회와 국가는 역사상 모든 사회에서 분리될 수 없는 관계라는 사실을 우리는 알고 있다. 제퍼슨 자신도 "모든 인간은 평등하게 창조되었으며, 창조주로부터 생명, 자유, 행복 추구 등의 양도할 수 없는 권리를 부여받았다"고 선언한 독립선언서에서 이 점을 분명히 했다.[27] 제퍼슨은 자신이 회중교도, 퀘이커교, 가톨릭 중에서 어떤 종파를 더 선호했는지 표명하는 것을 꺼리긴 했지만, 그는 그가 믿는 창조주에 대한 특정한 이해를 바탕으로 미국 혁명을 정당화했으며, 그 창조주 없이는 미국이라는 국가도 존재할 수 없었을 것이다.

이렇게 제퍼슨이 세속주의자들의 주장을 뒷받침해 주지 못하는 경우, 세속주의자들은 존 애덤스에게 도움을 요청하는 손길을 뻗는다. 그들은 애덤스가 "미합중국 정부는 어떤 의미에서도 기독교에 기반을 두고 있지 않다."라고 말했다고 주장한다.[28] 그러나 사실 이 글은 애덤스가 직접 쓴 것이 아니라, 자신의 이름을 해당 문구 아래에 기재했을 뿐이었다. 이 문구는 미국 외교관이자 제퍼슨주의 공화주의 자인 조엘 벌로우Joel Barlow가 1796년 애덤스가 서명한 트리폴리 조약 Treaty of Tripoli에 작성했던 것이다.[29] 수 세기 동안 무슬림 해적들은 바르바리 해안에서 서양 선원들을 습격하여 화물을 빼앗고 생존자들을 노예로 팔았는데,[30] 튀니지 주재 미국 총영사 윌리엄 이튼William Eaton에 따르면, "무슬림들과 좋은 관계를 맺고 싶은 기독교인들은 잘 싸우던가 돈을 잘 내야 한다."라고 말했다고 한다. 이 두 가지 모두 당시 신생 국가였던 미국에게는 달갑지 않은 선택지였고, 해적들의 이 최후통첩이 미국으로 하여금 트리폴리 조약에서 미국의 기독교적 토대를 부인하게 만들었던 것이다.* [31]

우리 건국의 아버지들은 무슬림 해적들을 달래려 하지 않을 때는 기독교 및 미국의 공적 영역에서 차지하는 기독교의 역할에 대해 더 호의적으로 말했다. 존 애덤스가 트리폴리 조약에 서명한 내용이 무엇이었든지 간에 그는 미국을 기독교 국가로 간주했다. 1813년 제퍼슨에게 보낸 편지에서 애덤스는, "우리의 조상들로 하여금 독립을 쟁취하게 해준 일반적인 원칙들은, 그 젊은 신사들로 구성된 아름다운 의회가 하나가 될 수 있게 했던 유일한 원칙들이었다."라고 확언했다. 그는 "기독교의 일반적 원칙들"을 "신의 존재와 속성만큼이나 영원

---

* 해당 문구를 조약서에 포함했던 이유는 무슬림들에게 미국이 기독교 국가가 아니라는 점을 강조함으로써 적대감을 누그러뜨리고 평화로운 관계를 모색하려 했던 것으로 해석할 수 있다.

하고 불변한 것"으로 믿었으며, 영국의 기독교 유산이 육성해 온 "자유의 원칙들"을 "인간의 본성이나 지상의 세속적 제도와 같이 불변한 것"으로 여겼다.[32] 그리고 애덤스는 이러한 자신의 진솔한 생각이 담긴 제퍼슨과의 서신을 바르바리 해적들에게는 공유하지 않았다.

또 다른 건국의 아버지이자 초대 대법원장이었던 존 제이[John Jay]는 미국의 기독교적 건국 정신을 더욱 명확한 표현으로 설명했다. 그는 1816년, 다음과 같은 글을 남겼다. "하나님은 우리 국민에게 통치자를 선택할 수 있는 권리를 주셨다. 그리고 기독교 국가인 우리에게는 기독교인을 통치자로 선택하고 선호하는 것이 의무일 뿐만 아니라 특권이자 이익이기도 하다."[33] 만약 ACLU가 건국 당시 존재했다면, 그들은 의심할 여지 없이 이 초대 대법원장을 법정에 세웠을 것이다.

1979년, 밥 딜런[Bob Dylan]은, "그것이 악마일 수도 있고 주님일 수도 있지만, 당신은 반드시 누군가를 섬겨야 할 것"이라고 말했다.[34] 완벽하게 "해방된" 또는 중립적인 정치적 입장은 존재할 수 없다. 모든 정치 체제는 어떤 형태의 종교적 비전을 가지고 있기 때문이다.

이후 20년 동안 미국의 토착 종교는 세속주의라는 반(反)종교로 대체되었다. 이러한 점진적 변화에 많은 보수주의자들조차 동조했는데, 이는 그들이 법률과 자유, 미국 건국에 대해 피상적이고 잘못된 이해를 가지고 있었기 때문이다. 대법원이 린치 대 도넬리[Lynch v. Donnelly] 재판을 통해, 지자체에서 기획하는 크리스마스 장식물 설치에 있어 세속주의를 필수 불가결한 요소로 규정한 후, 급진주의자들은 이 판결의 원칙을 논리적 결론으로 밀어붙이며 공공장소에서의 크리스마스 특유의 모든 즐거움을 제거하려 했다.

1990년대 어느 날, 워싱턴 D.C. 국회의사당의 크리스마스트리는 "홀리데이 트리holiday tree"가 되었다. 정치적으로 올바른 의미를 지닌 수많은 용어가 그렇듯이, 이 트리의 이름이 정확히 언제, 어떻게 바뀌었는지 정확히 짚어내는 사람은 아무도 없다. 『워싱턴포스트』의 기자 페툴라 드보락Petula Dvorak은 "나는 유대인이고, 이것은 홀리데이 트리가 맞습니다."라고 말한 국회의사당의 조경사인 폴 핀커스Paul Pincus를 비판했다.[35] 드보락이 전달하는 핀커스의 논리에 따르면, 하누카 메노라Hanukkah menorah* 는 감리교인이 지나가는 순간 갑자기 "홀리데이 촛대"로 변신할 것이며, 힌두교 축제인 홀리Holi는 무슬림이 지나가는 순간, "홀리데이 페인트볼 게임"이 된다는 것이다. 하지만 설령 타 종교인의 존재만으로도 어떤 종교적, 문화적 상징이 얼마든지 세속화될 수 있다 하더라도, 정치적 올바름을 추구하는 사람들이 비서구권의 상징이나 전통을 표적으로 삼는 경우만큼은 절대 발생하지 않는다.

핀커스 자신은 90년대에 어떤 변화도 일어나지 않았다고 주장하면서, 1960년대에도 사람들은 국회의사당 앞의 침엽수를 그저 "트리"라고 불렀다고 주장했다.[36] 그러나 이름이 어떻게 바뀌었든 간에, 어떤 신조어도 그 나무의 크리스마스적 상징성을 바꿀 수는 없었다. 그 "트리"는 어떤 목적으로 국회의사당에 세워진 것일까? "홀리데이 트리"는 대체 어떤 "홀리데이"를 기념했던 것일까?

1990년대에 "크리스마스트리"를 "홀리데이 트리"로 이름을 바꿀

---

* 하누카 메노라는 유대교의 명절인 하누카(Hanukkah)에 사용되는 촛대이다. 하누카는 유대교의 축제로, 8일 동안 진행되며, 기원전 2세기경 셀레우코스 제국에 맞서 싸운 유대인의 승리와 예루살렘 성전의 재봉헌을 기념한다.

때는 딱히 논란이 따르지 않았지만, 2005년 하원의장 데니스 해스터트Dennis Hastert가 트리의 이름을 원래 이름으로 복원하기로 했을 때는 논란이 일어났다.[37] 『디씨스트DCist』의 헤멀 자베리Hemal Jhaveri가 기고한 글이 당시의 분위기를 보여준다. "우리의 수도가 연휴 시즌을 정치화하다니, 이런 일은 이제 국회의사당에 맡겨두면 되는 건가?" 그녀는 불평했다. "이제 정치적 올바름이 크리스마스트리, 아니 홀리데이 트리까지 이어지는 건가?" 자베리의 조롱 섞인 논조는 모든 정치적 성향의 독자들에게 공감을 살 수 있었지만, 그녀가 이 논쟁의 정확히 어떤 측면을 우스꽝스럽게 여기는지, 이 글을 통해서는 알 수 없으며, 그 모호함은 글 전체에 걸쳐 계속된다.

"이런 모든 명칭 논쟁과는 별개로, 우리가 나무 하나 가지고 너무 멀리 나갔다고 생각하지 않는가?" 그녀는 묻는다. 맞는 말이다. 그러나 그녀는 우리를 논쟁의 벼랑 끝까지 몰고 간 진영이 어느 쪽이었는지는 끝내 밝히지 않는다. "이런 이름들은 나에게 아무 의미가 없다." 그녀는 말한다. "'홀리데이 트리', '크리스마스트리' 혹은 '내셔널 트리'의 유일한 차이점은 아마 줄기의 크기, 침엽의 종류 또는 전구의 가닥 정도가 될 것이다." 자베리는 "진짜 진실"과 "성탄 시즌의 진정한 의미"는 예수의 탄생이 아니라 "땅의 평화, 사람들을 위한 선의"라는 더 모호한 소망과 관련 있다고 선언한 후 독자들에게 "크리스마스 저녁 식사 자리에서 친척들하고나 다툴 문제"라며 권고한다.[38] 다시 말해, 보수주의자들에게 크리스마스를 그렇게 대단하게 여긴답시고 여기저기 소란 피우며 들쑤시지 말고 그냥 얌전히 "홀리데이 트리"라고 부르면 된다고 말하는 것이다.

수십 년 동안, 정치적 올바름을 추구하는 문화 혁명가들은 변해가는 사회의 모습을 보며 우려하는 보수주의자들에게, "누가 신경이나 쓰나? Who cares?"라는 말로 토론의 여지를 차단해 버림으로써 자신들의 급진적인 계획을 정당화하는 일을 교묘하게 회피해왔다. 그러나 급진주의자들은 확실히 신경을 쓰고 있다. 오랜 전통을 뒤집기 위해 그토록 많은 시간과 에너지를 쏟아왔다는 것이 그 증거다. 만약 이들이 정말 "크리스마스트리"와 "홀리데이 트리" 사이의 의미론적 구분에 아무 의미도 없다고 믿는다면, 그냥 오랫동안 쓰여왔고 누가 들어도 쉽게 이해할 수 있는 정확한 용어를 그대로 유지하면 될 일 아니겠는가? 이 말장난 전문가들은 문화 전쟁에서 공격을 가하는 쪽이면서도, 상대가 쉽게 굴복하지 않는다는 이유로 오히려 우리를 골치 아픈 집단이라고 손가락질하는 뻔뻔함을 보여주고 있다. 급진주의자들은 겉보기에 사소해 보이는 의미론적 변화가 문화를 변화시킬 만큼의 위력을 가지고 있음을 잘 알고 있다. 그렇기 때문에 그토록 전국의 공공장소에서 크리스마스트리를 쫓아내려 했던 것이다.

　2005년, 데니스 해스터트가 국회의사당 크리스마스트리의 본래 이름을 되찾아 주자, 보스턴시는 보란 듯이 자신들의 거대한 가문비나무를 "홀리데이 트리"로 개명시켰다. 당시 보스턴 시장이었던 토머스 메니노Thomas Menino는 실제로 이 개명에 반대했다. 그러나 운동가들은 전형적인 진보적 전략을 가지고 자신들의 계획을 민주주의적 반발로부터 보호했다. 그들은 관료적 손질, 즉 시장이 아닌 보스턴 공원 관리국을 통해 개명을 진행했던 덕분에 정치적 논쟁에서 벗어날 수 있었다. 결국 선출직 공무원이 이에 대해 할 수 있는 일은 아무것도 없었다.

하버드 기독교 모임의 회원인 필립 파월Philip Powell은 보스턴 시의 결정에 분개를 표했다. "이 '홀리데이 트리'라는 명칭은 정말 말도 안 돼요. 지금은 크리스마스 시즌이고, 12월 25일은 크리스마스입니다. 그냥 여러 기분 좋은 축하의 날 중 하나가 아니라고요."[39] 파월은 아마도 헤멀 자베리나 린치 대 도넬리 사건에서 다수 의견을 낸 대법관들, 또는 공공장소에서 크리스마스트리를 없애려 했던 PC 운동가들의 의견을 참고한 적이 없었던 것 같다. 그들에게 12월 25일은 정말로 그냥 기분 좋은 축하의 날 중 하나에 불과하기 때문이다. 대법원이 린치 판결에서 설명한 대로, 이 휴일을 공공장소에 어울리게 만드는 것은 바로 그 휴일의 세속성 때문이다.

바로 같은 해, 주요 대기업들도 급진 정치인들과 합세하여 크리스마스 시즌에서 크리스마스를 지우려 했다. 월마트, 타겟, 시어스, 로우스, 베스트바이 등 미국 최대 소매업체로 꼽히는 이 기업들이 시즌 마케팅 자료에서 "크리스마스"라는 단어를 삭제했던 것이다. 이 중 일부 기업들은 미국 가족 협회American Family Association (이하 'AFA')와 종교 및 시민권을 위한 가톨릭 연맹Catholic League for Religious and Civil Rights의 보이콧 위협에 대응하는 차원에서 아주 잠깐 방향을 바로잡기도 했지만, 여전히 많은 기업은 세속화 프로그램을 꾸준히 밀어붙였다.[40]

2008년, AFA는 인테리어 자재소매점 홈디포가 "크리스마스"라는 용어 대신 "홀리데이"라는 용어를 사용하는 점을 지적했다. 특히 홈디포가 하누카*에 대해서는 계속 언급하면서도, 기독교 명절에 대해서만 정확한 명칭으로 언급하지 않는다며 그들의 이중잣대를 비판했다.[41] 좌파 성향의 "팩트 체크" 웹사이트인 '스놉스Snopes'는 홈디포가 웹사이트에서 크리스마스에 대한 언급을 완전히 삭제하지는 않았다는 이유로 AFA의 주장이 "거짓"이라고 판정했지만, 홈디포는 크리스마스의 비중을 축소한 사실을 인정하고 크리스마스를 예전의 명성으로 되돌려 놓겠다고 약속했다.[42]

보수주의자들이 크리스마스 시즌에서 크리스마스를 지우려는 조직적 정치 캠페인에 맞서 싸우기 시작하자, 정치적 올바름의 운동가들은 전술을 살짝 수정하는 방법을 선택했다. 크리스마스를 완전히 지우는 대신, 크리스마스를 크리스마스 시즌의 여러 명절 중 하나로 언급하는 것이 그들의 수정된 전술이었다. 의류 소매업체 갭은 2009년 이러한 접근 방식을 채택하여 자신들의 광고에 "Go 크리스마스! Go 하누카! Go 콴자**Kwanzaa! Go 동지***Solstice!"라는 문구를 내걸고 고객들에게 "당신이 원하는 어떤 휴일이든 자유롭게 기념하라"고 제안했다.[43] 미국인들은 크리스마스를 자유롭게 기념할 수 있었다. 그러나 그것은 어디까지나 다문화주의와 "포용"을 명목으로 하여 크리스마스만을 배타적으로 기념하지 않는 경우에 한해서였다.

---

* 유대교의 대표적인 명절 중 하나로, 크리스마스 시즌과 겹치는 시기에 있어 함께 언급되는 경우가 많다.

** 아프리카계 미국인들이 기리는 명절로, 아프리카의 수확 축제 전통에 뿌리를 두고 있다.

*** 하지(Summer Solstice)와 동지(Winter Solstice)를 통틀어 일컫는 말이다. 일부 신이교주의, 뉴에이지 영성 문화 등에서는 중요한 명절로 기리고 있다.

그러나 크리스마스가 정말로 여러 명절 중 하나에 불과할까? 갤럽 여론조사에 따르면, 2019년 미국인의 무려 93%가 크리스마스를 기념한다고 답했다. 이는 1994년의 96%에 비해 약간 감소한 수치이지만, 대체로 이 수준은 역사적으로 항상 엇비슷했다.[44] 반면, 미국인의 1.8%만이 자신의 종교를 "유대교"라고 밝혔고, 추가 0.4%는 자신을 비종교적 유대인으로 여기는데, 이는 반대로 무려 97.8%의 미국인이 하누카와 종교적으로나 문화적으로 아무런 연관이 없다는 것을 의미한다.[45] 게다가 하누카를 기념하는 유대인들조차 하누카를 유월절Pesach, 로쉬 하샤나Rosh Hashanah, 욤 키푸르Yom Kippur, 수코트Sukkot와 같은 주요 명절들*에 비해 상대적으로 작은 명절로 여긴다.[46]

1966년 마우라나 카렝가Maulana Karenga(본명 로널드 에버렛Ronald Everett)가 만든 이념적 명절인 "콴자"를 기념하는 미국인의 비율도 이와 비슷하다. 당시 캘리포니아주립대학교 롱비치 캠퍼스의 흑인학과 학과장으로 재직 중이었던 카렝가는 흑인 민족주의와 사회주의를 홍보하는 수단으로서 이 기념일을 만들었다. 그는 이 두 가지 사상을 콴자의 "7대 원칙"**에 포함했고, 당시 유행하던 다른 이념적 목표들도 여기에 함께 담았다.[47]

그로부터 5년 후, 카렝가는 두 여성을 감금하고 고문한 혐의로 유

---

* 유월절은 이집트에서의 탈출을 기념하며 첫 이틀 동안 무교병과 같은 발효되지 않은 빵을 먹는다. 로쉬 하샤나는 유대교 새해, 욤 키푸르는 속죄일(금식하며 회개), 수코트는 장막절(광야의 40년을 기념하며 임시 초막을 지어 그 안에서 지냄)을 의미한다.

** 단결(우모자, Umoja), 자기 결정(쿠지착굴리아, Kujichagulia), 공동 작업과 책임(우지마 Ujima), 협동 경제(우자마, Ujamaa), 목적(니아, Nia), 창조성(쿠움바, Kuumba), 믿음(이마니, Imani)

죄 판결을 받은 후, 감옥 독방에서 콴자를 기념해야 했다.[48] 카렝가의 피해자 중 한 명인 데버러 존스Deborah Jones는 그가 자신들에게 옷을 벗으라고 명령한 후 전깃줄로 채찍질하고 가라테 봉으로 구타했다고 진술했으며,[49] 또 다른 피해자인 게일 데이비스Gail Davis는 카렝가가 뜨거운 인두로 그녀의 입과 얼굴을 지지고, 두 여성의 입에 세제와 물이 흐르는 호스를 넣은 뒤 토스터로 머리를 내리쳤다고 진술했다.[50] 아마도 이 불쾌한 사건이 연상되어서인지, 콴자는 대중적인 인기를 얻지 못했다.

마찬가지로, 대중 문화에서 이교도 문화가 워낙 크게 강조되는 것처럼 보여서 꽤 영향력이 크다고 생각될 수도 있겠지만, 실제로 자신을 이교도라고 여기는 미국인은 0.3%에 불과하다. 따라서, 갭이 크리스마스와 동등한 명절로서 굳이 동지를 포함할 필요가 있었는지 의문이 생긴다.[51] 정리하자면, 지켜지지 않는 이교도 축제, 작은 유대교 명절, 그리고 사회주의의 인위적 명절을 제외하고 나면, 결국 12월에 기념할 만한 명절은 크리스마스만 남게 된다. 그러나 이는 PC주의자들에게는 도무지 용납할 수 없는 일이었다. 따라서 그들은 2010년대에 들어 크리스마스를 대체하는 용어로, 이름 없는 "홀리데이"를 사용하고 있는 것이다.

이 논쟁은 오늘날까지도 이어지고 있다. 2019년, 위스콘신주의 새로 선출된 민주당 소속 주지사 토니 에버스Tony Evers는 주 의사당의 크리스마스트리를 "홀리데이 트리"로 바꾸었던 것이다. 이에 주 의회 공화당 의원들은 다시 크리스마스트리로 고유 명칭을 복원시키기 위한 결의안을 빠르게 통과시켰고, 그 후 양당 의원들은 이 상록수를 뭐라고 부를지 30분 동안 논쟁을 벌였다.

민주당 하원의원 조나단 브로스토프Jonathan Brostoff는 공화당 의원들에게 "나무까지 정치화하려고 한다."라고 비난했다. 하지만 정작 이 논쟁을 먼저 시작했고 정치화한 쪽은 바로 민주당이었다. 공화당 의원 스콧 크루그Scott Krug는 민주당 의원들이 의미론적 혼란에 사로잡혀 있다고 지적했다. "그냥 있는 그대로 부르면 되잖습니까?" 그는 외쳤다. "그건 크리스마스트리입니다. 크리스마스트리라고요. 크리스마스트리라니까요!"[52]

맞다. 그것은 분명 크리스마스트리에 불과하다. 그러나 그것은 반짝이는 장식 그 이상의 의미를 지니고 있다. 주정부 건물이나 공공장소에 있는 크리스마스트리는 한 사회에서 기독교가 갖는 특별한 역할을 상징한다. 크리스마스트리는 사람들에게 서로 다른 종교가 존재하며, 그 종교들이 자연과 정치에 대해 서로 다른 주장을 펼친다는 것을 상기시켜 준다. 크리스마스트리는 급진주의자들이 우리 문화의 전통적 신앙을 대체하고자 하는 과학적 자유주의라는 종교에 저항하는 상징이기도 하다.

에버스 주지사는 학생 및 교육자들에게 보낸 서한에서 이러한 의도를 명백히 드러냈다. 그는 "2019년 주 의회의 홀리데이 트리 테마가 '과학을 기념하는 것'임을 발표하게 되어 기쁘다."라고 연설했다.[53] 크리스마스트리가 그리스도를 기리는 것처럼, 정치적 올바름의 "홀리데이 트리"는 세속주의를 기리는데, 이는 종종 "과학"이라는 이름으로 위장하기도 한다.

"과학(science)"이라는 단어는 본래 "지식"을 의미하며, 라틴어 동사 "알다(scire)"에서 유래한다.[54] 현대에 이르러 이 용어는 체계적이고 물질적인 탐구를 통해 밝혀낸 물리적 세계에 대한 지식이라는 구체적인 의미를 갖게 되었다. 그러나 남성도 여성이 될 수 있다고 믿으면서, 아기는 인간이 아니라고 주장하는 에버스 주지사에게는 이 두 가지 의미 중 어느 것도 과학을 의미하지 않는다.[55] 에버스와 그의 세속주의자 친구들에게 "과학"이란, 한 세기가 넘도록 좌파 사이에서 유행했던 숙명론적 신념을 가리키는 것이다. 이 신념에 따르면, "역사의 과학"은 우리가 "옳은 편right side"에 서든 그렇지 않든 진보의 길을 따라 전개될 것이라고 말한다.

보수주의자들은 때때로 이러한 과학의 왜곡을 "과학주의scientism" 정도로 명명하는 것에서 그친다. 그러나 사실 과학주의는 정치적 올바름이 반(反)표준적 기준인 것처럼 일종의 반(反)종교적 세속 종교로 이해하는 편이 낫다. 정치적 올바름은 전통적인 언어와 행동 기준을 파괴하기 위해 작동하는데, 어떤 사람들에게는 새로운 규범을 채택하도록 강요하면서, 다른 이들에게는 기준 자체를 부정하도록 설득하면서 성공을 거둔다. 어느 쪽이든 기존 질서를 전복시키는 결과를 낳는다. 과학주의도 이와 유사한 방식으로 작용하여 공적 담론에서 전통적인 종교적, 윤리적 고려 사항을 정당한 것으로 인정하지 않게 만든다. 사람들이 세속주의자들의 황당한 관념을 받아들이든 받아들이지 않든 그 여부는 중요치 않다. 과학주의가 단순히 사람들로 하여금 "종교" 자체를 거부하도록 설득한다면 그것만으로도 급진주의자들의 목적은 달성된 것이다.

수십 년 동안 보수주의자들은 전통적인 기준을 "자유주의에 어긋

나는"것으로, 전통적인 도덕적 담론 방식을 "비과학적"인 것으로 여기며 양쪽 전선 모두에서 급진주의자들의 전제를 용인해 왔다. 과학주의적 자유주의자scientistic liberals 처럼 행동하기를 열망하는 "보수주의자들"이 정치적 올바름을 추구하는 급진주의자들의 혁명적 계획으로부터 자신들의 문화를 지켜내지 못한 것은 사실상 당연한 수순이다. 거세된 보수주의자들은 상대방의 전제를 얌전히 앉아서 받아들였다. 건국의 아버지들, 그리고 그 이전 혹은 이후의 모든 위대한 국가 지도자들과는 달리, 보수주의자들은 자신들이 파시스트나 꼰대로 불릴까봐 두려워하면서 자신들의 세계관을 당당하게 표명하기를 꺼린다.

2000년대 초까지만 해도 정치적 올바름의 승리는 피상적이고 심지어 경박해 보이기까지 했다. 사회적 관계가 거칠어지고, 언어는 퇴화했으며, 이성은 공적 영역에서 후퇴했지만, 이러한 변화는 대부분의 평범한 관찰자들에게 공포보다는 당혹감을 불러일으켰다. 그러나 정치적 올바름이 표준, 언어, 사고에 가져온 미묘한 왜곡은 2010년대 초반에 우리의 가장 기본적인 자아에 대한 이해마저 뒤엎을 만한 위협을 가했다.

제2물결 페미니스트들은 1970년대에 처음으로 정치적 올바름을 대중의 눈앞에 노출했다. 이후 수십 년 동안, 그들의 겉보기에는 소박한 주장과 요구는 정치권 전반에 걸쳐 급속도로 퍼져 나갔다. 그러다가 20세기가 21세기로 넘어가면서, 처음에는 남녀 간의 싸움으로 보였던 싸움이 성별 자체를 위한 싸움으로 변질되었고, 마침내 급진주의자들은 인간 본성의 가장 기본적인 구분마저 부정하기 시작했다.

성별을 위한 전투

THE BATTLE FOR THE SEXES

13

성별을 위한 전투

남자는 여자가 아니다. 대부분의 인류 역사에서 이 문장은 그 누구의 눈썹 하나도 까딱하게 만들지 않았을 것이다. 그러나 2019년 4월 11일, 이 문장은 여러분의 저자를 공격하기 위한 폭도를 일으켰다. 지금까지 필자는 글을 쓸 때 일인칭 단수 대명사를 되도록 피해 왔다. 하지만 정치적 올바름이 나날이 발전하는 이 특별한 국면에서 필자가 작은 역할을 했고, 성별을 위한 전쟁이 주로 인칭 대명사에 대한 논쟁에 달려 있기 때문에, 더 이상 단수 일인칭 사용을 피하지 않을 생각이다.

2019년 봄, 보수 성향 학생 단체인 영 아메리카 재단Young America's Foundation (이하 'YAF')과 대학 공화당College Foundation은 미주리대학교 캔자스

시티 캠퍼스 강연에 필자를 초청했다.[01] 학생들은 내가 남자는 여자가 아니라는 논쟁적인 주장에 대해 설명해 주기를 요청했다. 몇 달간 YAF 강연 투어를 통해 나는 최소 12개 학교를 방문하며, 정치적으로 올바른 학생들, 즉 일부 인정사정없고 통찰력 있는 관찰자들이 "눈송이"라고 부르는 이들의 반감을 사는 이 무해한 주제에 대해 연설했다.

투어 중 또 다른 캠퍼스에서 나는 "말은 폭력이 아니다."라고 말했다.[02] 또 다른 학교에서는 "아기도 사람"이라는 개념을 옹호했다.[03] 두 발언 모두 정치적으로 올바른 급진주의자들의 비난을 샀지만, "남성은 여성이 아니다."라는 미주리대학교에서의 필자의 주장만큼 그들의 분노를 자극한 주장은 없었다. 내가 입을 열자마자 청중석에 앉아 있었던 좌익 시위대가 비명을 지르기 시작했다. 강연 녹화 영상에는 나의 연단 마이크만 카메라에 연결되어 있어서 비명의 강도가 제대로 담기지 못했지만, 그들의 울부짖는 소리가 현장에서는 마이크를 압도하는 바람에 대부분의 청중이 나의 강연을 들을 수가 없었다.

일부러 둔한 척하는 선동가들은, 표현의 자유의 진정한 수호자라면 이런 방해 행위도 옹호해야 한다고 주장한다. 연설자가 청중에게 연설할 권리가 있다면 야유꾼들에게도 강연자의 말을 끊을 권리가 있다는 논리다. 하지만 사실 이런 방해 행위는 "야유꾼의 거부권heckler's veto"에 해당한다. 법적 정의에 따르면 "야유꾼의 거부권"은 폭력적 반응을 초래할 수 있다는 우려로 인해 정부가 특정 강연을 위헌적으로 금지하는 행위를 뜻한다.[04] 그러나 일상적인 맥락에서는 야유꾼들이 다른 이의 연설을 방해하는 모든 행위를 가리킨다.[05] 체스터턴이 "사고를 멈추게 하는 사고를 멈추자."라고 촉구했듯이, 표현의 자유 수호자들도 오랫동안 표현의 자유를 저해하는 발언을 막아야 한다고 주장해 왔다.

방해꾼들은 준비된 모습으로 강당에 들어왔지만, 여러분의 연사는 그들보다 더 준비된 모습으로 등장했다. 방해꾼들이 즉흥적인 비명을 지르며 내 생각의 흐름을 끊으려 했지만, 다행히 원고를 인쇄해서 가져온 덕분에 나는 그저 준비한 원고를 그대로 읽으면 되었다. 현장에 있던 청중들은 나의 말을 듣지 못했지만, 온라인으로 시청 중이었던 수백만 명의 사람들은 들을 수 있었다. 약 15분 동안 소리를 질러도 아무 소용이 없다는 사실을 깨달은 급진주의자들은 숨이 차서 강연장을 떠났다.

하지만 이 밴시들이* 강당을 나가기 전에, 그들 중 한 명이 무대 뒤로 몰래 숨어 들어가 비상구 문을 열었고, 그 순간 복면을 쓴 한 운동가가 내게 달려들면서 물총으로 독한 냄새가 나는 혼합물을 뿌렸다. 물줄기가 끊어지기 직전에 혼합물 액체 한두 방울이 내 얼굴에 튀었는데, 나는 물총을 든 가해자를 향해 몸을 돌렸을 때에야 무슨 상황인지 깨달았다. 비상구 뒤에 배치된 캔자스시티 경찰관이 내가 상황 파악을 하기도 전에 그 괴한을 불과 몇 초 만에 진압했던 덕분에 나는 누군가가 나를 공격하려 했다는 사실조차 알아차리지 못했던 것이다.

이 어리석은 물총잡이는 경찰과 1~2분 정도 몸싸움을 벌이다가

---

* 밴시(banshee)는 아일랜드와 스코틀랜드의 전설에 나오는 정령으로 비명을 지르고 울부짖는 모습으로 나타난다.

자신의 플라스틱 장난감에 남아있던 액체가 경찰관의 테이저건에는 상대도 되지 않는다는 사실을 깨달았던 모양이다. 나는 그 청년을 뚫어져라 쳐다보며 남자와 여자가 다르다는 견해 때문에 체포의 위험까지 무릅쓰고 폭력 행위를 저지르는 이유가 도대체 무엇인지 알아내려고 애썼다. 그 역시 고통스러운 표정으로 나를 바라보았다. 경찰이 테이저건으로 그를 제압하려 했기 때문이다. 그의 표정에는 충격도 어려 있었는데, 마치 자신의 행동에 대한 책임을 져야 할 거라고는 상상도 못 했던 것 같았다.

경찰이 분노한 청년을 끌어낸 후, 나는 남은 시간을 활용해 강연을 마무리하고 청중의 질문에 답했다. 내가 행사장을 떠나기 전에 한 행사 관계자가 물총 혼합물에 표백제를 섞은 듯한 냄새가 난다고 일러주었다. 경찰 검사 결과, 그 액체의 정체는 실제보다 더 위험해 보이도록 고안된 무독성 가정용 화학물질의 조합이었던 것으로 밝혀졌다. 혼합물이 내 블레이저에 얼룩을 남기긴 했지만, 다행히 우리 모두는 무사히 그 상황을 벗어날 수 있었다.

다음 날 아침, 나는 대학교 총장 마울리 아그라왈^{Mauli Agrawal}이 공개 사과문을 발표했다는 사실을 알고 기뻐했다. 그러나 그 기쁨도 잠시, 총장의 사과가 폭행을 당한 연사가 아니라 히스테리를 부린 학생들을 향한 것이었음을 깨닫자 기쁨은 금방 사라졌다. 그는 애초에 내 강의를 허용한 것에 대해 사과하고 있었던 것이다. 아그라왈 총장은, "한 학생 단체가 어떤 연사를 캠퍼스에 초청했다."라며 포문을 열었다. "그는 다양성과 포용에 대한 우리의 약속, 특히 성소수자 커뮤니티에게 환영받는 환경을 제공하겠다는 우리의 목표에 부합하지 않는 의견을 가진 사람이었다."[06] 남성과 여성 간의 생물학적 차이가 대학교의 가치관과 "약속"에 "부합하지 않는다."라는 사실을 세금과 등록금을 내는 학부모들이 알게 되었을 때의 충격은 상상만으로도 충분할 것이다.

아그라왈 총장은 이어서, 살포된 물질이 야기한 위험은 축소하고 정치적 올바름의 왜곡된 삼위일체 공식인 "다양성, 평등, 포용성"에 대한 대학교의 약속을 재확인했다. 그런 다음 그는 "우리 학교는 세금으로 운영되는 공립 대학교로서 수정헌법 제1조에 명시된 모든 사람의 표현의 자유를 엄격하게 준수해야 할 법적 의무가 있다."라고 설명했다.[07] 아그라왈의 설명은 시민권에 대한 옹호라기보다는 폭도들에게 용서를 구하는 탄원서에 가까웠다. 그리고 그는 나를 편협한 차별주의자bigot라고 일컬으며 글을 마무리했다.

"우리의 공동체와 더 광범위한 공동체의 모든 이가 도발에 맞서 우리의 가치를 굳건히 지키고, 편견과 불관용에 대해 이성과 용기로 대응하며, 굳어진 태도에는 열린 마음과 정직한 질문으로, 거짓된 주장에는 차분하고 사실에 기반한 도전으로 맞서기를 촉구합니다." 아그라왈은 단언했다.[08] 남성은 여성이 아니라는 인식은 한때 상식이었다. 그러나 2010년대 후반에 이르러서는 "도발", "편견", "불관용", "굳어진 태도", "거짓된 주장"으로 여겨지게 되었다.

4년 전, 내 친구 벤 샤피로도 같은 문제에 대해 같은 사실을 지적했다는 이유로 비슷한 대우를 받았다. 브루스 제너^{Bruce Jenner}*가 여성으로 성전환하며 "케이틀린"으로 개명한 것에 대해 드류 핀스키^{Drew Pinksy} 박사의 HLN 텔레비전 프로그램에서 패널 토론을 하던 중, 벤은 "왜 우리는 망상을 주류화하고 있는 건가요?"라고 질문했다. 이후 동료 패널인 조이 터^{Zoey Tur} (성전환 전에는 로버트 터^{Robert Tur})가 유전학에 관해 입을 열었을 때 벤이 터에게 그럼 당신의 염색체는 무엇이냐고 묻자, 이 근육질의 트랜스섹슈얼은 샤피로의 목덜미를 잡으며 "지금 당장 그 말을 그만둬. 그렇지 않으면 구급차에 태워 집에 보내줄 테니까."라고 위협을 가했다.[09]

성전환 이념주의자들의 주장을 어느 정도 인정하자면, "생물학적인 여성에게 붙어 있는 음경"의 존재를 주장하는 괴짜 급진주의자들을 제외하고, 그들은 남성과 여성 사이의 생물학적 차이까지 부정하지는 않는다.[10] 이들은 생물학을 전면적으로 부정하는 대신, 새로운 범주인 "젠더(gender)", 즉 성 정체성이라는 것을 발명해 냈다. 이들은 사람의 생물학적 성(sex)과 젠더는 다를 수 있으며, 젠더가 개인의 성 정체성을 설명한다고 주장한다.

"젠더"라는 단어는 14세기 초까지 거슬러 올라가는데, 당시에는 사람과 사물의 종류와 계층을 지칭하는 단어로 사용됐다. 14세기 말까지 젠더는 주로 남성형과 여성형 명사, 대명사, 형용사를 가리키는

---

* 브루스 제너는 1976년 몬트리올 올림픽 남자 십종경기 금메달리스트출신 미국의 육상선수이다. 이후 방송 활동을 하며 유명인사로 자리매김했고, 크리스 제너와 결혼 후 카다시안 가족의 일원이 되어 2007년부터 카다시안 가족의 리얼리티 쇼에 출연했다. 2015년, 제너는 트랜스젠더 여성임을 공개하고 케이틀린 제너로 성전환을 했다.

문법적 용도를 지칭하는 데 사용됐다.[11] 예를 들어 이탈리아어로 "la pizza(피자)"는 여성형 명사이고 "il gelato(젤라토)"는 남성형이지만, 어느 쪽도 피자 조각이나 젤라토 위에 토핑으로 생식기가 붙어 있다는 것을 의미하지는 않는다. "젠더"는 이후 6세기 동안 거의 전적으로 이러한 문법적 의미를 유지했다. 그러다 1963년 옥스퍼드 영어 사전에 따르면, 페미니스트들이 이 단어를 "인간의 성에 대한 완곡어법으로, 종종 생물학적 구분과 반대되는 사회적, 문화적 구분을 강조하기 위한 의도로" 사용하기 시작했다고 한다.[12] 그들은 성(sex)은 선천적일 수 있지만 젠더(gender)는 "사회적으로 구성된" 것이라고 주장했다. 그리고 사회가 구성한 것은 사회가 "해체"할 수도 있다고 보았다.

성-젠더 이분법을 받아들인 제2물결 페미니스트들은 여성을 가족, 자녀, 가사 노동이라는 속박에서 이른바 "해방"하고자 했다. 여성은 남성과 다른 신체 부위를 가지고 있고 심지어 아이를 낳을 수 있는 독점적 능력까지 가지고 있지만 페미니스트들은 이러한 생물학적 사실이 여성으로 하여금 그 신체 부위를 가지고 무엇을 해야 하는지 암시하는 것은 아니라고 주장했다. 성-젠더 구분은 성 궤변론자들에게 이념적 입장을 취하게 함과 동시에 그것을 향유할 수 있는 사이비 과학 전문 용어를 제공했다.

존 머니John Money 박사는 20세기 중반 "성과학(sexology)"이라는 더 광범위한 분야에서의 연구를 통해 "젠더 이론"에 과학적인 외양을 부여하는 데 일조했다. (머니는 자신의 전문 분야를 설명할 때 더 천박한 표현인 "성교학(fuckology)"을 선호했다[13]) 머니 박사는 자연이 생물학적 성을 결정하고 양육이 "젠더 정체성"을 형성하지만, 후자가 전자를 완전히 지배한다고 믿었다. 머니는 1965년 인간을 대상으로 자신의 가설을 시험할 기회를 얻었는데, 안타깝게도 그 결과는 피해자와 사회 모두에 비극적인 결과를 가져왔다.

1965년 8월 22일, 재닛 레이머Janet Reimer라는 여성이 캐나다 위니토바에서 쌍둥이 남자아이 브루스와 브라이언을 출산했다. 재닛과 그녀의 남편 론은 갓 태어난 쌍둥이가 배뇨에 어려움을 겪고 있다는 것을 알아차렸고, 6개월 후 아기들은 음경 포피가 정상적인 음경 기능을 방해하는 상태인 포경증 진단을 받았다. 의사들은 이 문제에 대한 간단한 해결책으로 포경 수술을 권했고, 장-마리 휴어Jean-Marie Huot 박사는 그다음 달 브루스에게 먼저 포경 수술을 시행했다. 그러나 휴어 박사는 일반적인 수술 방식 대신 전기소작술을 선택했는데, 이 과정에서 브루스의 음경이 알아볼 수 없을 정도로 화상을 입어 손상되는 일이 발생했다. 이 안타까운 사건 이후 레이머 부부는 브라이언의 포경 수술을 거부했고, 브라이언의 포경증은 곧 자연스럽게 사라졌다.

이듬해 초, 브루스의 수술 실패로 인해 괴로워하던 부부는 "젠더 정체성" 분야의 발전에 대한 뉴스를 보게 되었다. 존스홉킨스대학의 존 머니 박사의 인터뷰를 시청한 레이머 부부는 불구가 된 브루스에게 정상적인 삶의 모습을 조금이나마 되찾아 줄 수 있는 방법이 있을까 지푸라기라도 잡는 심정으로 머니 박사를 방문했다. 머니 박사는 부부에게 이 가엾은 소년의 생식기를 고칠 수는 없지만, 더 큰 수술을 통해 아이를 여성처럼 보이게 할 수는 있을 것이라고 말했다. 머니에 따르면, 타고난 성별이 "젠더 정체성"을 결정하지 않으므로, 부모님만 비밀을 지켜준다면 브루스는 자신이 원래 남성으로 태어났다는 사실도 모른 채 "브렌다"로서 정상적인 삶을 살 수 있다고 말했다.

각각 다른 젠더 정체성으로 양육된 일란성 쌍둥이의 발달을 연구할 수 있는 상황은 머니의 이론을 검증할 완벽한 기회를 제공했다. 그러나 브렌다가 된 브루스는 단 한 번도 자신을 여자아이라고 느끼지 못했다. 임상가 조안 넵스Joan Nebbs는 어린 시절 브렌다의 심리 상태에 대한 보고서에, "브렌다의 관심사는 매우 남성적"이라고 기록했다. "그녀는 나무 위의 집, CB 라디오가 달린 고카트, 모형 가스 비행기를 만들겠다는 멋진 계획을 가지고 있다. 게다가 아이는 자신의 생식기에 어떤 일이 행해졌다는 강한 두려움을 가지고 있으며, 더 나쁜 것은 약간의 자살 충동까지 느끼고 있다는 사실이다."[14]

머니 박사의 심리적 개입은 가히 사이코패스적이라고 할 수 있다. 정기적인 "치료" 세션에서 머니 박사는 이 쌍둥이 소년들에게 성행위를 시뮬레이션하도록 지시했는데, 브라이언에게는 남성 역할을, 브루스에게는 여성 역할을 맡겼다. 이 성 학자는 "어린 시절의 에로섹슈얼 리허설 놀이"가 성인이 되었을 때 건강한 젠더 정체성을 형성한다고 믿었다.[15] 머니는 형제들에게 모든 종류의 성행위 자세를 흉내 내게 하고, 옷을 벗겨서 서로의 생식기를 살펴보도록 지시하면서 자신은 이 모든 과정을 관찰하거나 사진을 찍기도 했다.[16]

브루스는 몇 년의 세월이 지난 후에도 치료 세션을 떠올릴 때마다 울음을 터뜨렸고, 브라이언은 이 기억 탓에 고문당하는 것과 같은 괴로움을 느꼈다고 밝혔다. "정말 이해하기 어려워요. 우리가 왜 그런 일을 강요당해야 했는지 아직도 모르겠어요." 머니 박사의 소아성애에 대한 공개적인 옹호는 이 학대적인 실험의 존재 이유에 대해 어느 정도 실마리를 제공해 준다. "만약 10세에서 11세가량의 소년이 20 대나 30대의 남성에게 강력한 성적 매력을 느끼는 경우, 그리고 그 관계와 유대감이 전적으로 상호적이라면," 머니 박사는 이렇게 주장했다. "나는 그것을 어떤 식으로든 병적이라고 부르지 않을 것입니다."[17] 아이들을 불구로 만들고, 소아성애를 옹호하며, 자신의 명령에 따라 어린 형제가 성행위를 모방하는 모습을 촬영했던 사람이 무엇이 병적이고 병적이지 않은지 결정할 수 있는 권위를 주장할 수 있는 것은 철저히 타락한 문화에서만 가능한 일이다.

브렌다가 10대 초반에 자살을 시도하자, 레이머 부부는 결국 브렌다의 본래 생물학적 성별과, 강제로 부여된 "성 정체성"에 대해 사실대로 털어놓았다. 이에 브렌다는 남성 생식기를 재건하는 수술을 받고 "데이비드"라는 이름을 택한 뒤 남은 생을 남자로 살았다. 그러나 브라이언과 데이비드는 "과학"과 "성 정체성" 이론이라는 미명 하에 머니가 가한 신체적, 정신적 고문에서 결코 회복하지 못했다. 브라이언은 조현병에 걸려 36세의 나이에 약물 과다복용으로 생을 마감했고,[18] 데이비드 역시 세 차례의 자살 시도 끝에 2년 후 주차장에서 산탄총으로 머리를 쏘는 것으로 비참한 삶의 마침표를 찍었다.

젠더 이데올로기를 연민으로 포장하여 유포하는 급진주의자들은 레이머 가족의 비극적인 사건에 대해서는 언급하지 않는다. 그들은 자신의 성에 대해 혼란을 겪고 있는 전체 인구의 약 0.005%의 사람들에게 온정을 베풀기 위해서는 오로지 우리 모두가 다 함께 망상에 빠지는 것만이 유일한 방법이라고 주장한다.[19] 이런 환상적인 전략은 특히 최근 몇 년 동안 자신의 성에 대한 혼란을 겪고 있는 젊은이들의

비율이 급격하게 증가하면서 사회적인 전염병으로 확산하고 있다.[20]

그러나 다 같이 망상에 빠지는 것은 이미 성별 위화감으로 고통받는 사람들 사이에서 불안, 우울증, 자살률을 개선하는 데도 실패했다. 이러한 실패로 인해 폴 맥휴Paul McHugh 박사는 1960년대 성과 젠더에 대한 연구의 하나로 존스 홉킨스 대학에서 선도했던 수술 중 하나인 "성전환 수술"을 중단하기로 결정했다.

1970년대에 이 대학은 성별 혼란을 겪는 사람 중 수술을 받은 사람들과 그렇지 않은 사람들의 결과를 비교하기 시작했다. "수술을 받은 환자들 대부분이 결과에 '만족한다'고 말했지만, 수술 후 그들의 심리사회적 적응도는 수술을 받지 않은 사람들보다 나을 것이 없었다. 그래서 우리는 성전환 수술을 중단했다." 맥휴는 설명했다. "정상적인 신체 기관을 외과적으로 절단하는 수술을 단지 환자가 만족한다는 이유만으로는 집도하는 것은 정당화될 수 없다."[21] 책임 있는 의사나 사심 없는 과학자라면 누구나 이에 동의할 수밖에 없을 것이다. 그러나 젠더 이데올로기 추종자들은 과학적 방법이 어찌 되든 간에 다른 전략을 세웠다.

존 머니는 정치적 올바름의 도구인 전문 용어로 자신의 실험과 이론을 치장했지만, 사실은 자신의 과학적 허세 아래 정치적 급진주의와 변태성을 숨겨 둔 것뿐이었다. 그는 과학적 탐구를 위한 실험대가 아닌, 거짓 종교와 혐오스러운 도덕규범을 위한 제단에 타인의 생명을 희생시켰다. 머니는 자신이 미개척 학문 분야에서 새로운 길을 개척하는 선구자라고 믿었다. 그러나 사실 그는 사회가 이런 문제를 논의할 만한 철학적 소양을 상실한 시기, 영혼과 육체의 관계에 대한 고

대 이단 사상에 맹목적으로 빠져든 것에 지나지 않았다.

그러나 폴 맥휴 박사는 성별 위화감을 거식증이나 폭식증과 같은 다른 신체 이형장애와 비교함으로써, 이 철학적, 종교적 논쟁에 대한 새로운 관점을 제시했다. 그는 이렇게 설명했다. "트랜스젠더의 경우, 자신에게 주어진 남성성이나 여성성이 자신의 정체성과 일치하지 않는다고 생각한다. 거식증이나 신경성 폭식증 환자들도 이와 비슷한 혼란을 겪는다. 그들은 위험할 정도로 마른 상태임에도 스스로를 과체중이라 여기며, 물리적 현실과는 동떨어진 가정을 한다." 거식증 환자가 아무리 진지하게 자신이 비만이라 믿는다 해도, 그 주관적 믿음이 그를 실제로 뚱뚱하게 만들진 않는다. 그의 개인적 견해와는 상관없이, 객관적 사실은 여전히 그가 마른 상태라는 것이다.

맥휴 박사는 이런 신체 이형장애 망상에는 종종 "유아론적 논리 solipsistic argument*"가 수반된다고 지적했다. 자신의 "젠더"나 체중에 대한 환자들의 느낌은 오직 그들의 마음속에만 존재하며, 그것이 객관적 실재와 모순된다 해도 사회는 이에 의문을 제기할 수 없다는 것이다.[22] 교차성 이론intersectionality**, 워크 이념woke ideology, 젠더 이론의 핵심에 자리 잡은 이런 극단적 주관주의는 어떤 반대 의견도 "그들의 살아있

---

* "오직(唯) 나(我)만이 존재한다" 자기 자신의 마음이나 정신만이 존재한다는 사상인 유아론(唯我論, solipsism)에 기반한 논리이다. 이는 데카르트의 명제, "나는 생각한다, 고로 존재한다"는 명제에서 출발하여, 자신의 존재만이 유일하게 확실하다는 결론에 이름으로써, 이는 극단적인 회의주의로 이어질 수 있을 뿐 아니라, 외부 세계와 타인의 존재를 부정하게 된다.

** 교차성 이론은 인종, 계급, 성별, 성적 지향, 장애 등 다양한 사회적 범주들이 상호작용하며 개인의 정체성과 경험에 복합적으로 영향을 미친다는 개념이다. 예를 들어, 흑인 여성은 인종차별과 성차별을 동시에 경험할 수 있으며, 이는 흑인 남성의 경험과는 다를 수 있다. 이 이론은 페미니즘, 반인종주의, 사회정의 운동 등에서 활용되고 있다.

는 경험을 지워버리는 것"으로 재단함으로써 객관적 토론의 가능성을 차단한다. 데카르트는 "나는 생각한다. 고로 존재한다."라고 선언하며 이런 철학의 포문을 열었고, 정치적 올바름을 추구하는 급진주의자들은 "나는 고통받는다. 고로 존재한다."라고 주장하며 이 철학을 완성했다.[23]

젠더 이데올로기 옹호자가 한 남성을 두고 사실 그는 남성의 몸에 갇힌 여성이라고 주장할 때, 그는 한 사람의 "진정한 자아"는 그 사람의 육체와는 무관하다고 말하는 셈이다. 이러한 관념에 따르면 자아란 순전히 형이상학적인 것이며, 물리적 세계는 자아에 아무런 영향을 미치지 않는다. 한 남성이 신체의 외부 기관부터 염색체에 이르기까지 남성으로서의 모든 신체적 속성을 지니고 있다 하더라도, 만약 그가 "더 깊은 차원에서" 스스로를 여성이라고 느낀다면, 젠더 이데올로기에 따라 그는 실제로 여성인 것이다.

이 이데올로기는 20세기에 유행했던 피상적 물질주의를 거부한다는 점에서 긍정적인 면 또한 없지는 않다. 2000년대 중반에 등장하여 주목받았던 크리스토퍼 히친스나 리처드 도킨스Richard Dawkins 같은 "신(新)무신론자"들은 아마도 이러한 미숙한 유물론 철학의 마지막 숨결이었을지도 모른다. 이제는 자유주의 진영의 선봉대조차도 우리 삶에서 가장 중요한 사랑, 희망, 기쁨, 그리고 인생에서 가장 중요한 비물질적인 것들이 환상에 불과하다고 주장하지 않는다. 대신 2010년대에 이르러 추의 방향이 반대로 움직이기 시작했다. 오히려 물질이 더 이상 중요하지 않게 되었고, 물질적 세계는 환상이 되었으며, 관념과 선호, 욕망의 영역이 궁극적인 현실을 구성하게 되었다.

그러나 젠더 이데올로기에 대한 이른바 과학적 발견이라고 주장되는 것은, 몇 세기마다 서양에 반복적으로 등장했던 고대 이단인 영지주의 이원론gnostic dualism의 최신 버전에 불과하다. 영지주의는 기원후 1세기에 처음 등장하여 4세기에는 마니교Manichaeism로 번성했으며, 12세기에서 14세기 사이에는 알비젠스주의Albigensianism라는 이름으로 부흥기를 맞이했다.[24] 모든 형태의 영지주의는 악한 물질세계, 선한 영적세계, 그리고 구원에 이르기 위한 비밀 지식의 필요성을 강조한다. "영지주의(Gnosticism)"라는 단어는 고대 그리스어로 "지식(Knowledge)"을 뜻하는 단어에서 유래했는데, 이는 영지주의가 처음부터 자칭 지식인들에게 호소력을 가졌던 이유를 설명해 준다.

이렇듯, 영지주의와 유물론은 세상을 완전히 정반대로 설명한다. 이런 상반된 견해는 정치적 올바름의 역사를 이해하려는 우리 같은 사람들에게 한 가지 의문점을 제기한다. 왜냐하면 정치적 올바름의 지지자들은 서로 다른 시기에 이 두 가지 세계관을 모두 수용해 왔기 때문이다. 정치적 올바름의 기원이 된 구식 마르크스주의자들은 독실한 유물론자였던 반면, 현재 정치적 올바름을 강요하는 젠더 이데올로기 지지자들은 철저한 영지주의자들이다. 어떻게 정치적 올바름이 모순된 두 세계관을 모두 끌어안고 아우를 수 있었던 것일까?

동성애와 트랜스젠더 운동에 대해서도 같은 질문을 던질 수 있다. 정치적 올바름은 이 두 범주를 "LGBT"로 시작하여 끊임없이 확장되

---

* 마니교는 선한 빛과 악한 어둠이 대립한다고 믿었고, 금욕과 윤회를 통해 해탈을 추구했으며, 알비파는 선한 영의 신과 악한 물질의 신을 믿었던 중세 기독교 이단 운동이다.

는 이니셜 아래 함께 묶지만, 트랜스젠더 운동과 동성애자 권리 운동*은 사실 서로 정반대의 전제에서 출발한다. 동성애자 권리 운동은, 타고난 성적 욕망이 곧 불변하는 "지향성orientation"을 구성하며, 아무도 이를 억압해서는 안 된다고 주장한다. 레이디 가가Lady Gaga의 노래 가사, "후회하며 자신을 숨기지 말고 자신을 사랑하면 돼. 나는 옳은 길을 가고 있어. 난 이렇게 태어났으니까."처럼 말이다.[25] 어떤 남성은 다른 남성에게, 어떤 여성은 다른 여성에게 성적 끌림을 느끼며, 이를 바꿀 방법은 없다. 따라서 사회는 그들이 비난받지 않고 자신의 성적 욕망을 추구할 수 있도록 해주어야 한다.

동성애자 권리 운동의 이러한 견해는 성별(sex)이 객관적으로 실재한다는 전제를 필요로 하지만, 반대로 트랜스젠더 운동은 이를 부정한다. 만약 남성과 여성이 실제 성적 범주로 존재하지 않고, "젠더"가 단순한 "사회적 구성물"에 불과하다면, 동성애자 권리 운동의 논리는 무너지게 된다. 반대로, 남성이 정말 남성이고 여성은 정말 여성이며, 단순히 본인을 여성이라고 선언한다고 해서 남성이 여성이 될 수 없다면, 트랜스젠더 운동의 논리가 무너지게 된다. 그럼에도 불구하고 정치적 올바름은 우리에게 이 모순된 견해를 동시에 받아들일 것을 요구한다.

---

* LGBT는 레즈비언, 게이, 바이섹슈얼, 트랜스젠더의 첫 글자를 딴 약어로, 성소수자를 나타내는 용어로 사용된다. 그러나 이 약어는 퀴어, 간성, 무성애자 및 우리가 용어로 정의할 수 없는 성 정체성까지 모두 포함하는 것을 의미하는 +로 계속 확장되어 "LGBTQIA+"등의 형태로 변화하고 있다. 하지만 필자는 동성애와 트랜스젠더는 본질적으로 서로 충돌하는 개념이므로, 이를 동일한 범주로 취급하는 것은 부적절할 수 있다는 문제의식을 논하고 있으며 이 운동을 하나의 범주 안에 묶는 것이 모순적이라고 지적한다.

페미니즘과 트랜스젠더 운동 사이에서도 이와 같은 모순이 발생한다. 페미니즘은 남성을 여성 해방을 가로막는 억압자로 묘사하는 반면, 트랜스젠더 운동은 남성에게 여성성을 재정의하고 심지어 스스로 여성이 될 수 있는 권한을 부여한다. 1970년대에 정치적 올바름의 지지자들은 페미니스트들의 편에 섰다. 그러나 2010년대에 이르러 정치적 올바름의 급진주의자들은 젠더 이데올로기를 거부하는 J. K. 롤링J. K. Rowling과 같은 페미니스트들을 "트랜스 배타적 급진 페미니스트Trans-exclusive radical feminists" 또는 줄여서 "TERF"라고 매도하고 있다.[26]

정치적 올바름이 대중 의식 가운데 처음 등장한 이래로, 보수주의자들은 이러한 종류의 모순을 지적하는 데 열중해 왔다. 마치 정치적 올바름의 비논리성을 입증하는 것만으로도 그들을 물리칠 수 있을 것처럼 말이다. 그러나 급진주의자들은 이에 눈썹 하나 까딱하지 않고 꾸준히 진군하고 있다. 혼란에 빠진 보수주의자들은 정치적 올바름을 정치적 관점 중 하나쯤으로 간주했던 까닭에, 이들의 꾸준함의 원천을 이해하지 못했다. 하지만 정치적 올바름은 여러 정치적 관점 중 하나가 아니라, 전통적인 기준과 문화를 파괴하기 위한 도구라는 점을 우리는 반드시 기억해야 한다.

정치적 올바름은 상황에 따라 급진적 개인주의를 요구하기도 하고, 집단주의를 요구하기도 한다. 그러나 항상 동일한 점은, 가정, 연방주의, 기타 전통적 정치 제도를 붕괴시키려 한다는 것이다. 급진주의자들은 상황에 따라 인간을 고깃덩어리로 축소시키는 유물론을 수

---

* 영국의 소설가로, 전 세계적으로 사랑받는 해리 포터 시리즈의 작가이다.

용하기도 하고, 또 다른 때에는 물리적 현실을 완전히 외면하는 유아론을 수용하기도 한다. 그러나 그들은 질료형상론hylomorphism, 즉 인간은 육체와 영혼으로 구성되어 있으며, 우리를 그 중 어느 한쪽으로 축소할 수 없다는 전통적 관점만큼은 항상 거부한다.[27]

육체와 영혼에 대한 이러한 전통적 이해는 기독교와 아리스토텔레스와 같은 고대 이교 사상가들로부터 비롯되었다. 성 토마스 아퀴나스는 아리스토텔레스의 저술을 통해 세례받았다고 전해지기도 한다.[28] "보수적", "전통적", "기독교적"과 같은 용어들은 서로 동의어는 아니지만, "급진적", "정치적으로 올바른", "세속적", "좌파"와 같은 용어들이 서로 연관되는 것과 마찬가지로 이들은 상당 부분 서로 중첩된다. 따라서, G. K. 체스터턴이 20세기 초에 목격했던 교회에 대한 모순적인 공격이 현재 우리의 정치적 전통에 대해서도 대체로 같은 부류의 사람들에 의해 이루어지고 있다는 것은 놀라운 일이 아니다.

체스터턴은 "어떤 막대기로도 기독교를 때릴 수 있는 것처럼 보였다"라며, "사람들이 모순을 무릅쓰고라도 어떻게든 기독교를 반박하고 싶어 하는 이 놀라운 현상을 어떻게 설명해야 할까?"라고 의문을 제기했다. 그는, 기독교가 수도사들에게 비혼을 장려하면서도 대가족을 장려한다는 이유로, 여성을 혐오하면서도 대부분의 신자로 여성들을 끌어들인다는 이유로, 유대인을 경멸하면서도 지나치게 유대적이라는 이유로, 거친 베옷의 금욕주의를 말하면서도 성찬식의 거룩함과 화려함을 뽐낸다는 이유로 사람들이 기독교를 공격한다고 지적했다.[29]

정치적으로 올바른 이들은 전통적 기준에 대해서도 똑같이 부정직하고 자기 모순적인 공격을 가한다. 그들은 여성을 비하하고 풍자한다고 보수주의자들을 공격하다가도, 립스틱 몇 번 바르고 하이힐만 신으면 남자가 여자로 변할 수 있다는 사실을 믿지 않는다며 보수주의자들을 공격한다. 이와 같이 급진주의자들은 사회를 완전히 뒤엎기로 단단히 결심했으며, 그 목적을 이루기 위해 갖가지의 수단을 동원하고 있다.

트랜스젠더 문제는 2016년 2월, 노스캐롤라이나주의 리버럴 성향의 도시 샬럿의 시의회가 공중화장실과 탈의실에서 "성별"과 "성 정체성"에 따른 차별을 금지하는 조례를 통과시키면서 전국적인 정치적 논란으로 비화되었다. 이 조례는 남녀 분리 시설을 허용했던 이전 규정을 삭제했는데,[30] 이는 실질적으로 여성과 소녀들이 남성의 훔쳐보는 시선에서 벗어나 옷을 갈아입고 화장실을 사용할 권리를 박탈한 것이다. 만약 어린 소녀가 공공 수영장 탈의실에 수영복을 갈아입으러 들어갔는데 웬 성인 남성이 그녀의 뒤를 따라 들어온다면, 아이의 아버지는 그 남성이 자신을 여성이라고 선언하는 한 그를 막을 수 있는 법적 조치를 취할 수 없게 된다.

그다음 달, 노스캐롤라이나주 의회는 HB2로 더 잘 알려진 "공공시설 프라이버시 및 보호법Public Facilities Privacy and Security Act"을 통과시켜 이에 반대로 대응했다. 이 법은 전통적이고 객관적이며 생물학적인 기준에 따라 성을 정의함으로써, 샬럿 시가 이 문제를 "젠더" 또는 "성정체성"의 문제로 재구성한 것, 그리고 샬럿 시가 통과시킨 화장실 법안 조례를 무효로 했다.[31] 그리고 공화당 소속 팻 매크로리Pat McCrory 주지사는 3월 23일 HB2에 서명하여 이를 법제화했다.[32]

그로부터 두 달 후, 버락 오바마 대통령의 지시에 따라 연방정부는 남성의 여성 화장실 사용권을 보호하기 위해 노스캐롤라이나주를 상대로 소송을 제기했다.[33] 또한, 오바마 행정부의 교육부 민권국은 "친애하는 동료에게"라는 제목의 서한을 발송하여, 남성의 여성 화장실 사용을 허용하지 않는 학군과 대학에 연방 기금을 보류하겠다고 위협했다.[34]

2017년, 트럼프 대통령은 오바마 정부의 성 정체성 관련 정책을 뒤집었다.[35] 하지만 1년 전, 트럼프는 선거 유세 기간 동안 이 문제에 대해 보다 리버럴한 입장을 취했었다. 그는 노스캐롤라이나주가 동성 화장실을 고수하는 것을 비판하며, 주 정부에 "그냥 두라"고 촉구했다. 트럼프는 HB2 법안에 대해 언급하며 그 특유의 애매한 표현으로 "노스캐롤라이나주는 매우 강력한 조치를 취했고, 그로 인해 큰 대가를 치르고 있으며, 많은 문제가 발생하고 있다."라고 말했다. 그의 지적이 딱히 틀린 것은 아니었다. 맥크로리 주지사가 이 법안에 서명한 이후, 주요 기업 및 교육 기관들은 정부가 자신을 여성이라고 믿는 남성을 "차별"했다는 이유로 주에 대한 보이콧을 위협했기 때문이다.

트럼프는 청중들에게 "지금까지 불만은 거의 없었다."라고 연설했다. "사람들은 각자 자신에게 적절하다고 느끼는 화장실을 사용한다. 이와 관련된 문제는 거의 없었다. 노스캐롤라이나에서 발생하고 있는 문제는 화장실로 인한 것이 아니라 그로 인해 그들이 겪고 있는 소모적 분쟁과 경제적 처벌이다."[36] 아이러니하게도, 정치적 올바름에 대한 해독제 역할을 하겠다며 자신의 선거 캠페인을 시작한 사람이, 그전까지는 성별 차이와 같은 근본적인 문제에 대해서는 정치적으로 올바른 입장을 취했던 것이다. 이 문화 전사는 순전히 경제적인 이유로 자신의 입장을 정당화했었던 셈이다.

트럼프의 경선 상대였던 테드 크루즈는 이 문제로 트럼프를 맹렬히 공격했고, 뉴욕 출신의 억만장자가 "PC 경찰을 받아들이고 있다."라고 비난했다.[37] 실제로 트럼프는 의식적으로든, 무의식적으로든 그렇게 했다. 트럼프는 정치보다는 비즈니스 영역에서 경력을 쌓았기 때문에 공공 정책 논쟁에 대한 뉘앙스에 익숙하지 않았을 가능성이 높다. 그리고 "불만이 거의 없었다"는 이유로 트랜스젠더 화장실 규칙을 정당화한 것은 이념적 순수성보다 신중함을 추구하는 지극히 보수적인 본능을 드러낸 것이기도 하다. 그럼에도 불구하고 트럼프가 이 문제를 잘못 파악했었던 것은 사실이다. 이후 그는 법률과 법적 논쟁에 작용하는 전제에 대해 더 잘 이해하게 되면서 자신의 입장을 바꾸었고, 남성들에게 여성 화장실에서 나가라고 촉구했다.

트럼프의 초기 반응은 많은 너그러운 사람들에게 공감을 샀다. 하지만, 실제로 미국에서 이 희귀한 심리적 장애를 앓고 있는 사람이 몇 명이나 될까? 그리고 그중 얼마나 많은 사람들이 자신에게 맞지 않는 공중화장실을 사용하는 것 때문에 고통을 느낄까? 극소수의 사람들에게만 영향을 미치는 이 문제가 어떻게 우리의 국가적 정치 담론을 지배하게 했을까? 도대체 누가 이 문제에 이토록 관심을 가지는가?

물론 그들은 좌파들이다. 그렇지 않다면 그들은 이 문제에 이토록 많은 시간과 돈, 노력을 투자하지 않았을 것이다. 이 싸움을 시작한 것은 보수주의자들이 아니라 샬럿 시의 좌파 정치인들이었다. 주 의회의 보수주의자들이 남녀 공용 화장실 폐지에 저항하자, 오바마 행정부의 좌파들은 이 지역적 분쟁을 연방 정부 차원으로 끌어올렸다. 개인적인 문제로 보면 화장실에 대한 규칙은 소수의 사람에게만 영향을 미쳤다. 그러나 정치적 문제로 보면, 이 문제는 과학, 결사의 자유, 연방주의에 대한 우리의 가장 숭고한 개념부터 가족의 본질, 심지어 성적 차이에 이르기까지 거의 모든 것을 위협했다. 만약 정치적 올바름이 인간의 가장 근본적인 구분 단위인 성을 없앨 수 있다면, 이 세상의 그 어떤 것도 변형되지 않으리란 보장이 어디에 있는가.

2010년대 말, 새로운 젠더 이데올로기는 화장실을 넘어 도서관과 교실까지 진출하였고, 그곳에서 아이들의 성과 섹슈얼리티에 대한 이해를 왜곡하려 했다. 『뉴욕포스트New York Post』가 입수한 학급 이메일에 따르면, 브루클린 납세자들의 세금으로 운영되는 PS 58 어린이집의 교사인 로지 클라크Rosy Clark는 네 살짜리 아이들에게 "모든 사람은 자신이 남자인지, 여자인지, 둘 다인지, 둘 다 아닌지, 혹은 다른 무엇인지 선택할 수 있으며, 그 선택은 다른 누구도 대신할 수 없다."라고 설명했다고 한다.[38] 많은 어린이가 슈퍼맨이나 원더우먼으로 변신할 수 있겠다는 희망에 차서 기뻐할 수는 있겠다. 그러나 그들이 하늘을 날거나, 눈에서 나오는 레이저로 강철을 녹이는 데 실패한다면 아이들은 혼란과 실망을 느낄 수밖에 없을 것이다. 교육은 한때 망상과 무질서한 욕망을 바로잡기 위해 존재했다. 그러나 이젠 정치적 올바름을 통해 그러한 환상과 파괴적 욕망을 부추기고 있다.

교실 밖에서 성 혁명가들은 "드래그 퀸Drag Queen* 스토리 아워"라는 프로그램을 통해 다음 세대를 육성하고자 했다. 이 프로그램에는 트랜스 젠더들이 아이들에게 책을 읽어주고 노래하고 춤을 추는 세션 등이 포함되어 있다. 이러한 행사는 뉴욕이나 샌프란시스코 같은 미국의 타락 본거지에서나 열릴 것이라고 예상할 수 있겠지만, 이 프로그램은 빠르게 확산하여 플로리다, 워싱턴주, 사우스캐롤라이나, 텍사스, 심지어 영국에서도 열리게 되었다.** 드래그 퀸들은 꽉 끼는 드레스를 입고, 유아들에게 트워킹Twerking***을 가르치고, 기존 기준과는 완전히 반대되는 정치적 올바름의 성 윤리를 아이들에게 주입한다.[39] 휴스턴에서 열린 드래그 퀸 스토리 아워 행사에는 10년 전 8세 소년을 성추행한 혐의로 유죄 판결을 받은 32세의 성범죄자인 타티아나 메일 니나Tatiana Male Nina(본명 알베르토 가르자Alberto Garza)가 출연하기도 했다.[40]

성에 대한 새로운 정의를 묵인해 온 일부 보수주의자들은 그 정의가 미치는 광범위한 결과를 이해하지 못하고 있다. 그들은 유치원에서 젠더 이데올로기를 가르치거나 공공 도서관에서 열리는 드래그 퀸 스토리 아워 행사를 특별히 지지까지는 하지 않더라도, 이런 사소해 보이는 문제들보다 더 큰 그림을 보아야 한다고 생각한다. 그래서 그들은 "그들이 원하는 대로 살게 내버려두고 네 인생에나 집중해

---

* 주로 남성이 여성의 의상과 메이크업을 하고 과장된 여성성을 퍼포먼스하는 예술 공연자를 말한다. 드래그 퀸은 LGBTQ+ 문화, 특히 게이 남성 문화에서 상징적 역할을 해왔다.

** 언급된 주들 중 워싱턴주를 제외하면 모두 미국에서 보수적인 성향이 강한 지역들이다.

*** 엉덩이를 위아래로 빠르게 움직이는 춤 동작

라."라는 자유지상주의적 언어를 사용한다.

또 다른 자칭 우파라는 양반들은 이러한 행태를 단순히 묵인하는 것을 넘어 포용하고 칭송하기까지 했다. 한때 오바마 행정부가 여성 화장실에 남성의 출입을 허용하려는 시도에 격렬히 반대했던 중도 우파 작가이자 변호사인 데이비드 프렌치David French는 "드래그 퀸 스토리 아워"를 "자유가 주는 축복 중 하나"라고 묘사하는 데까지 나아갔다.[41] 건국의 아버지들이 무덤에서 돌아눕는 소리가 여기까지 들릴 지경이다. 미국 헌법 서문을 작성한 거버너 모리스Gouverneur Morris가 무엇을 염두에 두었든, 그가 구상한 새로운 정부가 지키고자 했던 "자유의 축복"에 유아들을 위한 트워킹이 포함되어 있었을 것 같지는 않다.

드래그 퀸 스토리 아워를 자유로운 사회의 필연적 결과라며 옹호하는 정신 나간 보수주의자들은 정치적 올바름의 전형적인 함정에 또 빠지고 만다. 그들은 급진주의자들의 새로운 공공 기준을 거부하려면 다른 모든 공공 기준도 거부해야 한다고 생각한다. 이들은 정부가 공공 도서관에서 드래그 쇼를 금지할 만한 힘이 있다면, 일요일 미사나 월요일 밤 미식축구를 불법화하는 것을 어떻게 막을 수 있겠느냐고 주장한다. 그들은 사람들이 원하는 것이라면 그것이 무엇이든 허용하는 것이 자유라고 주장한다.

이 자유지상주의자 지망생들은 기본적으로 미국 정부의 역사를 인정하지 않는다. 미국 정부는 자연권을 보호하기 위해 고안되었지만, 그 자연권에는 드래그 쇼가 포함된 적이 단 한 번도 없었다. 사실, 19

세기 대부분의 기간 수십 개의 도시에서는 크로스드레싱* 자체를 불법으로 규정했다. 상상하기 어렵겠지만 샌프란시스코를 포함한 일부 도시에서는 20세기 후반까지 이 법을 존속시켰다.[42] 그러나 여기에서 가장 나쁜 것은, 바로 이런 타협적인 보수주의자들이 미국 정치 체제에서 자유의 본질을 오해하고 있다는 점이다. 그들은 건국의 아버지들이 공화정 정부의 개념에서 매우 중요하게 여겼던, 자유liberty와 방종license의 구별을 인식하지 못하고 있다.

헌법 서문은 자유가 헌법 제정과 어떤 관련이 있는지에 대한 중요한 통찰력을 제공한다. "우리 국민"이라는 표현을 사용한 헌법 초안 작성자들은 정부를 수립하는 여섯 가지 이유를 다음과 같이 명시하고 있다. "더욱 완전한 연방을 형성하고, 정의를 확립하며, 국내의 안녕을 보장하고, 공동의 방위를 제공하며, 일반 복지를 증진하고, 우리와 우리 후손에게 자유의 축복을 보장하기 위함이다."[43] 많은 좌파와 우파 독자들이 이 최종 목적을 단순히 "자유"로 이해했지만, 사실 실제 목표는 자유에서 파생되는 "축복"이다. 헌법에 따르면 자유는 이 체제에서 핵심적인 역할을 한다. 그러나 자유의 역할은 그 자체가 목적이 아니라 수단에 불과하다.

제임스 매디슨은 『페더럴리스트』에서 이러한 자유의 도구적 역할에 관해 설명한다. 매디슨은, "정의는 정부의 목적이며 시민 사회의 목적이다. 정의란, 얻어질 때까지, 혹은 추구하는 과정에서 자유가 상

---

* 크로스드레싱(Crossdressing)은 자신의 성별과 전통적으로 연관된 의상이 아닌, 반대 성별의 의상을 입는 행위를 말한다. 예를 들어, 남성이 드레스나 스커트를 입거나 여성이 남성용 정장을 입는 것을 크로스드레싱이라고 한다.

실될 때까지 항상 추구되어 왔고 앞으로도 추구될 것이다."[44] 시민 사회는 자유를 필요로 한다. 그러나 정의는 추구되는 것이다. 그렇다면 정의(justice)는 누가 정의(define)하는가? 드래그 퀸 스토리 아워를 옹호하는 자칭 "보수주의자"들은 그 누구도 정의를 정의할 권리가 없다고 주장한다. 어떤 사람이 정의라고 부르는 것을 다른 사람은 불의로 여길 수 있다. 따라서 그들은 우리가 소중히 여기는 의식과 제도를 급진주의자들이 금지하지 않도록 손을 놓고 입을 다물고 있을 수밖에 없다고 주장한다.

급진주의자들이 이미 전통적인 행동과 조직을 억압하는 동시에 자신들의 행동과 조직은 홍보하고 있다는 사실을 우리 모두는 잊지 말아야 한다. 그들은 2020년 코로나바이러스 봉쇄 기간 이를 보란 듯이 과시했다. 당시 좌파 정치인들은 교회는 폐쇄하면서 마리화나 판매점은 계속 영업하도록 허용하고, 그들의 동지들이 일으키는 "대체로 평화로운" 폭동을 장려했다. 이런 이중잣대적 구분은 표면적으로도 말이 되지 않는다. 만약 사람들이 선과 악을 구별할 수 없다면, 자유 정부는 유지될 수 없다. 모든 정부는 진실과 정의에 대한 개념을 필요로 하기 때문이다. 우리의 선조들은 우리의 도덕적 직관, 이성적 능력, 그리고 시대의 지혜를 담고 있는 전통적 견해가 우리로 하여금 정의를 추구하고 인간의 번영을 지향하는 사회를 수립할 수 있게 해준다는 사실을 이해했다. 만약 우리가 우리의 양심과 이성, 그리고 선조들의 지혜에조차 기댈 수 없다면, 우리는 스스로를 통치할 수 있는 능력 또한 주장할 수 없게 될 것이다.

정치적으로 올바른 급진주의자들은 우리의 도덕적 직관을 억압할 뿐만 아니라 아예 뜯어고치려고 한다. 그들은 우리의 이성적 능력을 부정하고, 시대의 지혜를 지우려고 한다. 그들은 전통적인 도덕 질서를 기껏해야 시대에 뒤떨어진 것, 최악의 경우 악으로 치부하기까지 한다. 그들은 "객관적이고 합리적인 선형적 사고"를 "백인적인" 사악한 것으로 규탄하고, 전통적인 지혜를 비이성적인 편견으로 매도한다.[45] 그들은 끈질기게 지속적으로 이 임무를 수행해 왔으며, 아동 성폭력과 같은 극악무도한 행위조차 정상적인 것으로 여겨질 때까지 우리의 규범과 전통을 점진적으로 훼손시켰다.

1970년대 존 머니는 레이머 형제에 대해 자신이 가한 성적 착취를 비밀 치료 세션이라는 명목, 그리고 조심스럽게 작성된 과학 논문 뒤에 감추었다. 그러나 2010년대 후반이 되자 젠더 이념주의자들은 TV와 지저분한 술집 뒷골목에서 행해지는 아동에 대한 학대를, 퍼레이드 같은 행사를 통해 아예 대놓고 과시하고 있다. 가해자들은 처벌받기는커녕, 오히려 주요 문화 기관들에 의해 응원까지 받았다.[46]

2019년, "드래그 키즈"의 대두를 자세히 다룬 한 『뉴욕타임스』기사의 제목은 「청소년들이 새쉬하게 걷는 법*」이었다.[47] 해당 기사의 상당 부분은 데스먼드 나폴레스Desmond Napoles라는 8살 아들에게 드래그 의상을 입히고 게이 프라이드 퍼레이드에 내보내기 시작한 한 젊은 엄마의 이야기에 초점을 맞춘다.[48] 아이의 엄마인 웬디 나폴레스Wendy Napoles는 이 "감정 표현이 풍부한" 아이가 쇼핑몰 푸드코트에서 케이티 페리Katy Perry의 노래에 맞춰 춤을 추기 시작한 후, 드래그 퀸이 되고

---

* Sashay, 과장되게 뽐내는 듯한 걸음걸이

싶어 하는 아이의 깊은 욕망을 발견했다고 주장한다.[49]

"다른 엄마들은 축구 엄마들이죠. 아이들을 연습장과 경기에 데려가고, 아이들을 응원해요. 저도 마찬가지예요. 단지 축구 엄마가 아니라 드래그 엄마일 뿐인 거죠." 2018년, 나폴레스 부인은 11살이 된 아들을 브루클린에 위치한 "3달러 지폐"라는 이름의 게이 바에 데리고 갔다. 그리고 그곳에서 변태들은 이 어린 소년이 마치 스트리퍼라도 되는 양 아이에게 구겨진 현금을 던졌다.[50] 만약 전통적인 기준이 아직 사회를 지배하고 있었다면, 이러한 학대를 일삼은 웬디 나폴레스는 아들에 대한 친권을 박탈당하고 감옥에 가야 할 것이다. 그러나 우리의 정치적으로 올바른 문화 속에서 할리우드는 "드래그 키즈"를 찬양하는 장편 영화를 제작하고 있으며, 오히려 이러한 학대 행위를 비판하는 제3자들이 배척과 처벌의 위험을 감수하고 있다.[51]

이러한 새로운 성적 기준에 대해 보수주의자들은 순수한 분개심만을 표출하는 데서 그치는 것이 아니라, 대안적인 비전을 제시해야 한다. 그러나 "드래그 키즈"조차도 보수주의자들로 하여금 들고 일어나도록 자극하지 못한다면, 안일한 보수주의자들은 침묵하는 것 또한 일종의 행동이라는 점을 알아야 한다. 브루클린의 PS 58 유치원이 "모든 사람은 자신이 남자인지 여자인지, 아니면 둘 다인지 아니면 둘 다 아닌지, 또는 다른 무엇인지를 선택할 수 있으며, 누구도 다른 사람을 대신해 선택해 줄 수 없다."라고 가르친다면, 그 학교는 자연스럽게 남자는 남자이고 여자는 여자라고 가르칠 수 없게 된다.[52] 새로운 젠더 이데올로기는 그 관점을 편협하고 편견적인 것으로 단정하기 때문에 그러한 관점조차 내 마음대로 가질 수 없는 세상이 오게 될 것이다.

만약 우리가 이 이데올로기를 받아들인다면, 성경 창세기 1장에서 "하나님이 자기 형상 곧 하나님의 형상대로 사람을 창조하시되 남자와 여자를 창조하셨다."라고 명시된 부분은 예의 바른 담론에서 삭제되어야 할 것이다.[53] 기독교인, 유대인, 이슬람교도는 물론, 최소한의 상식을 가진 무신론자와 불가지론자조차도 기존 리버럴들의 신념과 정치적 올바름의 정통교리에 모순되는 한, 자신들의 신념을 포기해야 한다. 또한, 과학자들은 물리적이고 생물학적인 현실을 부정해야 한다. 우리의 공공기관이 남자가 여자가 될 수 있고, 여자가 남자가 될 수 있다고 선언한다면, 우리는 이와 모순되는 모든 견해를 거짓으로 간주해야 한다. 만약 우리가 젠더 이데올로기를 인정한다면, 우리는 성에 대한 전통적인 이해를 포기해야 한다.

그러나 사회는 이러한 모순된 견해를 동시에 받아들일 수 없다. 대명사 경찰pronoun police에 걸려들어 곤경에 처해본 경험이 있는 사람이라면 누구나 이를 잘 알고 있을 것이다. 만약 존이라는 사람은 케이틀린(본명 브루스) 제너를 남자로 여기지만, 제인이라는 사람은 케이틀린 제너를 여자로 여긴다면, 이 두 사람은 거의 제대로 된 대화를 나눌 수 없을 것이다. 존은 케이틀린을 "그(him)"라고 언급할 것이고, 제인은 케이틀린을 "그녀(her)"라고 언급할 것이기 때문이다. 존과 제인이 한때 아무리 마음이 잘 맞았다 하더라도, 이제 그들은 근본적으로 다른 세계관을 반영하는 서로 다른 언어를 구사하게 될 것이다. 제인이 미묘한 의미론적 변화가 그녀의 사고방식을 재형성하는 것을 눈치채지 못한 동안, 존은 침묵을 지켰기 때문이다.

가장 강경한 과학자조차도 결국에는 정치적 올바름의 망상에 굴복할 수밖에 없다. 그는 문화에 신경 쓰지 않을 수도 있지만, 문화는 그에게 신경을 쓰기 때문이다. 21세기의 첫 20년 동안, 이 새로운 정통교리의 대제사장들은 그 어느 때보다도 과학의 영역에 적극적으로 침범하기 시작했다. 급진주의자들은 자신들의 정치적 목적을 정당화하기 위해 점점 더 큰 소리로, 자주, 거짓된 과학적 주장을 펼쳤다. 과학자들은 이 이데올로기를 섬기기 위해 기본적인 생물학을 부정했다. 2020년 코로나바이러스 봉쇄 기간, 이러한 추세는 가속화되었다. "과학"은 "사회 정의"와 동의어가 되었고, 과학자들은 급진적인 정치인들의 변덕을 다른 모든 것들보다 먼저 섬기는 것처럼 보였다.

반대 의견을 봉쇄하다

LOCKING DOWN DISSENT

14

반대 의견을 봉쇄하다

실험복이 정치로부터 특별한 면역력을 부여하는 것은 아니다. 『뉴잉글랜드의학저널New England Journal of Medicine』의 전문가들은 2020년 말 "출생증명서의 성별 표시는 임상적 효용성을 제공하지 않으며, 간성Intersex과 트랜스젠더 사람들에게 유해할 수 있다"고 선언하면서 이 과학적 사실을 입증했다.[01] 성적인 차이가 의학에서 매우 중요하다는 사실은 박사 학위가 없어도 알 수 있는 사실이다. 제아무리 "각성한woke"

---

* 출생 시 외부 생식기, 내부 생식기, 성 염색체 등에서 남성 또는 여성의 특징을 모두 가지고 있거나, 그 특징이 모호한 경우를 말한다. 간성은 다양한 원인에 의해 발생할 수 있으며, 그 빈도는 출생아 2,000명당 1명 꼴로 추정된다.

산부인과 의사라도 "트랜스 여성"을 치료하는 데는 어려움을 겪을 것이다.

이른바 "전문가"들은 진실을 있는 그대로 전달하는 대신 진보 진영의 요구에 맞춰 과학 용어를 재정의했다. 그렇게 그들은 정치적 올바름의 체제에 신뢰성을 부여했다. 젠더 이데올로기가 정치적 올바름에 의한 과학 왜곡이 가장 빈번히 발생하는 대표적인 사례일 수 있지만, 2020년 코로나19 대유행 당시 세계보건기구World Health Organization (이하 'WHO')의 행태에서 드러났듯이 역학이나 기상학과 같은 과학 분야 역시 급진적인 용어 재정의의 압력에 굴복하고 말았다.

좌파 정치인들이 바이러스와 싸우겠답시고 "봉쇄 정책"을 추진하는 동안, 일부 보수주의자들은 "집단 면역"이라는 대안 전략을 제안했다. 봉쇄 조치에는 사업장 폐쇄, 사회적 모임 금지, 시민 자유 제한 등이 수반되었는데, 많은 보수주의자는 봉쇄 정책이 이보다 덜 엄격한 조치보다 이점을 제공한다는 증거가 부족하다는 점을 들어 봉쇄 조치가 질병보다 더 위험하다고 주장했다.[02] 이들 보수주의자는 바이러스에 가장 취약한 사람들을 보호하기 위한 신중한 예방 조치를 취하는 한편, WHO가 "백신 접종 혹은 감염을 통해 얻은 면역력을 갖춘 인구집단이 감염병으로부터 간접적으로 보호받는 상태"라고 정의한 집단 면역을 달성하는 편이 더 낫다고 주장했다. 그러나 WHO는 2020년 봄, 집단 면역의 원리 자체는 인정하면서도, 코로나바이러스

---

* 역학(Epidemiology,疫學)은 의학의 한 분야로, 인간 집단에서 질병의 분포와 원인을 연구하는 학문이다.

의 경우 구체적으로 집단 면역을 확립하기 위한 기준이 아직은 명확하지 않다고 답했다.[03]

그러나 집단 면역을 확립하기 위한, 보다 완화된 규제를 요구하는 목소리는 봉쇄가 가져온 막대한 부와 권력의 이동으로 큰 이익을 본 급진주의자들의 문화적 변혁 계획을 위협했다. 이에 따라 11월 말, WHO는 핵심 의학 용어의 정의를 변경해 버리는 것으로 간단히 문제를 해결했다. 이제 WHO는 "집단 면역은 백신 접종에만 사용되는 개념으로, 백신 접종 임계점에 도달해야만 바이러스로부터 인류를 보호할 수 있다."라고 주장했다. WHO는 집단 면역의 정의에 "이미 한 번 감염되어 면역력을 갖춘 상태"를 삭제했을 뿐만 아니라, "집단 면역은 사람들을 바이러스에 노출시켜서가 아니라 바이러스로부터 보호함으로써 달성된다."라며 한술 더 뜨기까지 했다.[04] WHO는 지금까지 오래도록 유지되어 온 역학 개념을 하루아침에 무슨 획기적 발견으로 재정의하게 되었는지는 설명하지 않았다. 이 재정의는 과학적 발견에 의한 것이 아니라 의미론적 변화에 의한 것이었기 때문이다.

이러한 "전문가들"에 대해 회의적이었던 보수주의자들은 집단 면역이라는 용어가 재정의된 것에 반발했고, WHO는 이를 정당화할 그 어떤 과학적 설명도 제시하지 못했다. 2020년 마지막 날, 이들은 결국 집단 면역에 대한 자신들의 새로운 개념을 발견하지 못한 채, 대신 "백신 접종이나 이전 감염을 통해 면역이 형성되어 인구가 감염병으로부터 간접적으로 보호받는 것"으로 다시 한번 이 용어를 재정의했다. 그러나 이번에 WHO는 "백신 접종을 통해 '집단 면역'을 달성하는 것을 지지한다."라고 말하면서 정치적 조언을 포함했고, "COVID-19

에 대한 집단 면역은 질병을 유발하는 병원체에 사람들을 노출시키는 것이 아니라 백신 접종을 통해 달성해야 한다."라는 말을 덧붙였다.[05]

이 문단에서 "해야 한다(should)"라는 단어는 과학과 정치적 올바름 간의 관계에 대해 많은 것을 드러낸다. WHO는 집단 면역에 대해 새롭고 정치적으로 올바른 정의를 과학적 사실로 확립하려고 시도했고, 따라서 이를 합법적인 정치적 논쟁의 영역 밖에 두려고 했다. 이러한 투명한 노력이 실패로 돌아가자, WHO는 이 용어의 진정한 의미를 인정했지만, 그럼에도 불구하고 집단 면역이 달성되었는지 여부와는 상관없이 인구의 대부분이 백신을 접종받을 때까지 가혹한 봉쇄 조치를 준수할 것을 끈질기게 권장했다. "과학적" 추론은 변화했지만, 정치적 최종 목표는 항상 동일하게 유지됐다.

좌익 정치인들은 "과학"을 들먹이며 교회와 사업장 폐쇄 및 시민권의 정지를 요구한다는, 이른바 초당파적인 전문가들을 앞세웠다. 그렇게 수개월 동안 그들은 자신들의 가혹한 봉쇄 정책과 보수 진영의 반대 의견을 탄압했다. 그러나 5월이 되자, 그들은 조지 플로이드 사망 사건에 대한 경찰의 폭력을 문제 삼아 상점 유리창과 함께 봉쇄 정책도 함께 깨부수기 시작했다. 노골적인 마르크스주의 단체인 Black Lives Matter가 폭동을 주도했고, 이는 곧 미국 전역, 심지어 유럽으로까지 확산했다.[06]

그리고 순식간에 정치인들은 "공중보건"에 대한 관심을 잃었다. 많은 좌익 정치인은 봉쇄령에 항의하는 보수주의자들을 비난하면서도 동시에 폭동을 부추겼다. 심지어 일부 리버럴 정치인들은 직접 시위에 동참하기도 했다.[07] 수개월 동안 정치인들은 자신들의 공중보건 정책으로 인해 홀로 죽음을 맞이해야 했던 수많은 미국인 그리고 그들의 유가족들이 장례식을 치르는 것조차 금지했다. 그러나 이 정치인들은 팬데믹 상황과 무관하게 수천 명의 추모객과 운동가들이 조지 플로이드의 장례식에 참석하는 것은 허용했다.[08]

한 전과자의 죽음은 정치적 상황 덕분에 준 국장급의 장례식으로 치러졌고, 차기 대통령 조 바이든이 참석하여 추도사를 하기도 했다.[09] 한편, 냉소적인 정치인들은 그들의 눈에는 정치적 효용성이 없어 보이는 수많은 평범한 미국인들의 죽음에 대해서는 모든 행사를 금지했다. 리버럴 정치인들은 보수주의자들이 봉쇄에 항의하는 평화로운 시위에는 손가락질했지만, 사회적 정의의 이름으로 이루어진 전국적인 폭동과 약탈은 장려했다.[10]

진보주의자들의 주장대로 행정부가 기능했다면, 초당파적 "과학 전문가"들은 위선적인 정치인들을 질책하고, 좌파든 우파든 중도든 모두에게 집에 머물라고 충고했을 것이다. 그러나 6월 초, 1,200명이 넘는 자칭 보건 "전문가"들은 보수주의자들의 시위를 비난하는 동시에 BLM 폭동을 지지하는 서한에 서명했다.[11] 비전문가인 대부분의 관찰자는 바이러스가 보수 집회든 진보 집회든 가리지 않고 어디에서든 빠르게 확산할 수 있다는 상식적인 생각을 했겠지만, 전문가들은 이러한 상식에 이의를 제기했다.

---

* 2019년부터 BLM 시위를 촉발시켰던 조지 플로이드 치사 사건의 피해자였던 조지 플로이드는 체포 당시 전과 9범이었다.

4월 30일, 중무장한 백인 시위대가 미시간주 랜싱의 주 의사당 건물에 진입하여 자택 대기 명령과 COVID-19 확산을 막기 위한 대중 마스크 착용 요구에 항의하는 시위를 벌였다. 감염병 전문가 및 공중보건 관리자들은 이러한 행동을 공개 비판했고, 과학계의 권고와 그들이 속한 일부 지역 시민들의 행동 사이에 괴리가 커지고 있다는 사실에 대해 비공개적으로 안타까워했다. 5월 30일 현재, 우리는 조지 플로이드George Floyd나 브리오나 테일러Breonna Taylor를 비롯한 많은 흑인의 생명을 앗아간, 경찰에 의해 촉발된 지속적이고 만연하며 치명적인 제도적 인종차별에 대응하기 위한 시위를 목격하고 있다. 이러한 시위에 대한 공중 보건적 대응도 필요하지만, 이 메시지는 자택 칩거 명령에 저항하는 백인 시위대에 대한 대응과는 완전히 달라야 한다.[12]

전문가들은 120자가 넘는 서한에서 과학적 주장은 단 한마디도 언급하지 않았다. 대신 그들은 흑인 좌파가 백인 보수보다 더 큰 시민적 자유를 누려야 한다는 정치적 견해를 주장했다. 심지어 그들은, "흑인"은 계속해서 대문자 "Black"으로, "백인"은 소문자 "white"로 표기함으로써 흑인의 인종적 우월성을 암시하기까지 했다. 서한의 나머지 내용 역시 이와 유사한 정치적으로 올바른 넌센스를 되풀이했다.

전문가들은 990자에 달하는 편지 전체에서 "과학적" 주장은 딱 한 가지만 언급했다. "백인 우월주의는 COVID-19 이전부터 존재해 온 치명적인 공중보건 문제"라는 것이다.[13] "백인 우월주의"의 가상 의학적 결과가 COVID-19 라는 주장은 차치하고라도, "백인"들은 존재하는 것만으로도 그들의 인종에 근거하여 유일하게 차별받을 수 있다는 사회적 사실 자체가 미국의 소위 "백인 우월주의" 문화와 모순되어 보인다.

과학자들은 과학과는 아무 관련 없는 정치적 주장을 "과학적"으로 보이게 만들어. 정당한 토론의 영역을 벗어나게 하기 위해 자신들의 학자로서의 자격을 악용했다. 이는 서한에 서명한 엉터리 의사들뿐만 아니라 미국에서 가장 존경받는 과학자들에게도 적용된다.

팬데믹 초기, 앤서니 파우치Anthony Fauci 박사는 대중에게 절대 마스크를 쓰지 말라는 한 가지 분명한 메시지를 전달했다. 그는 2020년 3월, "마스크를 쓰고 돌아다닐 이유가 없다"고 주장했다. "감염병이 유행할 때 마스크를 착용하면 기분이 조금 나아질 수 있고, 비말을 막을 수도 있겠지만, 마스크는 사람들이 생각하는 것처럼 완벽한 보호 기능을 제공하지는 못합니다." 여기에 추가로 파우치는 마스크를 착용하면 바이러스 확산을 막지 못할 뿐만 아니라 공중 보건 또한 심하게 훼손한다고 주장했다.

"종종 의도치 않은 결과가 발생하기도 합니다." 그는 경고했다. "마스크를 쓴 사람들은 자꾸 자기도 모르게 마스크를 만지작거리게 되고, 자기 얼굴을 계속 만지려고 하지요."[14] 파우치는 1984년부터 국립 알레르기·전염병 연구소National Institue of Allergy and Infectious Diseases를 이끌어왔다.[15] 또한 그는 50년 이상 미국 국립 보건 연구소National Institutes of Health에서 일해왔고 로널드 레이건부터 현직 대통령에 이르기까지 수많은 미국 대통령에게 자문을 제공해 왔다. 2008년에는 조지 W. 부시 대통령으로부터 국가 최고 민간인 훈장인 자유의 메달을 수여하기도 했다. 과학 정보 연구소Institute for Scientific Information에 따르면, 1983년부터 2002년까지 파우치 박사는 모든 분야를 통틀어 약 300만 명의 논문

저자 중 세계에서 13번째로 가장 많이 인용된 과학자였다.[16] 파우치 박사가 온 국민에게 마스크를 착용하지 말라고 충고했을 때, 사람들은 귀를 기울였다.

민주당 하원의원 에릭 스왈웰Eric Swalwell도 파우치의 주장을 앵무새처럼 따라 했고, 제롬 애덤스Jerome Adams 공중보건국장 역시 같은 의학적 조언을 긴급하게 표명했다. "제발 국민 여러분, 마스크 사지 마세요!" 애덤스는 강조했다. "일반 대중이 코로나바이러스를 예방하는데 마스크는 일절 무익합니다. 그러나 의료진이 마스크를 구하지 못해 아픈 환자를 돌볼 수 없다면, 병동과 우리 지역사회가 위험에 처하게 됩니다."[17]

그리고 한 달 후, 그들 모두는 마음을 바꾸게 된다. 4월 3일, 공중보건국장은 "사회적 거리 두기 조치를 유지하기 어려운 공공장소(식료품점, 약국 등), 특히 감염 전파가 심한 지역에서는 천 마스크를 착용할 것"을 권고했다. 그는 이러한 입장 변화를 "데이터에 기반한" 것이라고 주장하면서 "우리의 대응과 지침을 계속 업데이트해 나갈 것"이라고 약속했다.[18]

스왈엘과 파우치도 마찬가지로 입장을 바꿨다. 파우치는 ABC 뉴스와의 인터뷰에서 "모두가 마스크를 착용해야 합니다."라고 말했다.[19] 그러나 파우치 등이 자신들의 입장 변화를 정당화하기 위해 내세운 "과학"과 "데이터"는 사실 그 몇 주 동안 크게 달라지지 않았다. 실제로 미국 질병통제예방센터Centers for Disease Control and Prevention (이하 'CDC')는 5월에 발표한 논문에서, 14개의 무작위 대조 실험 결과 천 마스크가 바이러스 전파에 "실질적인 효과를 미치지 않는다."라고 발표했다. 심지어 몇 달이 지난 후에도 마스크가 코로나바이러스 감염을 예방하는 데 효과가 있는지에 대한 심각한 의문이 제기되는 연구 결과가 등장하기도 했다.[20] 2020년 공중보건 대응의 의학적 장단점에 대한 논의는 다른 책에 맡기기로 하자. 우리의 목적은 그 정치적 측면을 이해하는 것으로 충분하니까.

파우치 박사와 같은 공중보건 전문가들은 끊임없이 변하는 "데이터"가 천 마스크에 대한 입장 변화를 바꾸게 했다고 주장했다. 그러나 그는 이후 『워싱턴포스트Washington Post』와의 인터뷰에서 그 변화의 원인이 과학적 판단이라기보다는 정치적 고려 사항에 있었음을 인정했다. "당시에는 마스크가 부족하다고 느꼈기 때문에 마스크가 꼭 필요한 사람들을 위해 마스크를 확보하는 것이 중요한 문제였습니다." 그는 시인했다.[21] 다시 말해 공중보건 당국은, 마스크가 실제로 바이러스를 막아줄 수 있다고 믿었다는 것이다. 그의 논리대로라면, 파우치는 3월에 대중에게 "마스크를 쓰고 다녀도 바이러스를 막을 수 없다."라고 말했을 때부터 이미 거짓말을 한 셈이 된다. 파우치는 단지 의료계 종사자 등 특정 사람들이 다른 사람들보다 바이러스로부터 더 많은 보호를 받아야 한다고 생각했기 때문에, 병원 직원들을 위한 충분한 물량을 확보할 수 있을 때까지 마스크 사용을 만류했다는 것이다.

파우치는 주로 병원 근로자들을 위해 더 많은 마스크를 확보해야 했었다는 이유로 마스크에 대한 자신의 잘못된 지침을 변호했다. 이는 순전히 과학적 판단이 아니라 정치적인 이유에서였다. 그는 자신이 원하는 정치적 목적을 달성하기 위해 그가 과학적 사실이라고 믿었던 것을 숨기고 거짓말을 전달했다. 그러면서도 그는 내내 정치가 자신의 조언에 영향을 미치지 않았다고 주장했다.

"아이고, 제발! 저는 어떤 정치적 이념도 공개적으로 밝힌 적 없다고요!" 이 격분한 전염병학자는 9월 「데일리쇼Daily Show」의 진행자 트레버 노아Trevor Noah에게 이렇게 말했다. "난 그저 공중보건에 관해 이야기하고 있을 뿐입니다. '마스크를 쓰세요', '사회적 거리 두기를 하세요', '사람 많은 곳을 피하세요', '손을 씻으세요', '실내보다는 실외에서 활동하세요'라고 말할 때, 거기에는 정치적인 의도가 전혀 깔리지 않았어요." 그는 다시 한번 강조했다. "이것들은 모두 익히 알려진 공중보건 메시지일 뿐입니다."[22] 이러한 확신을 바탕으로 그는 자신이 마스크에 대해 아는 것보다 정치에 대해 아는 것이 훨씬 적다는 것을 드러냈다.

정의상 "공중보건"은 과학과 정치 모두를 포함한다. "공중(Public)"이라는 단어는 "정치적(Political)"을 의미하는데, 정치란 단순히 말해, 우리가 사적인 영역이 아닌 공적인 영역에서 어떻게 함께 어울려야 하는지 합의해 가는 방식을 일컫는다.[23] 무엇보다 파우치는 정부 기관의 급여를 받으며, 미국 대통령을 포함한 정치인들에게 자문을 해왔다. 그의 직무에는 수억 명의 사람들이 어떻게 행동해야 하는지, 심지어 그들이 명절을 지낼 때 무슨 옷을 입어야 하는지와 같은 세세한 부분까지 규정하는 업무도 포함되어 있다. 미국 역사상, 이 정도의 정치적 권력을 가진 사람은 찾기 힘들다.

그러나 파우치는 민주적 토론을 과학적 전문성으로 대체하고 정치적 의사결정을 "과학"으로 재정의하는 진보적 정치 이해를 가지고 있다. 이러한 관점에 따르면, 시민들은 더 이상 영원한 질문들에 대해 서로 토론하고 옆의 시민들을 설득할 권리가 없게 된다. 대신 "과학"은, "데이터"와 "전문성"이 이러한 고질적인 문제들을 단번에 해결할 수 있을 정도로 발전했다고 여겨진다. "과학자들"은 무엇이 "효과가 있는지" 알고 있기 때문이라는 것이다.

하지만 어떤 것이 "효과가 있다"고 하려면, 그것에는 반드시 목적이 있어야 한다. 잔디 깎는 기계는 잔디를 깎을 때 "효과가 있다." 자물쇠는 침입자의 출입을 막을 때 "효과가 있다." 누군가가 먼저 잔디를 깎거나 침입자를 막아야 한다는 목적이 있지 않으면 둘 다 "효과가 있을" 수 없다. 마찬가지로, 공공 정책은 미리 정해진 목표를 달성할 때만 "효과가 있을" 수 있다. 공식적인 헌법 기준에 따르면, 우리 국민은 숙고와 설득을 통해 그러한 목표를 결정할 권리와 책임이 있다. 그러나 새로운 진보적 기준에 따르면, 우리 국민은 "과학 전문가"에게 복종할 의무가 있으며, 전문가들은 특정한 정책 목표를 달성하는 방법뿐만 아니라 애초에 어떤 목표를 추구해야 하는지까지도 지시할 수 있다.

CNN이 2020년 12월, 민주당 상원의원 후보인 존 오소프Jon Ossoff에게 공중보건에 대한 비전을 물었을 때, 그는 로봇처럼 대답했다. "우리는 공중보건 전문가들의 전문 지식을 따라야 한다고 생각합니다."[24] 오소프의 칭찬할 점은, 그가 진보적 접근법을 논리적 결론까지 끌어냈으며, 심지어 실험복을 입은 기술관료들의 주장을 되풀이하는 것 이상으로 토론에 더 이상 아무것도 첨가할 것이 없다는 점을 보여주었다는 것이다. 그는, "정치인들은 우리의 지식과 지혜의 한계를 알아야 한다"고 주장했다. "감염병 확산을 연구하는 데 자신의 경력과 훈련의 세월을 바친 학자들은 우리에게 올바른 방역 절차에 대해 조언할 자격이 있습니다. 올해 내내 우리가 겪은 문제는 정치인들이 공중보건 조언을 억압하고 무시해 왔다는 것입니다." 정치인들이 이미 9개월 동안 공중보건 정책을 이 과학자들의 변덕에 맡겨왔다는 사실은 무시하도록 하자. 오소프는 "이제 전문가들을 신뢰할 때"라고 결론지었다.[25]

그렇다면 우리는 어떤 전문가들을 신뢰해야 하며, 전문가들은 어떤 종류의 전문성을 갖춰야 할까? 오소프는 우리가 전염병학자들을 "신뢰"해야 한다고 주장했는데, 그는 그중에서도 강력한 봉쇄 조치를 지지하는 학자들만 신뢰해야 한다고 주장했다. 그러나 모든 분야에는 전문가들이 존재한다. 정치인들이 전염병학자가 아닌 경제 또는 군사 전문가들의 의견을 따랐다면, 2020년은 상당히 다르게 전개되었을 것이고, 국가는 오히려 더 나은 방향으로 나아갔을 수도 있다. 왜냐하면 전염병이 다른 정치적 문제까지도 일시 중단시키는 것은 아니기 때문이다. 미국이 공중보건 전문가들의 조언을 따르는 동안, 미국의 경쟁국들은 경제적, 군사적 이득을 얻기 위해 우리가 처한 상황을 이용했다.[26]

공중보건, 국가안보, 경제 전문가들은 물론이고 헌법, 형사법, 정치철학 등 다른 여러 분야의 전문가들도 전염병 대응 방식에 대해 서로 의견이 다를 수 있다. 우리는 정치인들이 이러한 다양한 분야의 의견을 모두 고려하고, 여러 중요한 우선순위 속에서 공공 정책을 수립할 때 그들이 건강한 판단력을 발휘하기를 기대하며 그들을 선출한다.

정치인들은 정치 전문가가 되어야 한다. 우리 국민은 투표소에서 이러한 전문가들에 대한 신뢰를 표하고, 그들이 우리를 실망하게 할 때는 다른 정치인들에게 신뢰를 보낸다.

미국은 17세기와 18세기의 천연두부터 19세기의 콜레라, 20세기의 스페인 독감과 홍콩 독감에 이르기까지 무수한 전염병을 견뎌냈다.[27] 중국발 코로나바이러스가 미국이 맞닥뜨린 바이러스 중 가장 치명적인 것도 아니었음에도 불구하고, 이전에 어떤 전염병도 정치인들로 하여금 전국을 봉쇄하도록 만들지는 않았다. 죽음과 질병의 본질은 그때나 지금이나 변하지 않았다. 그러나 죽음, 질병, 그리고 정치를 판단하는 기준이 달라지자, 이 새로운 기준은 과학 자체의 권위를 지닌 진보적 기술주의 관료들에게 복종할 것을 요구했다.

정치적 목적 달성을 위해 과학적 근거를 남용하는 좌파들의 행태는 팬데믹 이전, "지구 온난화global warming"의 초창기, 즉 "지구 냉각global cooling"으로 알려진 시절로 거슬러 올라간다. 1970년 1월 11일, 『워싱턴포스트』는 「점점 추워지는 겨울이 새로운 빙하기의 서막을 열었다」라는 제목의 1면 헤드라인 기사에서 "추운 날씨를 싫어하는 여러분, 내복을 잘 챙기세요. 최악의 상황은 아직 오지 않았을 수 있습니다."라고 경고했다. "이는 세계 기후 추세를 매우 장기적인 관점에서 연구하는 '기후학자'들이 내놓은 초장기 기상 예보입니다."[28] 1970년대에는 이 신생 분야에 대해 아는 사람들이 많지 않았기 때문에 『워싱턴포스트』는 "기후학자"라는 단어를 따옴표로 묶어 보도했다. 반세기가 지난 지금, 이 "기후학자"들이 대중의 삶에 점점 더 큰 영향력을 행사함에 따라, 이들은 다른 어떤 전문가들보다도 더 큰 인정을 받고 있으며, 과학 연구뿐만 아니라 정치 분야에서도 입김을 불고 있다.

1972년 11월 13일 『타임Time』지는, 「과학: 또 다른 빙하기?」라는 제목의 기사를 실었다.[29] 1975년 4월 28일에는 『뉴스위크』지가 「냉각되는 지구」를 보도했다. 다른 언론사들도 이 열풍에 동참했다.[30] 현재 지구 온난화론자들은 때로 과거 "지구 냉각"에 대한 공포가 당시 과학계의 견해와는 상반되는 언론의 조작이라고 일축한다. 하지만, 이 주제에 관한 『뉴스위크』의 보도 하나만 읽어봐도 이들의 일축을 간단히 일축할 수 있다.[31] 『뉴스위크』는 여러 저명한 과학자, 국립해양대기청National Oceanic and Atmospheric Administration, 국립 과학원National Academy of Sciences 등의 주장을 인용하여 지구의 미래에 대한 암울한 그림을 그렸다. "기상학자들은 냉각 추세의 원인과 정도, 특정 지역의 기후 조건에 미치는 구체적인 영향에 대해 엇갈린 의견을 가지고 있다." 뉴스위크는 이 부분에 대해서는 인정했다. "그러나 그들은 이러한 추세가 금세기 남은 기간 농업 생산성을 감소시킬 것이라는 견해에는 거의 만장일치로 동의한다. 일부 비관론자들이 우려하는 것처럼 기후 변화가 정말 심각하다면, 그 결과로 발생할 기근은 재앙이 될 수 있다."[32] 그러나 그로부터 40년 후, 그들의 암울한 예측과는 달리 세계 인구는 두 배로 늘었지만, 영양실조는 역사상 최저 수준을 기록했다.[33]

이 엉터리 과학자들은 과학적 예측과 함께 정치적 요구도 내세웠다. 『뉴스위크』는 "기후학자들은 정치 지도자들이 기후 변화의 영향을 완화하기 위해 그 어떤 긍정적인 조치를 취하지 않을 것이라는 비관적인 견해를 갖고 있다."라고 보도했다. 과학자들은 "식량 비축"과 "미래 식량 공급에 대한 경제적 예측에 기후 불확실성이라는 변수를 도입하는 것" 외에도 "검은 재로 북극 빙하를 덮어 녹이는 것"과 같은 더 야심찬 해결책도 제안했는데, 수십 년 후 과학자들이 기존의 판단을 뒤집고 빙하가 녹는 것을 부인할 수 없는 종말의 전조로 지목했을 때, 이 "빙하 녹이기"라는 야심 찬 계획은 심한 망신을 당했을 것이다.[34]

다행히도, 1970년대의 시민들은 과학자들의 히스테릭한 경고를 무시할 정도로 현명했다. 이 경고들은 원인에 대해서만큼은 의견이 갈리기도 했지만, 결과는 항상 같은 것을 예언했다. 바로 기근과 죽음이었다. 종말론 수준의 기후 변화를 예측하는 것 외에도, 당시의 과학자들은 "인구 과잉"이 지구의 자원을 고갈시키고 대규모 기아를 초래할 것이라고 경고했다. 스탠퍼드대학의 생물학자 폴 에를리히Paul Ehrlich는 1968년에 출간한 책 『인구 폭탄The Population Bomb』의 첫 문장에서 이렇게 선언했다. "모든 인류를 먹여 살리기 위한 전쟁은 끝났다. 1970년대와 1980년대에는 수억 명의 사람들이 아사할 것이다. 지금 당장 어떤 비상 대책을 세운다 해도 소용없다." 농업 기술의 발전이 다가올 기근을 해결할 수 있을 것이라는 희망을 품은 낙관론자라도 혹시 있을까 봐 에를리히는 이렇게 한 마디를 덧붙였다. "이 늦은 시점에서 세계 사망률의 엄청난 증가를 막을 수 있는 것은 아무것도 없다." 이 확신에 찬 과학 전문가는 인류가 생명을 보존할 수 있는 유일한 희망은 생명의 탄생 자체를 막는 것뿐이라고 주장했다.

에를리히는 "우리는 국내에서 인구 통제를 해야 한다."라고 주장했다. "가치관의 변화를 통해서 그렇게 되길 바라지만, 각 개인의 자발적인 방법이 실패한다면 강제적으로라도 해야 한다." 그는 "인구 증가는 암과 같으며", "반드시 도려내야 한다."라고 강조했다.[35] 보통 갓 태어난 아기를 "암"이라고 표현하는 이런 사람들은 세상을 뒤틀린 시선으로 바라보는 경향이 있다. 하지만 이미 비슷한 방식으로 가치관이 뒤틀린 저명한 좌파 인사들은 에를리히의 전문적인 견해를 열렬히 환영했다. 조니 카슨Johnny Carson은 그를 자신의 토크쇼인「투나잇 쇼The Tonight Show」에 초대했고, 덕분에 그의 책『인구 폭탄』은 베스트셀러 목록 상위권으로 치솟았다.[36]

인도의 좌파 총리 인디라 간디Indira Gandhi는 물, 전기, 배급 카드, 의료 서비스를 받기 위한 조건으로 강제 불임 시술을 받아야 하는 정책을 시행했다.[37] 중국 공산당 정부는 "한 자녀 정책"을 채택하여 1억 건 이상의 강제 낙태와 불임 수술을 시행했다.[38] 이러한 잔학 행위에도 불구하고 세계 인구는 계속 증가했지만, 세계 기아 문제는 오히려 감소했다.[39]

에를리히의 예언은 완벽하게 빗나갔다. 그의 종말론적 예언은 실현되지 않았을 뿐만 아니라, 이후 수십 년 동안 대규모 사망의 가장 큰 원인은 오히려 그의 책이 촉발한 강제 낙태였다. 그러나 에를리히는 자신의 치명적으로 잘못된 예측에 대한 그 어떤 대가도 치르지 않았다. 그는 계속해서 스탠퍼드대학에서 교수직을 유지했고,[40] 권위 있는 기관들은 여전히 그에게 찬사를 보냈다.[41] 에를리히는 자신의 잘못을 인정하지도 않았고, 인구 과잉에 대한 자신의 이론을 계속해서 경고하면서 인간 생명에 반대하는 십자군 전쟁을 멈추지 않았다.[42]

좌파 급진주의자들은 에를리히를 이용해 피임과 낙태를 장려하는 데 열을 올렸다. 피임과 낙태 모두 기존의 도덕적 기준을 약화했지만, 그들의 목표는 에를리히의 과학적 견해가 정확한지 여부에 달리지 않았다. 이 전문가는 과학적으로는 틀렸지만, 정치적으로는 옳았기 때문이다. 빌 게이츠Bill Gates, 워런 버핏Warren Buffett, 오프라 윈프리Oprah Winfrey, 조지 소로스George Soros, 마이크 블룸버그Mike Bloomberg와 같은 좌익 억만장자들은 2009년 언론에 유출된 비밀회의에서 "인구 과잉"에 대한 두려움을 계속 조장하며, 이 가상의 재앙을 세계에서 가장 시급한 문제로 묘사했다.[43]

1980년대와 90년대에 걸쳐 지구 냉각이라는 부인할 수 없었던 과학적 사실이, 지구 온난화라는 또 다른 부인할 수 없는 과학적 사실로 변하면서, 좌익 정치인들은 에를리히의 맬서스적Malthusian* 사상을 그들의 새로운 종말 이론에 접목했다. 앨 고어Al Gore 상원의원은 1992년에 출간한 자신의 책『지구의 균형Earth in the Balance』에서 "지구 환경을 치유하는 데 있어 인구 안정화보다 중요한 목표는 없다."라고 주장했다.[44]

1997년, 부통령이 된 앨 고어는 백악관에서 열린 지구 온난화 회의에서 이 주장을 되풀이했다. 고어의 주장에 따르면, 선진국들은 피임과 낙태를 통해 출생률을 "안정화"시킨 반면, 아프리카와 아시아의 가난한 국가들은 감당할 수 없을 정도로 높은 출생률을 유지하고 있으므로, 가난한 국가에 피임약과 낙태 시술을 지원하여 빈곤한 유색인종 아기들의 출생을 막고, 애초에 그들의 잉태를 방지하는 "글로벌 마셜 플랜Global Marshall Plan"을 제안했다.[45]

---

* 18세기 영국의 경제학자 토머스 맬서스의 이론에서 비롯된 것으로, 맬서스는 자신의 저서 『인구론』을 통해 인구는 기하급수적으로 증가하는 반면, 식량 생산은 산술급수적으로 증가하기 때문에 인구 증가는 필연적으로 식량 부족을 초래할 것이며 이러한 비극을 피하기 위해서는 인구 증가를 억제해야 한다고 주장했다.

앨 고어는 2010년대에도 계속해서 인구 통제를 주장했다. 2011년 뉴욕에서 열린 연설에서 그는 아프리카 아기의 낙태를 지지하는 자신의 입장을 "출산율 관리"와 "소녀와 여성의 교육 및 권한 부여"라고 포장했지만, 리버럴 성향의 『로스앤젤레스타임스Los Angeles Times』조차도 이러한 완곡어법은 인구 통제라는 민감한 주제를 더 맛깔나게 만드는 것에 불과하다며 비판했다.[46]

2019년, 두 번째 대선에 출마한 민주당 상원의원 버니 샌더스는 가난한 국가들에 대해서도 이와 비슷한 조치를 취해야 할 것을 촉구했다. CNN의 기후 변화 타운홀 미팅에서 한 청중은 "여성에게 권리를 부여하고 인구 증가를 억제할 필요성에 대해 모두를 교육하는 것이 합리적인 캠페인으로 보입니다."라며, "당신은 기후 대재앙에 대처하기 위한 계획의 핵심 안건으로 이 문제를 논의할 만큼 용기 있는 분인가요?"라고 물었다. 그녀는 처음에는 "지구 냉각화"로 시작하여 "지구 온난화"로 바뀌고, 그다음 "기후 변화"로 변모하여, 마침내 "대재앙"이라는 극적인 수식어를 얻게 된, 이른바 과학적 문제에 새로운 수준의 히스테리를 도입했다.[47]

"답은 예스입니다." 버니 샌더스는 단언했다. 그는 이미 사회주의 정치인 알렉산드리아 오카시오-코르테스가 지구를 구한다는 명목으로 미국 사회를 뒤흔들기 위해 제안한 93조 달러 규모의 그린 뉴딜Green New Deal, GND을 지지한 바 있었다.[48] 오카시오-코르테스는 이 법안을 정당화하기 위해 종말론적 환경 이론을 이용했지만, 그녀의 계획은 환경에 대한 대책을 훨씬 넘어서는 것이었다.

그린 뉴딜 관련 자료에서 오카시오-코르테스는 그린 뉴딜이 "가족을 부양할 수 있는 임금, 가족 및 의료 휴가, 장기 휴가, 은퇴 후 삶이 보장되는 일자리"를 보장하고, "고등 교육 및 직업 학교를 포함한 양질의 교육", "건강한 음식", "양질의 의료 서비스", "적정 가격의 안전한 적절한 주택", 그리고 "일할 수 없거나 일하기를 원하지 않는 모든 사람들을 위한 경제적 안전"을 제공할 것이라고 설명했다. (강조는 필자가 했다)[49] 이 신참 하원의원은 곧 자신의 웹사이트에서 이 내용을 삭제했는데, 이는 아마도 일하기 싫어하는 게으름뱅이들에게까지 소득을 보장한다는 내용이 일반 미국인들에게는 통하지 않을 수 있다는 점을 알아차렸기 때문일 것이다.[50]

그러나 결국 그린 뉴딜에 대한 하원의 공식 결의안은 그녀가 웹사이트에서 삭제한 FAQ 페이지에서 크게 벗어나지 않았다. 이 결의안은 "양질의 의료 서비스", "적정 가격의 안전하고 적절한 주택", "경제적 안정"에 대한 보편적 권리는 물론, "미국의 모든 기존 건물을 업그레이드"하겠다는 혁명적인 계획을 담고 있었다. 또한, "원주민, 유색인종 공동체, 이주민 공동체, 산업 소멸 지역, 인구 감소 농촌 지역, 빈곤층, 저소득 노동자, 여성, 노인, 무주택자" 등 소외된 집단에 대한 현재의 억압을 중단하고, 미래의 억압을 예방하며, 과거의 억압을 바로잡음으로써 정의와 평등을 증진할 것을 약속했다. 그러나 앞서 명시된 이 사람들이 어떻게 "억압"을 받았는지, 그리고 그 억압이 지구 온난화—혹은 지구 냉각, 기후 변화, 기후 대재앙, 또는 그 주간에 급진주의자들이 선호하는 전문용어 아무거나—와 정확히 무슨 관련이 있는지에 대해서는 구체적으로 설명하지 않았다.[51]

최신 "과학"이 무엇이든, 그리고 그것이 이전의 "과학"과 얼마나 모순되든 간에, 우리는 항상 덜 번식하고, 덜 먹고, 덜 움직이고, 덜 논쟁해야 하는 것처럼 보인다. 우리는 항상 과거에 살아왔던 방식과는 정반대로 살아야 한다. 지구는 뜨거워지거나 차가워지거나, 아니면 우리를 기만이라도 하듯 겉으로는 그대로인 것처럼 보일 수 있다. 그러나 날씨가 어떻든 간에 급진주의자들은 우리가 전문가들에게 더 많은 통제권을 넘겨야 한다고 주장한다. 물론, 그 전문가들이 자신들의 당의 방침에 따르는 한에서 말이다.

"과학적 합의"라는 표현이 갑자기 인기를 얻은 것은 정치적 올바름이 우리의 지적인 수준을 얼마나 심하게 뒤바꿔 놓았는지를 잘 보여준다. 이 표현은 1970년대 이전까지만 해도 과학 분야는 물론 다른 어떤 문헌에서도 거의 등장하지 않았다. 레이건 시대에 잠시 인기가 주춤했던 이 표현은 1990년대와 2000년대에 사용량이 급증했는데,[52] 이는 정치와 과학에 대해 새롭고 정치적으로 올바른 관점을 반영하고 있다. 한때 공화정과의 합의를 통해 이루어지던 정치는 점차 비정치적인 전문가들에게 그 통치를 아웃소싱하기 시작했다. 반대로, 현장의 전문가들에 의해 수행되었던 과학적 탐구는 정당성을 얻기 위해 대중의 지지에 의존하기 시작했다.

수십 년 동안 경고론자들은 "과학자의 97%"가 자신들의 종말론적 견해에 동의한다는 점을 들어 지구의 임박한 멸망에 대한 자신들의 예언을 옹호해 왔다. NASA는 「과학적 합의: 지구의 기후는 온난화되고 있다」라는 제목의 기사 첫 문장에서 이와 거의 동일한 주장을 그대로 반복하고 있다. 이들은 "동료 심사를 거친 과학 저널에 발표된 여러 연구에 따르면 현재 활발하게 논문을 발표하고 있는 현역 기후 과학자의 97% 이상이 지난 한 세기 동안의 지구 온난화가 인간에 의한 것일 가능성이 매우 높다는 데 동의한다."라고 주장한다.[53]

그러나 보수 성향의 하트랜드 연구소Heartland Institute가 2015년 발표한 「과학자들이 지구 온난화에 대해 의견이 다른 이유」라는 분석 보고서에서 지적한 바에 따르면, NASA는 그 유명한 97%라는 수치에 도달하기 위해 네 가지 조사를 인용했지만, 이 보고서들을 자세히 살펴보면 그 합의가 부실한 과학적 근거에 기반하고 있다는 것을 알 수 있다고 한다. NASA는 역사학자 나오미 오레스케스Naomi Oreskes를 인용했고, 그녀는 다시 여러 과학 논문의 초록을 인용했는데, 그 중 상당수는 지구 온난화를 이미 인위적 재앙이라는 전제로 출발하여 전개된 논문이거나 혹은 이에 대해 지나가는 말로 언급만 하고 있는 논문이라는 것이다.[54]

그런 다음 NASA는 학술 논문보다는 블로그로 더 잘 알려진 "인지과학" 교수인 존 쿡John Cook을 인용하여, 과학자들 사이에서 재앙적 온난화에 대한 97.1%의 동의를 발견했다고 주장한다.[55] 하지만 『과학과 교육Science & Education』에 게재된 논문은 이 통계를 반박하면서, 이 주제를 다루는 논문의 1%와 전체적으로 참조된 논문의 0.3%만이 이 가설을 지지한다는 사실을 발견했다.[56]

세 번째 연구는 매기 짐머맨Maggie Zimmerman이 무작위로 선정된 만 명의 과학자들에게 보낸 2분짜리 온라인 설문조사로 이루어져 있는데, 이 중 설문조사에 응답한 과학자는 3천 명이었다. 짐머맨은 산업 발달보다는 태양이 온난화의 원인이라고 결론지을 수 있는 과학자들의 응답은 무시했다.[57] 네 번째 연구는 윌리엄 안데레그William Anderegg의 것으로, 이 연구는 기후 변화에 대한 정부 간 협의체Intergovernmental Panel on Climate Change, IPCC의 극단적인 결론을 명시적으로 반박하지 않은 모든 과학자를 일단 지지한 사람들로 잠정 간주해 버렸다.[58]

온도계의 수은주가 오르든 내리든 그 이유가 무엇이든 간에, 동조론자와 회의론자 모두 이 논쟁이 정치적이라는 사실을 인정해야 한다. 이 논쟁은 처음부터 정부 기관이 대중적 합의에 호소하는 것을 중심으로 전개되었고, 이들은 데이터가 무엇을 보여주든 항상 같은 정책적 결론에 도달했다.

보수주의자들은 대부분의 경우, 과학적 근거에 기반하여 상대방의 유사 과학적 주장을 반박하려 했다. 좌파가 재앙적인 지구 온난화를 근거로 권력을 장악하려 들 때, 보수주의자들은 기온을 근거로 반박했다. 급진주의자들이 중국발 바이러스를 근거로 자신들의 정치적 요구를 정당화하려 할 때, 보수주의자들은 전염병의 치사율과 보건 조치의 효과를 근거로 반박했다. 그러나 좌파의 의심스러운 과학적 주장들이 실제로 그러한 회의론을 자초할 만하다 하더라도, 과학적 데이터를 무기로 삼고 전쟁터에 나가는 것은 싸움에 지겠다고 덤벼드는 것과 다름없다. 이런 전략은 상대방의 정치적 전제를 암묵적으로 인정하면서도 사소한 트집만 잡는 접근 방식에 불과하기 때문

* 지구 온난화의 원인이 이산화탄소 배출과 같은 인위적인 행위에 의해서가 아니라 태양 활동의 주기적 변화에 의한 결과라고 주장하는 과학자들을 말한다.

이다.

지구가 실제로 더워지지 않았다는 이유로 그린 뉴딜을 공격하는 것은, 만약 지구 온난화가 사실인 경우 급진적인 정책이 필요할 수도 있다는 사실을 암묵적으로 수용하는 것이다. 코로나바이러스에 감염된 사람의 99.7%가 생존한다는 이유로 봉쇄 조치를 비난하는 것은, 만약 이 수치가 더 낮아지는 경우 우리 정치 체제를 전례 없이 흔들어도 문제가 없다는 것을 인정하는 셈이다.[59]

수십 년에 걸친 정치적 올바름의 속임수에도 불구하고, 무조건 질 수밖에 없는 시나리오에 대한 대안은 여전히 남아 있다. 그것은 바로 전통적인 질서를 수호하는 것이다.

더워지는 날씨가 문명을 위협할 수도 있고, 그렇지 않을 수도 있다. 코로나바이러스가 인류의 생명에 전례 없는 위협이 될 수도 있고, 그렇지 않을 수도 있다. 어떤 경우가 되었든 강압적인 의사 및 과학자 관료들이 우리에게 그들의 모든 변덕을 묵인하고 순응하라고 요구할 권리까지는 가지고 있지 않다.

자유로운 사람들은 전문가의 조언에 기쁘게 귀 기울일 수 있다. 그러나 우리는 또한 경제, 국가 안보, 대중 문화, 시민권, 사회관계, 그리고 우리 공화국의 무수한 다른 측면에 미치는 특정 정책의 영향을 포함한 다른 "비(非)과학적" 요소들도 고려해야 한다. 알렉산드리아 오카시오-코르테스가 주장하는 것처럼 "기후 변화"가 정말로 2031년까지, 또는 영국의 찰스 왕세자가 주장한 대로 2021년까지 세계를 파

---

* 이 책이 쓰여졌을 당시는 왕세자였으나 현재는 찰스 국왕이다.

괴할 수 있다 하더라도 "과학"은 여전히 철학의 시녀로 남아 있으며, 자유 공화국에서는 국민이 국가의 방향을 결정해야 한다.[60]

재미있는 것은, 1960년대의 급진주의자들은 기존 전문가들의 선언에 복종할 것을 요구하지 않았다는 점이다. 오히려 그들은 모든 기존의 의견에 의문을 제기함으로써 기성 체제의 권위를 약화하려 했다. 급진적 히피족의 대부 티머시 리어리Timothy Leary는, "스스로 생각하고, 권위에 의문을 제기하라."라고 말했다.[61] 1920년대부터 1980년대까지, 급진주의자들은 새로운 언어 기준을 통해 종교, 성, 행동, 의복, 정치 등 사실상 모든 기존의 기준에 의문을 제기하고 이를 전복시켜 왔다. 급진적 전진이 이루어지는 수십 년 동안 보수주의자들은 기존의 권위를 지키지도 못했고, 그중 많은 경우는 시도조차 하지 않았다. 그들은 기존의 질서보다 새로운 개방적인 문화를 더 선호했다.

그러나 2010년대에 도달하자 이제는 오히려 정치적 올바름이라는 새로운 반(反)기준이 삶의 모든 측면에 침투했다. 심지어 정치적으로 중립적이어야 할 과학 연구 분야조차도 새로운 정치적 올바름의 규칙에 저항할 수 없었다. 문화 혁명가들은 과학 자체를 길들였고, 이후 그들의 이념적 주장을 정당화하기 위해 과학을 이용하기까지 했다. "존재하는 모든 것에 대한 무자비한 비판"을 내세우면서 시작된 이 운동은 기존의 권위조차도 자신들의 목적을 위해 이용했다. 그들은 기존 질서를 무너뜨렸을 뿐만 아니라 그것을 아예 대체해 버렸다.

숙청

THE PURGE

15

숙청

2021년 1월 7일, 세계에서 가장 인기 있는 소셜 네트워크, 트위터[*]
가 미국 대통령의 계정을 차단하는 초유의 사건이 발생했다.[01] 페이스
북 CEO 마크 저커버그^{Mark Zuckerberg}는 "이 기간, 대통령이 우리의 서비
스를 계속 사용하도록 내버려두는 것은 너무 위험이 크다고 생각한

---

* 2023년 7월, 엘론 머스크가 트위터를 인수하며 트위터의 이름을 'X'로 재브랜딩하였다. 다만
이 책이 쓰여진 2021년 당시 쓰여진 원문 그대로 '트위터'로 표기하였다.

** 마크 저커버그가 언급한 '이 기간'은 2021년 1월 6일에 발생한 미국 국회의사당 폭동 직후의
시기를 의미한다. 이 사건은 당시 2020년 대통령 선거가 부정 선거라고 주장했던 도널드 트럼
프 대통령의 지지자들이 선거 결과를 인증하는 과정을 방해하기 위해 국회의사당을 습격한
사건이다.

다."라며, 대통령의 인스타그램 계정도 함께 정지시켰다.[02]

다음 날, 트위터는 대통령의 계정을 영구적으로 차단했다.[03] 트위터의 월간 활성 사용자 수는 페이스북의 27억 명에 비하면 3억 4천만 명에 불과하지만, 언론인과 정치인들 사이에서 유독 인기가 높아 여론을 형성하는 데 강력한 힘을 발휘해 왔다.[04] 트럼프 대통령은 트위터를 통해 자신에게 적대적인 언론사를 거치지 않고도 간결하면서도 종종 별나기도 한 메시지로 언론의 관심을 끌어왔다. 이 전략은 언론의 주목을 끌어내는 데 성공했으며, 그것이 비록 비판 혹은 충격을 표현하기 위한 것일지라도, 주류 언론을 통해 대통령의 메시지를 원문 그대로 중계할 수 있게 해주었다. 덕분에 SNS 활용 전략은 국내 정치와 국제 외교 모두에서 대통령에게 유리하게 작용했지만, 트위터가 그를 검열하기 시작하면서 상황이 달라지기 시작했다.[05]

"최근 @realDonaldTrump 계정의 트윗과 그 주변 상황, 특히 트위터 안팎에서 그의 트위터 글들이 어떻게 받아들여지고 해석되고 있는지를 면밀히 검토한 결과," 트위터 측은 설명했다. "추가적인 폭력 선동의 위험이 있을 것으로 우려되어 우리는 해당 계정을 영구히 정지했습니다."[06] 트럼프의 계정이 정지된 시기, 이란의 최고 지도자 아야톨라 하메네이Ayatollah Khamenei는 유대인 대학살을 반복적으로 촉구하는 트윗을 올리면서도 여전히 트위터를 자유롭게 사용하고 있었다.[07] 트위터는 오랜 시간 동안 세계 지도자들은 특별한 범주에 속하므로 회사의 수시로 변화하는 표현 규정을 오히려 플랫폼이 위반할 수 있다는 이유로 하메네이의 계정을 유지하는 것을 옹호해 왔다. 그러나 트위터는 인종 대량 학살을 선동하는 해외 독재자들에게는 이러한 특권을 부여하면서도, 현직 미국 대통령에게는 같은 예우를 베풀지 않았다.

트위터가 트럼프 대통령의 개인 계정을 차단하자, 트럼프는 백악관 공식 계정(@POTUS)을 통해 트위터의 결정에 항의했다. "오랫동안 제가 말씀드린 바와 같이 트위터는 표현의 자유를 억압하는 방향으로 점점 더 나아가고 있으며, 오늘 밤, 트위터 직원들은 민주당 및 급진 좌파와 공조하여 저를 침묵시키기 위해, 그리고 저에게 투표한 7,500만 명의 위대한 애국자인 여러분을 침묵시키기 위해 급기야 자신들의 플랫폼에서 저의 계정을 삭제했습니다." 트럼프는 이어서 트위터가 1996년 제정된 통신품위법Communications Decency Act, CDA 230조,* 인터넷 서비스 제공업체들이 기존 웹사이트 운영자가 부담하는 법적 책임으로부터 보호하는 이 법의 법적 허점을 악용했다고 설명했다. 트위터는 법적 방어를 목적으로 자신들을 정치 중립적인 테크 플랫폼이라고 주장했지만, 정치적으로 올바르지 않은 견해를 검열할 때에는 기존 운영자처럼 행동했다. 트럼프는 트위터가 표현의 자유라는 미명 아래 좌파 정통성을 강제하는 엄격한 시스템을 구축했다고 지적했다.[08] 그리고 몇 분 만에 트위터는 백악관 공식 계정마저도 차단해 버렸다.[09]

마지막으로 트럼프는 선거 운동 당시 사용했던 계정에 접속했지

---

* 통신품위법 제230조는 1996년에 제정된 미국 연방법의 일부로, 인터넷 서비스 제공자(Internet Service Provider, ISP)와 이용자가 생성한 콘텐츠를 게시하는 웹사이트의 책임을 규정하는 조항이다. 이들은 인터넷 서비스 제공자와 웹사이트 운영자는 제3자가 생성한 콘텐츠에 대한 책임을 지지도 않고, 그 콘텐츠를 차단하거나 제한하는 경우에도 이에 대한 법적 책임을 지지 않는다는 내용을 담고 있다.

만, 이 계정마저도 곧 같은 운명을 맞이했다. 한편, 트위터에서 활동하는 유명한 트럼프 지지자들은 자신들의 팔로워 수가 급격히 감소하는 것을 발견했는데, 이 중 어떤 이들은 한꺼번에 수만 명을 잃기도 했다.[10] 이러한 대규모 검열로 인해 많은 보수주의자가 "표현의 자유"를 위한 안전한 피난처로 자리매김한 경쟁 플랫폼인 팔러(Parler)에 계정을 개설하기 시작했다.[11] 그러나 그 즉시 구글은 팔러를 자신들의 앱 스토어에서 금지하겠다고 발표했고, 이로 인해 전 세계 25억 대의 안드로이드 기기 사용자들은 팔러 앱에 접속할 수 없게 되었다.[12] 바로 뒤이어 애플 역시, 팔러의 사용자들에게 발언을 단속하지 않으면 전 세계 약 14억 대의 아이폰 및 기타 기기에서 팔러가 삭제될 것이라고 위협했다.[13]

그 후 애플은 팔러에 다음과 같은 서한을 보냈다. "우리는 귀하의 서비스에서 사용자가 생성한 모든 콘텐츠가 우리 사용자의 안전과 보호를 위한 앱 스토어의 요구 사항을 충족할 책임이 있다는 점을 분명히 하고자 합니다."[14] 아이러니하게도 이 기술 대기업은 통신품위법 제230조 보호를 주장하며 자신들이 회피하려 했던 바로 그 기준을 팔러에게는 적용하라고 요구했다.

그다음 날, 애플은 결국 팔러를 앱 스토어에서 퇴출시켰고, 이에 따라 팔러의 사용자들은 웹 브라우저를 통해서만 팔러에 접속할 수 있게 되었다.[15] 그나마 하나 남은 이 방편마저도 그다음 날 아마존이 팔러에 대한 웹 호스팅 서비스 제공을 중단하겠다고 발표하면서 사라졌다. 아마존 웹 서비스(AWS)의 "신뢰 및 안전" 팀이 팔러에 보낸 이메일의 내용은 다음과 같았다. "최근 귀하의 웹사이트에서 폭력적인 콘텐츠가 꾸준히 증가하고 있으며, 이는 모두 당사의 이용 약관을 위반하는 것입니다. 귀사는 AWS 서비스 약관을 준수하기 위한 효과적인 프로세스를 갖추고 있지 않은 것으로 판단됩니다."[16] 그렇게 팔러의 마지막 남은 웹사이트마저도 겨우 하루 만에 오프라인 상태가 되었다.

한편, 코미디언 캐시 그리핀Kathy Griffin은 피투성이가 된 트럼프 대통령의 참수된 머리 모형을 들고 있는 자신의 사진을 트위터에 올렸다.[17] 며칠 후, 부통령을 겨냥한 "펜스를 교수형에 처하라(#HangPence)"라는 문구가 트위터 트렌드로 등재되었다.[18] 그러나 트위터는 애플, 구글 또는 그 외 다른 어떤 기업으로부터 비즈니스 관계를 끊겠다는 위협적인 공문을 받지 않았다. 심지어 트위터는 2017년에 처음 게시된 그리핀의 이 충격적인 사진조차 삭제하지 않았다. 이로써 이념적 방향에 따라 특정 발언을 용인하거나 검열하는 빅테크 기업의 암묵적 정책은 더욱 명백해졌다.

수년 동안, 많은 자칭 보수주의자는 주로 자유주의적 근거를 내세워 빅테크의 검열을 옹호해 왔다. 그들은 이러한 빅테크의 기술 폭정을 어리석거나 비미국적이라고 생각했을 수는 있겠지만, "사기업"에게는 원하는 사람 누구든 검열할 권리가 있다고 주장해 왔다. 구글, 애플, 페이스북 및 기타 상장 대기업들이 세계 역사상 가장 크고 강력한 기업 중 일부라는 사실은 외면한 채,[19] 진짜 위협은 정부로부터만 온다고 주장하며 빅테크를 옹호해 왔다. 그들은 오늘날 좌파 성향의 빅테크 기업들이 보수주의자들의 의견을 검열하고 있는 것은 사실이지만, 이에 대응하여 정부가 개입해 빅테크 기업을 규제하는 것은 현명하지 않다고 주장했다. 만약 정권이 바뀌어서 좌파 성향의 정부가 들어섰을 때, 우리와 동일한 논리로 국가 권력을 이용해 보수 성향의 기업이나 개인을 검열할 수 있기 때문이라는 것이다. 따라서 장기적으로는 정부 개입을 자제하고 민간 기업의 자율성을 존중하는 것이 표현의 자유를 보호하는 데 도움이 될 것이라고 조언했다. 잭 도시[Jack Dorsey]의 회사 운영 방식이 마음에 들지 않는다면, 우리만의 트위터를 자체적으로 개발하면 될 일이라면서 말이다.

하지만 보수주의자들이 실제로 자신들만의 SNS를 구축하자, 빅테크는 이를 두 번이나 차단했다. 애플과 구글은 모바일 운영체제 시장의 99%를 장악하고 있다.[20] 팔러 이전에 트위터 대안으로 등장했던 갭(Gab)과 팔러를 이 운영체제에서 제거한다는 것은 사실상 이 소셜 네트워크 서비스들을 쓰지 말라고 대놓고 공표한 것이나 다름없었다.[21] 빅테크를 옹호하는 보수주의자들의 논리에 따르면, 애플과 구글은 자신들의 앱 스토어에서 팔러를 쫓아낼 모든 권리가 있었던 셈이다. 그리고 만약 보수주의자들이 이 기업들의 방식에 반대한다면, 그저 자신들의 운영 체제를 만들면 될 일이라는 빅테크 옹호론자들의 주장이 뒤따랐다.

그러나 현실은 생각처럼 단순하지 않다. 이러한 운영 체제를 자체적으로 만드는 데 필요한 자금 확보부터 난관에 부딪히게 되기 때문이다. 페이스북과 트위터가 대통령의 계정을 차단하는 동안, 결제 처리 업체인 쇼피파이(Shopify)는 대통령의 온라인 상거래 통로를 중단

---

* 트위터의 CEO

시켰다. 쇼피파이 대변인은 "최근 사건에 비추어, 우리는 도널드 J. 트럼프 대통령의 행동이 우리의 '허용 가능한 사용 정책'을 위반한다고 판단했습니다. 우리는 폭력을 조장하거나 용인하는 조직, 플랫폼 또는 개인에 대한 모든 홍보나 지원을 금지합니다."라고 선언했다.[22] 세계 최대 결제 처리 업체인 페이팔(PayPal)도 대통령과 관련된 계정을 차단했다.[23]

이미 듣는 것만으로도 그럴듯하지 않았던 "보수주의자들이 자신들만의 트위터를 만들면 된다."라는 제안은 불가능한 것으로 판명되었다. 이러한 시도의 스타트를 끊었던 갭은 결제 처리 업체, 블로그 플랫폼, 전자 상거래 서비스, 앱 스토어, 웹 호스팅, 심지어 도메인 등록업체까지 이용할 수 없게 되면서 실패로 끝났다.[24] 아마도 빅테크 옹호론자들은 보수주의자들이 자신들만의 인터넷 자체를 구축하면 될 일이라고 쉽게 생각했을 것이다. 어쩌면 그들은 보수주의자들이 자신들만의 자체 정부를 구축하기를 바랐을지도 모르겠다.

2021년 1월 6일, 소수의 트럼프 집회 참석자들이 내셔널 몰에서 진행되고 있던 평화로운 집회에서 이탈하여 미국 국회의사당을 습격했을 때는, 그저 한 무리의 바보 같고 무모한 우익 단체의 돌발 행동 정도로 보였다.[25] 사실 이 폭동은 쿠데타coup d'état라기보다는 절규cri de coeur에 가까웠고, 반란이라기보다는 방향성을 잃은 폭도에 가까웠다. 폭도들이 의사당 건물에 침입하여 의원들과 직원들을 피신하게 만들었을 때, 그들은 새로운 정부를 선포하거나 새로운 법률을 제정하지 않았다. 그들은 대신 낸시 펠로시 하원의장의 집무실을 난장판으로 만들고 사진이나 찍느라 바빴다.[26]

국회의사당 경찰들은 보안 구역에 진입을 시도하던 공군 참전 용사이자 트럼프 지지자였던 애슐리 배빗Ashli Babbitt을 총으로 사살했다. 다음 날, 국회의사당 경찰관인 브라이언 시크닉Brian Sicknick이 사망했으나, 조사관들은 폭동 이후 수개월이 지났음에도 그의 죽음이 당일 사건과 유관한지 결론을 내지 못했다.[27] 비록 이후 의사당 부지와 공화당 및 민주당 전국위원회 본부에서 총기와 폭발물이 발견되었지만, 그날의 폭력으로 인해 사망한 다른 사람은 없었다.[28] 그럼에도 불구하고 빅테크 기업들은 이 폭동을 구실로 수만 명의 우파 성향의 사용자들을 검열하고 그들을 플랫폼에서 빠르게 퇴출했다.[29]

이러한 반응으로 볼 때, 우익 폭도들이 미국 정치에 최초로 폭력을 도입한 집단으로 보일 수도 있겠다. 그러나 정작 좌익 단체인 "BLM"과 "안티파"가 2020년 내내 미국 전역의 도시를 불태우며 폭동을 일으켰을 뿐만 아니라, 언론계와 심지어 선출된 공직에 있는 저명한 리버럴들의 노골적인 지지를 받았다는 사실을 리버럴 진영 전체는 잊은 것처럼 행동했다.

BLM 시위 중 좌파 폭도들은 전국 곳곳에서 사업장과, 때로는 동네를 통째로 불태우며 수십 명의 사람들을 죽였다.[30] CNN의 크리스 쿠오모Chris Cuomo는 미국 수정 헌법 제1조, "국민이 평화롭게 집회할 권리"[31]를 아예 머릿속에서 지워버린 사람처럼, "시위대가 정중하고 평화로워야 한다고 어디에 쓰여 있는지 보여달라."라고 요구하며 이들의 폭력을 정당화했다.[32]

당시 대통령 후보였던 카멀라 해리스Kamala Harris는 더욱 강력하게 폭력을 옹호했는데, 폭도들을 석방하기 위한 보석금을 마련하는 데 보태달라며 기금 모금 링크를 트위터에 올리기도 했다.[33] 조 바이든 후보의 여러 참모 역시 이 보석금 지원 운동에 동참했으며, 이 기금은 심지어 8세 소녀를 강간한 혐의로 기소된 남성의 석방을 돕기도 했다.[34] 그러나 해리스나 바이든 참모 중 누구도 트위터 계정에 대한 접근 권한을 잃지 않았으며, 트위터 공식 계정은 프로필 소개란에 아예 "Black Lives Matter"라는 해시태그를 기재하기도 했다.[35]

BLM 폭동이 몇 달 동안 격렬하게 이어지는 동안, 저명한 좌파 인사 중 이를 비판한 사람들은 소수에 불과했고, 오히려 많은 이들이 이 혼란을 부추겼다. 반면, 국회의사당 폭동이 몇 시간 동안 이어지는 동안, 트럼프 대통령을 포함한 이 나라의 모든 저명한 보수주의자들은 앞다투어 이를 비판했다. 그럼에도 불구, 공공 안전과 민주주의의 이름으로 실리콘밸리의 독재자들은 정당하게 선출된 미국 대통령을 검열했다.

만약 보수 정치인들이 트럼프 대통령 임기 동안 빅테크에 대한 합리적인 규제를 추진했다면, 그들은 소셜 미디어의 대규모 숙청을 좀 더 늦출 수 있었을 것이다. 공화당 의원들은 공화당이 행정부와 입법부를 모두 장악했던 2년의 집권기 동안 빅테크에 대한 통신품위법 제230조 보호 조항을 박탈할 수도 있었을 것이다. 심지어 민주당이 하원을 탈환하여 상·하원 분할 정부가 된 후에도, 법무부와 기존의 반독점법을 통해 이 빅테크 기업들을 분할하도록 압박할 수도 있었다.

구글은 검색 엔진 시장의 약 90%를 점유하고 있다. 한 기업이 현대의 광장 역할을 하는 인터넷 전반의 정보 흐름을 통제하고 있는 셈이다.[36] 또한, 빌 바[Bill Barr] 법무부 장관이 2020년 6월 인터뷰에서 지적한 바와 같이, 많은 소셜 미디어 플랫폼은 사용자들이 원하는 대로 글을 읽고 쓸 수 있을 것이라는 사기적인 명분에 따라 수많은 사용자를 끌어모았다.[37]

공화당 의원들은 본인들의 선거 캠페인 광고에나 사용할 만한 영상 클립 한두 개 딸 심산으로 빅테크의 거물들을 공청회에 소환하여 몇 시간씩이나 청문회를 질질 끌며 그들을 질타하는 데 시간을 보냈다. 그러나 가장 강도 높은 청문회조차도 실질적인 개혁으로 이어지지 못했는데, 그 이유는 바로 그 빅테크 기업들이 카메라 앞에서 자신들을 맹렬히 비난한 바로 그 의원들의 선거 운동 자금을 후원했기 때문이다. 이 의원들은 빅테크를 위한 신성한 "표현의 자유" 권리라는 진부한 슬로건을 내세워 보수 유권자들을 달랬고, 빅테크 거물들을 보호했다. 그리고 빅테크 거물들은 2021년 초 보수주의자들에 대한 검열의 물결을 일으키는 것으로 이에 대한 감사의 뜻을 표했다.

그러나 공화당 의원들이 자신들의 빅테크 후원자들에게 맞서지 못했던 비겁함은 사실 별개의 문제다. 보수주의자들은 "표현의 자유"에 대한 추상적인 이해에만 집착한 상태로 머물러 있었고, 사회에는 반드시 어떤 기준이 존재해야 한다는 사실을 인정하지 않았다. 이러한 이유로 공공 광장에서 자신들의 자리를 지키는 데 실패한 것이다. 인스타그램이 자사 플랫폼에서 포르노를 금지할 권리에 대해 이의를 제기하는 사람이 누가 있겠는가?[38] 유대인 데이팅 앱으로 유명한 제이데이트(Jdate)가 자사 서비스에서 홀로코스트를 부정하는 주장을 금지한다고 해서 이의를 제기하는 사람이 누가 있겠는가 말이다.

소셜 미디어 플랫폼은 사용자들에게 쾌적한 경험을 제공할 권리뿐만 아니라 의무 또한 가지고 있다. 구글과 애플은 나치적인 글을 올리는 사용자들이 존재한다는 점을 핑계로 다소 오른쪽 성향의 플랫폼을 인터넷에서 차단했다. 그러나 사실 갭의 경영진조차도 이 문제를 인정하고 네오나치 성향의 사용자들을 최소화하기 위해 노력했다.[39]

담론의 경계를 정의할 수 있는 이러한 권리는 기업의 "사적 영역" 뿐만 아니라 사회 전체의 "공공 부문"에도 적용된다. 인터넷이 공공 광장을 디지털 영역으로 끌어오기 전까지 정치인들은 문자 그대로 공공 광장의 범위를 규정했다. 미국에서는 선출직 공직자들이 17세기 뉴잉글랜드에서 시작된 전통인, 유권자들과의 타운홀 미팅*에 대한 규칙을 정했다.

트위터에서 추방당하는 것이 언어 경찰의 눈 밖에 나는 바람에 받는 가혹한 처벌처럼 보일 수 있지만, 식민지 개척자 토마스 모턴Thomas Morton이 "음탕한 내용을 담은 여러 운문과 시를 지었다."라는 이유로 브래드포드 총독에 의해 대륙에서 추방당했을 때 어떤 기분이었을지 상상해 보라. 브래드포드는 모턴을 처형하는 것까지 고려했지만, 총독은 결국 영국으로 돌아가는 배가 그를 데려갈 때까지 인근 섬에 격리하는, 보다 더 관대한 처벌을 선택했다.[40]

1940년에 제정된 외국인 등록법Alien Registration Act, 흔히 스미스 법**Smith

---

* 국회의원이나 지방 의원들이 자신의 선거구 유권자들과 직접 만나 대화를 나누는 공개 포럼

** 1940년 당시 하원의원이었던 하워드 스미스Howard Smith의 이름을 따서 스미스 법으로 불린다. 미국 정부를 전복하려는 목적으로 조직이나 단체를 만드는 행위, 정부 전복을 주장, 옹호, 선동하는 행위를 불법으로 규정했으며 외국인 등록제를 실시했다. 이 법에 의해 많은 공산당원들이 투옥되었고, 공산주의 사상을 표현하는 행위가 위축되었다.

Act으로 알려진 이 법은 "고의 또는 악의적으로 미국 정부 또는 주 정부를 무력으로 전복하는 것이 바람직하거나 적절하다고 주장, 선동, 조언 또는 가르치는 행위, 또는 그러한 단체에 가입하는 행위"를 불법으로 규정했다.[41] 이 법에 따라 미국 정부는 이후 20년 동안 수백 명의 공산주의자들을 기소했고, 같은 기간 할리우드에서는 수많은 공산주의 연예인을 영화 산업 블랙리스트에 올렸다.[42] 그 시대 보수주의자들은 이념의 자유 시장에는 반드시 한계를 수반한다는 점을 이해했다.

클린턴 행정부 때까지만 해도 보수와 진보 양쪽 모두 시민들이 공공 광장의 경계를 감시할 권리와 책임이 있음을 이해했다. 인터넷이 공공 영역에서 더 큰 비중을 차지하게 되면서, 빌 클린턴 대통령은 공화당이 장악한 하원과 민주당이 장악한 상원의 지지를 받아 아동 온라인 보호법Child Online Protection Act (이하 'COPA')에 서명했다. 현재 빅테크를 규제하기 위한 많은 노력의 초점이 되는 통신품위법(CDA)도 사실 인터넷상의 음란물을 규제하기 위함이었다. 그러나 COPA는 여기서 한 발 더 나아갔다. 이 법은 "현대 사회의 기준"에 따라 판단되는 "음란한 관심"을 불러일으키는 자료에 대한 미성년자의 접근을 제한하려 했으며, 이는 단순 외설보다 더 넓은 범주를 포함하고 있었다.[43] 수년간의 소송으로 인해 법 시행이 지연되다가 결국 정치적 관심이 사그라들었지만, 1990년대 후반까지만 해도 미국의 좌파와 우파 모두 아무리 자유로운 표현이 허용되는 사회라고 해도 그 자유의 경계는 반드시 지켜져야 한다는 점을 인식하고 있었다.[44]

20년이 지난 지금, 양당 중 그 어느 쪽도 COPA를 지지할 것 같지는 않다. 드래그 퀸 스토리 아워와 심지어 "드래그 키즈"에 대한 좌파의 대중적 지지는 민주당이 온라인 음란물 억제 정책에 동참해 줄지도 모른다는 희망을 무색케 한다. 한편, 보수주의 정치 철학이 "표현의 절대 자유"나 "작은 정부"와 같은 구호로 점차 축소되면서 COPA와 같은 법은 우파에게도 상상하기 힘든 것이 되었다. 그러나 우파의 너그러운 태도와 좌파의 퇴폐주의가 결합해서 낳은 결과는 결코 옛 기준의 폐허 속에서 탄생한 이상적인 "표현의 자유" 시대가 아니었다. 그 대신, 한 줌도 안 되는 실리콘밸리의 무책임한 급진주의자 몇 명에게 우리의 기준을 대신 설정해달라고 외주를 맡기는 결과를 낳았을 뿐이다.

대통령이 플랫폼에서 추방된 것은, 미국 체제 성격에 엄청난 변화가 일어났음을 처음으로 인식한 일부 저명한 진보 진영 인사들에게조차 충격과 우려를 안겨주었다. 『뉴욕타임스』는 「트럼프의 확성기를 끈 트위터, 이제 권력이 어디에 있는지 보여준다」는 큰 제목의 기사를 실었다.[45] 기술 분야 칼럼니스트인 케빈 루스Kevin Roose는 오랫동안 보수주의자들에 대한 빅테크의 서서히 확산하는 검열을 환영해 왔던 사람이다.[46] 하지만 그런 그마저도 대통령을 검열할 수 있는 소수 재벌의 의지와 능력이 미국 민주주의에 어떤 영향을 미칠지 걱정했다. 루스는, "트럼프 대통령의 입에 재갈을 물린 것은 디지털 사회에서 진정한 권력이 어디에 있는지를 분명하게 보여준다."라며 "그 권력은 법적 선례 혹은 정부의 견제와 균형뿐만 아니라, 우리의 공적 담론을 형성하는 플랫폼에 대한 접근을 거부할 수 있는 능력에 있다."라고 썼다.[47]

미국 국민은 잭 도시나 마크 저커버그를 어떤 공직에도 선출한 적 없다. 그들의 이름은 투표용지에 등장조차 한 적 없다. 그러나 루스가 지적하듯이, "그들은 지구상의 어떤 선출직 공직자도 주장할 수 없는 종류의 권력을 가지고 있으며, 이 권력은 대부분 오묘한 무언의 방식으로 나타난다."라고 말했다.[48] 한때 폭넓은 표현의 자유를 옹호했지만 최근에는 오히려 검열을 옹호하고 있는, 이름부터 모순덩어리인 미국 시민 자유연맹American Civil Liberties Union (이하 'ACLU')조차도 잭 도시나 마크 저커버그의 결정이 초래하는 위험을 인식하게 되었다.[49]

ACLU의 변호사 케이트 루안Kate Ruane은 "지금 당장 트럼프를 영구 퇴출시키고 싶은 마음은 이해하지만, 페이스북과 트위터 같은 회사들이 특정 인물을 아무 제약 없이 제거하는 무소불위의 권력을 행사하는 것은 우리 모두가 우려해야 할 일이다. 특히 정치적 현실이 그런 결정을 더 쉽게 만들 때는 더더욱 그렇다."라고 지적했다.[50] 사실, 페이스북과 트위터, 아마존, 구글, 애플 등은 단순한 "사기업"이 아니다. 그들은 미국과 전 세계의 공적 담론을 좌우하는 다국적 거대 기업들이다. 이러한 플랫폼에 대한 접근권을 잃게 만드는 것은 첨단 기술을 이용한 사회적 배척 내지는 사실상 공적 생활에서 배제하는 것을 의미한다. 공화국에서는 발언을 통제하는 자가 정치를 통제한다.

빅테크 기업들이 미국에서 가장 유명한 보수 인사들을 대대적으로 숙청하자, "1984가 도래했다(#1984isHere)"라는 해시태그가 트위터에서 트렌드로 떠올랐다.[51] 대통령의 아들인 도널드 트럼프 주니어Donal Trump Jr.는 "우리는 조지 오웰의 1984년을 살고 있습니다. 미국에는 더 이상 표현의 자유가 존재하지 않습니다. 그것은 빅테크와 함께 죽었고, 남은 것은 선택받은 소수만을 위해서 존재할 뿐입니다."라고 말했다.[52] 다음 날 그는, 계속해서 줄어드는 자신의 팔로워들에게 "빅테크는 미국에서 표현의 자유라는 개념 자체를 완전히 제거해 버렸습니다."라며 자신의 주장을 거듭 강조했다.[53] 하지만 빅테크는 미국에서 표현의 자유라는 개념 자체를 제거했다기보다, 표현의 자유에 대한 '미국식' 관념을 제거한 것이었다.

1950년대 미국인들은 적법하게 선출된 대통령을 지지한다는 이유로 검열이나 직업상의 불이익을 당할 것이라고는 상상조차 하지 못했을 것이다. 하지만 공산주의에 동조한다는 이유로 배척당할 수 있다는 것은 누구나 예상할 수 있었고, 실제로 많은 사람들이 그런 경험을 하기도 했다. 오늘날 대학 캠퍼스에서는 공산주의 혁명가, 체 게바라의 초상이 그려진 티셔츠가 너무 흔해져서 진부하게 느껴질 정도가 되었지만, "미국을 다시 위대하게"라는 문구가 적힌 모자를 소지한 보수 성향의 학생들은 학교에서 정학을 당하기도 한다.[54]

오늘날 미국의 발언 체제가 과거에 비해 정말 "덜 자유롭다"고 할 수 있을까? 공산주의자들은 오늘날 스미스 법이 적용되던 1950년대보다 더 자유롭게 말할 수 있다. 연방 정부에 대해 부정직한 비판을 하는 사람들도 1790년대 외국인 및 선동법이 적용되던 시대보다 더 자유롭게 의견을 표현할 수 있다. 방탕한 사람들은 1620년대 브래드포드 총독의 청교도적 통치를 견뎌냈던 자신들의 방탕한 선조들보다 더 자유롭게 말할 수 있다. 좌파, 거짓말쟁이, 방탕한 사람들 모두 미국 역사상 그 어느 때보다도 더 큰 발언의 자유를 누리고 있다.

반면 또 다른 집단은 오히려 자신들의 발언의 자유가 축소되는 것을 목격했다. 보수주의자들은 정부의 분노가 아닌, 공론의 장을 지배하는 픽테크 폭군들의 분노를 사지 않기 위해 예전보다 더 자주 입을 다물고 있어야 한다. 이러한 통제의 민영화는 정치적 과정을 통해 기준을 설정하던 미국의 전통적인 방식에서 벗어난 것이며, 보수주의자들 역시 이러한 변화를 가속하는 데 일조했다.

1970년대 제2물결 페미니즘 운동가들이 "개인적인 것이 곧 정치적인 것"이라고 선언했을 때, 그들은 삶의 가장 내밀한 측면을 공적 검토의 대상으로 개방하는 동시에, 논쟁의 여지가 있는 정치적 문제들은 합법적인 토론의 영역에서 제거했다. 그중 가장 대표적인 예가 바로 "로 대 웨이드" 판결에서 낙태에 대한 권리를 만들어낸 것이다. 그리고 여기에 대한 보수주의자들의 대응은 기껏해야 "큰 정부"에 대한 공격과 "민간 부문"에 대한 찬사를 통해 정치적 영역을 더욱 좁히는 것이었다.

20세기 후반에서 21세기 초반, 많은 보수주의자에게 대기업은 그 어떤 잘못도 저지를 수 없는 성역의 존재였으며, 보수 진영의 그 누구 한 명도 "자유 시장"의 "보이지 않는 손"에 대해 감히 의문을 제기하지 않았다.[55] "시장"을 인류 번영에 도움이 되는 도구가 아닌 최고의 도덕적 중재자로 여기며 경의를 표하는 이러한 태도는 우파 진영에 그들만의 "정치를 초월하는 우상"을 만들어냈다. 배리 골드워터Barry Goldwater는 한때 "자유의 적은 제한 없는 권력"이라고 지적하며, "앞으로 우리는 그 대상이 기업이든 노동조합이든 상관없이 모든 독점과 전쟁을 벌여야 한다"고 보수주의자들에게 촉구했었다. 그러나 그의 정치적 후계자들은 정부를 그저 "작게" 유지하는 데 도움이 되는 한

대기업을 지지하는 것에서 아무런 위험을 발견하지 못했다.[56]

"작은 정부"로는 광활한 영토를 가진 나라를 다스릴 수 없다. 태평양에서 대서양까지 펼쳐진 국토와, 괌에서 푸에르토리코까지 이어지는 제국의 영토를 통치하기에 작은 정부로는 역부족이다. 미국은 유럽이나 아프리카에 자국 영토가 없음에도 불구하고, 독일 슈투트가르트에 "아프리카 사령부Africa Command, AFRICOM라는 군사 기지를 운영하고 있다.[57] "작은 정부"로는 이렇게 광범위한 세계적 영향력을 유지하기 어렵다. 그러나 "큰 정부"와 "작은 정부"라는 단순 이분법은 보수주의자들을 더 중요한 문제에서 멀어지게 했다. 우리는 골드워터가 경고했던 "제한 없는 권력"을 떠올리면서, 정부의 크기보다는 정부 권력의 한계에 주목해야 한다. 제한된 정부와 무제한 정부를 구분하는 것이 더 핵심적인 사안인 것이다.[58]

미국 헌법은 한때 견제와 균형이라는 복잡한 시스템을 통해 정부 권력을 제한했다. 제임스 매디슨은 『페더럴리스트』에서 그와 동료 헌법 제정자들이 그 시스템을 구축하는 데 얼마나 많은 어려움을 겪었는지 설명하며, "먼저 정부가 국민을 통제할 수 있도록 해야 하고, 그 다음으로 정부가 스스로를 통제할 수 있도록 해야 한다."라고 말했다.[59] 그러나 20세기 초 진보주의자들은 오래된 체제를 뒤집고 정부가 "진보"를 이루는 능력을 발휘할 수 있도록 기존의 많은 제한을 철폐했다.[60]

동시에 급진주의자들은 예술, 의식, 언어와 같은 문화적 요소가 법이나 헌법만큼이나 "진보"에 제한을 가한다는 것을 깨달았다. 그래서 그들은 문화를 형성하는 기관에 침투하여 "진지전"을 벌였다.[61] 이

"제도권을 통한 대장정"을 위해서는 진보주의자들의 계획을 방해하는 보수적인 "문화 지배력"에 균열을 내는 "무자비한 비판" 캠페인이 필요했다.

문화 혁명가들은 보수 세력의 억압적 문화를 "해체"하는 것을 목표로 급진적 회의주의를 조장했다. 그들은 이를 통해 기존의 기준을 뒤집거나 왜곡하는 더욱 엄격한 언어 규범을 도입했다. 이 새로운 교리는 구 공산주의자들로부터 유래한 아이러니한 완곡어법인 "정치적 올바름"이라는 이름을 얻었고, 정치적 올바름의 급진주의자들은 자신들이 대체한 보수적인 문화계 권력 세력이 그랬던 것만큼이나 열정적으로 새로운 규범을 집행했다. 사실 급진주의자들은 전임자들의 권력을 제한했던 많은 장애물을 제거했던 덕분에 그들의 규범을 더욱 강력하게 시행할 수 있었다.

수십 년 동안 교실, 기업 이사회, 할리우드, 실리콘밸리, 관료 조직, 언론, 소셜 미디어에 이르기까지 이토록 다양한 분야에서 보수주의자들의 목소리를 억압해 온 정치적 올바름은 이제 그 정점에 도달했다. 소수의 급진적 엘리트가 자신들의 교리 외에는 어떤 제약도 받지 않으면서, 이제는 하다 하다 합법적으로 선출된 미국의 대통령마저도 말문이 막히게 만든 것speechless이다.

결론:
므두셀라로 돌아가라

BACK TO METHUSELAH

16

결론: 므두셀라로 돌아가라

"잘 들어봐," 뱀이 이브에게 말했다. "내가 큰 비밀을 알려줄게. 나는 매우 교활하거든. 그리고 계속해서 생각하고 또 생각해 왔어. 게다가 나는 굉장히 고집이 세서 내가 원하는 것은 반드시 손에 넣어야만 해. 그래서 계속해서 의지를 발휘해 왔지. 나는 너희들이 먹기 두려워하는 이상한 것들, 돌이나 사과도 먹어봤어."[01] 케네디 대통령은 조지 버나드 쇼의 연극, 『므두셀라로 돌아가라』에서 이 악마의 대사를 인용한 적이 없었다. 그것은 이후 수십 년 동안 케네디의 영향을 받은 정치인들도 마찬가지이다. 하지만 이 사회주의 극작가의 교활함, 사색, 그리고 의지에 대한 성찰은 뱀과 그의 이념적 후계자들이 "존재하지 않았던 것들"이라는 꿈을 어떻게 실현할 수 있었는지 설명하는

데 도움이 된다.[02]

정치적 올바름은 어느 날 갑자기 생겨난 것이 아니며, 멍청한 사람들이 우리에게 실수로 강요하게 된 것도 아니다. 교활한 사상가들이 수십 년에 걸쳐 우리의 문화유산이 맺은 열매를 버리고 그것의 반대된 금단의 열매를 택하면서 이 새로운 언어 규범을 우리 사회에 강요해 온 것이다. 앞서 살펴본 바와 같이, 정치적 올바름에 호의적인 학자들조차 이 단어가 공산주의자들의 수사에서 비롯되었다는 점을 인정한다. 휘태커 체임버스의 말에 따르면, 공산주의자들은 "인류의 위대한 대안적 신앙"을 받아들였다.[03] 중국 공산주의 지도자 마오쩌둥은 1966년, 『작은 빨간 책』이 영어로 공식 번역되면서 정치적 "올바름"의 개념을 대중화했지만, 서양의 마르크스주의자들은 그보다 수십 년 전부터 정치적 올바름을 구성하는 개념들을 도입했다.

1843년, 카를 마르크스는 "존재하는 모든 것에 대한 무자비한 비판"을 외쳤다. 그가 키워낸 가장 영향력 있는 제자들은 정치 혁명을 위해서는 문화적 격변이 필요하며, 이를 위해서는 사람들이 기존 문화에 환멸을 느끼게 해야 한다는 것을 깨달았다. 게오르그 루카치는 자신의 저작과, 짧게 역임했던 헝가리 소비에트 공화국의 문화부 장관직을 통해 이러한 노력을 진전시켰다.[04] 허버트 마르쿠제, 에리히 프롬, 막스 호르크하이머 등 프랑크푸르트학파의 지식인들은 단순히 사회를 이해하는 데 그치지 않고, 비판하고 변혁하는 데 중점을 둔 학문 분야를 개발함으로써 이 운동에 기여했다.[05] 그리고 그들은 이러한 접근 방식을 적절하게도 "비판 이론critical theory"라고 불렀다.

이러한 사상가와 정치가 중에서도 특히 가장 두드러진 인물은 이탈리아 공산당 지도자 안토니오 그람시였다. 그는 서구 마르크스주의에 "문화 지배력Cultural Hegemony"이라는 개념을 남겨주었는데, 이는 지배 계급이 사회를 통제하는 교묘하고도 널리 퍼진 방식을 말한다. 그람시는 지배력을 획득하기 위한 두 가지 전략을 제안했다. 하나는 혁명적 가치 체계와 기존 가치 체계 간의 직접적인 대립을 포함하는 전술 전쟁, 즉 기동전이었고, 두 번째는 문화를 형성하는 기관에 직접 스며드는, 보다 교묘한 전략인 위치 전쟁, 즉 진지전이었다.

이러한 문화적 격변의 첫 번째 전조는 대부분 대중의 시야에서 벗어난 곳에서 일어났지만, 조지 오웰과 올더스 헉슬리 등 소수의 정치적 예언자는 이러한 변화를 감지하고 있었다. 민주사회주의자였던 오웰은 전체주의 정권이 언어 조작, 역사 수정, 그리고 노골적인 검열을 통해 국민의 사상을 통제하는 디스토피아적 미래를 상상했다. 그리고 2021년 1월, 소셜 미디어 플랫폼들이 현직 미국 대통령을 검열하고 자신들의 플랫폼에서 그를 퇴출했을 때, 오웰의 소설 『1984』는 출간된 지 70여 년 만에 다시 베스트셀러 차트의 상위권에 올랐다.[06]

오웰의 스승인 올더스 헉슬리는 또 다른 종류의 디스토피아적 미래를 상상했다. 이 세계에서 지배 정권은 피지배층의 욕구를 억압하는 것이 아니라 오히려 그들의 가장 저급한 욕구를 부추김으로써 통치한다. 『멋진 신세계』의 세계국가는 마약과 가벼운 성관계를 장려하여 사람들을 만족시키고 순종적으로 길들인다.

1960년대 문화적 격변기에는 섹스와 마약이 중심 무대를 차지했지만, 그 무대 뒤에는 두 명의 영향력 있는 사상가들이 있었다. 당시에는 이미 오래전에 사망한 안토니오 그람시가 루디 두치케와 같은 급진적인 제자들을 통해 무덤 속에서도 혁명을 이끌었다. 두치케는 그람시의 "진지전"을 "제도권을 통한 대장정"으로 재구성하여 자신들의 정치적 비전을 시행하는 데 필요한 "문화 지배력"을 확보할 수 있다고 믿었다. 같은 시기, 프랑크푸르트학파의 허버트 마르쿠제는 대중적이고 도발적인 책과 에세이를 통해 "신좌파의 아버지"로 다시 급부상했다. 이 시기 마르쿠제의 가장 악명 높은 에세이에는 "억압적 관용"이라는 시스템에 대한 요구가 담겨 있었는데, 그 내용인즉슨 우파적 주장은 검열해야 하고 좌파적 사상은 장려하자는 것이었다.

마르쿠제는 보수주의자들의 문화 지배력이, 억압받는 대중에게 "허위의식"을 심어주었기 때문에 그들 스스로가 억압당하고 있다는 사실조차 인식하지 못하게 만들었다고 생각했다. 진정한 해방을 위해서는 낡은 도덕적 질서를 파괴해야 하며, 이는 오직 보수적 사상과 언어의 검열을 통해서만 달성될 수 있었다.

앞서 살펴본 바와 같이, 1970년대 제2물결 페미니즘 운동가들은 "의식 높이기"라는 모임을 열어 이러한 "허위의식"을 극복하려 했다. 이 모임에서 이전까지 사회에 잘 적응하면서 살고 있었던 여성들은 새로운 불만을 발견하게 되었다. 남편과 자녀에 대한 여성들의 새로운 불만은 정치와는 무관해 보일 수 있었지만, 페미니스트들과 그들의 지도자인 캐럴 하니쉬는 "개인적인 것이 곧 정치적인 것"이라고 주장했다.[07] 이 여성들은 자신들 사생활의 가장 내밀한 부분까지 공개적인 검토의 대상으로 만들어야만 정치적 변화를 일으킬 수 있다고 생각했다.

마르쿠제와 마찬가지로 많은 페미니스트들은 해방을 우연에 맡겨서는 안 되며, 강제해야 한다고 생각했다. 예를 들어, 프랑스의 페미니스트 시몬 드 보부아르는 여성들이 집에서 자녀를 양육하는 것을 금지하고자 했다.[08] 그녀는 여성들에게 선택권이 주어진다면 분명히 가정에 머물기를 선택할 것이며, 가정생활은 해방으로 이어지지 않는다고 믿었기 때문이다. 보부아르는 여성을 강제로라도 자유롭게 만들고 싶어 했다.

마르쿠제가 동부와 서부의 해안 지역의 불만에 찬 여성들을 매료시키는 동안, 프랑크푸르트학파의 핵심 프로젝트였던 비판 이론은 미국 대학을 점령하기 시작했다. 이 급진적 운동은 역사와 문학 같은 전통적인 학문 분야를 식민지화했을 뿐만 아니라, 새로운 연구 분야를 개척하기도 했다. "흑인학", "여성학", "퀴어학"과 같은 학과들이 전국의 캠퍼스에서 생겨났다. 문학 평론가 해럴드 블룸은 이러한 유사 학문을 통틀어 "원한의 학과"라고 불렀고, 많은 보수주의자 또한 이를 "불만 연구grievance studies"라고 부르고 있다.[09]

이러한 학계의 개혁가들은 자신들의 교육 커리큘럼을 보다 "포용적"으로 만드는 것뿐이라고 주장했지만, 제시 잭슨이 "헤이 헤이 호호! 서구 문명은 사라져라!"라고 외치며 스탠퍼드대학 캠퍼스를 행진했을 때, 그들의 배타적인 아젠다는 드러나 버렸다. 그 후 몇십 년 동안, 이 지성의 파괴자들은 윌리엄 F. 버클리 주니어와 같은 보수주의자들이 "사기"라고 일축했던 "학문의 자유"를 명목으로 교육 커리큘

---

* 미국 동부 해안은 뉴욕, 보스턴, 워싱턴 D.C.의 대도시를, 서부 해안은 캘리포니아주를 중심으로 한 로스앤젤레스, 샌프란시스코, 시애틀 등의 대도시를 말한다.

럼에 대한 왜곡을 옹호했다. 그러나 버클리의 정치적 후계자들은 오히려 시대의 흐름에 따라 후퇴하는 문화 전쟁 속에서 이 개념을 수용하게 되었다.

급진주의자들은 대학의 학문적 측면을 정복하자마자 대학 행정부로 관심을 돌렸다. 그들은 인종 혐오와 강간 문화를 용인한다며 행정부에 손가락질했다. 가짜 통계가 그들의 주장에 과학적 광택을 입혔고, 일련의 유명한 사기극들이 뉴스에 오르내렸다. 이 모든 것이 인위적으로 조작된 악이라는 것도 모르고 급진 학생들은 캠퍼스 내 언어와 행동을 규제하기 위한 엄격한 규정을 요구하고, 캥거루 법정[*]Kangaroo courts을 통해 군중 정의를 집행했다.

1991년 봄, 조지 H. W. 부시 대통령은 미시간대학교 졸업식 연설에서 정치적 올바름 문제를 직접 언급했다. 이 대학교는 2년 전, 연방법원에 의해 학교의 엄격한 언어 규정이 뒤집힌 바 있었다.[10] 부시 대통령은 자신을 야유하기 위해 모인 좌파 학생들에게 농담을 던진 후, "정치적 올바름이라는 개념이 전국적으로 논란을 일으키고 있으며 오래된 편견이 새로운 편견에 의해 대체되고 있다."라고 선언했다. 그러나 부시 대통령은 대부분의 관심을 해외, 즉 소련의 붕괴, 냉전 종식, 미국의 경제 및 군사력 발전에 두었고, 국내에서 가열되고 있던 문화 전쟁은 거의 무시했다.

두 달 후, 부시 대통령이 클래런스 토머스를 연방대법관으로 지명

---

* 캥거루처럼 법정이 이리저리 뛰어다닌다는 의미로, 피고인의 방어권이 보장되지 않으며 졸속으로 진행되거나 짜고 치는 형식적 재판을 말한다.

하면서 정치적 올바름은 전국적인 정치 이슈로 떠올랐다. 토머스의 전 동료 아니타 힐이 여러 정부 기관에서 오랜 기간 그와 일하는 동안 그가 자신을 "성적으로 괴롭혔다"고 주장했기 때문이다. 성 스캔들은 많은 정치인들을 몰락시켰지만, 힐의 주장은 성관계가 아닌 오직 "언어"에 대한 것이었다. 그럼에도 불구하고 상언 법사위원회에서 힐의 혐의를 입증해 주는 사람은 아무도 없었고, 토머스와 힐의 전 동료 중 일부는 힐의 주장을 부정하기까지 했다. 결국 토머스는 정치적 올바름을 자신의 반대편에게 돌려주며, 그들을 "감히 스스로 생각할 줄 아는 건방진 흑인들을 위한 최첨단 방식의 린치"를 저지르는 자들이라고 비난하면서 이 "국가적 서커스"에 마침표를 찍었다.

토머스에 대한 공격은 저명한 극작가 데이비드 마멧이 연극『올리애나』를 제작하게 된 계기가 되었다. 이는 정치적 올바름을 정면으로 다룬 최초의 예술 작품으로, 언어와 행동 규범의 급격한 변화로 인해 발생하는 혼란과, 정치적 급진주의자들이 그 변화하는 기준을 어떻게 악용할 수 있는지를 냉소적인 방식으로 그리고 있다.

많은 보수주의자의 주장과는 달리, 정치적 올바름은 "표현의 자유"를 "검열"로 대체한 것이 아니라, 기존의 금기를 다른 금기로 대체한 것이다. 고대 이스라엘 사람들은 하나님의 신성한 이름을 입에 담는 것을 금지했지만, 정치적 올바름을 추구하는 현대인들은 마크 트웨인의 『허클베리 핀Huckleberry Finn』에서 사용된 "n-word"를 금지한다.[11] 전통적인 교회력(敎會曆)에 따르면 2월, 3월, 6월은 성가족Holy Family,

---

* 예수 그리스도, 성모 마리아, 성 요셉을 일컫는 말.

성 요셉, 예수의 성심에 봉헌하는 반면, 세속적 자유주의의 달력에 따르면 이달들은, "흑인 역사의 달", "여성의 달", 그리고 한때 7대 죄악 중 가장 치명적인 것으로 여겨졌던 교만, "프라이드Pride"에 봉헌한다.

정치적 올바름은 1990년대와 2000년대를 거치며 전통적 기준에 대한 침범을 가속했다. 특히 크리스마스에 대한 전쟁을 통해 이 침범은 더욱 두드러졌는데, 문화 혁명가들 대부분은 이 전쟁의 존재 자체를 부정 혹은 축소했었다. 그들은 구유 전시를 철거하라며 도시를 고소해 놓고는, 보수주의자들에게는 이 모든 "크리스마스 지우기 캠페인"이 망상의 산물이라고 믿게 했다. 이러한 문화 변형을 꾀하는 캠페인의 존재를 부정할 수 없게 되자, 이제 와서 그들은 그 변화가 분노할 만한 가치가 없는, 대수롭지 않은 이슈에 불과하다며 보수주의자들의 분노를 일축했다.

21세기 이후 두 번의 10년을 거치는 동안, 정치적 올바름의 개혁가들은 성인 남성이 여성 화장실과 탈의실을 사용하도록 해야 한다고 주장하며 이번에도 역시 자신들의 요구를 "별것 아닌 일이다."라는 태도로 정당화했다. 하지만 트랜스젠더 이데올로기의 부상이 정말 별것 아닌 일이라면, 왜 좌파들은 그것을 추진하는 데 그토록 많은 시간과 노력, 자금을 쏟아부었을까? 성 정체성의 혼란으로 인해 고통받는 사람들은 소수에 그치지만, 급진주의자들이 추구하는 완전한 해방을 위해서는 문화의 억압적 제약뿐만 아니라 자연의 경계까지도 넘어서야 했다.

젠더 이데올로기 옹호자들은 유사 과학적 전문용어를 들먹이며 자신들의 요구를 정당화했고, 저명한 과학자들은 급진주의자들의 정치적 주장에 권위를 불어넣었다. 아이러니하게도 정치적 올바름은 시민들의 삶에서 가장 개인적이고 내밀한 부분을 정치화하는 동시에, 좌파의 견해를 "과학적"이라고 선언하여 합법적인 논쟁 영역 외의 것으로 규정함으로써 정치의 범위를 좁혔다. 1970년대, "과학"은 지구가 새로운 빙하기로 향하고 있으며, 이를 피하고자 사회와 정부를 재편해야 한다고 주장했다. 그러나 이후 수십 년 동안 "지구 냉각화"가 거꾸로 "지구 온난화"로 바뀌자 "과학"은 지구 냉각화와 정반대되는 재앙을 피해야 한다면서도 동일한 내용의 해결책을 그대로 요구했다.

또한 정치적 올바름주의자들은 "표현의 자유"에 호소하고 "검열"에 반대함으로써 기존의 기준을 훼손했다. 그러나 그들은 오래된 도덕적 질서에 금이 가자마자 한때 자신들이 반대했던 모든 권력과 경직성으로 새로운 언어 기준을 강요하기 시작했다. 정치적 올바름은 2021년 초 몇 주 동안 새로운 기준을 집행하는 기업들이 합법적으로 선출된 미국 대통령의 자유를 검열하는 자유를 행사하면서 절정에 이르렀다.

보수주의자들은 정치적 올바름을 "표현의 자유"에 대한 "검열" 운동쯤으로 착각했던 까닭에 이를 제대로 저지하지 못했다. 사실 이 전쟁은 말과 행동에 대한 두 기준 사이의 경쟁이었다. 그러나 이러한 설명조차도 새로운 기준을 세우기보다 기존의 기준을 파괴하는 데 목표를 둔 정치적 올바름의 영악함을 제대로 설명해 주지 못한다. 이런 의미에서 정치적 올바름은 일종의 "반(反)기준에 대한 기준"으로 이해될 수 있다. 이는 "절대적 표현의 자유"라는 이름으로 사람들이 기준 자체를 완전히 포기하게 하거나, 끊임없이 변화하는 명령에 순응하도록 유도함으로써 성공을 거둔다.

급진주의자들은 성과 욕망은 선천적으로 타고난 것이며 불변의 것이라는 근거로 사회가 결혼을 재정의해야 한다고 주장한다. 그러나 어떨 때는 반대로 성은 후천적으로 사회에 의해 구성되며 "남성" 또는 "여성"과 같은 것은 존재하지 않는다는 것을 근거로 자신들의 계획을 정당화하기도 한다. 그들의 전제는 서로 모순되지만, 어떤 정당화를 선택하든 전통적인 결혼의 개념이 파괴되는 것은 마찬가지다. 사실, 상호 모순된 논리를 주장하는 것은 조지 오웰의 말처럼 사람들이 "어떤 주제에 대해서도 깊이 생각하는 것 자체를 꺼리게 만드는데" 도움이 될 뿐이다. 오웰은 이러한 전술을 "이중사고doublethink"라고 불렀으며, 이를 통해 "역사의 흐름을 멈추게 할 수 있다."라고 보았다.[12]

지금까지 살펴본 바와 같이 보수주의자들은 두 가지 대응책을 동원했지만, 이 두 방법 모두 급진주의자들의 캠페인에 화력을 더해주었을 뿐이다. 가장 유화적인 보수주의자들은 그저 상대방에게 문화의 한 부분씩을 양보해 가며 그들을 따라갔다. 좀 더 강경한 보수주의자들은 정치적 올바름을 따르기를 거부했지만, 보다 넓은 자유주의적liberal 근거를 이유로 이를 사실상 효과적으로 용인해 주었다. "표현의 자유 절대주의자"들은 자유가 한계를 수반한다는 것을 인정하지 않았으며, 대신, 방종을 지지하는 회의적이고 진부한 미사여구로 후퇴했다. 그러나 방종이란, 건국의 아버지들을 포함한 이전 세대의 보수주의자들이 자유의 정반대로 이해했던 것이다. 윌리엄 F. 버클리 주니어는 『예일에서의 신과 인간』에서 "회의주의는 신념으로 이어질 때만 유용하다."라고 말하며 이런 종류의 정치적 비겁함을 비난했다.[13] 불행히도 버클리 시대 이후 보수주의자들은 자신들만의 신념을 잃었으며, 역사상 존재한 적도 없었던 "중립적 자유주의 질서neutral liberal order"에 호소했을 뿐이다. 너무 많은 보수주의자가 자유주의자liberal이 되었다. 그들은 리처드 위버Richard Weaver가 "자신의 전제에 따라 행동하는 동안에도 자신의 전제를 의심하는 사람"이라고 정의한 바로 그 자유주의자가 된 것이다.[14] 예이츠William Butler Yeats의 말처럼, "최고의 사람들은 모든 신념을 잃었고, 최악의 사람들은 열정적인 강렬함으로 가득 차 있다."[15] 옛 기준은 한 번도 기회를 얻지 못하고 말았다.

보수주의자들은 그들이 낭비해 온 문화적 유산 중 일부를 되찾을수 있을지도 모르지만, 그러한 희망을 이루기 위해서는 지금부터라도 방향을 바꿔야만 한다. 무엇보다 먼저 보수주의자들은 수십 년 동안 앵무새처럼 되풀이해 온 식상한 슬로건을 버려야 한다. 절대적인 표현의 자유 따위란 존재하지 않는다. 이에 대한 보수주의자들의 망상은 급진주의자들에게 전통적인 도덕적 질서를 해체할 기회만을 안겨주었다.

지금까지 나는 보수주의자들에게 표현의 자유라는 추상적인 권리를 옹호하는 데 힘을 덜 쏟고, 그 권리를 가지고 실질적인 것들을 더 많이 말하는 데 집중하라고 권고했다. 그러면서도 나는 우리가 정확히 무엇을 말해야 하는지에 대해서는 일부러 언급하지 않았다. 그 주제는 이 한 권의 책이 아니라 여러 권의 책이 필요할 정도로 중요하며, 나는 새로운 보수주의 통치 철학에 대한 논의를 정치적 올바름에 대한 연구를 끝맺는 결론 부분에 덧붙이는 정도로 끝내지 않을 생각이기 때문이다. 그러나 질문을 완전히 회피했다는 비난을 받지 않기 위해 몇 가지 일반적인 원칙을 제시해 보겠다.

가장 먼저, 구체적인 보수주의의 비전은 도덕적 양심을 인정하는 것에서 시작되어야 한다. 도덕적 양심이란, 구체적인 행위의 도덕적 품격의 수준을 이성적으로 인식하고 판단하는 것이다. 이는 선과 악, 미덕과 악덕이 단순한 감정이나 미신이 아니라 영원한 현실이라는 사실을 인정하는 데까지 나아가야 한다. 우리는 이를 올바른 이성과 계시의 빛을 통해 알 수 있다. 급진주의자들이 이 두 가지 행동 지침을 아무리 못 미더운 것으로 만들려고 하더라도 보수주의자들은 정치적 비전을 세우는 데 있어 이 두 가지만큼은 절대 포기해서는 안 된다.

또한 보수주의자들은 미국에 존재해 온 표현의 자유의 실천적 전통을 바탕으로 정치적 올바름에 대한 반론을 신중한 자세로 제기해야 한다. 이를 위해서는 정당하고 신중한 검열의 필요성을 인정해야 한다. 특히 우리는 건국의 아버지들이 우려했던, 오랫동안 대중의 질 낮은 욕망을 자극하여 그들의 자유를 훼손하는 데 악용해 온 외설물에 대한 규제를 다시 도입해야 한다.

"캔슬 컬쳐"에 대한 막연한 설교는 원래의 목표를 빗나간다. 이는 특정 사람들을 배척하고 특정 사상을 격리하는 것이 정당한 경우도 있음을 인정하지 않는 것이기 때문이다. 모든 문화는 무언가를 "캔슬"해야만 유지된다. 1950년대 미국 사회는 공산주의자들을 캔슬했고, 2020년대에는 반공주의자들을 캔슬하고 있다. 보수주의자들이 전통적 기준과 조금이라도 비슷한 것을 되찾기 원한다면 도덕적, 정치적 비전을 명확히 제시할 뿐 아니라 그 비전을 전복하려는 이념과 조직을 억압할 줄도 알아야 한다.

그러나 보수주의자들은 정확히 무엇을 지키고 회복하기를 원하는 것일까? "서구 문명"에 대한 대중적인 찬사? 그것만으로는 충분하지 않다. 마르크스주의와 알비젠스주의Albigensianism는 모두 서구 문명을 통해 탄생했다. 그러나 이 두 이념이 서구 문명에서 발생했다고 해서 보수주의자들이 이 두 이념을 재건하고 싶어 하지는 않을 것이다. 서구 문명이라는 나무에는 다양하게 갈라진 가지가 있다. 정치적 올바름을 해체하기 위한 효과적인 운동은 우리가 정확히 "서구 문명"의 어떤 측면을 강조하고 회복하기를 희망하는지 구체적으로 명시해야 한다.

2019년 봄, 보수 성향의 작가 소라브 아마리Sohrab Ahmari는 "자율성을 극대화하는 자유주의liberalism"를 비난하고 "공동선, 궁극적으로는 최고의 선을 위해 공공 광장을 재정렬해야 한다."[16]라는 내용의 기고문을 발표해 논란을 일으켰다. 보수주의자들이 정치적 올바름이라는 새로운 사회적 표준에 대한 대안을 제시하고자 한다면, 우선 공동선이라는 것이 존재한다는 것, 따라서 최고의 선 또한 반드시 존재해야 한다는 것, 그리고 공동선과 최고의 선 모두 미국의 정치 전통에서 중요한 역할을 해왔다는 사실을 알아야 한다. 그런 다음 공동선과 최고의 선 모두에 대한 타당한 비전을 제시해야 한다.

"신정 정치"에 대한 대중적이고 히스테리컬한 두려움과는 달리, 모든 정권은 필연적으로 어떤 형태의 선을 인식하고 이를 추구한다. 정치적 올바름은 바로 그러한 효과를 위해 다양한 슬로건을 완곡어법으로 홍보해 왔다. 최근에는 "다양성, 평등, 포용성"을 칭송했으며, 대학, 정부 기관, 기업 전반에 "다양성, 평등, 포용성"을 담당하는 학장 혹은 부사장을 임명하여 한때 목사와 주교가 맡았던 종교적, 윤리적 기능을 수행하도록 했다.

보수주의자들은 지금까지 선에 대한 어떤 정치적 비전도 기피했으나, 우리는 소위 중립적이고 가치 중립적인 세속적 자유주의의 경기장에서 각 개인이 자신의 양심을 마음대로 추구하도록 방관해선 안 된다. 우리의 이념적 적들이 선에 반대되는 비전을 정의하고 강요할 수 있는 자유를 허용한다면, 결국 지금 실시간으로 일어나고 있는 현상처럼, 모두가 저들에게 복종하게 되거나, 복종하지 않는 경우 검열과 배척에 직면하게 될 것이다.

보수주의자들이 선의 정치적 비전을 명확히 제시하고 이를 집행하기를 주저하는 이유는 그들이 입으로 설교하는 것들을 앞장서서 실천하는 데 관심이 없기 때문이다. 교회에 다니지 않는 사람이 다른 사람들에게 교회를 다니라고 설득한다면, 그 설득에는 신빙성이 없게 된다. 『일리아드The Iliad』나 『아이네이스The Aeneid』의 표지 한 번 넘겨본 적 없는 사람이 고전을 읽으라고 권유한다면, 그 권유에는 설득력이 없게 된다. 아리스토텔레스에서 건국의 아버지들에 이르기까지 모든 정치 사상가는 습관이 곧 미덕임을 알고 있었다. 본인이 실천하지도 않는 것을 보존하고자 희망하는 사람은 보수주의자라고 할 수 없다.

최근 수십 년 동안 미국을 하나의 "아이디어"로 묘사하는 것이 유행했다. 물론 미국이 신조적인 측면을 가지고 있는 것은 사실이지만, 미국은 엄연히 영토, 전통 및 국민이 있는 실제 국가이기도 하다. 독립기념일인 7월 4일에 우리는 독립 선언을 기념하지만, 핫도그를 요리하고 맥주를 마시기도 한다. 우리는 우리의 권리와 자유를 숙고하지만, 우리의 현재를 만들어 준 사람들과 사건들을 기억하기도 한다. 소중히 간직되어 물려받은 실재의 삶 속에서 옳은 일을 실천하며 사는 것이, 추상적인 철학을 한평생 연구하는 것보다 문화 혁명가들의 계획에 대한 더 강력한 방어책이 될 수 있다.

정치적 올바름은 추상적인 이론화보다는 실질적인 정치를 통해 더 많이 발전해 왔다. 정치적 올바름의 대부 그람시는 실제로 정당을 창당하고 지도했다. 그의 지적 후계자들은 대학 캠퍼스에서 기업 이사회에 이르기까지 기존 기관들을 식민지화했다. 심지어 학자였던 마르쿠제조차도 CIA의 전신 조직에서 일했다. 문화 혁명가들은 유행하는 이데올로기가 그들의 실질적인 목적에 더 이상 부합하지 않게 되면, 아무 미련 없이 기존 이데올로기를 다른 이데올로기로 교체한다. 예를 들어, 페미니즘과 트랜스젠더주의 사이의 모순에도 불구하고 필요에 따라 두 이데올로기를 맞바꾸는 것처럼 말이다. 그들은 이처럼 이론적 순수성보다 권력 행사를 우선시한다.

너무 오랫동안 보수주의자들은 "정치는 문화의 하류에 있다."라는 앤드루 브라이트바트의 격언을 핑계로 삼아 정치 과정에서 발을 빼고 유권자들이 그들에게 주는 권력을 낭비하는 구실로 삼아왔다. 브라이트바트가 관찰하고 이 책이 길게 자세히 설명한 바와 같이 정치 또한 문화에 영향을 미친다. 그러나 1960년대 위대한 사회 프로그램the Great Society programs이 흑인의 범죄와 가족 구조에 어떤 영향을 미쳤는지 묻는다면 브라이트바트의 가장 열렬한 신도조차도 정치 또한 문

화에 영향을 미친다는 점을 순순히 인정할 것이다.[*] [17]

21세기 초 독일의 종교 현황을 간략히 훑어보면 정부 정책이 문화에 미치는 영향을 확인할 수 있다. 2012년 조사에 따르면 동독 주민의 대다수는 무신론자이나, 이 비율은 서독으로 가면 10.3%로 감소한다. 독일인들 간의 지역적 차이는 브라트부르스트^{**}bratwurst의 차이보다 더 깊다.[18] 1945년부터 1990년까지 동독을 지배했던 건 공식적으로 무신론을 지지하는 공산주의 정부였다. 그 지역에 존재했었던 기독교 문화는 정치 체제와 그것을 운영하던 소련의 꼭두각시들을 개종시키기 위해 하류로 흐르지 않았다. 오히려 공산주의 체제가 붕괴한 후에도 그들의 정치 체제가 만들어낸 무신론 문화는 그대로 남아 있다.

"정치"와 "문화" 사이의 깔끔한 구별은 지금까지 존재한 적이 없으며, 실제로 존재할 수도 없다. 둘 다 서로에게 영향을 미치기 때문이다. 이 둘을 분리하는 척하는 모든 이데올로기는 정치에 대한 편협한 정의를 전제로 하며, 바로 그 정의가 정치적 올바름의 번성을 도왔다. 한 민족의 정치와 문화는 "우리 모두가 어떻게 함께 어울려 살아가는

---

* "위대한 사회 프로그램"은 1960년대 중반 린든 B. 존슨 대통령이 추진한 일련의 국내 정책 프로그램을 말한다. 이 프로그램은 빈곤 퇴치, 인종 차별 철폐, 교육 기회 확대, 의료 보장 등을 목표로 했다. 그러나 이 프로그램은 의도와는 달리 오히려 흑인 가정의 해체를 초래하고 복지 의존성 및 범죄율을 높였다는 분석되고 있다. 대표적으로 미혼모 가정에 대한 복지 혜택이 증가하면서, 아버지의 부재 문제가 심화되고 이는 자녀의 비행과 범죄로 이어졌다는 분석이 있다. 또한 과도한 실업 수당 등이 근로 의욕을 떨어뜨리고 빈곤의 대물림을 초래했다는 지적도 있다.

** 독일의 대표적인 음식 중 하나인 소시지를 뜻한다. 브라트부르스트는 각 지역마다 조금씩 다른 방식으로 만들어진다.

가?"에 대한 질문에 답을 주며, 그 설명은 항상 기준의 명확한 제시와 집행을 요구한다.

보수주의적 발언에 대한 검열이 증가하는 요즘 같은 세상에서, 정치적 올바름으로 인해 이 책이 "캔슬"당하지 않도록 필자가 가장 많이 받게 될 반론 몇 가지를 예상해 보고자 한다. 그것은 바로 "반자유주의illiberalism"라는 비판일 것이다. 그리고 이러한 지적은 진보주의자들보다 보수주의자들로부터 더 많이 나올 것으로 예상된다. 최근 몇 년 동안 보수주의자들은 스스로를 "자유주의자"라고 스타일링하는 경향이 있는데, 그들이 그렇게 주장할 때는 진보주의자들이 배신했다고 여겨지는 18세기의 "고전적" 자유주의자를 일컫는다. 보수주의자가 자유주의를 다른 모든 가치보다 중요하게 여기는 것이 정말 현명한 것인지에 대한 논의는 제외하고, 일단 나의 글이 "반자유주의적"이라는 주장이 얼마나 설득력이 떨어지는지에 대해 먼저 논의해 보자.[*]

나의 여러 주장 중 가장 "반자유주의적인" 주장은 모든 사회가 필연적으로 기준을 가지고 있다는 것이다. 제아무리 표현의 자유가 자유로운 제도라고 해도 한계가 있다. 좀 더 "자유주의적인" 작가가 이

---

* 18세기 고전적 자유주의와 현대 자유주의는 개인의 자유를 중시한다는 공통점이 있지만 강조점과 역할에 있어서는 차이를 보인다. 고전적 자유주의는 존 로크, 아담 스미스 등의 사상가들에 의해 발전했으며 소극적 자유와 재산권, 자유 시장 경제를 중시하지만, 현대 자유주의는 케인스주의 경제학, 복지국가 개념 등의 영향을 받았기 때문에 개인의 자유와 권리를 중시하면서 동시에 사회 정의와 평등도 강조한다. 따라서 복지, 교육, 의료 분야에서 국가의 역할 확대를 지지한다. 보통 liberalism은 현대 자유주의를 일컫는다. 하지만 현대 자유주의 내에서도 고전적 자유주의의 전통을 이어받은 자유지상주의 계열과 평등을 보다 강조하는 사회 자유주의 계열 등 다양한 스펙트럼이 존재한다.

와 반대되는 의견을 제안한 적이 있는가? 영어권에서 가장 유명한 표현의 자유 옹호자인 존 밀턴은 표현의 자유에 대한 그의 가장 영향력 있는 변론에서 가톨릭 신자들에 대한 검열을 요구했다. 그러나 나는 단 한 번도 가톨릭 신자들에게 재갈을 물리자고 주장한 적이 없다. 물론 그랬다면 이 책은 출판되지 못했을 것이다. 만약 이 책이 "반자유주의적"이라면, 밀턴의 『아레오파지티카』는 완전히 파시스트적이다.

"자유주의의 아버지"인 존 로크는, 그의 저서 『관용에 관한 편지』에서 "신의 존재를 부정하는 사람들은 전혀 관용되어서는 안 된다"고 주장했다.[19] 내가 이 책에서 입증한 바와 같이, 모든 정권은 필연적으로 특정한 종교적 전제를 가지고 있다. 그러나 나는 이 책 어디에서도 무신론자들에 대한 완전한 검열을 주장하지 않았다. 만약 내 견해가 "반자유주의적"이거나 "관용적이지 않다"고 하더라도, 역사상 가장 영향력 있는 자유주의 철학자가 관용에 관한 논문에서 제시한 의견보다는 더 자유롭고 관용적일 것이다.

여기까지, "반자유주의" 혐의에 대해 내가 무죄로 인정받았다면, 다음으로 나에게 "음모론"을 주장한다고 비난할 사람들이 있으리라 예상된다. 그들은 어떤 이탈리아 공산주의자의 감옥 수기나, 어떤 정신 나간 오스트리아 심리학자의 오르가슴 상자에 대한 헛소리를 가지고 성 중립 화장실의 기원을 추적하는 것은 말도 안 된다고 주장할 것이다. 그들은 위키피디아가 "문화 마르크스주의"를 반유대주의 음모론으로 정의한 것처럼, 마르크스주의 철학자들이 문화의 문제에 대해 고려한 적이 없다고 주장할 것이다. 그들은 특정 사상가들이 다른 사상가들에게 미친 영향을 부정할 것이며, 정치적 올바름의 존재

자체를 부정할 것이다. 내가 이 책에서 너무 현학적이고 지루할 정도로 많은 글을 인용하는 까닭에 독자 여러분에게 피해를 끼친 것에 대해 용서를 구한다. 그러나 그러한 인용이 가독성에 피해를 끼쳤다고 해도 음모론에 대한 주장은 사전에 방지해야 했다.

마지막으로 보수주의자들, 특히 20세기 후반과 21세기 초반 정치사상의 얄팍함에 깊이 젖어 있는 보수주의자들로부터 세 번째이자 마지막 반박이 있을 것으로 예상한다. 그들은 특정 표준을 인정하고 강제하는 것이 우파를 좌파와 다를 바 없게 만들 것이라고 불평할 것이다. "품위 있게 패배하는 것"에서 짜릿함을 느끼는 보수주의자들이 특히 이런 식의 공격을 할 것으로 예상되는데, 앞서 언급된 첫 번째 반론을 제기한 비평가들처럼, 이 초조한 보수주의자들은 실질적인 도덕적 비전으로 인해 우파가 가장 소중히 여기는 "자유주의"를 잃게 될까 봐 공포에 질리곤 한다.

이러한 비평가들은 우리가 앞서 보았듯이, 자유주의뿐만 아니라 정치 전반을 잘못 이해하고 있다. 정치는 형식뿐만 아니라 실질적인 내용도 포함하기 때문이다. 이와 같은 오류는 보수주의자들이 안티파의 조직원들을 "파시스트"라고 부를 때 잘 나타난다. "반파시스트"를 표방하는 안티파의 조직원들이 파시스트 검은 셔츠를 입는 것은 다소 모순적이지만, 이들은 사실 파시스트가 아니라 공산주의자이자 무정부주의자이다. 이러한 단체들은 형태는 서로 엇비슷해 보일지 몰라도 정치와 정부에 대해서는 완전히 다른 비전을 가지고 있다.

형식에만 초점을 맞추다 보니, 정작 실질적인 내용은 제외하는 가장 얄팍한 정치적 주장이 만들어졌다. 이 주장에는 피상적 관찰에 으레 뒤따르곤 하는 아돌프 히틀러에 대한 상투적인 언급이 포함된다. 잭 도시와 히틀러 모두 혐오스럽게 여겨지는 발언을 억압하기 위해 권력을 행사했을 수 있지만, 그렇다고 해서 잭 도시가 나치라고 단정할 수는 없다. 중요한 것은 그들이 억압한 언어의 내용이다. 조지 워싱턴과 히틀러 모두 국기에 경례했다. 그러나 그들이 경례한 깃발은 각각 다른 나라와 다른 신념을 대표했다. 공공 영역에서 기준의 필요성을 인정하는 미래의 보수주의 운동이 좌파가 되는 일은 없을 것이다. 기준은 그 자체가 목적이 될 수 없다. 중요한 것은 기준의 목적이다.

인간과 짐승 모두 소리를 낸다. 후자는 소음을 내지만, 전자는 말을 할 수 있다. 이 능력은 우리를 다른 피조물과 구별시켜 주며 우리를 고귀하게 만들어 준다. 이 말할 수 있는 능력이 인간을 정치적 동물로 만든다. 우리는 언어를 사용하여 세상에 대해 이해하는 바와 그 안에서 어떻게 살고 싶은지를 전달한다. 말하는 행위에서 비롯되는 설득과 교육의 과정이 정치를 구성한다. 우리의 정치적 미래를 지배하려면, 단순히 말할 수 있는 권리를 요구하는 것만으로는 충분하지 않다. 더 중요한 것은 우리에게 할 말이 있어야 한다는 것이다.

감사의 글

먼저 이 책을 집필하는 동안 지지와 조언을 아끼지 않은 아내 알리사, 그리고 우주의 섭리인지 우주의 가학인지 모르게, 이 세상에 태어날 예정일을 출판사가 정한 원고 마감일과 기막히게 일치시킨 아들 사이먼에게 감사의 말을 전하고 싶다.

시기가 적절치 못했음에도, 이 책을 출판할 용기를 내준 레그너리Regnery 출판사와 편집자인 해리 크로커, 엘리자베스 칸터, 그리고 에이전트인 프랭크 브리든에게 감사를 표하고 싶다. 미국 최고의 보수주의 출판사와 함께 첫 번째 책을 출판하게 되어 큰 영광이었다.

특별히 친구 사이프리앙 사르토에게 감사의 인사를 전한다. 그의 비할 데 없는 통찰력이 이 책의 주제와 논증을 형성하는 데 도움을 주었으며, 내가 몇 년 동안 품어온 여러 다른 견해들을 정립하는 데에도 큰 도움을 주었다. 제레미 보링, 앤드루 클라반, 벤 샤피로, 케일럽 로비슨을 포함한 데일리와이어The Daily Wire의 친구들과 동료들은 지혜뿐만 아니라 내게 목소리를 낼 수 있는 플랫폼을 제공해 주었다. 또한, 조나단 헤이, 채드 애보트, 테드 크루즈 상원의원을 비롯한 프레이거유PragerU, 영아메리카재단Young America's Foundation, 버딕트Verdict의 친구들과 동료들에게도 감사의 말씀을 전한다.

마지막으로, 훌륭한 부모님인 킴과 팀, 그리고 무한한 축복을 베풀어주신 위대하신 주님께 감사드린다.

부록: 정치적으로 올바르지 않은 용어 사전

적극적 우대 조치(affirmative action) /əˈfərmədiv ˈakSHən/
[명사] 인종을 기반으로 한 법적 차별 제도.[*]

예) 응우옌 부인, 죄송합니다. 베트남에서 이민 오신 후 당신과 부군께서 열심히 일하며 한 푼 두 푼 모으셨다는 사실을 모르지 않습니다. 그러나 안타깝게도 아드님은 불이익과 고난을 겪은 다른 누군가에게 하버드 입학 자격을 양보해야 할 것 같습니다. 부인께서 자신의 특권을 인식할 수 있다면 적극적 우대 조치를 지지하실 거라 확신합니다.

안티파(Antifa) /ˈan(t)ēˌfä, anˈtēfə/ [명사] "파시스트"(참조: "파시즘")에 대항하여 정치적 폭력을 저지르는 공산주의자 및 무정부주의자로 구성된 무장 단체.

예) 보수 성향의 언론인 앤디 응오는 조 바이든 대통령이 "안티파는 조직이 아니라 사상"이라고 주장한 것에 대해, 당신이 이른바 "사상"이라고 감싸준 이들로부터 뇌진탕과 뇌출혈을 일으키는 폭행을 당했다며

---

[*] 적극적 우대 조치는 과거 차별로 인해 불이익을 받았던 소수인종이나 여성 등에게 교육 및 고용 기회를 우선적으로 제공하는 정책이다. 특히 대학 입학에서 소수 인종에게 가산점을 부여하거나 별도의 전형을 마련하는 방식으로 나타나는데, 이 정책은 역차별 논란을 빚기도 한다. 예를 들어 아시아계는 소수 인종임에도 불구하고 대학 입학에서 더 높은 점수를 받아도 입학하지 못하는 상황에 처하기도 한다.

바이든에게 반박했다.[01]

반인종주의(anti-racism) /ˌan(t)ēˈrāˌsizəm, ˌanˌtīˈrāˌsizəm/ [명사] 백인에 대한 인종차별.

예) "인종차별적인 사회에서는 비인종주의자가 되는 것만으로는 충분하지 않습니다. 우리는 반인종주의자가 되어야 합니다." 공산주의 테러리스트 안젤라 데이비스 *Angela Davis는 설명했다. ** [02]

공격 무기(assault weapon) /əˈsôlt ˈwepən/ [명사] 다른 덜 무서운 총과 거의 동일한 방식으로 작동하는 무서운 외관의 총.

예) "공격 무기"는 "후퇴 무기(retreat weapons)"보다 공격자를 막는데 훨씬 더 효과적인 것으로 입증되었습니다. ***

아우먼(Awoman) /ā ˈwo͝omən/ [명사] 정치적으로 올바른 기도 끝에 외치는 감탄사.

---

* 안젤라 이본 데이비스(1944.1.26~)는 미국의 흑표당, 공산당에 관여하며 급진적인 정치 활동을 했으며 캘리포니아대학교에서 철학과 여성학을 가르쳤다. 그녀는 교도소 폐지론을 주창하며 팔레스타인 인권 운동, 쿠바 혁명 지지 등 국제 연대 활동에도 참여했다.

** 비인종주의는 모든 인종을 동등하게 대우는 것을 의미하며, 반인종주의는 인종차별에 적극적으로 맞서 싸우는 행동을 의미한다.

*** "공격무기(assault weapon)"은 군용 소총과 유사한 기능과 외형을 가진 반자동 소총을 지칭한다. 그러나 법적, 기술적으로 명확한 정의가 없어 논란이 되고 있다. 핵심 주장은 해당 총기가 실제로는 다른 총기와 기능적으로 크게 다르지 않으며 단지 겉모습이 무섭게 생겼다는 이유만으로 규제된다는 점이다. 공격 무기와 후퇴 무기(retreat weapon)을 대비시키는 것은 공격 무기라는 용어 자체가 총기의 방어적 용도를 간과한 채 공격성만을 부각시킨다는 점을 풍자한 것이다.

예) "아멘과 아우먼!"이라고 외친 에마뉘엘 클리버 2세 하원의원을 바라보며 관중 속 언어학자들과 남녀한몸양성인들은 경악했다.[*]

검은 몸(black body) */blak ʹbädē/* [명사] 좌파 작가 타-네히시 코츠가 대중화시킨 "흑인"의 동의어이나, 흑인에게도 영혼이 있다는 사실을 부정하는 듯하는 뉘앙스를 풍김.
예) "영은 생명을 주지만 육신은 무익하다."라면, 타-네히시 코츠가 "흑인의 몸"에 가해진 불의에만 집중하는 것은 "백인 우월주의"에 관한 그의 주장을 약화하는 것 아닌가?

흑인의 생명은 소중하다(Black Lives Matter) */blak lahyvz ʹma-tər/* [명사] 2020년 일련의 대체로 평화로운 시위 동안 여러 미국 도시를 불태운 마르크스주의 조직.
예) 오늘날 이 시대에 아직도 여전히 많은 미국인이 "흑인의 생명은 소중하다"라는 사실을 믿지 않는다는 것이 믿기지 않아. 그래서 모든 기업, 대학, 정치인, 정부 기관, 방송 진행자, 음악가, 영화배우, 운동선수 및 대부분의 사람이 수개월 동안 이 문구를 외치고 있다구. 정말 황당하지?

---

* 2021년 1월, 감리교 성직자 출신의 에마뉘엘 클리버 민주당 하원의원이 제117차 미 하원의 첫 개회 기도를 마치며 아멘(amen)이 아닌 "아멘과 아우먼(awomen)"이라고 말하고, 또 인도의 신 등 여러 신들을 거명해 논란을 일으켰던 사건을 풍자한 것. 그러나 아멘이라는 단어는 성별과 전혀 상관없으며 "그렇게 될 것이다"라는 의미로 해석되는 라틴어다.

신체 긍정, 바디 포지티비티(body positivity) /ˈbädē ˌpäzəˈtivədē/ [명사] 전통적인 건강 지침을 뒤집기 위해 고안된 사회 운동.

예) 아니, 이보쇼, 의사 양반, 건강에 좋은 음식을 먹고 운동을 하라고? 내가 누군 줄 알고 감히 그 따위 말을 하죠? 내가 1년에 한 번 모욕이나 당하려고 이 병원에 오는 줄 아나요? 이건 "바디 포지티비티"라고 하는 거예요. 어디 한 번 인터넷에 검색해 보세요! 당신 할 일을 똑바로 하고, 지금 당장 내가 완벽하다고 말해!

캔슬(cancel) /ˈkansəl/ [타동사] 정치적으로 올바른 정설을 위반한 사람을 추방하다.

예) 네가 정의를 내세우니, 이 점을 생각해 보아라. 정의로운 과정에서라면, 우리 모두가 캔슬을 당하게 될 터. 우리는 자비를 기원하니, 바로 그 기도가 우리 모두에게 자비로운 행동을 하도록 가르치는구나.* [03]

시스젠더(cisgender) /sisˈjendər/ [형용사] 자신이 남자임을 이해하는 남자 또는 자신이 여자임을 이해하는 여자.

예) 우리가 시스젠더를 일반적 상식으로 여기는 사회적 풍토를 없애지 않는 한, 남자는 스스로를 남자로, 여자는 스스로를 여자로 여겨야 한다는, 증오에 찬 잘못된 가정하에 계속해서 살게 될 것입니다.

---

* 셰익스피어의 『베니스의 상인』에 나오는 대사를 패러디한 것으로, 원문에서는 "정의"와 "자비"를 대비시키며, 정의로운 재판이 엄격하게 적용되면 우리 모두 죄인이 될 수밖에 없으니 자비가 필요하다는 메시지를 전한다. 그런데 여기서는 "정의"를 "추방"과 동일시함으로써 캔슬 문화의 가혹성을 비꼰다. 즉, 자비를 구하면서도 정작 타인에게는 자비를 베풀지 않는 캔슬 문화의 모순, 경직성을 풍자하고 있다.

기후 변화(climate change) /ˈklīmit CHānj/ [명사] 지구 냉각이 지구 온난화로 바뀐 뒤, 지구 온난화 또한 멈춘 것을 설명하기 위해 21세기 초반에 등장한 만능 완곡어법.

예) 그래, 우리가 추워질 거라고 했을 때 세상은 정말 뜨거워졌고, 우리가 더 뜨거워질 거라고 했을 때는 한동안 온도 상승이 멈췄어. 그 모든 걸 우리가 일일이 예측할 수 없지만 본질은 우리가 항상 재앙적인 "기후 변화" 속에서 살고 있다는 거야. 그걸 반박해 보든가, 이 멍청아!

색맹(colorblindness) /ˈkələr ˈblīndnəs/ [명사] 한때는 반인종주의의 표현으로 여겨졌으나, 이제는 인종차별의 한 형태로 간주되는, 인종을 기준으로 사람을 판단하기를 거부하는 태도.*

예) "저에게는 꿈이 있습니다. 언젠가 저의 네 자녀가 피부색이 아닌 인격으로 평가받는 나라에서 살게 되리라는 꿈입니다." 마틴 루터 킹은 색맹적 디스토피아의 악몽에서 깨어난 후 식은땀을 흘리며 소리쳤다.

대법관 증원 계획(court packing) /kôrt ˈpakiNG/ [동사] 사망하거나 퇴직한 법관들을 공화당이 대체 임명하는 것 (고어: 법원의 법

---

* 과거에는 "색맹", 즉 인종을 의식하지 않고 개인의 사람됨을 보는 태도가 이상적으로 여겨졌다. 마틴 루터 킹의 유명한 연설 "나에게는 꿈이 있습니다"가 바로 이러한 비전을 담고 있다. 그러나 최근에는 구조적 차별의 현실을 직시해야 한다는 문제의식 하, "색맹"이 오히려 인종 문제를 외면하는 태도로 비판받게 되었다. 인종이 초래하는 차이와 불이익을 인정하고 적극적으로 해소하려 노력해야 한다는 것이다. 이러한 맥락에서 인종차별을 철폐하겠다는 명목으로 오히려 더욱 극심한 인종주의로 흐르고 있는 사회의 위험한 흐름을 경계 및 풍자하고 있다.

관 수를 늘리는 것).[*]

예) "공화당이 이미 헌법적 의무를 이행하며 법원 패킹을 해 왔기에, 우리는 당파적 목적에 맞게 대법원을 개편하는 것이 옳다." 민주당 지식인이 이상한 나라의 앨리스에게 설명했다.

믿을 만한(credible) /'kredəb(ə)l/ [형용사] 가짜의 (고어: 믿을 만한).

예) 대법관 브렛 캐버노는 고등학교 친구들인 마크, P.J., 그리고 슬로보단 밀로셰비치(Slobodan Milošević)와 함께 너무 많은 '스키'를 타다가 집단 학살을 저질렀다는 신뢰할 만한 비난을 받았습니다. 출처는 최근 CNN 보고서입니다.[**]

문화 차용(cultural appropriation) /'kəlCH(ə)rəl ə‚prōprē'āSH(ə)n/ [명사] 백인이 외국 문화를 정치적으로 부적절하게 차용 및 전유하는 것.

---

[*] 정치적 목적을 위해 대법관 수를 늘리는 것을 의미한다. 역사적으로 루스벨트 대통령이 뉴딜 정책에 반대하는 보수적 대법원을 견제하기 위해 시도한 바 있다. 그러나 여기서는 "사망하거나 퇴직한 법관들의 대체 임명"을 "법원 패킹"이라고 재정의하고 있다. 사실 대법관 교체는 헌법적 절차에 따른 당연한 과정이다. 그런데도 공화당의 이러한 임명을 마치 부적절한 "법원 패킹"인 양 몰아세우는 것은, 민주당 진영에서 자신들의 정치적 입장에 따라 용어를 자의적으로 해석하고 있음을 드러낸다. 상대 진영의 합법적 절차는 "법원 패킹"으로 매도하면서 정작 자신들의 정치적 의도에 따른 법원 개편은 정당화하는 모습은 위선적으로 비친다.

[**] 캐버노 대법관 임명 과정에서 제기된 성폭력 의혹을 풍자. 과거의 정의와 달리 "credible"을 "가짜의"로 뜻을 바꾼 것은 그에 대한 비난이 사실과 동떨어진 과장이라는 점을 풍자한다. 특히 세르비아의 독재자였던 '밀로셰비치(Milošević)'를 언급한 것은 이러한 의혹의 허구성을 보여주는 과장법이라 할 수 있다. 근거가 빈약한 의혹이 사실처럼 제기되며 이를 부추기는 언론의 태도, 동시에 "credible"이라는 단어의 오용을 통해 언어가 의도적으로 왜곡되는 정치권의 모습을 풍자하고 있다.

예) 백인인 당신이 어떻게 감히 신코 데 마요의 날(Cinco de Mayo)* 에 내게 타코를 대접할 수 있어? 문화 차용은 백인 우월주의의 도구야.

문화 말살(cultural erasure) /ˈkəlCH(ə)rəl əˈrāSHər/ [명사] 백인이 외국의 풍습을 받아들이기를 거부하는, 정치적으로 올바르지 않은 행위.

예) 어떻게 감히 오늘 같은 신코 데 마요의 날 내게 타코를 대접하지 않는 거지? 문화 말살은 백인 우월주의의 도구야!

탈식민화하다(decolonize) /dēˈkälə,nīz/ [동사] 침략군을 들여보내는 것 (고어: 침략군을 철수시키는 것).

예) 영문학과를 탈식민화하기 위한 노력의 일환으로, 우리는 공식적으로 셰익스피어, 초서, 밀턴, 키츠, 돈, 디킨스, 그리고 다른 모든 침략적인 영국인들의 작품을 금지한다.

드리머(Dreamer) /ˈdrēmər/ [명사] 불법적으로 미국에 합법 거주하는 44세 미만의 외국인 아동.

예) 만약 우리가 드리머들을 추방한다면, 그들의 손주들은 누가 돌볼

---

* 'Cinco de Mayo'는 스페인어로 "5월 5일"을 뜻하며, 멕시코군이 1862년 프랑스 침략군을 물리친 전투의 승리를 기념하는 멕시코의 축제날이다.

까요?[*]

가짜 뉴스(fake news) /fāk n(y)o͞oz/ [명사] 진실을 말하는 뉴스 매
체 및 기사 (고어: 거짓말을 퍼뜨리는 뉴스 매체 및 기사).

예) 좌파는 트럼프 대통령과 그의 지지자들이 가짜 뉴스를 퍼뜨린다고
비난한다. 그런데 사실 이 용어는 원래 2016년 좌파 언론이 우파 언론
을 비방하기 위해 처음 사용하면서 유명해졌지만, 트럼프가 좌파 언론
에 이 혐의를 제기하면서 다시 쓰이게 되었다.

파시즘(fascism) /ˈfæʃizəm/ [명사] 당신이 싫어하는 모든 것.

예) "파시즘이라는 단어는 이제 '바람직하지 않은 것'을 의미하는 것
외에는 아무 의미도 없다."라고 조지 오웰은 파시스트가 쓸 법한 말로
이 단어를 언급했다.

페미니즘(feminism) /ˈfeməˌnizəm/ [명사] 남성과 여성이 상호보완
적이기보다는 구별조차 할 수 없다고 주장하는 정치 운동.

예) "팻 로버트슨이 페미니즘이 '여성들이 남편을 떠나고, 아이들을 죽

---

* "드리머"는 어릴 때 부모를 따라 불법으로 미국에 입국했지만, 미국에서 자라나 교육을 받고
사회에 기여하고 있는 청년들을 지칭하는 말이다. 2012년 오바마 행정부의 "유년기 입국자
유예 조치"에 따라 이들은 추방을 유예받고 합법적으로 거주할 수 있게 되었다. 그런데 위 문
장에서는 "불법적으로 합법 거주"한다는 모순적인 표현을 사용함으로써 드리머의 애매한 법
적 지위를 꼬집고 있으며 "44세 미만의 아동"이라는 부분은 이제 성인이 되었음에도 여전히
"아동"으로 지칭되는 것을 비꼬고 있다. 따라서 드리머에 대한 우호적 여론을 풍자하며, 그들
을 추방하면 그들의 손주까지 추방해야 한다는 주장은 지나치게 감성에 호소한다는 점에서
주류 언론의 과장된 수사로 볼 수 있다.

이고, 마술을 연습하고, 자본주의를 파괴하고, 레즈비언이 되도록 부추기는 사회주의적이고 반가족적인 정치 운동'이라고 지껄였다 이 말이지? 어디 두고 보자!"라고 말하며 이 마녀 집단은 빗자루를 타고 하늘로 날아오르며 낄낄거렸다.

태아(fetus) /'fēdəs/ [명사] 인간이 아닌, 살아 있지 않은 세포 덩어리, "자손(offspring)"을 의미하는 라틴어에서 유래.
예) 태아에게는 어떤 권리도 없으므로 그들을 죽이는 것은 전혀 문제될 게 없다. 반면 대머리독수리의 알을 건드리면 감옥에 가게 될 수도 있다.

해킹당한(hacked) /hakt/ [형용사] 실수로 인터넷에 올라간 망신스러운 자료에 대한 책임을 부인하기 위해 사용되는 변명.
예) 앤서니 위너(Anthony Weiner)의 트위터 계정을 해킹한 그 남자는 의심스럽게도 앤서니 위너와 똑같이 생겼다.[*]

해피 홀리데이(happy holidays) /'hapē 'hälə,dāz/ [명사] 크리스마스 시즌에 허용된 인사말.

---

* 앤서니 위너 전 미국 민주당 하원의원의 스캔들을 빗대어 해킹을 자신의 실수를 덮기 위한 변명거리로 활용하는 행태를 풍자하고 있다. 참고로 위너는 2011년, 트위터를 통해 한 여성에게 부적절한 사진을 보낸 것이 알려지면서 사임에 이르렀는데, 처음에는 해킹 당했다고 주장했지만, 나중에 자신의 행위를 인정했다. 2년 뒤 해당 스캔들에도 불구하고 뉴욕시장 선거에 출마, 또다시 온라인 상에서 부적절한 행위가 드러나면서 선거에 패배했으며, 2016년에는 한 미성년자와 음란한 메시지를 주고받은 사실이 드러나 연방 정부에 기소되었고, 21개월의 징역형을 선고받았다.

예) "메리 크리스마스"라고 말하면 안 돼. 자신들의 종교적 견해를 강요하는 호전적 무신론자들에게 너의 종교적 견해를 강요하려 한다고 비칠 수도 있거든. 해피 홀리데이!

노력(hard work) /härd wərk/ [명사] 스미스소니언에 따르면 백인 우월주의의 도구. (고어: 근면의 미덕)[04]
예) 당신은 모든 인종의 사람들이 노력할 수 있고, 그 노력으로부터 혜택을 받을 수 있다고 생각하나요? 당신의 KKK 후드는 어디 있나요, 데이비드 듀크(David Duke)?*

혐오 표현(hate speech) /hāt spēCH/ [명사] 보수주의자가 한 모든 발언, 특히 진실인 경우.
예) 보수주의자들은 한심(deplorable)하고, 구제 불능(irredeemable)인 데다가, 씁쓸한 시골뜨기들(bitter-clinging hicks)이야. 그런데 최악인 건, 그들이 바로 혐오 표현을 용인한다는 거지!**

인류(humankind) /ˌ(h)yo͞omən'kīnd/ [명사] 남성의 역할을 강조하지 않는 "맨카인드(mankind)"의 정치적으로 올바른 대안. 왜냐하면 남성은 인간이라고 주장하기 어렵기 때문.(유의어: 피플카인

---

* 데이비드 듀크는 미국의 백인 우월주의자로 알려진 인물로 1970년대에 KKK에 가입하여 활동했고, 1989년부터 1992년까지 루이지애나주 하원의원으로 활동했다.

** 2016년 대선 캠페인에서 힐러리 클린턴이 자신의 경쟁자였던 트럼프를 지지하는 사람들을 원색적인 표현을 동원하여 힐난했던 사건을 풍자하고 있다. (본서 1장 참조)

드(peoplekind), 휴도터카인드(hudaughterkind))

예) 킹 제임스 성경과 옥스퍼드 영어 사전은 "man"을 성 중립적 용어로 간주하지만, 보라색으로 머리를 염색한 내 친구의 블로그는 다르게 말해. 그러니까 "휴먼카인드"로 부르도록 하자!

교차성(intersectionality) /ˌin(t)ərsekSHəˈnalədē/ [명사] 특권의 체계. 한 사람의 가치는 자신이 속한다고 주장할 수 있는 피해자 집단의 수에 비례한다.

예) 친구, 너의 피부색은 너를 겨우 교차성 피라미드 밑바닥에 올려놓는구나. 저기 있는 쉴라 있잖아? 그녀는 하반신 마비 힌두교 레즈비언이야. 너보다 훨씬 더 억압받는 셈이지. 그래서 그녀는 특별한 특권을 받는 거야.

암묵적 편견(implicit bias) /imˈplisit ˈbīəs/ [명사] 무의식적 편견.

예) 제 감수성 및 반인종주의 교육은 비용이 많이 들 수 있지만, 본인도 알지 못하는 무의식적 편견을 인식하는 것은 매우 중요합니다. 네, 저희는 선불로 받습니다.

이슬람 혐오증(Islamophobia) /izˌläməˈfōbēə,iˌsläməˈfōbēə/ [명사] 이슬람 종교에 대한 비판.

예) 비엔나 전투에서 얀 소비에스키(Jan Sobieski) 왕이 이슬람 혐오증을 앓고 있어서 천만다행이었어. 그렇지 않았다면 서양 문명은 영원히

사라졌을지도 몰라!

정의 관련 인물(justice-involved person) /ˈjəstəs inˈvälvd ˈpərs(ə)n/ [명사] 체포된 범죄자.
예) 조니, 계속 부정한 짓을 저지르다 보면 언젠가 너는 정의 관련 인물이 될 거야!

카렌(Karen) /kəˈren/ [명사] 백인 여성에 대해 사회적으로 용인되는 비방.
예) 오 마이 갓! 저기 카렌이 온다. 아마 매니저를 부르라고 할 거야. 나는 저렇게 생긴 여자들이 불만을 표현하는 것을 정말 싫어해!

라틴엑스(Latinx) /ˌlaˈtēˌneks,ləˈtēˌneks/ [형용사] "라티노(latino)"와 "라티나(latina)"라는 스페인어 단어의 성 중립적 대안으로 21세기 초의 생겨난, 남미와 중미 출신 사람들을 가리키는 영어 용어.
예) 네가 무슨 언어를 "하블라르(hablar, '말하다'의 스페인어-옮긴이 주)"하든 상관없어, 페르난도. 여긴 미국이고, 여기선 너는 억압받는 라틴엑스라고!

말 그대로 히틀러(literally Hitler) /ˈlidərəlē hit-ler/ [명사] 아돌프

---

[*] 1683년 비엔나 전투에서 폴란드 왕 얀 소비에스키는 오스만 제국의 침공을 물리쳤는데 이 전투를 "이슬람 혐오증" 덕분에 이긴 것처럼 묘사함으로써 이 단어가 역사적 맥락을 무시한 채 남용될 수 있음을 풍자하고 있다.

히틀러가 아닌 정치적 반대자; 여느 공화당원 또는 보수 성향의
공직자.

예) 나는 언어와 역사에 대해 잘 알지는 못하지만 한 가지는 확실히 알
아: 도널드 트럼프는 말 그대로 히틀러야.

남자(man) /*man*/ [명사] 여자일 수도 있고 아닐 수도 있는 사람 (고
어: 여자가 아닌 사람).

예) 저기 있는 남자 보이지? 그의 이름은 엘리엇 페이지야. 그는 2008
년 아카데미 시상식에서 여우주연상 후보에 올랐어. 그러니까 가부장
제는 이미 죽었고 더 이상 작동하지 않는 시스템이라고 말하지 마.[*]

맨스플레인(mansplaining) /ˈman͵splāniŋ/ [동사] 남자들이 여자들
에게 무언가를 이해시키는 과정.

예) 맨스플레이닝은 이 오빠가 너에게 이게 뭔지 설명해 주는 거야, 아
가씨.

맨스프레딩(manspreading) /ˈman͵ˌspre-diŋ/ [동사] 남자들이 정치
적으로 부적절하게(다리를 벌리고—옮긴이 주) 앉는 방식.

예) 그 남자가 생물학적으로 남성의 자궁을 가지고 있지 않는 한, 맨스

---

[*] 한때 여성이었으나 성전환을 통해 남성이 된 배우 엘리엇 페이지의 사례가 오히려 가부장제의
해체를 보여주는 것 아니냐는 반문으로 읽힐 수도 있고, 여전히 남성중심적 사회 구조로 인해
남성인 엘리엇이 여우주연상 후보에 오름으로써 다른 여성의 기회와 영광을 찬탈했다는 의미
로 읽힐 수도 있다.

프레딩을 할 수밖에 없을 거야.

마스크(mask) /mask/ [명사] 공중 보건 당국에 따르면, 바이러스 전파를 막기 위한 필수 도구 (고어: 공중 보건 당국에 따르면, 바이러스 전파를 절대 막을 수 없는 쓸모없는 소품).
예) "마스크를 쓰고 돌아다닐 이유가 없습니다. 전염병이 한창일 때 마스크를 착용하면 사람들이 조금 더 안심할 수 있고 비말을 막을 수도 있겠지만, 사람들이 생각하는 것처럼 완벽한 보호를 제공하지는 않습니다. 그리고 종종 의도하지 않은 결과를 낳죠. 사람들은 마스크를 만지작거리고, 자꾸 얼굴을 만지게 됩니다." 파우치 박사는 모두에게 마스크를 쓰게 하기 전에 이렇게 설명했습니다.

멜라닌(melanin) /'melənin/ [명사] 급진적인 사상에 따르면 흑인에게 뛰어난 정신적, 신체적, 영적 특성을 부여하는 자연 색소.
예) "멜라닌은 연민을 동반합니다. 멜라닌은 영혼을 동반합니다. 백인들은 실제로 동물에 더 가깝죠. 그들이야말로 진정한 야만인입니다," 라고 배우 닉 캐넌은 '하버드 크림슨 *'에서 캐럴 반스의 인종차별적 글을 그대로 반영한 장광설을 늘어놓았습니다.

생리하는 사람, 맨스트루에이터(menstruater) /'menstrə,wātr/ [명사] 자신이 남성일 수도 있고 아닐 수도 있다고 믿는 여성.

---

* 하버드 크림슨(Harvard Crimson)은 하버드 대학의 학생 신문이다.

예) 멘스트루에이터? 난 "그녀"가 누군지 잘 몰라! 왜냐하면 내 대명사
는 "he/him"이거든.

미투(MeToo) /'mē-'tii/ [타동사] 사실일 수도 있고 아닐 수도 있는
혐의로 남자의 평판을 파괴하다.
　예) 타라 리드가 조 바이든이 그녀를 성폭행했다는 상당히 많은 증거
를 제공하면서 SNS에 #MeToo를 태깅했지만, 미디어가 그 이야기를
묻어버렸을 때 기억나? 나도 그래(Me Too).

미세 공격(microaggression) /ˌmīkrōə'greSHən/ [명사] 불평하고
싶어 입이 근질근질한 사람들을 위한 최후의 변명.
　예) 마이크로어그레션(microaggression)에 대해 걱정하는 사람들은
보통 매크로어그레션(macroagression)을 겪어보지 못했다.

대체로 평화로운 시위(mostly peaceful protest) /'mōs(t)lē 'pēsfəl
'prō͜test/ [명사] 폭동.
　예) 우리는 어젯밤 사회 정의를 위한 대체로 평화로운 시위에서 겨우
네 명만 불에 타 죽었다는 소식을 전하게 되어 기쁩니다.

나의 진실(my truth) /mī trooTH/ [명사] 거짓말.
　예) "진실은, 살인 무기에 내 지문이 발견됐고, 내가 그 사람을 찌르는
영상이 있다는 것입니다. 그러나 나의 진실은, 나는 무죄라는 겁니다!"
연쇄 살인범이 각성한(woke) 배심원을 설득하며 외쳤습니다.

나치(Nazi) /ˈnätsē/ [명사] 나와 의견이 다른 사람.

예) 나치는 20개국을 침공하고 수백만 명의 사람들을 죽였습니다. 그리고 이는 법인세율을 인하하자는 제 상대 후보의 제안과 매우 유사합니다.

논바이너리(nonbinary) /nänˈbīnərē/ [형용사] 헌신 문제가 있는 젠더 이데올로기 신봉자의 상태.*

예) 단 두 개의 성별만 있다는 생각은 말도 안 됩니다. 나는 부모님이 나를 임신한 순간부터 논바이너리였습니다.

핵가족(nuclear family) /ˈnü-klē-ər ˈfam(ə)lē/ [명사] 소외된 사람들을 억압하기 위해 고안된 백인 우월주의의 억압적 구조 (고어: 인간 번영에 결정적으로 기여하는 기본 정치 단위).

예) 'Black Lives Matter'는 웹사이트에서 "서구가 규정한 핵가족 구조를 파괴하겠다"고 약속합니다만, 그 약속을 어떻게 이행할 계획일까요? 경찰서와 소규모 사업체를 무너뜨리는 데 사용하는 것과 같은 화염병을 사용할까요?

파트너(partner) /ˈpärtnər/ [명사] 연인이나 배우자를 지칭하는 용어로 회계 법인의 파트너라는 단어만큼이나 로맨스가 없음을 내

---

* 논바이너리는 성 정체성을 남성 또는 여성으로 명확하게 이분법적으로 구분하지 못하는 사람들을 말하며 성별 대명사로 "그(he)"나 "그녀(she)" 대신 "그들(they)"을 선호하는 경우가 많다.

포함.*

예) 제 파트너 에이든과 저는 지난 6개월 동안 황홀할 정도로 합의된 관계를 유지하고 있으며, 서로 어울리는 명함을 만들어 관계를 한 단계 더 발전시키는 것을 고려하고 있어요.

유색 인종(person of color) /ˈpərs(ə)n əv ˈkələr/ [명사] 특정 소수 인종을 지칭하는 데 허용된 용어.

예) 가장 극악한 인종차별주의자만이 유색 인종을 "person of color"가 아니라 "colored person"**이라고 부를 것입니다.

성적 취향(sexual preference) /ˈsekSH(oō)əl ˈpref(ə)rəns/ [명사] 자신의 에로틱한 욕망을 묘사하는 동성애 혐오 비속어.

예) 광기 어린 동성애 혐오자 에이미 코니 배럿은 한때 "성적 지향 (sexual orientation)"과 "성적 취향"을 마치 동의어인 것처럼 혼동했습

---

* 회계 법인에서 '파트너'는 최고 경영진 중 하나로 회사의 소유주이자 경영자 역할을 하는 직급을 말한다. 하지만 최근에는 결혼 여부와 상관 없이 연인 관계를 표현하는 중립적 용어로 쓰이면서 관계의 친밀함과 낭만을 결여하게 만든다는 아이러니를 지적한다. "황홀할 정도로" 합의된 관계라는 표현은 연인 관계의 감정적 측면을 과장되게 부각시키는 반면, "합의된", "한 단계 끌어올리는 방법으로 커플 명함"을 제안하는 것은 비즈니스 파트너를 연상시키는 메타포로 작용한다.

** 본서 4장 참조

니다.*

퀴어(Queer) /kwir/ [형용사] 동성애자에 대한 비속어로 시작해 동성애자에 대한 자부심의 용어가 되었다가 다시 정치적으로 올바르지 않은 사람들이 말할 때는 동성애자에 대한 비속어가 된 단어.
예) 퀴어학을 전공하고 싶다면 먼저 알아야 할 점은, 여러분 중 일부만이 이 학과의 이름을 입에 담을 수 있다는 것입니다.

인종차별(racism) /ˈrāˌsizəm/ [명사] 인종을 기준으로 사람을 판단하는 것을 거부하는 것. (고어: 인종을 기준으로 사람을 판단하는 것).
예) 제프리스 교수는 백인은 기본적으로 야만적이고 영적으로 열등하기 때문에 백인에 대한 인종차별은 인종차별이 아니라고 설명했습니다.

재생산 정의(reproductive justice) /ˌrēprəˈdəktiv ˈjəstəs/ [명사] 영아 살해.
예) 줄리안 카스트로는 2020년 대선 출마 중 "트랜스 여성"을 위한 "재

---

* "성적 취향"은 개인이 어떤 성별에 매력을 느끼는지 나타내는 중립적 표현으로 여겨졌다. 그러나 최근 LGBTQ+운동이 활발해지면서 이 용어가 성적 지향을 선택적인 것으로 왜곡한다는 비판이 제기되었다. 즉, "취향"이라는 말이 성적 지향을 개인의 선호나 기호처럼 가볍게 다룬다는 인상을 준다는 것이다. 이런 맥락에서 "성적 취향"을 "자신의 에로틱한 욕망을 묘사하는 동성애 혐오 비속어"로 정의한 것은 이 표현이 갖는 정치적 올바름에 대한 문제제기로 해석된다. 과연 어떤 표현이 차별적이고 혐오적인지, 그 기준은 누가 정할 수 있을지에 대한 반발로 읽힌다. 특히, 미국 연방대법관 에이미 코니 배럿을 "광기 어린 동성애 혐오자"로 묘사하면서 "성적 지향"과 "성적 취향"을 혼동했다고 비판하는 대목은, 정치인의 언어 사용 하나하나를 이념적으로 재단하고 공격하는 일련의 흐름에 대한 반발이라고 할 수 있다.

생산 정의"를 지지함으로써 역사를 만들었습니다. 이는 평범한 사람들의 용어로는 "남성"의 "낙태할 권리"를 의미합니다.

재생산 권리(reproductive rights) /ˌrēprə'dəktiv rīt/ [명사] 생식을 중단할 수 있는 꾸며낸 권리.
예) 제임스 매디슨은 여성들이 자신의 아이를 죽일 수 있는 재생산 권리를 미국 헌법에 그림자 바로 아래 파생된, 희미한 빛이 나오는 왼쪽에 몰래 새겼습니다.[*]

폭동(riot) /'rīət/ [명사] 대체로 평화로운 시위.
예) 안티파가 세 번째 트럼프 지지자를 곤봉으로 때려죽인 후, 일부 우파들이 반격을 시작하며 폭동을 일으켰습니다.

과학(science) /'sīəns/ [명사] 때로는 모순되기도 하지만 정치적 올바름의 반박할 수 없는 선언 (고어: 지식; 경험적 관찰 방법).
예) "과학을 믿으라,"라고 앤드루 쿠오모가 코로나바이러스 환자들로 가득 찬 또 다른 버스 한 대를 요양원으로 보내며 애원했습니다.

성차별(sexism) /'seksizəm/ [명사] 남성과 여성이 다르다는 편견에 찬 믿음.

---

[*] 1965년, 그리스월드 대 코네티컷 판결에서 주장된 더글러스 판사의 모호하고도 현학적 표현을 풍자하고 있다. (본서 7장 참조)

예) 성차별이 없었다면 힐러리 클린턴은 대통령에 당선되었을 것이다.
– 그녀가 호감을 주고 업적이 있었다면 말이다.

전파를 억제하다, 확산을 늦추다(slow the spread) */slō T̲Hə
spred/* [동사] 세균을 물리치다; 전염병 기간 병원의 과부하를 방
지하기 위한 전술 (동의어: 그래프의 곡선을 평평하게 하다).
예) "전파 억제를 위해 딱 15일만 더 견뎌봅시다,"라고 말하며 공중 보
건부 당국자가 킬킬거렸다.

걸레에게 수치심을 주다(slut-shame) */slət SHām/* [동사] 난잡한
성관계를 억제하다.
예) 내 양심은 왜 내가 걸레로 사는 걸 계속 부끄럽게 만들까?

사회적 거리 두기(social distance) */'sōSHəl 'distəns/* [명사] 사람
들을 떨어뜨려 놓는 정책을 설명하는 모순된 용어.
예) "사회적 거리 두기"는 우리가 이 전쟁 중에 "함께 떨어져 있다
(together apart)"는 단어와 비슷하다. 이는 자유 없는 평화, 즉 노예 상
태, 무지 속의 힘과 같다..

사회 정의(social justice) */'sōSHəl 'jəstəs/* [명사] 특정 우대 집단의
구성원이기 때문에 받을 자격이 없는 것을 얻는 것.
예) 티미는 대학에 가면서 사회 정의에 진심으로 관심을 갖게 되었다.
그는 모든 유색인종을 위한 안전하고 분리된 공간, 트랜스 여성이 여

자 육상 경기에서 우승할 권리, 그리고 캠퍼스를 다양화하는 데 도움이 되는 아시아인 할당제를 위해 싸우고 있다.

사회주의(socialism) /ˈsōSHəˌlizəm/ [명사] 거짓된 인간학에 기초한 비인간적 이데올로기로, 시도된 곳마다 비참함을 낳았지만 지지자들은 다음에는 더 잘될 것이라고 주장함.

예) 호르헤, 카스트로가 당신의 가족을 몰살시켰다는 것은 유감이지만, 마이클 무어(Michael Moore)의 영화를 본다면 쿠바의 사회주의 의료 시스템이 얼마나 경이로운지 이해하게 될 거에요.[*]

체계적 인종차별(systemic racism) /səˈstemik ˈrāˌsizəm/ [명사] 인종을 기준으로 특별 대우를 제공하는 것을 거부하는 것.

예) 백인, 아시아인, 히스패닉이 케냐 이민자들에게 배상금을 지급하기 전까지는 체계적 인종차별이 지속될 것입니다.

그들(they) /T͟Hā/ [명사] 정신분열증 문화가 퍼진 사회 속에서 사용되는 단수 대명사.

예) 그들은 문법에 능하지 않습니다. (They isn't good at grammar.)[**]

---

[*] 여기서 언급된 마이클 무어는 쿠바 의료 시스템을 미화한 다큐멘터리 영화 <시코>로 유명한 미국의 좌파 성향 영화감독이다.

[**] 전통 영문법에서 "they"는 복수형 대명사로만 사용되었지만, 최근에는 성별을 특정할 수 없거나 특정하길 원하지 않는 단수 주어를 지칭할 때도 쓰이고 있다. 예문에서는 단수 주어 "they"와 단수 동사 "is"를 함께 사용함으로써 문법적 오류를 범하고 있는데, 이를 통해 기본 언어 문법마저 혼란스러워지고 있는 미국 사회를 풍자하고 있다.

유독한 남성성(toxic masculinity) /ˈtäksik ˌmaskyəˈlinədē/ [명사] 일부 남성들이 여성처럼 행동하기를 거부하는 것.

예) 어젯밤 데이트는 최악이었어! 그는 내 아파트에 나를 데리러 오고, 문을 잡아줬어. 내가 더치페이를 제안했음에도 불구하고 저녁 식사비를 전부 계산했지. 유독한 남성성의 악취가 물씬 풍겼다고.

트랜스포비아(transphobia) /ˌtranzˈfōbēə/ [명사] 남성이 여성이 아니라는 편견적 믿음.

예) 트랜스포비아 아버지는 허스키 행크(현재는 헬렌 행크)가 딸을 따라 공용 수영장 탈의실에 들어갔을 때 감히 손뼉도 치지 않았다.

트루날리무누마프저(trunalimunumaprzure) /trunalimunumaprzure/ [명사] 조 바이든의 첫 임기 의제의 주요 원칙.*

예) 다행히 조 바이든이 그 말 더듬는 바보 도널드 트럼프를 대신할 거야. 4년 동안 단 한 번도 트루날리무누마프저를 동원하지 않았다니, 믿어지니?

미등록 미국인(undocumented American) /ˌənˈdäkyəˌmen(t)əd əˈmerəkən/ [명사] 외국 국적자.

예) 공화당은 미등록 미국인들에게 무주택 주택 소유자나 이동 불가

운전자만큼이나 관심이 적었다.

무주택자(unhoused person) /ˌən ˈhouzd ˈpərs(ə)n/ [명사] 부랑자.
　　예) 어떤 무정한 사람들은 무주택자들에게 약간의 동정을 보여 그들이
　　자기 쓰레기 속에서 마약을 하도록 내버려두는 대신 경찰을 부르기도
　　합니다.

외음부 소유자(vulva-owner) /ˈvəlvə ˈōnər/ [명사] 여성. "볼보 차
　　소유자"와 혼동하지 말 것.
　　예) 외음부 소유자들은 지금까지 충분히 오랫동안 대상화되어 왔다!

백인 우월주의(white supremacy) /(h)wīt sə ˈprɛm ə si/ [명사] 좌파
　　들이 싫어하는 모든 것 (참조: 인종차별, 파시즘).
　　예) 세계적으로 유명한 이브람 캔디(Ibram X. Kendi)와 함께한 의무
　　인종차별 반대 교육 세션에서 나는 백인 우월주의의 실상에 대해 많이
　　배웠다.

여성(woman) /ˈwʊmən/ [명사] 남성일 수도 있고 아닐 수도 있는
　　사람 (고어: 이전에는 남자가 아닌 사람).
　　예) 여성성은 사회적 구성물이며, 여성은 원하는 대로 옷을 입거나 행

---

*　이브람 캔디(1982.8.13~)은 미국의 인종차별 문제를 연구하는 역사학자, 작가, 활동가로 보스턴대학교 반인종차별 연구 센터의 창립 디렉터를 맡고 있다. 일각에서는 그의 주장이 지나치게 이분법적이고 급진적이라는 비판도 제기된다.

동할 수 있지만, 남자아이가 바비 인형을 집으면 그는 곧바로 여자아이가 된다.

깨어있는, 각성한(woke) /wōk/ [형용사] 다소 아이러니하게 사용되지만 진지한 좌파 정통에 대한 진지한 충성을 나타내는 용어 (참조: 정치적 올바름).
예) "깨어나라, 그리고 파산하라"는 깨어나지 않은 녀석을 의미한다. 나 지금 농담하는 거 아니다. ("Get woke, go broke" betokens an un-woke bloke. No joke.)*

---

* 이 문장은 "woke"와 "broke"의 발음이 유사한 점을 이용한 말장난이다. 기업이나 조직이 지나치게 "woke"한 행보를 보이면 오히려 경제적으로 손해를 본다는 주장을 담은 표현이다.

부록 • 437

미주

옮긴이 서문

01 이희천, 공산화로 가는 대한민국

서론

01 G. K. Chesterton, Collected Works of G. K. Chesterton: The Illustrated London News, 1y 23 – 1y 25 (San Francisco, California: Ignatius Press, 1990), 33.

1. 이상한 나라의 서양

01 Lewis Carroll, Through the Looking Glass, Project Gutenberg, February 25, 2020, www. gutenberg.org/files/12/12-h/12-h.htm.

02 Aristotle, Politics, trans. Benjamin Jowett, The Internet Classics Archive, classics.mit.edu/ Aristotle/politics.1.one.html.

03 Carl von Clausewitz, On War, ed. Michael Howard and trans. Peter Paret (Princeton, New Jersey: Princeton University Press, 1989).

04 Alex Watson, "Literally Ok: A Defense," Wall Street International, April 28, 2017, wsimag. com/culture/25065-literally-ok.

05 Anjani Kapoor, et al., "Barriers to Service Provision for Justice-Involved Youth," Criminal Justice and Behavior 45, no. 12 (December 1, 2018): 1832 – 51.

06 Elizabeth Knowles and Julia Elliott, "Political Correctness," The Oxford Dictionary of New Words, 2nd rev. ed. (Oxford: Oxford University Press, 1997).

07 George Orwell, Nineteen Eighty-Four: A Novel. (London: Penguin Books, 1967).

08 Deborah Cameron, "Words, Words, Words" in The War of the Words: The Political Correctness Debate, ed. Sarah Dunant (London: Virago Press, 1994), 31.

09 Stanley Fish, There's No Such Thing as Free Speech … and It's a Good Thing Too (Oxford: Oxford University Press, 1994).

10 Gary Shapiro, "How Churchill Mobilized the English Language" New York Sun, June 12, 2012, www.nysun.com/new-york/how-churchill- mobilized-the-english- language/87862/; Rob Williams, "'My Dear You Are Ugly, but Tomorrow I Shall Be Sober and You Will Still Be Ugly': Winston Churchill Tops Poll of History's Funniest Insults,"

Independent, October 14, 2013, www.independent.co.uk/news/uk/home-news/my-dear-you-are-ugly-tomorrow-i-shall-be-sober-and-you-will-still-be- ugly-winston-churchill-tops-poll-history-s-funniest-insults-8878622. html.

11   Winston Churchill, "We Shall Fight on the Beaches," The International Churchill Society, April 13, 2017, winstonchurchill.org/resources/ speeches/1940-the-finest-hour/we-shall-fight-on-the-beaches/.

12   Amber Phillips, "Analysis: 'They're Rapists.' President Trump's Campaign Launch Speech Two Years Later, Annotated," Washington Post, April 28, 2019, www.washingtonpost.com/news/the-fix/ wp/2017/06/16/theyre-rapists-presidents-trump-campaign-launch-speech-two-years-later-annotated/.

13   Today, we can no longer suppose that ladies even have their own restrooms in which to powder their noses, as we will come to see.

14   "Euphemism," Online Etymology Dictionary, www.etymonline.com/ word/euphemism.

15   William Safire, "On Language; Linguistically Correct," New York Times, May 5, 1991, timesmachine.nytimes.com/ timesmachine/1991/05/05/846891.html.

16   "A Little History of 'Politically Correct': The Soviets Invented It and the University Tolerates It," Washington Times, November 15, 2015, www. washingtontimes.com/news/2015/ nov/15/editorial-a-little-history-of-politically-correct/.

17   William Shakespeare, The Tragedy of Hamlet, Prince of Denmark, Gutenberg Project, November 1998, www.gutenberg.org/ files/1524/1524-h/1524-h.htm.

2. 현실을 재정의하다

01   Deborah Cameron, "Words, Words, Words" in The War of the Words: The Political Correctness Debate, ed. Sarah Dunant (London: Virago Press, 1994); Geoffrey Hughes, Political Correctness: A History of Semantics and Culture (Hoboken, New Jersey: Wiley-Blackwell, 2010).

02   Renato Corsetti, "A Mother Tongue Mostly Spoken by Fathers," Language Problems & Language Planning 20, no. 3 (1996): 263–73, https://www.ingentaconnect.com/content/ jbp/ lplp/1996/00000020/00000003/art00004.

03   "Trump Taints America's Views on Political Correctness," Fairleigh Dickinson University, October 30, 2015, https://view2.fdu.edu/ publicmind/2015/151030/; Hanna Fingerhut, "In 'Political Correctness' Debate, Most Americans Think Too Many People Are Easily Offended," Pew Research Center, July 20, 2016, https://www.pewresearch.org/fact-tank/2016/07/20/in-political-correctness-debate-most-americans-think- too-many-people-are-easily-offended/.

04   Stephen Hawkins, et al., "Hidden Tribes: A Study of America's Polarized Landscape," More in Common, October 11, 2018, https://static1. squarespace.com/

static/5a70a7c3010027736a22740f/t/5bbcea6b7817f7bf 7342b718/1539107467397/ hidden_tribes_report-2.pdf.

Chris Caesar, "Perspective: Trump Ran against Political Correctness. Now His Team Is Begging for Politeness," Washington Post, March 1, 2019, www.washingtonpost.com/ posteverything/wp/2017/05/16/ trump-ran-against-political-correctness-now-his-team-is-begging-for- politeness/.

06   Kat Chow, "'Politically Correct': The Phrase Has Gone from Wisdom to Weapon," NPR, December 15, 2016, www.npr.org/sections/ codeswitch/2016/12/14/505324427/ politically-correct-the-phrase-has-gone-from-wisdom-to-weapon.

07   Deborah Cameron, "Words, Words, Words," 23.

08   Spencer Brown, "'Physically Triggered': Internal Emails Show CSULA Faculty in Hysterics over 'Build the Wall' Activism," Young America's Foundation, September 4, 2019, www. yaf.org/news/physically-triggered-internal-emails-show-csula-faculty-in-hysterics-over- build-the-wall-activism/.

09   Susan B. Glasser, "Donald Trump's 2020 Superspreader Campaign: A Diary," New Yorker, November 3, 2020, www.newyorker.com/news/letter-from-trumps-washington/ donald-trumps-2020-superspreader- campaign-a-diary; Michael J. Stern, "COVID Has Turned Breathing into a Deadly Event and All of Us into Potential Serial Killers," USA Today, November 30, 2020, www.usatoday.com/story/ opinion/2020/11/30/covid-turns-everyone-into- potential-killer-by-breathing-column/6455743002/.

10   Aaron Greiner, et al., "Open Letter," Google Drive, June 5, 2020, drive. google.com/file/d/ 1Jyfn4Wd2i6bRi12ePghMHtX3ys1b7K1A/view.

3. 문화 지배력

01   Friedrich Engels and Karl Marx, "The Communist Manifesto," trans. Allen Lutins with assistance from Jim Tarzia, Project Gutenberg, January 20, 2005, www.gutenberg.org/ cache/epub/61/pg61.html.

02   Ibid; Karl Marx, "Critique of Hegel's Philosophy in General," Economic and Philosophic Manuscripts of 1844, trans. Martin Milligan, 2009, Marxists International Archive, www. marxists.org/archive/marx/ works/1844/manuscripts/hegel.htm.

03   Frederick Engels, The Principles of Communism, trans. Paul Sweezy, Marxists International Archive, February 2005, www.marxists.org/ archive/marx/works/1847/11/prin-com.htm.

04   Bill Berkowitz, "'Cultural Marxism' Catching On," Southern Poverty Law Center, August 15, 2003, www.splcenter.org/fighting-hate/ intelligence-report/2003/cultural-marxism-catching.

05   Paul Rosenberg, "A User's Guide to 'Cultural Marxism': Anti-Semitic Conspiracy Theory, Reloaded," Salon, May 6, 2019, www.salon. com/2019/05/05/a-users-guide-to-cultural-

•   자유의 적, 자유

marxism-anti-semitic- conspiracy-theory-reloaded/.

06   "Cultural Marxism Conspiracy Theory," Wikipedia, en.wikipedia.org/ wiki/Cultural_ Marxism_conspiracy_theory.

07   Michael Butter, "There's a Conspiracy Theory That the CIA Invented the Term 'Conspiracy Theory'—Here's Why," The Conversation, November 25, 2020, theconversation.com/ theres-a-conspiracy-theory-that-the-cia-invented-the-term-conspiracy- theory-heres-why-132117.

08   Paul Kengor, "Cultural Marxism and Its Conspirators," American Spectator, April 3, 2019, spectator.org/cultural-marxism-and-its-conspirators/.

09   Paul Kengor, "Cultural Marxism and Its Conspirators: Part 2," American Spectator, July 2, 2020, spectator.org/ cultural-marxism-and-its-conspirators-part-2/.

10   Boris Buden, "To Make the Long March Short: A Short Commentary on the Two Long Marches That Have Failed Their Emancipatory Promises," Crisis & Critique, crisiscritique. org/nov2018/boris.pdf.

11   Samuel Moyn, "The Alt-Right's Favorite Meme Is 100 Years Old," New York Times, November 13, 2018, www.nytimes.com/2018/11/13/ opinion/cultural-marxism-anti-semitism.html.

12   F.B., "The Strange Afterlife of Antonio Gramsci's 'Prison Notebooks,'" Economist, November 7, 2017, www.economist.com/ prospero/2017/11/07/
the-strange-afterlife-of-antonio-gramscis-prison-notebooks.

13   Antonio Gramsci, Prison Notebooks, ed. Joseph A. Buttigieg (New York: Columbia University Press, 2011).

14   Ibid.

15   Ibid.

16   Ibid.

17   Martin Jay, The Dialectical Imagination: A History of the Frankfurt School and the Institute of Social Research 1y 23 – 1y 50 (Oakland, California: University of California Press, 2008).

18   Ibid.

19   Ibid.

20   Ibid.

21   Paul Kengor and Michael Knowles, The Devil and Karl Marx: Communism's Long March of Death, Deception, and Infiltration (Gastonia, North Carolina: TAN Books, 2020).

22   Max Horkheimer, Critical Theory (New York: Continuum, 1982).

23   Jay, The Dialectical Imagination.

24   Karl Marx, "Theses on Feuerbach," Marxists International Archive, www.marxists.org/ archive/marx/works/1845/theses/theses.htm.

25   Christopher Turner, "'Adventures in the Orgasmatron,'" New York Times, September 23, 2011, www.nytimes.com/2011/09/23/books/ review/adventures-in-the-orgasmatron. html?pagewanted=all.

26   Wilhelm Reich, The Function of the Orgasm: Sex-Economic Problems of Biological Energy (New York: Noonday Press, 1973).

27   Henry Allen, "Thinking inside the Box," Wall Street Journal, June 11, 2011, www.wsj.com/ articles/SB10001424052702303657404576361683162870042.

28   Tim Murphy, "Read Bernie Sanders' 1970s-Era Essays on Sex, Cancer, Revolution, and Fluoride," Mother Jones, July 6, 2015, www.motherjones.com/politics/2015/07/bernie-sanders-vermont-freeman-sexual-freedom-fluoride/.

29   Danielle Kurtzleben, "The Bernie Sanders 'Rape Fantasy' Essay, Explained," NPR, May 29, 2015, www.npr.org/sections/ itsallpolitics/2015/05/29/410606045/the-bernie-sanders-rape-fantasy-essay-explained.

30   Elizabeth Day, "#BlackLivesMatter: The Birth of a New Civil Rights Movement," Guardian, July 19, 2015, www.theguardian.com/ world/2015/jul/19/blacklivesmatter-birth-civil-rights-movement.

31   Torry Threatcraft, "Joe Rogan's Podcast Is Causing Internal Rift at Spotify," Okayplayer, September 17, 2020, www.okayplayer.com/ culture/joe-rogan-podcast-spotify-transphobic-racist.html.

32   Nolan D. McCaskill and Andrew Desiderio, "Bernie Became a Millionaire in 2016, Records Show," Politico, April 15, 2019, www. politico.com/story/2019/04/15/bernie-sanders-millionaire-1276928.

33   Sanders, Bernie (@BernieSanders), "Say Bill Gates was actually taxed $100 Billion. We could end homelessness and provide safe drinking water to everyone in this country. Bill would still be a multibillionaire. Our message: the billionaire class cannot have it all when wo many have so little. Https://T.co/FVlxulGygf," Twitter, November 7, 2019, 11:26 a.m., twitter.com/berniesanders/status/1192478435693780992

34   Dylan Matthews, "Bernie Sanders's Fear of Immigrant Labor Is Ugly— and Wrongheaded," Vox, July 29, 2015, www.vox. com/2015/7/29/9048401/bernie-sanders-open-borders.

35   Sam Frizell, "Bernie Sanders Immigration: Why Conservatives Praise Him," Time, January 7, 2016, time.com/4170591/bernie-sanders-immigration-conservatives/.

36   Yaron Steinbuch, "Black Lives Matter Co-Founder Describes Herself as 'Trained Marxist,'" New York Post, June 25, 2020, nypost. com/2020/06/25/blm-co-founder-describes-herself-as-trained-marxist/.

37   Roque Planas, "Black Activists Honor Venezuelan President Nicol s Maduro in Harlem," HuffPost, September 29, 2015, www.huffpost. com/entry/black-activists-nicolas-maduro-harlem_n_560a836fe4b0af370 6ddc573.

38   Ellen Cranley, "Twitter Changed Its Profile to Honor Black Lives Matter amid George Floyd Protests," Business Insider, May 31, 2020, www. businessinsider.com/twitter-changed-profile-black-lives-matter-2020-5.

39   Shawn Wheat, "Goodyear Responds to Zero-Tolerance Policy Slide Labeled by Employee as Discriminatory," wibw.com, www.wibw.com/2020/08/18/goodyear-employees-say-new-no-tolerance-policy-is-discriminatory/.

40   Scottie Andrew, "Boy Scouts Support Black Lives Matter and Will Require Some Scouts to Earn Diversity Badge," CNN, June 17, 2020, www.cnn.com/2020/06/17/us/boy-scouts-black-lives-matter-trnd/index. html.

41   Taylor Hosking, "Why Do the Boy Scouts Want to Include Girls?" The Atlantic, October 13, 2017, www.theatlantic.com/politics/ archive/2017/10/why-did-the-boy-scouts-decide-to-accept-girls/542769.

42   "Changing Attitudes on Same-Sex Marriage," Pew Research Center's Religion & Public Life Project, Pew Research Center, December 31, 2019, www.pewforum.org/fact-sheet/changing-attitudes-on-gay-marriage/.

43   Joshua Rhett Miller, "BLM Site Removes Page on 'Nuclear Family Structure' amid NFL Vet's Criticism," New York Post, September 24, 2020, nypost.com/2020/09/24/blm-removes-website-language-blasting-nuclear-family-structure/.

44   Tim Fitzsimons, "Detroit Pastor Charged with Transgender Woman's Murder," NBC News, December 17, 2018, www.nbcnews.com/feature/ nbc-out/detroit-pastor-charged-transgender-woman-s-murder-n947236.

45   "What We Believe," Black Lives Matter, July 20, 2020, www. blacklivesmatter.com/what-we-believe/

46   M. J. Lee and Eli Watkins, "Cruz, Sanders Face Off on Obamacare," CNN, February 8, 2017, www.cnn.com/2017/02/07/politics/obamacare- cruz-sanders-highlights/index. html.

47   John Stuart Mill, On Liberty," Project Gutenberg, www.gutenberg.org/ files/34901/34901-h/34901-h,htm; Whitney v. California, Supreme Court of the United States, May 16, 1927.

48   Libby Emmons, "BLM Activists' 'Extortion' Attempt of Local Restaurants Backfires as Cuban Owners Fight Back," The Post Millennial, August 3, 2020, thepostmillennial.com/cuban-community-refuses-blm-demands.

4. 기준과 관행

01   George W. Rutler, "Mistaken Predictions," Catholic Education Resource Center, www. catholiceducation.org/en/culture/environment/mistaken- predictions,html.

02   George Orwell, Nineteen Eighty-Four: A Novel, (London: Penguin Books, 1967).

03   Sean Wilentz, "A Matter of Facts," The Atlantic, January 22, 2020, www.theatlantic.com/

ideas/archive/2020/01/1619-project-new-york-times-wilentz/605152/.

04   Virginia Allen, "NY Times Mum on '1619' Creator Calling '1619 Riots' Moniker an 'Honor,'" The Daily Signal, June 24, 2020, www.dailysignal.com/2020/06/22/new-york-times-mum-on-1619-project-creator-calling-1619-riots-moniker-an-honor/.

05   Orwell, Nineteen Eighty-Four.

06   Aristotle, Politics, trans. Benjamin Jowett, The Internet Classics Archive, classics.mit.edu/Aristotle/politics.1.one.html, 1.1253a

07   George Orwell, "Why I Write," The Orwell Foundation, May 14, 2019, www.orwellfoundation.com/the-orwell-foundation/orwell/essays-and- other-works/why-i-write/.

08   Thomas, "George Orwell Review," Maude's Tavern, October 9, 2008, maudestavern.com/2008/10/09/george-orwell-review/.

09   William Shakespeare, The Tempest, October 26, 2007, www.gutenberg. org/files/23042/23042-h/23042-h.htm.

10   "Huxley to Orwell: My Hellish Vision of the Future Is Better Than Yours (1949)," Open Culture, March 17,2015, www.openculture. com/2015/03/huxley-to-orwell-my-hellish-vision-of-the-future-is-better- than-yours.html.

11   Jessica Park, "Is 'Homeless' the Right Word for Those Living on the Street?" Hoodline, October 23, 2020, hoodline.com/2016/12/is-homeless-the-right-word-for-those-living-on-the-street.

12   "Words Matter: The Language of Addiction," Partnership to End Addiction, November 17, 2020, drugfree.org/article/shouldnt-use-word-addict/.

13   "SB-145 Sex Offenders: Registration," (Bill Text), September 14, 2020, California Legislative Information, leginfo.legislature.ca.gov/faces/billTextClient.xhtml?bill_id=201920200SB145.

14   Todd Spangler, "Netflix Defends 'Cuties' as 'Social Commentary' against Sexualization of Young Children," Variety, September 14, 2020, variety.com/2020/digital/news/netflix-defends-cuties-against-sexualization-young-girls-1234766347/.

15   Mike McPhate, "California Today: Price Tag to Protect Speech at Berkeley: $600,000," New York Times, September 15, 2017, www. nytimes.com/2017/09/15/us/california-today-price-tag-to-protect-speech- at-berkeley-600000.html.

16   Stanley Fish, There's No Such Thing as Free Speech . . . and It's a Good Thing Too, (Oxford: Oxford University Press, 1994).

17   Chaplinsky v. New Hampshire, Supreme Court of the United States, March 9, 1942.

18   Susannah Breslin, "Adult Director Max Hardcore Released from Prison," Forbes, February 19, 2012, www.forbes.com/sites/ susannahbreslin/2011/07/21/adult-director-max-hardcore-released-from-prison-2/#745a3aa343e0.

19   John Milton, Areopagitica, Project Gutenberg, www.gutenberg.org/ files/608/608-h/608-h.htm. Adapted into modern English by the author.

20   G. K. Chesterton, Orthodoxy, Project Gutenberg, September 26, 2005, www.gutenberg.org/cache/epub/130/pg130.html.

21   Fish, There's No Such Thing as Free Speech.

5. 마오이즘이 주류가 되다

01   Chisholm v. Georgia, Supreme Court of the United States, February 18, 1793.

02   Paul C. Violas, "The Indoctrination Debate and the Great Depression,"History Teacher 4, no. 4 (May 1971): 25 – 35; Irving Lewis Allen, "Earlier Uses of Politically (In)Correct," American Speech 70, no. 1 (1995): 110 – 12, https://doi.org/10.2307/455878.

03   Ralph Ellison, Invisible Man, (Branton, Ontario: W. Ross MacDonald School Resource Services Library, 2018).

04   Ellison, Invisible Man.

05   Vladimir Vladimirovich Nabokov, Nabokov, Bend Sinister (Saint Petersburg, Russia: Severo-Zapad, 1993).

06   Czes ł aw Mi ł osz and Jane Zielonko, The Captive Mind (New York: Penguin Books, 2001). Lewis, "Earlier Uses of Politically (In)Correct."

07   George Orwell, "Politics and the English Language," George Orwell's Library, December 29, 2019, www.orwell.ru/library/essays/politics/ english/e_polit.

08   Derek Hawkins, "In Portland, Images of Knives, Brass Knuckles, Bricks Show Viciousness of Protests," Washington Post, April 29, 2019, www. washingtonpost.com/news/morning-mix/wp/2017/06/05/in-portland- images-of-knives-brass-knuckles-bricks-show-viciousness-of-protests/; NBC News, "Antifa Members Talk Protest Tactics: 'We Don't Depend On Cops,'" YouTube, August 19, 2019, www.youtube.com/ watch?v=af5o-4eI9PA; Collin Jones, "Three Federal Officers May Be Permanently Blinded after Antifa Laser Attack in Portland" The Post Millennial, July 23, 2020, thepostmillennial.com/three-federal-officers-may-be-permanently-blinded-after-antifa-laser- attack-in-portland.

09   John Hinderaker, "Minnesota's 'Antifascists' Are Fascists," American Experiment, August 19, 2020, www.americanexperiment.org/2017/06/ minnesotas-antifascists-fascists/.

10   Orwell, "Politics and the English Language."

11   Benito Mussolini, The Doctrine of Fascism, 1936.

12   Nassim Nicholas Taleb, Antifragile: Things That Gain from Disorder (New York: Random House, 2016).

13   Orwell, "Politics and the English Language.".

14   Ruth Perry, "A Short History of the Term Politically Correct" in Patricia Aufderheide, Beyond PC: Toward a Politics of Understanding (Minneapolis, Minnesota: Graywolf Press,

1992).

15   Mao Zedong, Quotations from Chairman Mao (Woodbridge, Virginia: Universal-Award House, 1971).

16   Aufderheide, Beyond PC.

17   Mao, Quotations from Chairman Mao.

18   Carol Hanisch, "The Personal Is Political: The Women's Liberation Movement Classic with a New Explanatory Introduction," Women of the World, Unite!, www.carolhanisch.org/CHwritings/PIP.html.

19   Mao, Quotations from Chairman Mao.

20   Ibid.

21   Boris Buden, "To Make the Long March Short: A Short Commentary on the Two Long Marches That Have Failed Their Emancipatory Promises," Crisis & Critique, crisiscritique.org/nov2018/boris.pdf.

22   Ibid.

23   Moira Weigel, "Political Correctness: How the Right Invented a Phantom Enemy," The Guardian, November 30, 2016, www. theguardian.com/us-news/2016/nov/30/political-correctness-how- the-right-invented-phantom-enemy-donald-trump.

24   Amanda Taub, "The Truth about 'Political Correctness' Is That It Doesn't Actually Exist," Vox, January 28, 2015, www.vox. com/2015/1/28/7930845/political-correctness-doesnt-exist.

25   Robby Soave, "Study: 80% of Americans Believe Political Correctness Is a Problem," Reason, October 11, 2018, reason.com/2018/10/11/ political-correctness-americans-vote-maj/

26   Jackie Salo, "Why You'll No Longer Find 'Convicted Felons' in San Francisco," New York Post, August 22, 2019, nypost.com/2019/08/2'2/ why-youll-no-longer-find-convicted-felons-in-san-francisco/.

27   Steven Pinker, The Blank Slate: The Modern Denial of Human Nature, (New York: Penguin Books, 2003).

28   Rejani Thudalikunnil Gopalan, Developmental Challenges and Societal Issues for Individuals with Intellectual Disabilities (Hershey, Pennsylvania: IGI Global, 2020).

29   "Samuel Gridley Howe," Parallels in Time: A History of Intellectual Disabilities, Minnesota Department of Administration, mn.gov/mnddc/ parallels/four/4b/5.html.

30   James W. Trent, Inventing the Feeble Mind: A History of Intellectual Disability in the United States (Oxford: Oxford University Press, 2017).

31   Pinker, The Blank Slate.

32   Bowers v. Hardwick, Supreme Court of the United States, June 30, 1986.

33   Lawrence v. Texas, Supreme Court of the United States, June 26, 2003.

34   "Queer," Online Etymology Dictionary, www.etymonline.com/word/ queer.

35   Michael Lind, "Buckley vs. Vidal: The Real Story," Politico, August 24, 2015, www.politico.com/magazine/story/2015/08/buckley-vs-vidal-the-real-story-121673.

36   "Queer Studies," Wesleyan University, www.wesleyan.edu/queerstudies/; Henry Farrell, "Analysis: A Conservative YouTube Star Just Lost His Income Stream for Homophobic Slurs," Washington Post, June 6, 2019, www.washingtonpost.com/politics/2019/06/06/conservative-youtube-star-just-lost-his-income-stream-homophobic- slurs-heres-what-happened-why/.

37   Arianna Rees, "A Video of Jimmy Kimmel Dressed in Blackface as Utah Jazz Legend Karl Malone Has Resurfaced. Here's Why," Deseret News, February 8, 2019, www.deseret.com/2019/2/8/20665327/a-video-of- jimmy-kimmel-dressed-in-blackface-as-utah-jazz-legend-karl-malone- has-resurfaced-here-s-w; Rewind Me, "Jimmy Kimmel Blackface Oprah Jimfrey The Man Show (2001)," YouTube, August 10, 2018, www.youtube.com/watch?v=E1By6Wj_sAU.

38   Sopan Deb, "Jimmy Kimmel's 2020 Emmys Monologue: 'You Can't Have a Virus without a Host,'" New York Times, September 21, 2020, www.nytimes.com/2020/09/20/arts/television/emmys-kimmel- monologue.html.

39   Suzy Byrne, "Joy Behar Faces Backlash over Old 'African Woman' Halloween Costume," Yahoo!, February 7, 2019, www.yahoo.com/ lifestyle/joy-behar-faces-backlash-old-african-woman-halloween- costume-143659694.html.

40   John Koblin and Michael M Grynbaum, "Megyn Kelly's 'Blackface' Remarks Leave Her Future at NBC in Doubt," New York Times, October 25, Oct. 2018, www.nytimes.com/2018/10/25/business/media/ megyn-kelly-skips-today-blackface-nbc.html.

41   Woodrow Wilson, "What Is Progress?," Teaching American History, teachingamericanhistory.org/library/document/what-is-progress/.

42   James Madison, Federalist 51, The Avalon Project, avalon.law.yale. edu/18th_century/fed51.asp.

43   Deborah Cameron, "Words, Words, Words" in The War of the Words: The Political Correctness Debate, ed. Sarah Dunant (London: Virago Press, 1994).

44   Paul Berman, Debating P.C.: The Controversy over Political Correctness on College Campuses (El Dorado, Arkansas: Delta, 1995).

45   Geoffrey Hughes, Political Correctness: A History of Semantics and Culture (Hoboken, New Jersey: Wiley-Blackwell, 2010).

46   Sophie Tucker, "Fifty Million Frenchmen Can't Be Wrong," International Lyrics Playground, lyricsplayground.com/alpha/songs/f/ fiftymillionfrenchmencantbewrong.html.

47   Ruth Perry, "Historically Correct," The Women's Review of Books 9, no. 5 (February 1992): 15 – 16.

48   SpectricYT, "Offended? It's Called IRONY Bro Are You a Retahrd? Get a Load of This CRINGE NROMIE He Doesn't Get IRONY," Reddit, www.reddit.com/r/okbuddyretard/comments/buhbjc/ offended_its_called_irony_bro_are_you_a_retahrd/.

49   "IronyBro," Urban Dictionary, www.urbandictionary.com/define. php?term=IronyBro.

50   Feodor Dostoevsky, Notes from the Underground, Project Gutenberg, September 13, 2008, www.gutenberg.org/files/600/600-h/600-h.htm.

51   Jesse David Fox, et al. "100 More Jokes That Shaped Modern Comedy.," Vulture, February 6, 2017, www.vulture.com/2017/02/100-more-jokes- shaped-modern-comedy-c-v-r.html.

6. 마음씨 좋은 좌파들

01   Roland S. Martin, "Rep. Maxine Waters under Scrutiny for Urging Supporters to Confront Trump Officials," YouTube, www.youtube.com/ watch?v=Tts1q9TgXxg.

02   Karla Ward, "Mitch McConnell Loses Leftovers in Confrontation by Heckler at Louisville Restaurant," Lexington Herald Leader, October 20, 2018, www.kentucky.com/news/politics-government/ article220385650.html.

03   Avi Selk, "Ted Cruz and Wife Are Shouted Out of D.C. Restaurant over His Support for Kavanaugh," Washington Post, March 28, 2019, www. washingtonpost.com/news/local/wp/2018/09/25/ted-cruz-and-wife- shouted-out-of-d-c-restaurant-over-his-support-for-kavanaugh/; Allyson Chiu, "'They Were Threatening Me and My Family': Tucker Carlson's Home Targeted by Protesters," Washington Post, November 9, 2018, www.washingtonpost.com/nation/2018/11/08/they-were-threatening-me-my-family-tucker-carlsons-home-targeted-by- protesters/.

04   Daniel Henninger, "Opinion: 'You Cannot Be Civil,'" Wall Street Journal, October 10, 2018, www.wsj.com/articles/you-cannot-be-civil-1539211192.

05   "Civility," Online Etymology Dictionary, www.etymonline.com/word/ civility.

06   G. K. Chesterton, Orthodoxy, Project Gutenberg, September 26, 2005, www.gutenberg.org/cache/epub/130/pg130.html.

07   Douglas Kellner, "Herbert Marcuse" Illuminations, www.uta.edu/ huma/illuminations/kell12.htm.

08   Barry M. Kätz, "The Criticism of Arms: The Frankfurt School Goes to War," Journal of Modern History 59, no. 3, (1987): 439 – 78., https://doi. org/10.1086/243224.

09   Eric Scheper, "Herbert Marcuse: The Ideologue as Paid Agent of U.S. Imperialism," Marxists Internet Archive, www.marxists.org/history/ erol/ca.firstwave/li-marcuse.htm.

10   "Alger Hiss," Federal Bureau of Investigation, May 18, 2016, www.fbi. gov/history/famous-cases/alger-hiss.

11   Laura Gardner, "Discovered Manuscript Shows Marcuse's Evolution," BrandeisNOW,

October 9, 2013, www.brandeis.edu/now/2013/october/ marcuse.html.

12   Herbert Marcuse, One-Dimensional Man (Abingdon, England: Routledge, 2002).

13   Herbert Marcuse, "Repressive Tolerance (Full Text)," Herbert Marcuse Official Homepage, October 25, 2015, www.marcuse.org/herbert/ publications/1960s/1965-repressive-tolerance-fulltext.html.

14   Ibid.

15   "Inform," Index, Online Etymology Dictionary, www.etymonline.com/ word/inform#etymonline_v_6458; "Indoctrinate," Online Etymology Dictionary, www.etymonline.com/word/indoctrinate.

16   Ibid.

17   Marcuse, "Repressive Tolerance.

18   Ibid.

19   Hail, Caesar! directed by Joel Coen and Ethan Coen (Universal City, California: Universal Pictures, 2016).

20   Marcuse, "Repressive Tolerance."

21   Lisa Feldman Barrett, "When Is Speech Violence?" New York Times, July 15, 2017, www.nytimes.com/2017/07/14/opinion/sunday/when-is- speech-violence.html.

22   John Holloway, "The Tradition of Scientific Marxism," Marxists Internet Archive, www.marxists.org/subject/marxmyths/john-holloway/ article.htm.

23   Schenck v. U.S., Supreme Court of the United States, March 3, 1919.

24   Abrams v. U.S., Supreme Court of the United States, November 10, 1919; Brandenburg v. Ohio, Supreme Court of the United States, June 8, 1969.

25   Marcuse, "Repressive Tolerance."

26   John Bowden, "Ocasio-Cortez: 'World Will End in 12 Years' If Climate Change Not Addressed," The Hill, January 22, 2019, thehill.com/policy/ energy-environment/426353-ocasio-cortez-the-world-will-end-in-12- years-if-we-dont-address.

27   FreePropaganda, "Nancy Pelosi Pass the Bill to Find Out What's in It," YouTube, May 28, 2013, www.youtube.com/watch?v=QV7dDSgbaQ0.

28   Marcuse, "Repressive Tolerance."

29   Texas v. Johnson, Supreme Court of the United States, June 21, 1989.

30   Jason Clayworth, "Lesbian Attorney Was Biased, Argued the Man Sentenced to 16 Years for Burning Gay Pride Flag," Des Moines Register, January 19, 2020, www.desmoinesregister.com/story/news/ investigations/2020/01/15/lesbian-attorney-biased-man-sentenced-16-years-burning-gay-pride-flag- argued/4444888002/.

31   Marcuse, Herbert. "Repressive Tolerance."

32   "Declaration of Independence: A Transcription." National Archives and Records Administration, www.archives.gov/founding-docs/declaration-transcript.

33 Danner, Chas. "Watch Trump Fondle an American Flag at CPAC," Intelligencer, March 1, 2020, nymag.com/intelligencer/2020/02/watch- trump-fondle-an-american-flag-at-cpac.html.

34 Allen C. Guelzo, "Pulitzer Overlooks Egregious Errors to Award Prize to New York Times' Fatally Flawed '1619 Project,'" Heritage Foundation, May 6, 2020, www.heritage.org/american-founders/commentary/ pulitzer-overlooks-egregious-errors-award-prize-new-york-times-fatally.

35 Edmund Burke, Reflections on the Revolution in France, Project Gutenberg, 2005, https://www.gutenberg.org/files/15679/15679- h/15679-h.htm.

36 Marcuse, "Repressive Tolerance."

37 Lesley Kennedy, "This Is How FDR Tried to Pack the Supreme Court,"History, June 28, 2018, www.history.com/news/ franklin-roosevelt-tried-packing-supreme-court.

38 Tyler Olson, "Coons Says That Confirming Barrett 'Constitutes Court- Packing,' Sasse Responds That's 'Obviously' Incorrect," Fox News, October 11, 2020, www.foxnews.com/politics/fox-news-sunday-ben-sasse-chris-coons-judiciary-committee-barrett.

39 "Modern Immigration Wave Brings 59 Million to U.S." Pew Research Center, May 30, 2020, www.pewresearch.org/hispanic/2015/09/28/ modern-immigration-wave-brings-59-million-to-u-s-driving-population- growth-and-change-through-2065/; Jeffrey S. Passel, "Measuring Illegal Immigration: How Pew Research Center Counts Unauthorized Immigrants in the U.S.," Pew Research Center, September 4, 2020, www.pewresearch.org/fact-tank/2019/07/12/how-pew-research-center-counts-unauthorized-immigrants-in-us/.

40 "Monthly Harvard-Harris Poll: January 2018 Re-Field," January 2018, harvardharrispoll.com/wp-content/uploads/2018/01/Final_HHP_ Jan2018-Refield_RegisteredVoters_XTab.pdf.

41 John Locke, A Letter Concerning Toleration, Penn State University's Electronic Classics, 2005, http://self.gutenberg.org/wplbn0000651234-a- letter-concerning-toleration-by-locke-john.aspx.

7. 개인적인 감정은 없어요

01 Associated Press, "Robertson Letter Attacks Feminists," New York Times, August 26, 1992, www.nytimes.com/1992/08/26/us/robertson- letter-attacks-feminists.html.

02 Bertrand Russell, History of Western Philosophy (Abingdon, England: Routledge, 2015).

03 Toni Cade Bambara, The Black Woman: An Anthology (New York: Washington Square, 2005).

04 Deborah Cameron, "Words, Words, Words" in The War of the Words: The Political Correctness Debate, ed. Sarah Dunant (London: Virago Press, 1994).

05   Ibid.

06   Carol Hanisch, "The Personal Is Political: The Women's Liberation Movement Classic with a New Explanatory Introduction," Women of the World, Unite!, www.carolhanisch.org/CHwritings/PIP.html.

07   Roxane Gay, "Fifty Years Ago, Protesters Took on the Miss America Pageant and Electrified the Feminist Movement," Smithsonian Magazine, January/February 2018, www.smithsonianmag.com/history/ fifty-years-ago-protestors-took-on-miss-america-pageant-electrified- feminist-movement-180967504/.

08   Hanisch, "The Personal Is Political."

09   Kathie Sarachild, "Consciousness Raising: A Radical Weapon," Rape Relief Shelter, www.rapereliefshelter.bc.ca/sites/default/files/imce/ Feminist-Revolution-Consciousness-Raising—A-Radical-Weapon- Kathie-Sarachild.pdf.

10   Georg Lukacs, "Class Consciousness," History and Class Consciousness, trans. Rodney Livingstone (Decatur, Georgia: Merlin, 1967), available online at Marxists Internet Archive, www.marxists.org/ archive/lukacs/works/history/lukacs3.htm.

11   Jonah Goldberg, "Feminist Army Aims at Palin," RealClearPolitics, www.realclearpolitics.com/articles/2008/09/feminist_army_aims_at_ palin.html.

12   Valerie Richardson, "Architect of NYT's 1619 Project Draws Distinction between 'Politically Black and Racially Black,'" Washington Times, May 22, 2020, www.washingtontimes.com/news/2020/may/22/nikole-hannah-jones-1619-project-draws-distinction/.

13   Eric Bradner, et al., "Biden: 'If You Have a Problem Figuring Out Whether You're for Me or Trump, Then You Ain't Black,'" CNN, May 23, 2020, www.cnn.com/2020/05/22/politics/biden-charlamagne-tha- god-you-aint-black/index.html.

14   Hanisch, "The Personal Is Political."

15   John Locke, Second Treatise of Civil Government John Locke (1690), Marxists Internet Archive, www.marxists.org/reference/subject/politics/ locke/ch01.htm.

16   Robert Filmer, Patriarcha, or, The Natural Power of Kings (Philadelphia, Pennsylvania: Walter Davis, 1983).

17   Griswold v. Connecticut, Supreme Court of the United States, June 7, 1965.

18   "Penumbra," Merriam-Webster, www.merriam-webster.com/dictionary/ penumbra; "Emanation," Merriam-Webster, www.merriam-webster. com/dictionary/emanation.

19   Roe v. Wade, Supreme Court of the United States, January 22, 1973.

20   Obergefell v. Hodges, Supreme Court of the United States, June 26, 2015.

21   Hanisch, "The Personal Is Political."

22   "Manguage," New York Times, June 2, 1985, www.nytimes. com/1985/06/02/opinion/manguage.html.

23   Genesis 1:27.

24   Cameron, "Words, Words, Words.

25   Christopher Hitchens, "The Fraying of America: A Review of Culture of Complaint by Robert Hughes" in The War of the Words: The Political Correctness Debate, ed. Sarah Dunant (London: Virago, 1995), 133 – 44.

26   United States v. Rumely, Supreme Court of the United States, March 9, 1953

27   Geoffrey Hughes, Political Correctness: A History of Semantics and Culture (Hoboken, New Jersey: Wiley-Blackwell, 2010).

28   "Origin of That Fish Line," Duluth News Tribune, August 17, 2014, www. duluthnewstribune.com/lifestyle/3325954-origin-fish-line.

29   Betty Friedan, It Changed My Life: Writings on the Women's Movement(Cambridge, Massachusetts: Harvard University Press, 1998).

30   Joshua Rhett Miller, "BLM Site Removes Page on 'Nuclear Family Structure' amid NFL Vet's Criticism," New York Post, September 24, 2020, nypost.com/2020/09/24/blm-removes-website-language-blasting-nuclear-family-structure/.

31   "Mothering," Online Etymology Dictionary," www.etymonline.com/sea rch?q=mothering %3B+https%3A%2F%2Fwww.etymonline. com%2Fword%2Fparenting.

32   John Taylor, "Are You Politically Correct?" New York, January 21, 1991, 32 – 41.

33   Ibid.

8. 원한의 학파

01   Jennie Rothenberg Gritz, "Ranting against Cant," The Atlantic, October 15, 2019, www. theatlantic.com/magazine/archive/2003/07/ranting-against-cant/303095/.c

02   Karen Swallow Prior, "Why Walt Whitman Called America the 'Greatest Poem,'" The Atlantic, July 7, 2020, https://www.theatlantic. com/entertainment/archive/2016/12/why-walt-whitman-called-the-america-the-greatest-poem/510932/.

03   Ginger Hervey, "Yale Undergraduates Aim to 'Decolonize' the English Department's Curriculum," USA Today, June 10, 2016, www.usatoday. com/story/college/2016/06/10/ yale-undergraduates-aim-to-decolonize-the-english-departments-curriculum/37418303/.

04   Jacques Derrida, Of Grammatology (Baltimore, Maryland: Johns Hopkins University Press, 2016).

05   Mark Alfino, "Another Look at the Derrida-Searle Debate," Philosophy & Rhetoric 24, no. 2 (1991):143 – 52.

06   William Shakespeare, The Merchant of Venice, Project Gutenberg, March 19, 2019, www. gutenberg.org/files/1515/1515-h/1515-h.htm.

07   Abington School District v. Schempp, Supreme Court of the United States, June 17, 1963.

08   Daniel Payne, "UCLA Course Uses Cardi B to Teach about 'Respectability Politics,'" The

College Fix, August 21, 2019, www. thecollegefix.com/ucla-course-uses-cardi-b-to-teach-about-respectability-politics/.

09   Ryan Love, "University of Oklahoma Launches Mandatory Diversity Training Program for All Campuses," FOX 23 News, August 27, 2020, www.fox23.com/news/local/university-oklahoma-launches-mandatory- diversity-training-program-all-campuses/KGUIZWZD2NHZFBC5TR3ZSNOD7I/.

10   Payne, "UCLA Course Uses Cardi B to Teach"; Susan A. Manning, "Dance Studies, Gay and Lesbian Studies, and Queer Theory," Dance Research Journal 34 (2002): 96 – 105, www.scholars.northwestern.edu/ en/publications/dance-studies-gay-and-lesbian-studies-and-queer-theory.

11   "Watching Dr. Jeffries Self-Destruct," New York Times, August 25, 1991, www.nytimes.com/1991/08/25/opinion/watching-dr-jeffries-self- destruct.html.

12   Richard M. Benjamin, "The Bizarre Classroom of Dr. Leonard Jeffries," Journal of Blacks in Higher Education 2 (Winter 1993 – 94): 91, https:// www.jstor.org/stable/i348950.

13   Paul Bois, "WATCH: Nick Cannon: White People Are 'A Little Less,' 'Closer To Animals,' 'True Savages,'" The Daily Wire, July 15, 2020, www.dailywire.com/news/watch-nick-cannon-white-people-are-a- little-less-closer-to-animals-true-savages.

14   "Watching Dr. Jeffries Self-Destruct"; Jonathan Yardley, "In New York, a Bigoted Man on Campus," Washington Post, August 12, 1991, www. washingtonpost.com/archive/lifestyle/1991/08/12/in-new-york-a-bigoted-man-on-campus/637b6b9e-85b3-4a84-a6b4- d69f48c32fc3/.

15   Ibid.

16   "Berkowitz v. President Fellows of Harvard College," FindLaw, June 6, 2003, caselaw.findlaw.com/ma-court-of-appeals/1376248.html; Adam Tamburin, "Controversial Professor Carol Swain to Retire from Vanderbilt," The Tennessean, January 23, 2017, www.tennessean.com/ story/news/education/2017/01/23/carol-swain-announces-retirement- vanderbilt-university/96959004/; Anemona Hartocollis, "Yale Lecturer Resigns after Email on Halloween Costumes," New York Times, December 8, 2015, www.nytimes.com/2015/12/08/us/yale-lecturer- resigns-after-email-on-halloween-costumes.html.

17   Krastev, Nikola, "Iran's Ahmadinejad Delivers Controversial Speech at U.S. University," RadioFreeEurope/RadioLiberty, February 24, 2007, www.rferl.org/a/1078779.html.

18   Cooper, Helene. "Ahmadinejad, at Columbia, Parries and Puzzles," New York Times, September 25 2007, www.nytimes.com/2007/09/25/world/ middleeast/25iran.html.

19   Kate Huangpu and Khadija Hussain, "Protesters Disrupt Anti- Immigration Speech by Tommy Robinson at Columbia," Columbia Daily Spectator, www.columbiaspectator.com/news/2017/10/11/ protesters-disrupt-anti-immigration-speech-by-tommy-robinson-at- columbia/.

20   Mark Hosenball, "Tommy Robinson Fails to Get U.S. Visa," Reuters, November 12, 2018, uk.reuters.com/article/ uk-usa-trump-robinson-idUKKCN1NH2M2.

21   Plato, "Apology, Crito and Phædo of Socrates," Project Gutenberg, October 12, 2004, www.gutenberg.org/files/13726/13726-h/13726-h. htm.

22   It bears noting that Galileo was persecuted more for his impolitic description of the Pope as a "simpleton," and that he was permitted to continue his studies and writing during his "imprisonment" at a well- adorned villa near Florence. Galileo Galilei, et al., Dialogue Concerning the Two Chief World Systems, Ptolemaic and Copernican (London: Folio Society, 2013); "Galileo," Encyclopedia.com, www.encyclopedia. com/people/science-and-technology/astronomy-biographies/galileo.

23   William W Brickman, "Academic Freedom: Past and Present," Journal of Thought 3, no. 3 (July 1968): 152 – 58.

24   Anthony Chiorazzi, "Harvard's Religious Past," Harvard Gazette, July 26, 2019, news. harvard.edu/gazette/story/2016/10/harvards-religious- past/; Eve LaPlante, American Jezebel: The Uncommon Life of Anne Hutchinson (San Francisco, California: HarperOne, 2005).

25   "1940 Statement of Principles on Academic Freedom and Tenure," American Association of University Professors, www.aaup.org/ report/1940-statement-principles-academic-freedom-and-tenure.

26   William F. Buckley, God and Man at Yale (Washington, D.C.: Regnery Publishing, 1986); Stanley Kurtz, "The Campus Intellectual Diversity Act: A Proposal," National Review, February 12, 2019, www. nationalreview.com/corner/the-campus-intellectual-diversity-act-a-proposal/.

27   Jonah Goldberg, "Attacking Diversity of Thought," National Review, February 21, 2014, www.nationalreview.com/2014/02/attacking- diversity-thought-jonah-goldberg/; David French, "Intellectual Diversity, Academic Freedom, and the Christian College," National Review, May 6, 2010, www.nationalreview.com/phi-beta-cons/intellectual-diversity-academic-freedom-and-christian-college-david- french/.

28   Nikole Hannah-Jones, "The 1619 Project," New York Times, August 14, 2019, www. nytimes.com/interactive/2019/08/14/magazine/1619- america-slavery.html.

29   "New York Times Corrects the 1619 Project—but It's Still a Giant Lie,"New York Post, March 15, 2020, nypost.com/2020/03/14/new-york-times-corrects-the-1619-project-but-its-still-a-giant-lie/.

30   "Nikole Hannah-Jones: 'Race and Education in America,'" Western Michigan University, September 4, 2018, wmich.edu/humanities/nikole- hannah-jones#:~:text=Hannah%2DJones%20co%2Dfounded%20 the,the%20University%20of%20Notre%20Dame.

31   Adam Serwer, "The Fight over the 1619 Project Is Not about the Facts," The Atlantic, January 21, 2020, www.theatlantic.com/ideas/ archive/2019/12/historians-clash-1619-project/604093/.

32   "We Respond to the Historians Who Critiqued the 1619 Project," New York Times, December 20, 2019, www.nytimes.com/2019/12/20/ magazine/we-respond-to-the-historians-who-critiqued-the-1619-project. html.

33   Ibid.

34   "New York Times Corrects the 1619 Project."

35   Ibid.

36   Naomi Schaefer Riley, et al., "'The 1619 Project' Enters American Classrooms," Education Next, December 17, 2020, www.educationnext. org/1619-project-enters-american-classrooms-adding-new-sizzle-slavery- significant-cost/.

37   "We Respond to the Historians."

38   Abraham Lincoln, "The Gettysburg Address," Abraham Lincoln Online, November 19, 1863, www.abrahamlincolnonline.org/lincoln/ speeches/gettysburg.htm.

39   Christopher Caldwell, Age of Entitlement: America since the Sixties (New York: Simon & Schuster, 2021).

40   Crystal Ponti, "10 Things You May Not Know about the Jamestown Colony," History.com, August 6, 2019, www.history.com/news/ jamestown-colony-settlement-facts.

41   Edmund Burke, Reflections on the Revolution in France (Digireads, 2018).

42   Ryu Spaeth, "The Strange Liberal Backlash to Woke Culture," New Republic, November 25, 2019, https://newrepublic.com/article/155681/ strange-liberal-backlash-woke-culture.

43   Yascha Mounk, "Americans Strongly Dislike PC Culture," The Atlantic, October 30, 2018, www.theatlantic.com/ideas/archive/2018/10/ large-majorities-dislike-political-correctness/572581/.

44   Yascha Mounk, "Americans Strongly Dislike PC Culture."

45   Ibid.

9. 캠퍼스 코드, 규정인가 강압인가

01   George Lowery, "A Campus Takeover That Symbolized an Era of Change," Cornell Chronicle, April 16, 2009, news.cornell.edu/ stories/2009/04/campus-takeover-symbolized-era-change.

02   Tevi Troy, "Cornell's Straight Flush," City Journal, April 12, 2019, www.city-journal.org/html/cornell%E2%80%99s-straight-flush-10659. html.

03   Alice Vincent, "Empire Actor Jussie Smollett's 'Faked' Racial Attack: What Really Happened?" Telegraph, March 27, 2019, www.telegraph. co.uk/tv/0/jussie-smollett-

empire-actor-attack/.

04   Kyle Smith, "Smollett Was 'Clearly Lying,' Says the Comic," National Review, August 29, 2019, www.nationalreview.com/corner/dave-chappelle-goes-after-jussie-smollett/.

05   Andy Ngo, "Inventing Victimhood," City Journal, July 1, 2019, www. city-journal.org/campus-hate-crime-hoaxes.

06   Brigette Burnett, "BG Police Say Student Lied about Politically Driven Attack," 13 ABC Action News, November 17, 2016, www.13abc.com/ content/news/BG-police-say-student-lied-about-politically-driven- attack-401814426.html.

07   Jennifer Brooks and Paul Walsh. "St. Olaf: Report of Racist Note on Black Student's Windshield Was 'Fabricated,'" Star Tribune, May 11, 2017, www.startribune.com/st-olaf-report-of-racist-note-on-black-student-s-windshield-was-fabricated/421912763/.

08   Samantha Schmidt, "A Black Student Wrote Those Racist Messages That Shook the Air Force Academy, School Says," Washington Post, April 29, 2019, www.washingtonpost.com/news/morning-mix/ wp/2017/11/08/a-black-student-wrote-those-racist-messages-that-shook- the-air-force-academy/?utm_term=.6ba19098406a.

09   "Goucher College Student Faces Hate Crime Charges for Racist Graffiti, Baltimore County Police Say," Baltimore Sun, December 5, 2018, web. archive.org/web/20181205024254/www.baltimoresun.com/news/ maryland/crime/bs-md-co-goucher-hate-crime-charges-20181204- 20181204-f3w5n7hccbb6hkdrebflm4uljm-story.html.

10   Ibid.

11   Karma Allen, "College Student in Baltimore Hit with Additional Charges over Racist Graffiti," ABC News, December 5, 2018, abcnews. go.com/US/college-student-baltimore-hit-additional-charges-racist- graffiti/story?id=59618395.

12   Evan Gerstmann, "The Stat That 1 In 5 College Women Are Sexually Assaulted Doesn't Mean What You Think It Means," Forbes, January 28, 2019, www.forbes.com/sites/evangerstmann/2019/01/27/the-stat-that-1-in-5-college-women-are-sexually-assaulted-doesnt-mean- what-you-think-it-means/#2d114aab2217.

13   Lizzie Crocker, "Why the New 'One in Four' Campus Rape Statistic Is Misleading," Daily Beast, September 22, 2015, www.thedailybeast.com/ why-the-new-one-in-four-campus-rape-statistic-is-misleading.

14   John Taylor, "Are You Politically Correct?" New York Magazine, January 21, 1991, 32 – 41.

15   Alexandra Rutherford, "What the Origins of the '1 in 5' Statistic Teaches Us About Sexual Assault Policy," Behavioral Scientist, February 26, 2020, behavioralscientist.org/what-the-origins-of-the-1-in-5-statistic- teaches-us-about-sexual-assault-policy/.

16   Crocker, "Why the New 'One in Four' Campus Rape Statistic Is Misleading."

17   Ibid.

18   "Rape and Sexual Assault Victimization among College-Age Females, 1995 – 2013,"

Bureau of Justice Statistics, www.bjs.gov/index. cfm?ty=pbdetail&iid=5176.

19   Sofi Sinozich and Lynn Langdon, "Rape and Sexual Assault Victimization among College-Age Females, 1995 – 2013," Bureau of Justice Statistics (BJS), www.bjs.gov/index. cfm?ty=pbdetail&iid=5176.

20   Ibid.

21   Carla Field, "Report of Rape on Clemson Campus Untrue, Police Say,"WYFF4, October 9, 2017, www.wyff4.com/article/report-of-rape-on-clemson-campus-untrue-police-say/7146964.

22   Ibid.

23   Ashe Schow, "After Settlement, the Rolling Stone Rape Hoax Saga Is Officially Over," The Federalist, February 13, 2018, thefederalist. com/2018/02/13/settlement-fraternity-rolling-stonerape-hoax-saga-officially/.

24   Cathy Young, "Young: Rape Cases and Knee-Jerk Reactions," Newsday,March 15, 2016, www.newsday.com/opinion/columnists/ cathy-young/10-years-later-the-legacy-of-the-duke-lacrosse- scandal-1.11574704.

25   Sharon Katz, "Incident Prompts Debate on How to Relate Survivor Stories," Daily Princetonian, May 22, 1991, www.avoiceformalestudents.com/wp-content/uploads/2013/12/The-Daily- Princetonian.pdf.

26   "Jesse Jackson and Students Protest Western Culture Program on Palm Drive, Photograph, 1987," Stanford Stories from the Archives, August 18, 2016, exhibits.stanford.edu/stanford-stories/feature/1980s.

27   See, for example, Sarah Pulliam Bailly and Michelle Boorstein, "St. John's Episcopal Church, Historic Church Next to the White House, Set on Fire during Protests," Washington Post, June 8, 2020, www. washingtonpost.com/religion/2020/06/05/st-johns-episcopal-church-historic-church-next-white-house-set-fire-during- protests/.

28   Richard Bernstein, "In Dispute on Bias, Stanford Is Likely to Alter Western Culture Program," New York Times, January 19, 1988, www. nytimes.com/1988/01/19/us/in-dispute-on-bias-stanford-is-likely-to-alter- western-culture-program.html.

29   Lee Siegel, "Wrestling with Saul Bellow: A New Biography Renews the Fight Over the Author's Reputation," Vulture, March 23, 2015, www. vulture.com/2015/03/saul-bellow-biography.html.

30   Ta-Nehisi Coates, Between the World and Me (London: One World, 2015).

31   Ibid.

32   Laura Wagner, "Journalist Ta-Nehisi Coates among 2015 MacArthur 'Genius' Award Winners," NPR, September 29, 2015, www.npr.org/ sections/thetwo-way/2015/09/29/444221706/journalist-ta-nehisi-coates-among-2015-macarthur-genius-award-winners.

33   Diane Manuel, "Reshaping the Humanities," Stanford Today, 1997, web.stanford.edu/dept/news/stanfordtoday/ed/9705/9705ncf1.html.

34   Bernstein, "In Dispute on Bias, Stanford Is Likely to Alter Western Culture Program."

35   Manuel, "Reshaping the Humanities."

36   Todd Gitlin, "The Twilight of Common Dreams: Why America Is Wracked by Culture Wars" (review), Montana Professor, mtprof.msun. edu/Win1996/HgonRev.html.

37   Jim Sleeper, "Allan Bloom and the Conservative Mind" New York Times, September 4, 2005, www.nytimes.com/2005/09/04/books/ review/allan-bloom-and-the-conservative-mind.html.

38   Allan Bloom, The Closing of the American Mind (New York: Simon and Schuster, 1987).

39   Margalit Fox, "Shulamith Firestone, Feminist Writer, Dies at 67," New York Times, August 31, 2012, www.nytimes.com/2012/08/31/nyregion/ shulamith-firestone-feminist-writer-dies-at-67.html.

40   Bloom, The Closing of the American Mind.

41   Psalm 8, Douay-Rheims Bible, www.drbo.org/chapter/21008.htm; William Shakespeare, "Hamlet, Project Gutenberg, September 30, 2019, www.gutenberg.org/files/1524/1524-h/1524-h.htm.

42   Sandra Day O'Connor, "Liberty, Not Licentiousness," Liberty,November/December 1997, libertymagazine.org/article/ liberty-not-licentiousness.

43   George Washington, "George Washington: Farewell Address (1796),"U.S. Embassy & Consulate in the Republic of Korea, February 11, 2020, https://kr.usembassy.gov/education-culture/infopedia-usa/living- documents-american-history-democracy/george-washington-farewell-address-1796/.

44   Jared Sparks, ed. The Works of Benjamin Franklin, (C. Tappan, 1844).

45   Thomas Jefferson, "Thomas Jefferson to Amos J. Cook, 21 January 1816," Founders Online, founders.archives.gov/documents/ Jefferson/03-09-02-0243.

46   Kayla Rodgers, "Student Gets into Stanford after Writing #BlackLivesMatter on Application 100 Times," CNN, April 5, 2017, www.cnn.com/2017/04/05/us/stanford-application-black-lives-matter- trnd/index.html.

47   Mara Rose Williams, et al., "'We Cannot Violate the Law': Kansas State Won't Expel Student Who Made Racist Tweets," Kansas City Star, July 1, 2020, www.kansascity.com/news/state/kansas/article243925962.html.

48   David Hudson and Lata Nott, "Hate Speech & Campus Speech Codes," Freedom Forum Institute, March 2017, www.freedomforuminstitute. org/first-amendment-center/topics/freedom-of-speech-2/free-speech-on- public-college-campuses-overview/hate-speech-campus-speech-codes/.

49   John Doe v. University of Michigan, U.S. District Court, September 22, 1989.

50   Ibid.

51   Surah An-Nisa 4:16, Quran, Towards Understanding the Quran, www. islamicstudies. info/tafheem.php?sura=4; "Surah 4:21, Quran, Towards Understanding the Quran, www. islamicstudies,info/tafheem. php?sura=4.

52   Chaplinsky v. New Hampshire, Supreme Court of the United States, March 9, 1942.

53   Jacobellis v. Ohio, Supreme Court of the United States, June 22, 1964.

54   Tobias Hoonhout, "University of Michigan Disbands 'Bias Response Team' in Response to First Amendment Challenge," National Review,November 1, 2019, www.nationalreview. com/news/university-of-michigan-disbands-bias-response-team-in-response-to-first- amendment-challenge/.

55   Nell Porter Brown, "'More as People Than Dating Objects,'" Harvard Magazine, November-December 2011, harvardmagazine.com/2011/11/ more-as-people-than-dating-objects.

56   Robert Shibley, "Antioch's Infamous Sexual Assault Policy," FIRE, April 15, 2014, www. thefire,org/antiochs-infamous-sexual-assault-policy/.

57   "South Park: Sponsored Content," IMDb, November 18, 2015, www. imdb.com/title/tt5113842/.

58   "Gettysburg College: Hug at Your Own Risk," FIRE, January 17, 2014, www.thefire.org/gettysburg-college-hug-at-your-own-risk/.

10. 신냉전의 시대

01   George H. W. Bush, "University of Michigan Commencement Speech,"C-SPAN, www. c-span,org/video/?17825-1%2Funiversity-michigan-commencement-speech.

02   Ibid.

03   Ibid.

04   Ibid.

05   Brentdtharp, "User Clip: George H. W. Bush 1988 Acceptance Speech 'Kinder and Gentler' Clip," C-SPAN, February 27, 2020, www.c-span. org/video/?c4857525%2Fuser-clip-george-h-w-bush-1988-acceptance-speech-kinder-gentler-clip.

06   Stanley Fish, There's No Such Thing as Free Speech . . . and It's A Good Thing Too (Oxford: Oxford University Press, 1994).

07   Christèle Le Bihan-Collearan, "Feminist Linguistic Theories and 'Political Correctness': Modifying the Discourse on Women?" The ESSE Messenger 29, no. 1 (Summer 2020): 120 – 32, https://essenglish.org/ messenger/wp-content/uploads/sites/2/2020/08/29-1-S2020-le-bihan,pdf.

08   Fish, There's No Such Thing as Free Speech.

09   Patrick Buchanan, "Culture War Speech: Address to the Republican National Convention

(17 August 1992)," Voices of Democracy: The U.S. Oratory Project, March 23, 2016, voicesofdemocracy.umd.edu/ buchanan-culture-war-speech-speech-text/.

10   George H. W. Bush, "Remarks Accepting the Presidential Nomination at the Republican National Convention in Houston," The American Presidency Project, August 20, 1992, www.presidency.ucsb.edu/ documents/remarks-accepting-the-presidential-nomination-the-republican-national-convention-houston.

11   Ibid.

12   Daniel Liberto, "Voodoo Economics" Investopedia, August 25, 2020, www.investopedia.com/terms/v/voodooeconomics.asp.

13   Ibid.

14   George H. W. Bush, "Bush: ''Out of These Troubled Times . . . a New World Order," Washington Post, September 12, 1990, www. washingtonpost.com/archive/politics/1990/09/12/bush-out-of-these- troubled-times-a-new-world-order/b93b5cf1-e389-4e6a-84b0-85f71bf4c946/.

15   Francis Fukuyama, "The End of History," Wright State University, The National Interest (Summer 1989), www.wright.edu/~christopher. oldstone-moore/fukuyama.htm.

16   David Mamet, Oleanna (New York: Vintage Books, 1993).

17   Geoffrey Hughes, Political Correctness: A History of Semantics and Culture (Hoboken, New Jersey: Wiley-Blackwell, 2010).

18   Mamet, Oleanna.

19   Ibid.

20   Emily Shugerman, "How a Student in a Diaper Caused an Eruption in One of America's Biggest Conservative Youth Organisations," Independent, June 7, 2018, www.independent.co.uk/news/world/ americas/diaper-turning-point-usa-kent-state-student-conservative- youth-repulican-kaitlin-bennett-a8230021.html.

21   Bruce Weber, "Mamet: Hearings Prompted 'Oleanna,'" Chicago Tribune, September 2, 2018, www.chicagotribune.com/news/ct-xpm-1992-11-12-9204120711-story.html.

22   Thurgood Marshall, "The Bicentennial Speech," Speeches, Thurgood Marshall.com, May 3, 2016, thurgoodmarshall.com/the-bicentennial-speech/.

23   Margo Jefferson, "The Thomas-Hill Question, Answered Anew," New York Times, November 11, 1994, https://www.nytimes.com/1994/11/11/ books/books-of-the-times-the-thomas-hill-question-answered-anew. html?n=Top/Reference/Times%20 Topics/Organizations/S/Supreme%20 Court.

24   George H. W. Bush, "Supreme Court Nomination Announcement,"C-SPAN, https://www.c-span.org/video/?18649-1/ supreme-court-nomination-announcement.

25   "Thomas Second Hearing Day 1, Part 1," C-SPAN, October 11, 1991, https://www.c-span.org/video/?21974-1/thomas-hearing-day-1-part-1.

26   Bridget Todd, "Clarence Thomas Anita Hill: Never Forget Justice's Sexual Harassment History," Mic, April 4, 2013, www.mic.com/ articles/32733/clarence-thomas-anita-hill-never-forget-justice-s-sexual-harassment-history.

27   "Thomas Called 'Absolutely Incapable of the Abuses,'" Tampa Bay Times, October 14, 2005, www.tampabay.com/archive/1991/10/14/ thomas-called-absolutely-incapable-of-the-abuses/.

28   Clarence Thomas, "Statement before the Judiciary Committee," American Rhetoric, October 11, 1991, www.americanrhetoric.com/ speeches/ clarencethomashightechlynching.htm.

29   Ibid.

30   Angela Serratore, "Alexander Hamilton's Adultery and Apology," Smithsonian Magazine, July 25, 2013, www.smithsonianmag.com/ history/alexander-hamiltons-adultery-and-apology-18021947/.

31   Planned Parenthood v. Casey, Supreme Court of the United States, June 22, 1992.

32   Ibid.

33   Obergefell v. Hodges, Supreme Court of the United States, June 26, 2015.

11. 금기와 맞바꾸다

01   James Gaddy, "A Recent History of Cursing on Television," New York Magazine, June 19, 2008, nymag.com/arts/tv/features/47985/; "South Park: It Hits the Fan," IMDb, June 20, 2001, www.imdb.com/title/ tt0705935/.

02   Bibien1, "U2's Bono & Edge: 'Fucking Brilliant,'" YouTube, June 9, 2007, www.youtube.com/watch?v=COlPQlNguvU.

03   Lester Haines, "Jane Fonda C-Word Slip Shocks U.S.," The Register, February 15, 2008, www.theregister.com/2008/02/15/fonda_slip/.

04   Geoffrey Martin Hodgson, Wrong Turnings: How the Left Got Lost(Chicago, Illinois: University of Chicago Press, 2018).

05   Inside Edition, "Donald Trump Blasts Latino Kids' Curse-Filled Rant: 'They're Stupid People,'" YouTube, November 6, 2015, https://www. youtube.com/watch?v=GdG_uN6DyEo.

06   Jonathan Allen, "New York City Marks 10th Anniversary of Smoking Ban" Reuters, March 28, 2013, www.reuters.com/article/us-usa- smoking-newyork/new-york-city-marks-10th-anniversary-of-smoking-ban-idUSBRE92R0UU20130328.

07   Katy Steinmetz, "California Legalizes Marijuana: Everything You Need to Know," Time, November 9, 2016, time.com/4565438/california-marijuana-faq-rules-prop-64/.

08   "Colorado and Washington: Life after Legalization and Regulation," Marijuana Policy Project, www.mpp.org/issues/legalization/ colorado-and-washington-life-after-

legalization-and-regulation/.

09   James Cook and James King, The Three Voyages of Captain James Cook round the World (Cambridge: Cambridge University Press, 2015).

10   Ibid.

11   Shuki Friedman, "An Israeli Shabbat," Israel Democracy Institute, June 23, 2016, en.idi.org. il/articles/2348#:~:text=The%20Ahad%20 Ha'am%20once,keep%20and%20maintain%20 the%20Shabbat.

12   Tim Ott, "How George Carlin's 'Seven Words' Changed Legal History,"Biography.com, May 19, 2020, www.biography.com/news/ george-carlin-seven-words-supreme-court.

13   Anne Cohen, "A Very Brief & Exciting History of the C-Word on Television," Refinery29, www.refinery29.com/en-us/2017/06/156630/ cunt-c-word-to-describe-someone-profanity-on-tv.

14   Kenneth B. Noble, "Issue of Racism Erupts in Simpson Trial" New York Times, January 14, 1995, www.nytimes.com/1995/01/14/us/issue-of- racism-erupts-in-simpson-trial. html.

15   Ibid.

16   Ibid.

17   Ibid.

18   Ronald K. Fried, "How the Mafia Muscled in and Controlled the Stonewall Inn," Daily Beast, June 30, 2019, www.thedailybeast.com/ how-the-mafia-muscled-in-and-controlled-the-stonewall-inn.

19   "Stonewall Riots," History, May 31, 2017, www.history.com/topics/gay- rights/the-stonewall-riots.

20   David Kaufman, David, "How the Pride March Made History," New York Times, June 16, 2020, www.nytimes.com/2020/06/16/us/gay-lgbt- pride-march-history.html.

21   Thomas Aquinas, "Question 162. Pride," Summa Theologiae, www. newadvent.org/ summa/3162.htm.

22   Whittaker Chambers, Witness (New York: Random House, 1952).

23   George Bernard Shaw, Back to Methuselah: A Metabiological Pentateuch, Project Gutenberg, August 18, 2018, http://www.gutenberg. org/files/13084/13084-h/13084-h. htm.

24   John Looijwn, "Edward Kennedy at the Funeral of Robert Kennedy, June 8, 1968," YouTube, October 30, 2014, www.youtube.com/ watch?v=rUx2ar-RzVE.

25   G. K. Chesterton, Orthodoxy, Project Gutenberg, September 26, 2005, www.gutenberg. org/cache/epub/130/pg130.html.

26   Cyrus R. K. Patell, "I Face This Challenge," Patell.net, patell. net/2008/06/i-face-this-

challenge/.

27   Tim Hains, "Ocasio-Cortez: 'The World Is Going to End in 12 Years If We Don't Address Climate Change,'" RealClearPolitics, www. realclearpolitics.com/video/2019/01/22/ ocasio-cortez_the_world_is_ going_to_end_in_12_years_if_we_dont_address_climate_ change.html; Ari Natter, "Alexandria Ocasio-Cortez's Green New Deal Could Cost $93 Trillion, Group Says," Bloomberg, February 25, 2019, www. bloomberg.com/news/ articles/2019-02-25/group-sees-ocasio-cortez-s-green-new-deal-costing-93-trillion.

28   Eliza Relman, "The Chair of the Democratic Party Just Embraced Progressive Insurgent Alexandria Ocasio-Cortez, Calling Her 'the Future of Our Party,'" Business Insider, July 3, 2018, www.businessinsider.com/ dnc-tom-perez-alexandria-ocasio-cortez-democratic-socialist-future-2018-7.

29   "Utopia," Online Etymology Dictionary, www.etymonline.com/word/ utopia.

30   "Eutopia," Dictionary.com, www.dictionary.com/browse/eutopia.

31   Barack Obama, Dreams from My Father: A Story of Race and Inheritance (Canongate, 2016).

32   Michael Oakeshott, Rationalism in Politics and Other Essays (Liberty Fund, 1991).

33   Winston Churchill, "Socialism Is the Philosophy of Failure," The Churchill Project, August 16, 2019, winstonchurchill.hillsdale.edu/ socialism-is-the-philosophy-of-failure-winston-churchill/.

34   Leo XIII, Quod Apostolici Muneris, December 27, 1878, www.vatican. va/content/leo-xiii/en/encyclicals/documents/hf_l-xiii_enc_28121878_ quod-apostolici-muneris.html.

35   Robert Bellafiore, "Summary of the Latest Federal Income Tax Data, 2018 Update," Tax Foundation, September 29, taxfoundation.org/ summary-latest-federal-income-tax-data-2018-update/.

36   Rachel Ventresca, "Clinton: 'You Cannot Be Civil with a Political Party That Wants to Destroy What You Stand For,'" CNN, October 9, 2018, www.cnn.com/2018/10/09/ politics/hillary-clinton-civility-congress- cnntv/index.html.

37   Alexandria Ocasio-Cortez (@AOC), "Is anyone archiving these Trump sycophants for when they try to downplay or deny their complicity in the future? I foresee decent probability of many deleted Tweets, writings, photos in the future," Twitter, November 6, 2020, 3:16 p.m., twitter. com/AOC/status/1324807776510595078.

38   Jake Tapper (@jaketapper), "I truly sympathize with those dealing with losing—it's not easy—but at a certain point one has to think not only about what's best for the nation (peaceful transfer of power) but how any future employers might see your character defined during adversity," Twitter, November 9, 11:24 a.m., twitter.com/jaketapper/ status/1325836769644982273.

39   "Remember What They Did," Trump Accountability Project, web. archive.org/
web/20201106193255/www.trumpaccountability.net/.

40   "Being Antiracist," National Museum of African American History and Culture, October 9,
2020, nmaahc.si.edu/learn/talking-about-race/ topics/being-antiracist.

41   Frederick M. Hess and R. J. Martin, "Smithsonian Institution Explains That 'Rationality'
& 'Hard Work' Are Racist," RealClearPolicy, 20 July 2020, www.realclearpolicy.com/
articles/2020/07/20/smithsonian_ institute_explains_that_rationality_and_hard_work_are_
racist_499425. html.

42   FreePropaganda, "Nancy Pelosi Pass the Bill to Find out What's in It," YouTube, May 28,
2013, www.youtube.com/watch?v=QV7dDSgbaQ0.

43   Elizabeth Harrington, "Pelosi: Obamacare Means 'You Could Be A Photographer or
Writer.'" CNSNews.com, March 21, 2013, www.cnsnews.com/news/article/pelosi-
obamacare-means-you-could-be-photographer-or-writer.

44   Ibid.

45   Martin Levine, "Republicans Give More to Charity Than Democrats, but There's a
Bigger Story Here," Nonprofit Qmavtevly, November 5, 2018, nonprofitquarterly.org/
republicans-give-more-to-charity-than-democrats-but-theres-a-bigger-story-here/.

46   Paul Sullivan, "How Political Ideology Influences Charitable Giving," New Yovk Times,
November 3, 2018, www.nytimes.com/2018/11/03/ your-money/republicans-
democrats-charity-philanthropy.html.

47   Michael Graham, "When It Comes to Charitable Giving, Warren and Sanders Are
Millionaires Who Don't 'Pay Their Fair Share,'"InsideSources, January 2, 2020, www.
insidesources.com/ when-it-comes-to-charitable-giving-warren-and-sanders-are-
millionaires-who-dont-pay-their-fair-share-2/.

48   Albin Krebs and Robert M. Thomas, "Notes on People; Some Disunity along the United
Way," New Yovk Times, September 19, 1981, www.nytimes.com/1981/09/19/nyregion/
notes-on-people-some-disunity-along- the-united-way.html.

49   1 Corinthians 13, Douay-Rheims Bible, www.drbo.org/chapter/53013. htm.

50   Whittaker Chamber, Witness (New York: Random House, 1952).

51   Scott McGreal, "Are Conservatives Healthier Than Liberals?" Psychology Today, February
28, 2019, www.psychologytoday.com/us/ blog/unique-everybody-else/201902/are-
conservatives-healthier-liberals.

52   "Why We're Proud of Our Fat Bodies," BBC News, September 22, 2018, www.bbc.
co.uk/news/resources/idt-sh/ why_we_are_proud_of_our_fat_bodies.

53   "Curves Have Their Day in Park; 500 at a 'Fat-In' Call for Obesity," New Yovk Times, June
5, 1967, www.nytimes.com/1967/06/05/archives/ curves-have-their-day-in-park-500-
at-a-fatin-call-for-obesity.html.

54   Ibid.

55   Joshua A. Krisch, "This Shocking Map Shows Republicans' Most Powerful Political Weapon," Fatherly, November 22, 2019, www. fatherly.com/health-science/republicans-have-more-children/.

56   François La Rochefoucauld, Reflections ov, Sentences and Moval Maxims, Project Gutenberg, January 25, 2013, www.gutenberg.org/ files/9105/9105-h/9105-h.htm.

12. 크리스마스와의 전쟁

01   Henry Louis Mencken, A Mencken Chvestomathy (New York: Vintage Books, 1982).

02   William Bradford, Of Plymomth Plantation, 1620 – 1647. The Complete Text (New York: Knopf, 1963). Adapted into modern English by the author.

03   Cotton Mather, "Grace Defended. On the Twenty-fifth of December, 1712. Boston-Lecture," Evans Early American Imprint Collection, quod. lib.umich.edu/e/evans/N01303.0 001.001/1:2?rgn=div1;view=fulltext.

04   Christopher Klein, "When Massachusetts Banned Christmas," History,December 22, 2015, www.history.com/news/ when-massachusetts-banned-christmas.

05   Earle Cornelius, "In 1870, Congress Made Christmas Day a Federal Holiday. But Some Still Question Its Constitutionality,"LancasterOnline, December 20, 2019, lancasteronline.com/ features/in-1870-congress-made-christmas-day-a-federal-holiday-but-some-still-question-its-constitutionality/article_0d8c3634-22a2-11ea-bf1d- 2ba3f3a125db.html.

06   J. A. R. Pimlott, "Christmas under the Puritans," Histovy Today 10, no. 12 (December 1960), www.historytoday.com/archive/christmas-under- puritans#:~:text=The%20 Puritans%20objected%20to%20the,far%20 as%20to%20advocate%20abolition.

07   Philip Stubbs, "The Anatomie of Abuses" (Richard Jones, 1583). Adapted into modern English by the author.

08   William Prynne, Histviomastix: The Playev's Scomvge, ov Actov's Tvagedy (Michael Sparke, 1632). Adapted into modern English by the author.

09   Roger Pearse, "The Chronography of 354. Introduction to the Online Edition," 2006, www.tertullian.org/fathers/chronography_of_354_00_ eintro.htm.

10   Andrew McGowan, "How December 25 Became Christmas," Biblical Archaeology Society, December 18, 2020, www.biblicalarchaeology.org/ daily/people-cultures-in-the-bible/jesus-historical-jesus/how-december-25-became-christmas/.

11   Ibid.

12   T. C. Schmidt, et al., Hippolytms of Rome: Commentavy on Daniel and "Chvonicon" (Piscataway, New Jersey: Gorgias Press, 2017).

13   "Christmas," Catholic Answers, December 16, 2019, www.catholic. com/encyclopedia/ christmas.

14   Augustine, On the Tvinity, trans. Stephen McKenna (Washington, D.C.: Catholic University of America Press, 1963).

15   Thomas J. Talley, Ovigins of the Litmvgical Yeav (Collegeville, Minnesota: Liturgical Press, 1991).

16   Benedict XVI, The Spivit of the Litmvgy (San Francisco, California: Ignatius Press, 2014).

17   C. S. Lewis, "Xmas and Christmas: A Lost Chapter from Herodotus," Khad.com, December 12, 2003, khad.com/post/196009755/ xmas-and-christmas-a-lost-chapter-from-herodotus.

18   Alejandrao Chafuen, "The Sad Decline of the Word 'Capitalism,'" Fovbes, May 1, 2013, www.forbes.com/sites/ alejandrochafuen/2013/05/01/the-sad-decline-of-the-word-capitalism/?sh=271e8847a712; Adam Smith, The Wealth of Nations (New York: Random House, 2020).

19   "The Truth about the Religious Right's Phony 'War on Christmas,'" Americans United for Separation of Church and State, www.au.org/ content/the-truth-about-the-religious-rights-phony-war-on-christmas.

20   Colbert King, "I Don't Care about 'Merry Christmas,'" Washington Post, October 20, 2017, https://web.archive.org/web/20171106121608if_/https://www.washingtonpost.com/web/20171106121608if_/https://www.washingtonpost.com/opinions/i- dont-care-about-merry-christmas/2017/10/20/067a47ec-b516-11e7-a908- a3470754bbb9_story.html?utm_term=.00679b4b826f.

21   Ibid.

22   Lynch v. Donnelly, Supreme Court of the United States, 1984.

23   Ibid.

24   First Amendment, United States Constitution.

25   Thomas Jefferson, "Draft Reply to the Danbury Baptist Association, [on or before 31 December 1801]." Founders Online, https://founders. archives.gov/?q=danbury%20baptists&s=1111311111&sa=&r=2&sr=.

26   John R. Vile, "Established Churches in Early America," The First Amendment Encyclopedia, 2009, https://mtsu.edu/first-amendment/ article/801/established-churches-in-early-america.

27   Declaration of Independence, July 4, 1776.

28   Bob Seidensticker, "Atheist Monument Critique," Patheos, September 11, 2013, https:// www.patheos.com/blogs/crossexamined/2013/09/ atheist-monument-critique-treaty-of-tripoli/.

29   FC

30   Michael B. Oren, "The Middle East and the Making of the United States, 1776 to 1815," Columbia News, November 16, 2005, https://web.archive.org/web/20071214065818/

http://www.columbia.edu/cu/news/05/11/michaelOren.html.

31   Charles Prentiss, The Life of the Late Geneval Eaton (Brookfield, Massachusetts: E. Merriam & Company, 1813).

32   William J. Federer, Amevica's God and Comntvy: Encyclopedia of Qmotations, rev. ed. (Ashtabula, Ohio: Amerisearch, 2000).

33   William Jay, The Life of John Jay (New York: J. & J. Harper, 1833).

34   Bob Dylan, "Gotta Serve Somebody" on Slow Tvain Coming (Columbia, 1975).

35   "What's in a Name? Christmas vs. Holiday Tree," NPR, November 30, 2005, https://www.npr.org/transcripts/5032882.

36   Haraz N. Ghanbari, "Decorated Spruce on Capitol Hill Ignites Controversy," Avizona Daily Stav, December 8, 2005, https://tucson. com/news/national/govt-and-politics/decorated-spruce-on-capitol-hill- ignites-controversy/article_cdf8c405-1afd-5258-94b0-953f9b5cb5d5. html.

37   "No More 'Holiday' Trees at Capitol," Washington Times, November 29, 2005, https://www.washingtontimes.com/news/2005/ nov/29/20051129-120703-5977r/.

38   Hemal Jhaveri, "Opinionst: D.C. Christmas Tree Controversy," dcist, December 4, 2005, https://dcist.com/story/05/12/04/opinionist-dc-c/.

39   Charles R. Drummond, "Boston's 'Holiday Tree' Sparks Controversy: Giant Spruce Tree's Name Leads to Local Outcry over Rule of Religion," Havvavd Cvimson, November 28, 2005, https://www.thecrimson.com/ article/2005/11/28/bostons-holiday-tree-sparks-controversy-last/.

40   Tricia Bishop, "Stores Revert to 'Merry Christmas': WalMart Leads Way, Backing Off from 'Happy Holidays,'" Chicago Tvibmne, November 24, 2006, https://web.archive.org/web/20070312200136/http://www. chicagotribune.com/business/bal-te.bz.christmas24nov24,0,7755319. story.

41   Irene Monroe, "The Right's Bogus War on Christmas," Dick and Sharon's LA Progressive, https://web.archive.org/web/20130319165707/ http://www.laprogressive.com/the-rights-bogus-war-on-christmas/.

42   David Mikkelson, "Home for the Holidays: The Home Depot Web Site Includes No Mention of Christmas?," Snopes, December 3, 2008, https:// www.snopes.com/fact-check/home-depot-for-the-holidays/; https:// thescroogereport.wordpress.com/tag/home-depot/.

43   Leslie Miller, "The Gap's 'Happy Whatever-You-Wannakuh' Ad Reignites 'War on Christmas' Debate," USA Today, November 23, 2009, http://content.usatoday.com/communities/Religion/post/2009/11/ the-gap-ads—happy-do-whatever-you-wannukah-reignites-war-on- christmas-debate/1?loc=interstitialskip#.X8QY9hNKhZp.

44   Lydia Saad, "What Percentage of Americans Celebrate Christmas?" Gallup, December

2019, https://news.gallup.com/poll/272357/ percentage-americans-celebrate-christmas. aspx.

45   Michael Lipka, "How Many Jews Are There in the United States?" Pew Research Center, October 2, 2013, https://www.pewresearch.org/fact- tank/2013/10/02/how-many-jews-are-there-in-the-united-states/.

46   Jennifer Bleyer, "Five Myths about Hanukkah," Washington Post, December 2, 2015, https://www.washingtonpost.com/opinions/five- myths-about-hanukkah/2015/12/02/2ea6fc3c-93ae-11e5-8aa0-5d0946560a97_ story.html#:~:text=Hanukkah%20is%20an%20important%20Jewish%20 holiday.&text=Unlike%20major%20holidays%20such%20as,light%20candles%20for%20 eight%20nights.

47   "Kwanzaa," History, December 7, 2020, https://www.history.com/ topics/holidays/ kwanzaa-history.

48   J. Lawrence Scholer and the editors of the Davtmomth Review, "The Story of Kwanzaa," Davtmomth Review, January 15, 2001, http://www. hartford-hwp.com/archives/45a/767. html.

49   Jesse Daniels, "On Kwanzaa," Racism Review, December 27, 2009, http://www. racismreview.com/blog/2009/12/27/on-kwanzaa/.

50   Carol Forsloff, "Kwanzaa Ain't No Good Thing," Digital Journal, December 30, 2008, http://www.digitaljournal.com/article/264192.

51   "U.S. Religious Landscape Survey: Religious Affiliation: Diverse and Dynamic," Pew Forum on Religion & Public Life, February 2008, https://web.archive.org/web/20150125190643/ http://religions.pewforum. org/pdf/report-religious-landscape-study-full.pdf.

52   Mitch Smith, "Christmas Tree or Holiday Tree? The Frosty Feud Splintering a State," New Yovk Times, November 13, 2019, https://www. nytimes.com/2019/11/13/us/wisconsin-christmas-holiday-tree.html.

53   Tony Evers, letter to Wisconsin educators and students, October 11, 2019, https://content. govdelivery.com/attachments/WIGOV/2019/11/04/file_attachments/1318304/2019%20 Ornament%20letter.pdf.

54   "Science," Online Etymology Dictionary, https://www.etymonline.com/ word/science.

55   "LGBTQ Activists, Gov. Tony Evers Call for State Law Changes," Wisconsin Public Radio, June 17, 2019, https://www.wpr.org/lgbtq- activists-gov-tony-evers-call-state-law-changes; https://madison.com/wsj/ news/local/govt-and-politics/democratic-gov-tony-evers-vetoes-four- abortion-bills-passed-by-gop-legislators/article_aad2c431-db56-5df2- 91d2-f2f4c0c1725c.html.

13. 성별을 위한 전투

01   Lucas Cuni-Mertz and Chelsea Engstrom, "One Arrested after Protest at On-Campus Event," U-NEWS, April 11, 2019, https://info.umkc.edu/ unews/one-arrested-after-protest-at-on-campus-event.

02   Young Americas Foundation, "Speech Is Not Violence: Knowles Completely Owns Pretentious Professor," YouTube, May 2, 2019, https://www.youtube.com/ watch?v=LaERkte8ylA.

03   Daily Wire, "Babies Are People: Michael Knowles Speaks at the University of Kentucky," YouTube, November 18, 2019, https://www.youtube.com/watch?v=m7stWWsIsFs.

04   Patrick Schmidt, "Heckler's Veto," The First Amendment Encyclopedia, https://www. mtsu.edu/first-amendment/article/968/heckler-s-veto.

05   Nat Hentoff, "Mugging the Minuteman," Village Voice, October 31, 2006, https://web. archive.org/web/20110629121552/http://www. villagevoice.com/2006-10-31/news/ mugging-the-minutemen/.

06   Zoe Brown, et al., "Charges Filed in Connection to Protest of Conservative Speaker at UMKC," KCTV, April 11, 2019, https://www. kctv5.com/news/charges-filed-in-connection-to-protest-of-conservative- speaker-at-umkc/article_7bc44264-5cc7-11e9-be6d-73d3956e6c78.html.

07   Ibid.

08   Ibid.

09   Tim Hains, "Inside Edition's Zoe Tur Threatens to Send Breitbart's Ben Shapiro 'Home in an Ambulance' over Jenner Debate," RealClearPolitics, July 17, 2015, https://www. realclearpolitics.com/ video/2015/07/17/inside_editions_zoe_tur_threatens_to_send_ breitbarts_ben_shapiro_home_in_an_ambulance_over_jenner_debate. html.

10   Amanda Prestigiacomo, "Actor Says Trans Women Have 'Biologically Female' Penises. And Gets More Graphic from There," Daily Wire, February 20, 2019, https://www. dailywire.com/news/ actor-says-trans-women-have-biologically-female-amanda-prestigiacomo.

11   "Gender," Online Etymology Dictionary, https://www.etymonline.com/ word/gender.

12   "Gender," Oxfovd English Dictionavy Online, http://dictionary.oed.com/cgi/ entry/50093521?query_type=word&queryword=gender&first=1&max_to_ show=10&sort_type=alpha&result_place=1&search_ id=a4MJ-mHKT13-2771&hilite=50093521

13   Lisa Downing, et al., "Pervert or Sexual Libertarian? Meet John Money, "the Father of F***ology," Salon, January 4, 2015, https://www.salon.com/2015/01/04/pervert_or_ sexual_libertarian_meet_john_ money_the_father_of_fology/.

14   John Colapinto, As Natmve Made Him (New York: HarperCollins, 2001).

15   John Money, "The Development of Sexuality and Eroticism in Humankind," Qmavtevly Review of Biology 56, no. 4 (December 1981): 379 – 404, https://www.jstor.org/ stable/2824989?seq=1.

16   Colapinto, As Natmve Made Him, (New York: HarperCollins, 2000).

17   John Colapinto, "The True Story of John/Joan," Rolling Stone(December 11, 1997): 54 – 97.

18   Colleen McClelland, "Canadian Man Raised as Girl Commits Suicide," Spokesman-Review, May 13, 2004, https://www.spokesman.com/ stories/2004/may/13/canadian-man-raised-as-girl-commits-suicide/.

19   "Gender Dysphoria," DSM-5, 2013, https://archive.org/details/ diagnosticstatis0005unse/ page/454.

20   Samuel Paul Veissière, "Why Is Transgender Identity on the Rise among Teens?" Psychology Today, https://www.psychologytoday.com/us/blog/ culture-mind-and-brain/201811/why-is-transgender-identity-the-rise-among-teens.

21   Paul McHugh, "Transgender Surgery Isn't the Solution," Wall Stveet Jomvnal, May 13, 2016, https://www.wsj.com/articles/paul-mchugh-transgender-surgery-isnt-the-solution-1402615120.

22   Ibid.

23   Stephen P. Thornton, "Solipsism and the Problem of Other Minds," Internet Encyclopedia, https://iep.utm.edu/solipsis/.

24   "Manichaeism," Encyclopedia Bvitannica, https://www.britannica.com/ topic/ Manichaeism; "Albigensian Crusade," Encyclopedia Bvitannica, https://www.britannica. com/event/Albigensian-Crusade.

25   Lady Gaga, "Lady Gaga—Born This Way (Official Music Video)," YouTube, February 27, 2011, https://www.youtube.com/ watch?v=wV1FrqwZyKw.

26   Emily Kirkpatrick, "J. K. Rowling Proves Her Commitment to Transphobia in Her New Novel," Vanity Faiv, September 14, 2020, https://www.vanityfair.com/style/2020/09/jk-rowling-transphobia-new-novel-troubled-blood-controversy.

27   Robert George, "Liberal Gnosticism," Fivst Things, December 2016, https://www. firstthings.com/article/2016/12/gnostic-liberalism.

28   "St. Thomas Aquinas," Stanfovd Dictionavy of Philosophy, May 24, 2014, https://plato. stanford.edu/entries/aquinas/#:~:text=Thomas%20is%20frequently%20said%20 to,Procrustean%20bed%20of%20 Christian%20doctrine.

29   G. K. Chesterton, Ovthodoxy, Project Gutenberg, September 26, 2005, www.gutenberg. org/cache/epub/130/pg130.html.

30   Steve Harrison, "Charlotte City Council Approves LGBT Protections in 7 – 4 Vote," Chavlotte Obsevvev, February 22, 2016, https://www. charlotteobserver.com/news/

politics-government/article61786967.html.

31   Michael Gordon, et al., "Understanding HB2: North Carolina's Newest Law Solidifies State's Role in Defining Discrimination," Chavlotte Obsevvev, March 30, 2017, https://www.charlotteobserver.com/news/ politics-government/article68401147.html.

32   Tal Kopan and Eugene Scott, "North Carolina Signs Controversial Transgender Bill," CNN, March 24, 2016, https://www.cnn. com/2016/03/23/politics/north-carolina-gender-bathrooms-bill/index. html.

33   "Obama Administration Sues North Carolina over Anti-LGBT Law,"BBC News, May 9, 2016, https://www.bbc.com/news/ world-us-canada-36252949.

34   "Dear Colleague Letter on Transgender Students," U.S. Department of Justice Civil Rights Division and Department of Education Office for Civil Rights, May 13, 2016, https://www. justice.gov/file/850986/ download.

35   Ariane de Vogue, et al., "Trump Administration Withdraws Federal Protections for Transgender Students," CNN, February 22, 2017, https://www.cnn.com/2017/02/22/politics/doj-withdraws-federal-protections- on-transgender-bathrooms-in-schools/index.html.

36   David A. Graham, "Donald Trump's Case for Tolerance," The Atlantic, April 21, 2016, https://www.theatlantic.com/politics/archive/2016/04/ trump-transgender-bathroom-north-carolina/479316/.

37   Jessica Hopper, "Ted Cruz Says Not Having 'Bathroom Bill' Is 'Opening the Door for Predators,'" ABC News, April 23, 2016, https://abcnews. go.com/Politics/ted-cruz-bathroom-bill-opening-door-predators/ story?id=38626340.

38   Andrea Peyser, "Far-Left Agitprop for Pre-K Tots: What NYC Schools Have Come To," New Yovk Post, January 27, 2020, https://nypost. com/2020/01/27/far-left-agitprop-for-pre-k-tots-what-nyc-schools-have-come-to/.

39   Charlotte Allen, "What I Saw at Drag Queen Story Hour," Wall Stveet Jomvnal, October 9, 2019, https://www.wsj.com/articles/what-i-saw-at-drag-queen-story-hour-11570661201.

40   Lauren Talarico, "Houston Public Library Admits Registered Child Sex Offender Read to Kids in Drag Queen Storytime," KHOU 11, March 19, 2019, https://www.khou.com/article/news/local/houston-public-library-admits-registered-child-sex-offender-read-to-kids-in-drag-queen- storytime/285-becf3a0d-56c5-4f3c-96df-add07bbd002a.

41   Benjamin Wallace-Wells, "David French, Sohrab Ahmari, and the Battle for the Future of Conservatism," New Yovkev, September 12, 2019, https://web.archive.org/web/20200701055715/https://www.newyorker. com/news/the-political-scene/david-french-sohrab-ahmari-and-the-battle-for-the-future-of-conservatism.

42   Beth Tagawa, "When Cross-Dressing Was Criminal: Book Details History of Longtime San

Francisco Law," San Francisco State News, February 2015, https://news.sfsu.edu/when-cross-dressing-was-criminal-book-documents-history-longtime- san-francisco-law.

43   United States Constitution.

44   James Madison, Fedevalist 51.

45   Chacour Koop, "Smithsonian Museum Apologizes for Saying Hard Work, Rational Thought Is 'White Culture,'" Miami Hevald, July 17, 2020, https://www.miamiherald.com/news/nation-world/national/ article244309587.html.

46   Alice Hines, "Sashaying Their Way through Youth," New Yovk Times, September 8, 2019, https://www.nytimes.com/2019/09/07/style/self-care/ drag-kids-desmond-the-amazing.html.

47   Ibid.

48   Desmond is Amazing, "Flackback to NYC Pride 2015," Facebook,November 10, 2018, https://www.facebook.com/DesmondisAmazing/ posts/flashback-to-nyc-pride-2015-and-the-moment-my-life-changed-by-going-viral-the-ne/1080653715429049/.

49   Hines, "Sashaying Their Way."

50   Rod Dreher, "Desmond: The Bacha of Brooklyn," Amevican Consevvative, December 17, 2018, https://www. theamericanconservative.com/dreher/desmond-is-amazing-bacha-brooklyn/.

51   Jaime Woo, "Hot Docs 2019: In Drag Kids, Parents Cheer as Children Slay Gender Norms," April 22, 2019, https://www.theglobeandmail. com/life/parenting/article-in-documentary-drag-kids-parents-cheer-as-children-slay-gender-norms/.

52   Peyser, "Far-Left Agitprop."

53   Genesis 5:2, King James Version.

14. 반대 의견을 봉쇄하다

01   Vadim M. Shteyler, et al., "Failed Assignments—Rethinking Sex Designations on Birth Certificates," New England Jomvnal of Medicine 383 (December 17, 2020): 2399–401, DOI: 10.1056/NEJMp2025974, https://www.nejm.org/doi/full/10.1056/NEJMp2025974.

02   Natalie Colarossi, "COVID Lockdowns May Have No Clear Benefit vs. Other Voluntary Measures, International Study Shows," Newsweek, January 14, 2021, https://www.newsweek.com/covid-lockdowns-have-no-clear-benefit-vs-other-voluntary-measures- international-study-shows-1561656.

03   "Coronavirus Disease (COVID-19): Serology," World Health Organization, June 9, 2020, https://web.archive.org/ web/20201023093420/https://www.who.int/news-room/q-a-detail/ coronavirus-disease-covid-19-serology.

04   Ibid.

05   Ibid.

06   James S. Robbins, "Rioting Is Beginning to Turn People Off to BLM and Protests while Biden Has No Solution," USA Today, August 31, 2020, https://www.usatoday.com/story/opinion/2020/08/31/riots-violence-erupting-turning-many-away-blm-and-protests-column/5675343002/.

07   Emily Cochrane and Aishvarya Kavi, "Romney Marches with Protesters in Washington," New York Times, June 7, 2020, https://www.nytimes.com/2020/06/07/us/politics/mitt-romney-george-floyd-protests.html.

08   Jay Croft and Amir Vera, "Thousands of Mourners Visit George Floyd's Casket in Houston to Pay Respects," CNN, June 8, 2020, https://www.cnn.com/2020/06/08/us/george-floyd-houston-visitation/index.html.

09   Adam Edelman, "Biden Calls for 'Racial Justice during Emotional George Floyd Funeral Speech," NBC News, June 9, 2020, https://www.nbcnews.com/politics/2020-election/biden-calls-racial-justice-during-emotional-george-floyd-funeral-speech-n1228566.

10   Kendall Karson, "Michigan Gov. Whitmer: Protests 'Undermine" State's Response to COVID-19 Crisis," ABC News, May 13, 2020, https://abcnews.go.com/Politics/michigan-gov-whitmer-protests-undermine- states-response-covid/story?id=70645516; "A Breakdown of Who Supports and Opposes George Floyd Protests in US," TRT World, June 4, 2020, https://www.trtworld.com/magazine/a-breakdown-of-who- supports-and-opposes-george-floyd-protests-in-the-us-36952.

11   Mallory Simon, "Over 1,000 Health Professionals Sign a Letter Saying, Don't Shut Down Protests Using Coronavirus Concerns as an Excuse," CNN, June 5, 2020, https://www.cnn.com/2020/06/05/health/health- care-open-letter-protests-coronavirus-trnd/index.html.

12   "Open Letter Advocating for an Anti-Racist Public Health Response to Demonstrations against Systemic Injustice Occurring during the COVID-19 Pandemic," Google Drive, June 5, 2020, https://drive.google.com/file/d/1Jyfn4Wd2i6bRi12ePghMHtX3ys1b7K1A/view.

13   Ibid.

14   "Factcheck: Outdated Video of Fauci Saying 'There's No Reason to Be Walking around with a Mask,'" Reuters, October 8, 2020, https://www.reuters.com/article/uk-factcheck-fauci-outdated-video-masks/fact-checkoutdated-video-of-fauci-saying-theres-no-reason-to-be- walking-around-with-a-mask-idUSKBN26T2TR.

15   "Anthony S. Fauci, M.D., NIAID Director," National Institutes of Health, https://www.niaid.nih.gov/about/director.

16   "Biography: Anthony S. Fauci, M.D., NAIAID Director," National Institutes of Health, https://web.archive.org/web/20071030171118/ http://www3.niaid.nih.gov/about/directors/biography/.

17   U.S. Surgeon General (@Surgeon_General), "Seriously people—STOP BUYING

MASKS! They are NOT effective in preventing general public from catching #Coronavirus, but if healthcare providers can't get them to care for sick patients, it puts them and our communities at risk!" Twitter, February 29, 2020, 4:08 a.m., https://web.archive.org/web/20200302023223if_/https://twitter.com/Surgeon_General/status/1233725785283932160.

18   Office of the U.S. Surgeon General (@Surgeon_General), "In light of new evidence, @CDC recommends wearing cloth face coverings in public settings where other social distancing measures are difficult to maintain (grocery stores, pharmacies, etc) especially in areas of significant community-based transmission," Twitter, April 3, 2020, 6:58 p.m., https://twitter.com/Surgeon_General/status/1246210376351592448.

19   ABC News, "Dr. Fauci to Muir: 'Universal Wearing of Masks' Necessary to Combat COVID-19: WNT," YouTube, August 10, 2020, https://www.youtube.com/watch?v=HAFQknk5nwI&feature=youtu. be&t=152.

20   Henning Bungaard, et al., "Effectiveness of Adding a Mask Recommendation to Other Public Health Measures to Prevent SARS- CoV-2 Infection in Danish Mask Wearers," Annals of Intevnal Medicine, November 18, 2020, https://doi.org/10.7326/M20-6817, https://www.acpjournals.org/doi/10.7326/M20-6817; Jingyi Xiao, et al., "Nonpharmaceutical Measures for Pandemic Influenza in Nonhealthcare Settings— Personal Protective and Environmental Measures," Centevs fov Disease Contvol and Pvevention Policy Review 26, no. 5 (May 26, 2020), https://wwwnc.cdc.gov/eid/article/26/5/19-0994_article.

21   "Fauci on How His Thinking Has Evolved on Masks, Asymptomatic Transmission," Washington Post, July 24, 2020, https://www.washingtonpost.com/video/washington-post-live/fauci-on-how-his- thinking-has-evolved-on-masks-asymptomatic-transmission/2020/07/24/799264e2-0f35-4862-aca2-2b4702650a8b_video.html.

22   The Daily Show with Trevor Noah, "Dr. Anthony Fauci: Getting Politis Out of Public Health: The Daily Social Distancing Show," Youtube, September 22, 2020, https://www.youtube.com/watch?v=5rKt54x6Hp0 &feature=youtu.be&t=342.

23   Aristotle, Politics, trans. William Ellis, Project Gutenberg, June 5, 2009, http://www.gutenberg.org/files/6762/6762-h/6762-h.htm.

24   Alex Rogers, "Barack Obama Stumps for Jon Ossoff in New TV Ad," CNN, December 1, 2020, https://www.cnn.com/2020/12/01/politics/ obama-ossoff-ad/index.html.

25   Ibid.

26   "2020 Report to Congress: Executive Summary and Recommendations," U.S. - China Economic and Security Review Commission, December 2020, https://www.uscc.gov/sites/default/ files/2020-12/2020_Executive_Summary.pdf.

27   Dana Robinson and Ann Battenfield, "The Worst Outbreaks in U.S. History," Healthline,

March 24, 2020, https://www.healthline.com/ health/worst-disease-outbreaks-history#measles.

28   David R. Boldt, "Colder Winters He[ra]ld Dawn of New Ice Age," Washington Post, January 11, 1970, https://web.archive.org/web/20150221224323/http://pqasb. pqarchiver.com/washingtonpost_historical/doc/147902052.html?FMT=ABS&FMTS=& type=historic&date=washingtonpost+%2C+&author=Washington+Post+Staff+Writer% 3B+By+David+R.+Boldt&pub=The+Washington+Post% 2C+Times+Herald+%281959- 1973%29&desc=Colder+Winters+Held+Dawn+of+New+Ice+Age&pqatl=top_retrieves.

29   "Science: Another Ice Age," Time, November 13, 1972, http://content. time.com/time/ magazine/article/0,9171,910467,00.html.

30   "The Cooling World," Newsweek, April 28, 1975, https://iseethics.files. wordpress. com/2012/06/the-cooling-world-newsweek-april-28-1975.pdf.

31   "The Global Cooling Myth," Real Climate, January 14, 2005, http:// www.realclimate.org/ index.php/archives/2005/01/the-global-cooling-myth/.

32   "The Cooling World," Newsweek.

33   Ramez Naam, "Hunger Is at an All-Time Low. We Can Drive It Even Lower," Ramez Naam, September 9, 2015, https://rameznaam. com/2015/09/09/hunger-is-at-an-all-time-low-we-can-drive-it-even-lower/.

34   "The Cooling World," Newsweek.

35   Paul R. Ehrlich, The Popmlation Bomb (Rivercity, Massachsetts: Rivercity Press, 1975), https://faculty.washington.edu/jhannah/geog270aut07/readings/population/Ehrlich%20 -%20Population%20 Bomb%20Ch1.pdf.

36   Charles C. Mann, "The Book That Incited a Worldwide Fear of Overpopulation," Smithsonian Magazine, January/February 2018, https://www.smithsonianmag.com/ innovation/book-incited-worldwide-fear-overpopulation-180967499/.

37   Ibid.

38   "How China's One-Child Policy Led to Forced Abortions, 30 Million Bachelors," NPR, February 1, 2016, https://www.npr. org/2016/02/01/465124337/how-chinas-one-child-policy-led-to-forced- abortions-30-million-bachelors.

39   Naam, "Hunger Is at an All-Time Low."

40   "Paul Ehrlich," Stanford Profiles, September 15, 2015, https://profiles. stanford.edu/paul-ehrlich.

41   "Professor Paul R. Ehrlich," The Royal Society, April 22, 2012, https:// web.archive.org/ web/20120422185752/https://royalsociety.org/people/ paul-ehrlich/.

42   "The Population Bomb 50 Years Later: A Conversation with Paul Ehrlich," Climate One, May 5, 2018, https://climateone.org/audio/ population-bomb-50-years-later-conversation-paul-ehrlich.

43   John Harlow, "Billionaire Club in Bid to Curb Overpopulation, Times, May 24, 2009, https://www.thetimes.co.uk/article/billionaire-club-in- bid-to-curb-overpopulation-d2fl22qhl02; Ron Smith, "The Environmental Problem the World Is Loath to Address," Baltimore Sun, July 17, 2009, https://www.baltimoresun.com/news/bs-xpm-2009-07-17-0907160033-story.html.

44   Al Gore, Earth in the Balance: Ecology and the Human Spirit (Boston: Houghton Mifflin, 1992).

45   Chris Smith, "Violence against Children Is Al Gore's Cure for Environment," Congressional Record, October 7, 1997, https://www. govinfo.gov/content/pkg/CREC-1997-10-07/html/CREC-1997-10-07- pt1-PgH8566-3.htm.

46   Kenneth R. Weis, "Al Gore: Stabilize Population to Combat Global Warming," Los Angeles Times, June 22, 2011, https://latimesblogs. latimes.com/greenspace/2011/06/al-gore-climate-change-population- contraception-fertility.html.

47   "Bernie Sanders in Climate Change 'Population Control' Uproar," BBC, September 5, 2019, https://www.bbc.com/news/ world-us-canada-49601678.

48   Ari Natter, "Alexandria Ocasio-Cortez's Green New Deal Could Cost $93 Trillion, Group Says," Bloomberg, February 25, https://www. bloomberg.com/news/articles/2019-02-25/group-sees-ocasio-cortez-s-green-new-deal-costing-93-trillion.

49   "Green New Deal FAQ," February 7, 2019, Assets Document Cloud, https://assets.documentcloud.org/documents/5729035/Green-New-Deal- FAQ.pdf.

50   Tara Golshan and Ella Nilsen, "Alexandria Ocasio-Cortez's Roll-Out of the Green New Deal, Explained," Vox, February 11, 2019, https://www. vox.com/policy-and-politics/2019/2/11/18220163/alexandria-ocasio-cortez-green-new-deal-faq-tucker-carlson.

51   Alexandria Ocasio-Cortez (sponsor), "H.Res.109—Recognizing the duty of the Federal Government to Create a Green New Deal," Legislation, Congress.gov, February 12, 2019, https://www.congress. gov/bill/116th-congress/house-resolution/109/text.

52   "Scientific Consensus," Google Books Ngram Viewer, https://books.google.com/ngrams/graph?content=%22scientific+consensus%22&year_start=1700&year_end=2015&corpus=15&smoothing=3&direct_url=t1%3B%2C%22%20scientific%20consensus%20%22%3B%2Cc0#t1%3B%2C%22%20scientific%20consensus%20%22%3B%2Cc0.

53   "Scientific Consensus: Earth's Climate Is Warming," NASA, https:// climate.nasa.gov/scientific-consensus/.

54   Craig D. Idso, et al., "Why Scientists Disagree about Global Warming: The NIPCC Report on Scientific Consensus," 2nd ed., The Heartland Institute, 2016, https://www. heartland.org/_template-assets/documents/ Books/Why%20Scientists%20Disagree%20

Second%20Edition%20 with%20covers.pdf.

55   John Cook (@johnfocook), "In our study finding 97.1% consensus on human-caused global warming in abstracts, we addressed this exact issue by inviting the authors of the papers to categorize their own research based on the full paper. Result? 97.2% consensus," Twitter, https://twitter.com/johnfocook/status/1199131486580092928.

56   Idso, et al., "Why Scientists Disagree."

57   Ibid.

58   Ibid.

59   "University of Iowa Hospitals Boasts [sic] 99.7% Coronavirus Survival Rate, amid Financial Woes," Gazette, June 4, 2020, https://www.thegazette.com/subject/news/education/ university-of-iowa-hospitals-boasts- 997-coronavirus-survival-rate-amid-financial- woes-20200604.

60   William Cummings, "The World Is Going to End in 12 Years If We Don't Address Climate Change, Ocasio-Cortez Says," USA Today, January 22, 2019, https://www.usatoday. com/story/news/politics/ onpolitics/2019/01/22/ocasio-cortez-climate-change- alarm/2642481002/; Matt McGrath, "Climate Change: 12 Years to Save the Planet? Make That 18 Months," BBC News, July 24, 2019, https://www.bbc.com/ news/science- environment-48964736.

61   Timothy Leary, Somnd Bites fvom the Comntev Cmltmve (Atlantic, 1989).

15. 숙청

01   Mike Isaac and Kate Conger, "Facebook Bars Trump through End of His Term," New Yovk Times, January 7, 2021, https://www.nytimes.com/2021/01/07/technology/ facebook-trump-ban.html; "Most Popular Social Networks Worldwide as of January 2021, Ranked by Number of Active Users," Statista, February 9, 2021, https://www.statista.com/ statistics/272014/global-social-networks-ranked-by-number-of-users/.

02   Annie Palmer, "Facebook Will Block Trump from Posting at Least for the Remainder of His Term," CNBC, January 7, 2021, https://www. cnbc.com/2021/01/07/facebook-will- block-trump-from-posting-for-the- remainder-of-his-term.html.

03   "Permanent Suspension of @realDonaldTrump," Twitter, January 8, 2021, https://blog. twitter.com/en_us/topics/company/2020/suspension. html.

04   "Most Popular Social Networks," Statista.

05   Jessica Guynn, "Trump Permanently Banned from Twitter over Risk He Could Incite Violence," USA Today, January 8, 2021, https://www.usatoday.com/story/ tech/2021/01/08/twitter-permanently-bans-president-trump/6603578002/.

06   "Permanent Suspension of @realDonaldTrump," Twitter.

07   Lahav Harkov, "Twitter Downplays Khamenei Calls for Genocide as Political Speech,"

Jevmsalem Post, July 31, 2020, https://www.jpost.com/ middle-east/twitter-downplays-khamenei-calls-for-genocide-as-political-speech-636910.

08   President Trump (@POTUS), "As I have been saying for a long time, Twitter has gone further and further in banning free speech, and tonight, Twitter employees have coordinated with the Democrats and the Radical Left in removing my account from their platform … " Twitter, January 8, 2021, 5:29 p.m., screenshot by Yashar Ali (@yashar), "The president tweeted this from the @POTUS account but the tweets have already been taken down by Twitter," Twitter, January 8, 2021, 8:35 p.m., https://twitter.com/yashar/status/1347718683351601152.

09   Lucas Matney, "President Trump Responds to Twitter Account Ban in Tweet Storm from @POTUS Account," Yahoo!, January 8, 2021, https://finance.yahoo.com/news/president-trump-responds-twitter-account-015555288.html.

10   It happened to me!

11   "Google Suspends 'Free Speech' App Parler," BBC, January 9, 2021, https://www.bbc.com/news/technology-55598887.

12   Russell Brandom, "There Are Now 2.5 Billion Active Android Devices," The Verge, May 7, 2019, https://www.theverge.com/2019/5/7/18528297/ google-io-2019-android-devices-play-store-total-number-statistic- keynote.

13   Jack Nicas, "Parler Pitched Itself as Twitter without Rules. Not Anymore, Apple and Google Said," New Yovk Times, January 8, 2021, https://www.nytimes.com/2021/01/08/technology/parler-apple-google.html; Dami Lee, "Apple Says There Are 1.4 Billion Active Apple Devices," The Verge, January 29, 2019, https://www.theverge.com/2019/1/29/18202736/apple-devices-ios-earnings-q1- 2019#:~:text=Apple%20says%20there%20are%20now,accessories%20 like%20AirPods%20aren't.

14   Nicas, "Parler Pitched Itself as Twitter without Rules."

15   Kif Leswing, "Apple Removes Parler from App Store in Wake of U.S. Capitol Riot," CNBC, January 9, 2021, https://www.cnbc. com/2021/01/09/apple-removes-parler-from-app-store-in-wake-of-us- capitol-riot.html.

16   John Paczkowski and Ryan Mac, "Amazon Will Suspend Hosting for Pro-Trump Social Network Parler," BuzzFeed News, January 9, 2021, https://www.buzzfeednews.com/article/johnpaczkowski/amazon-parler-aws.

17   Kathy Griffin (@KathyGriffin), "Just resign now. You lost. Its over," Twitter, January 6, 2021, https://web.archive.org/web/20210106231245/ https://twitter.com/kathygriffin/status/1346957786517671937.

18   Peter Aitken, "'Hang Mike Pence' Trends on Twitter after Platform Suspends Trump for Risk of 'Incitement of Violence,'" Fox News, January 9, 2021, https://www.foxnews.com/politics/ twitter-trending-hang-mike-pence.

19 "The 100 Largest Companies in the World by Market Capitalization in 2020," Statista, https://www.statista.com/statistics/263264/top-companies-in-the-world-by-market-capitalization/.

20 "Mobile Operating Systems' Market Share Worldwide from January 1012 to January 2021," Statista, https://www.statista.com/ statistics/272698/global-market-share-held-by-mobile-operating-systems- since-2009/#:~:text=Android%20maintained%20its%20position%20 as,of%20the%20global%20market%20share.

21 Timothy B. Lee, "Twitter Explains Why It Banned the App for Gab, a Right-Wing Twitter Rival," Ars Technica, August 18, 2017, https:// arstechnica.com/tech-policy/2017/08/gab-the-right-wing-twitter-rival-just-got-its-app-banned-by-google/.

22 Laura Hautala, "Paypal and Shopify Remove Trump-Related Accounts, Citing Policies against Supporting Violence," CNET, January 7, 2021, https://www.cnet.com/news/paypal-and-shopify-remove-trump-related-accounts-citing-policies-against-supporting-violence/.

23 "Market Share Category: Payment Processing," Datanyze, https://www. datanyze.com/market-share/payment-processing—26; Hautala, "Paypal and Shopify Remove Trump-Related Accounts.

24 Adi Robertson, "Gab Is Back Online after Being Banned by GoDaddy, Paypal, and More," The Verge, November 5, 2018, https://www.theverge.com/2018/11/5/18049132/gab-social-network-online-synagogue- shooting-deplatforming-return-godaddy-paypal-stripe-ban.

25 "Capitol Riots: Pro-Trump Protesters Storm the U.S. Legislature—in Pictures," BBC, January 6, 2021, https://www.bbc.com/news/world-us-canada-55568131.

26 Bill Chappell, "Man Who Posed for Photos Sitting at a Desk in Pelosi's Office Has Been Arrested," NPR, January 8, 2021, https://www.npr.org/ sections/congress-electoral-college-tally-live- updates/2021/01/08/954940681/man-who-posed-for-photos-sitting-at- desk-in-pelosis-office-has-been-arrested.

27 Steven Nelson, "FBI Director Wray Won't Share Officer Brian Sicknick's Cause of Death with Senators ," New Yovk Post, March 2, 2021, https:// nypost.com/2021/03/02/fbi-director-wray-mum-on-officer-brian- sicknicks-cause-of-death/; Eric Levenson, et al., "What We Know about the Five Deaths in the Pro-Trump Mob That Stormed the Capitol," CNN, January 8, 2021, https://www.cnn.com/2021/01/07/us/capitol- mob-deaths/index.html.

28 Matt Small, "FBI Offering Up to $50K for Information on DNC and RNC Pipe Bombs," WTOP News, January 8, 2021, https://wtop.com/ dc/2021/01/fbi-offering-up-to-50k-for-information-on-dnc-and-rnc-pipe-bombs/.

29 Kate Conger, "Twitter, in Widening Crackdown, Removes Over 70,000 QAnon Accounts,"

New Yovk Times, January 11, 2021, https://www.nytimes.com/2021/01/11/technology/twitter-removes-70000-qanon- accounts,html.

30   Lois Becket, "At Least 25 Americans Were Killed during Protests and Political Unrest in 2020," The Gmavdian, October 31, 2020, https://www.theguardian.com/world/2020/oct/31/americans-killed-protests-political-unrest-acled.

31   Steve Guest (@SteveGuest), "CNN's Chris Cuomo: 'Please, show me where it says protesters are supposed to be polite and peaceful.' As riots and looting have broken out in cities across the country, this is the message the brother of New York governor Andrew Cuomo shares at the top of his show," Twitter, June 2, 2020, 9:12 p.m., https://twitter.com/ SteveGuest/status/1267987525198585856; Steve Guest (@SteveGuest), "1 Amd: "Congress shall make no law respecting an establishment of religion, or prohibiting the free exercise thereof; or abridging the freedom of speech, or of the press; or the right of the people PEACEABLY to assemble, & to petition the Government for a redress of grievances," Twitter, June 2, 2020, 9:33 p.m., https://twitter.com/SteveGuest/status/1267987525198585856.

32   Ibid.

33   Kamala Harris (@KamalaHarris), "If you're able to, chip in now to the @MNFreedomFund to help post bail for those protesting on the ground in Minnesota," Twitter, June 1, 2020, 4:34 p.m., https://twitter.com/ KamalaHarris/status/1267555018128965643.

34   Andrew Kerr and Kyle Hooten, "Bail Fund Promoted by Kamala Harris Helped Man Accused of Sexually Penetrating a Child," Daily Caller, September 16, 2020, https://dailycaller.com/2020/09/16/kamala-harris-minnesota-bail-fund-accused-sexual-assault-child/.

35   Ellen Cranley, "Twitter Changed Its Profile to Honor Black Lives Matter amid George Floyd Riots," Bmsiness Insidev, May 31, 2020, https:// www.businessinsider.com/twitter-changed-profile-black-lives-matter-2020-5.

36   "Worldwide Desktop Market Share of Leading Search Engines from January 2010 to January 2021," Statista, https://www.statista.com/ statistics/216573/worldwide-market-share-of-search-engines/.

37   Verdict with Ted Cruz, "Bill Barr is the Honey Badger ft. Attorney General Bill Barr, Ep. 34" Facebook, June 30, 2020, https://www.facebook.com/watch/?v=3718014621548732.

38   Thomas Fabbri, "Why Is Instagram Deleting the Accounts of Hundreds of Porn Stars?" BBC, November 24, 2019, https://www.bbc.com/news/ blogs-trending-50222380.

39   Tom McKay, "Alt-Right Platform Gab's Management Is Now Blaming a Leftist Conspiracy for Their Nazi Problem," Gizmodo, June 2, 2018, https://gizmodo.com/alt-right-platform-gabs-management-is-now-blaming-a-lef-1826510673.

40   William Bradford, "The Pestilent Morton and His Merry Mount," Bartleby, https://www.

bartleby.com/400/prose/24.html.

41   Alien Registration Act.

42   Dennis v. United States, Supreme Court of the United States, 1951.

43   Child Online Protection Act.

44   Ashcvoft v. Amevican Civil Libevties Union, Supreme Court of the United States, 2002.

45   Kevin Roose, "In Pulling Trump's Megaphone, Twitter Shows Where Power Now Lies," New Yovk Times, January 9, 2021, https://www.nytimes.com/2021/01/09/technology/trump-twitter-ban.html.

46   Kevin Roose, "On Election Day, Facebook and Twitter Did Better by Making Their Products Worse," New Yovk Times, November 5, 2020, https://www.nytimes.com/2020/11/05/technology/facebook-twitter- election.html.

47   Roose, "In Pulling Trump's Megaphone."

48   Ibid.

49   Wendy Kaminer, "The ACLU Retreats from Free Expression," Wall Stveet Jomvnal, June 20, 2018, https://www.wsj.com/articles/the-aclu-retreats-from-free-expression-1529533065.

50   Roose, "In Pulling Trump's Megaphone."

51   Hannah Kanik, "Here Are the Best Reactions to Twitter Suspending President Trump's Account," Philly Voice, January 9, 2021, https://www. phillyvoice.com/twitter-suspends-president-trump-reactions/.

52   Donald Trump Jr. (@DonldJTrumpJr), "We are living in Orwell's 1984.," Twitter, January 8, 2021, 7:10 p.m., https://twitter.com/ DonaldJTrumpJr/status/1347697226466828288.

53   Donald Trump Jr. (@DonldJTrumpJr), "it continues . . . Big Tech has totally eliminated," Twitter, January 9, 2021, 3:41 p.m., https://twitter.com/DonaldJTrumpJr/status/1348006883861282816.

54   Paulina Pineda, "Perry Lifts Suspension of Student in MAGA Controversy as Conservative Group Steps In," Avizona Repmblic, March 7, 2019, https://www.azcentral.com/story/news/local/gilbert/2019/03/07/ perry-student-back-school-after-maga-controversy/3094372002/.

55   Adam Smith, An Inqmivy into the Natmve and Camses of the Wealth of Nations, Project Gutenberg, September 7, 2019, book 4, chapter 5, "Digression on the Corn Trade," http://www.gutenberg.org/ ebooks/3300.

56   Barry Goldwater, The Conscience of a Consevvative (Boonsboro, Maryland: Martino Fine Books, 2011).

57   "What We Do," United States Africa Command, January 20, 2013, https://www.africom.mil/what-we-do.

58   Goldwater, The Conscience of a Consevvative.

59   James Madison, Fedevalist 51.

60   Woodrow Wilson, "What Is Progress," Teaching American History, 1913, https://teachingamericanhistory.org/library/document/what-is-progress/.

61   Antonio Gramsci, Pvison Notebooks, ed. Joseph A. Buttigieg (New York: Columbia University Press, 2011).

16. 결론 므두셀라로 돌아가라

01   George Bernard Shaw, Back to Methmselah: A Metabiological Pentatemch, Project Gutenberg, August 18, 2018, http://www.gutenberg. org/files/13084/13084-h/13084-h.htm.

02   Ibid.

03   Deborah Cameron, "Words, Words, Words" in The Wav of the Wovds: The Political Covvectness Debate, ed. Sarah Dunant (London: Virago Press, 1994); Whittaker Chambers, Witness (New York: Random House, 1952).

04   Daniel Lopez, "The Conversion of Georg Luk cs," Jacobin, January 24, 2019, https://jacobinmag.com/2019/01/lukacs-hungary-marx-philosophy-consciousness.

05   Max Horkheimer, Cvitical Theovy (New York: Continuum, 1982).

06   Karen Ho, "George Orwell's '1984' Is Topping Amazon's Best Sellers,"Quartz, January 13, 2021, https://qz.com/1956937/ george-orwells-1984-is-topping-amazons-best-sellers/.

07   Hanisch, "The Personal Is Political."

08   Friedan, It Changed My Life: Wvitings on the Women's Movement.

09   Jennie Rothenberg Gritz, "Ranting against Cant," The Atlantic, July 2003, https://www.theatlantic.com/magazine/archive/2003/07/ ranting-against-cant/303095/.

10   Greg Lukianoff, "Campus Speech Codes: Absurd, Tenacious, and Everywhere," Foundation for Individual Rights in Education, May 28, 2008, https://www.thefire.org/campus-speech-codes-absurd-tenacious-and-everywhere/.

11   Phillip Rawls, "Huck Finn: Controversy over Removing the "N Word" from Mark Twain Novel," Chvistian Science Monitov, January 5, 2011, https://www.csmonitor.com/Books/Latest-News-Wires/2011/0105/ Huck-Finn-Controversy-over-removing-the-N-word-from-Mark-Twain- novel.

12   George Orwell, Nineteen Eighty-Fomv: A Novel, (London: Penguin Books, 1967).

13   William F. Buckley Jr., God and Man at Yale (Washington, D.C.: Regnery Publishing, 1986).

14   Ibid.

15   William Butler Yeats, "The Second Coming," September 2, 2017, https:// www.poetryfoundation.org/poems/43290/the-second-coming.

16   Sohrab Ahmari, "Against David French-ism," Fivst Things, May 29, 2019, https://www.

firstthings.com/web-exclusives/2019/05/against-david-french-ism.

17   Thomas Sowell, "Blame the Welfare State, Not Racism, for Poor Blacks' Problems," Penn Live, January 5, 2019, https://www.pennlive.com/opinion/2015/05/poor_blacks_looking_for_someon.html.

18   Peter Thompson, "Eastern Germany: The Most Godless Place on Earth, The Gmavdian, September 22, 2012, https://www.theguardian.com/commentisfree/belief/2012/sep/22/atheism-east-germany-godless-place.

19   Kyle Hanby, "John Locke: Father of Liberalism," Acton Institute, August 29, 2016, https://blog.acton.org/archives/88741-john-locke-father-of- liberalism.html; John Locke, A Lettev Concevning Tolevation, Penn State University's Electronic Classics, 2005, http://self.gutenberg.org/ wpllbn0000651234-a-letter-concerning-toleration-by-locke-john.aspx.

부록: 정치적으로 올바르지 않은 용어 사전

01   Tess Bonn, "Conservative Journalist Andy Ngo Says Assault involving Antifa Resulted in Brain Injury," The Hill, July 25, 2019, https://thehill. com/hilltv/rising/454712-conservative-journalist-andy-ngo-says-antifa-attack-resulted-in-brain-injury.

02   "'In a Racist Society, It Is Not Enough to Be Non-Racist, We Must Be Anti-Racist,'—Angela Y. Davis," Buffalo Center for Health Equity, https://www.buffalo.edu/content/dam/www/inclusion/docs/Comm%20 Health%20Equity.pdf; Bettina Aptheker, The Movning Bveaks: The Tvial of Angela Davis (Ithaca, New York: Cornell University Press, 1997), https://www.jstor.org/stable/10.7591/j.ctt5hh0g9.

03   William Shakespeare, The Mevchant of Venice IV.1, Project Gutenberg, March 9, 2019, https://www.gutenberg.org/files/1515/1515-h/1515-h.htm, adapted to cancel culture.

04   Byron York (@ByronYork), "The National Museum of African American History & Culture wants to make you aware of certain signs of whiteness: Individualism, hard work, objectivity, the nuclear family, progress, respect for authority, delayed gratification, more. (via @ RpwWilliams)" Twitter, July 15, 2020, 8:05 a.m., https://twitter.com/ ByronYork/status/1283372233730203651.